Zhen

Hangsheng

郑杭生自选集

ZHENGHANGSHENG ZIXUANJI

学习 理论文库

学习出版社

郑杭生

郑杭生，1936年9月生于浙江杭州。中国人民大学一级教授，博士生导师。曾任中国人民大学社会学研究所第一任所长、社会学系第一任主任、副校长，中国社会学会会长，国务院学位委员会政治学社会学民族学评审组成员和召集人。现任教育部人文社会科学重点研究基地中国人民大学理论与方法研究中心主任，兼任国家社会科学基金社会学评审组组长，教育部社会科学委员会委员、教育部社会学学科教学指导委员会主任委员，中国社会学会名誉会长等。2004年开始担任马克思主义理论研究和建设工程社会学教材编写组首席专家。主持国家社科基金及教育部等项目多项，出版专著及国家级教材数十部，发表学术论文约300篇。着重研究理论社会学及其应用，迄今提出的有中国特色的社会学理论有：社会运行论、社会转型论、学科本土论、社会互构论等。1991年10月被授予国家有突出贡献专家荣誉证书。2008年发布的《中国人文社会科学学术影响力报告（2000－2004）》，在社会学论文被引用最多的作者中位居第三。入选“2007(首届)中国杰出社会科学家”505名学者名单。2009年被评为第四届全国杰出专业技术人才50名之一。

指导的问题，涉及如何在中国社会学中坚持和发展马克思主义的问题，涉及马克思主义社会学如何随着时代的变化进行理论创新的问题等。只有正确解决这些重大问题，中国社会学才会有很好发展的空间机遇。为此我选了三篇文章，这就是:《马克思主义与社会学》、《社会实践结构性巨变时代的马克思主义社会学》、《当代中国理论社会学面临的创新任务》。它们试图在一定程度上回答上述问题。由于篇幅的限制，这三篇文章中，只保留了第二篇，其他两篇最后决定不收了。好在这些文章在《郑杭生社会学学术历程》四卷中都有，感兴趣的读者，一查就能查到。

中国社会学的特殊性之一是它有过在中国共产党执政后被取消 27 年的不幸经历，有过与中国共产党“合”、“分”、“合”的历史，如何正确地总结历史教训极其重要。这是《中国共产党与中国社会学》一文试图要解决的问题。邓小平与中国社会学关系，不仅表现在邓小平决定了中国社会学命运的良性转折，而且表现在他的理论包含有丰富的中国特色社会学思想。也就是说，这种关系不仅仅是外在的，而且还是有内在的交汇点、结合点和共同点的，这特别表现在他成功推行的“拨乱反正”上。这是《邓小平与当代中国社会学》一文着重论证的论题。同样由于篇幅的限制，这篇文章最后也决定不收了。

这一部分本来还可以收入 2006 年发表的《深入研究马克思主义社会学史》一文，在该文中，我和刘少杰教授曾论证了一个新的框架[①]，即“一点两线两段”。其中所谓“一点”指马克思主义社会学史的起始点是马克思、恩格斯的经典马克思主义社会学。所谓“两线”就是马克思主义社会学史然后沿着两条线发展，一条线是列宁、普列汉诺夫、毛泽东、邓小平等为代表的东方不发达国家或欠发达国家的马克思主义社会学，即主要指俄国马克思主义社会学和中国马克思主义社会学；另一条线是以卢卡奇、葛兰西、法兰克福学派等为代表的西方发达国家的马克思主义社会学。所谓“两段”就是以每个国家的社会主义革命胜利为界，大体把马克思主义社会学分为两种类型，即对资本主义社会它是革命批判型的社会学，而对自己建立起来的社会主义社会则是建设维护型的社会学。这个框架包含着与以往不同的某种新意。以上由于篇幅所限没有入选，有兴趣的读者应该很容易在网上检索到。

第二类是中国特色社会学理论。这包括我先后提出的五论：社会运行论、社会转型论、学科本土论、社会互构论、实践结构论。这每一论都选了两篇代表作，只有社会转型论选了三篇。

1. 关于社会运行论。这里选了《论马克思主义社会学的两种形态》和《社会学对象问题新探》两篇文章。

① 参见郑杭生、刘少杰、张金荣主编：《马克思主义社会学史》，高教出版社2006年版。

差不多30年前开始的对马克思主义社会学两种类型的探讨，与社会运行论的形成密切相关。当时我提出，马克思主义社会学对资本主义社会是革命批判型的社会学，对自己建立起来的社会主义社会则是维护建设型社会学。这一划分，为社会运行论——“社会学是关于社会良性运行和协调发展的条件和机制的综合性具体科学”——争得了学术的和现实的立足空间。这是因为上述观点纠正了对马克思主义社会学简单化的理解，即片面地认为马克思主义社会学只讲斗争，不讲和谐，只讲革命，不讲建设。肯定了在我们自己建立起来的社会主义社会中马克思主义社会学或者以马克思主义为指导的社会学，主要是维护建设型的，那就为以研究良性运行和协调发展规律为己任的社会学争得了地盘。如果马克思主义社会学或者以马克思主义为指导的社会学，还是像新中国成立前一样是革命批判型的，那么就很显然，很少有可能有以研究良性运行和协调发展、以研究社会和谐为己任的社会学的地位。

2. 关于社会转型论。中国社会正处在由传统型社会向现代型社会转型的过程之中，这是社会转型论的一个基本判断，也是对中国大陆巨大社会变化的社会学概括。“转型”也和人口等因素一样，是中国的基本国情之一。当前中国的各种现象无不带有转型的特点，社会成员也无不这样那样、自觉不自觉地受到转型的影响和制约，这就是所谓“转型效应”。如果说人口等因素是硬基本国情，那么，社会转型则是软基本国情。所谓“社会转型”（social transformation），是一个有特定含义的社会学术语，意指社会从传统型向现代型的转变，或者说由传统型社会向现代型社会转型的过程，说详细一点，就是从农业的、乡村的、封闭的半封闭的传统型社会，向工业的、城镇的、开放的现代型社会的转型。当我们说“社会转型”时，着重强调的是社会结构的转型。在这个意义上，“社会转型”和“社会现代化”是重合的，几乎是同义的。对“社会转型”这个术语要有一个正确理解的问题。当年，确实存在种种不正确理解甚至是滥用这个术语的现象，但这是纠正不正确理解和反对滥用的问题，而不是反对“社会转型”这个术语本身的问题，因为任何一个术语都可以被滥用。“社会转型”的概念，经过多年来的质疑，现在已经被广泛接受，成为大众语言。社会转型论提出了“转型度”和“转型势”两个概念。它们是把握中国社会转型不同地区、不同阶段特点的两个视角。我曾经指出，对一个国家、地区或一个社会、社区的从传统到现代过渡的社会转型研究，总是围绕两个基本方面即社会转型的度和势展开的。离开这两个方面，任何社会转型的实证研究都无以立足。[①] 最后，关于社会转型与中国社会学

① 参见郑杭生：《中国社会大转型》，发表于《中国软科学》1994年第1期；《当代中国农村社会转型：一次农村社区的实证研究》，中国人民大学出版社1996年版。

的关系，我曾经指出："中国社会学必须植根于转型中的中国社会，才有可能具有中国特色。能否从自己特有的角度如实地反映和理论地再现这个转型过程的主要方面，是中国社会学是否成熟的标志。中国社会学离开转型社会的实际，就会成为无本之木，无源之水。"[①] 上述论点都可以在所选的三篇文章《要研究转型中的中国社会和成长中的中国社会学》、《中国社会大转型》和《关于"社会转型"一词》中很容易读到。

3. 关于学科本土论。社会学本土化理论（简称学科本土论）是从新的视角（理论研究的视角和比较研究的视角），通过社会学本土化从地区性向世界性发展的历史进程，以及社会学在世界各国经历的本土化过程的更为开阔的眼界，对社会学中国化所作的新的深入研究。这一理论对社会学本土化的内涵和目的、社会学本土化的主要类型和特征、社会学本土化与社会学西方化、国际化、全球化的关系等等，进行了阐述，指出了中国社会学的发展前景，提出了"建构本土特色"与"超越本土特色"的道路。在这一理论中，我还提出并论述了"社会学世界格局"的思想，以便使我们能够以世界的和全球的视野，来认识欧美社会学与非欧美社会学互动过程的学术内涵，

① 《中国社会学年鉴：1979—1989》，中国大百科全书出版社1989年第1版，第25页。

推进对于构建和发展"真正的社会学中国学派"的探索。在这一理论中，我还指出了社会学在中国百年发展中的轨迹和途径，这就是立足现实，弘扬传统，借鉴国外，创造特色。还指出了社会学中国化顺利推进的条件和机制：前提条件就是增强主体意识，弱化"边陲思维"；有效机制就是形成真正的社会学中国学派。这些论点，在所选的文章《中国社会学百年轨迹》、《社会学中国化的几个问题》都有所涉及。

4. 关于社会互构论。社会互构论主要有三个理论基点：一是旧式现代性的衰落和新型现代性的兴起，社会互构论是奠基在新型现代性的基础之上的。所谓旧式现代性就是那种以征服自然、控制资源为中心，社会与自然不协调，个人与社会不和谐，自然和社会付出双重代价的现代性；所谓新型现代性就是指那种以人为本，人和自然双盛、人和社会双赢，两者关系协调和谐，并把自然代价和社会代价减少到最低限度的现代性。二是个人和社会的关系问题是社会学的元问题和基本问题：元问题层次涉及个人与社会关系的逻辑方面；基本问题层次则涉及个人与社会关系的现实方面。元问题层次在逻辑推理上的审视，使我们强烈体验到社会学理论"元回归"的必要性。西方社会学的进程表明，如果不在逻辑上把"个人"和"社会"假设成两个互为前提、互为存在条件、不可分割的出发元点，那么一定会进入个人和社会究竟谁产生谁这一因果链条的误区，陷入不可解的“本体论困境”。基本问题层次在现实经验上的探究，又使我们强烈感受到任何经验研究一定要有理论的路向和切入点。社会学基本问题提出的一系列将个人与社会关系展开的设问形式：自由与秩序、权益与权力、私欲与公益、自主与规范、个性与准则、自主行动与公共制导、行动与结构等，就是人们自觉不自觉地运用的进行经验研究的道路和切入点。在当代社会学研究中，对于个人与社会的关系问题的设问形式仍在不断丰富化，如意义与支配（吉登斯）、生活世界与系统（哈贝马斯）、惯习与场域（布迪厄）、肉体与权力（福柯）等，都是个人与社会的关系问题的新的表现形式。这些学者们也是分别以这些设问形式进行切入的。现代性扩散和现代社会发展的过程使个人与社会关系的“问题性”意义充分凸显出来，赋予了这一问题的基本性质。社会学正是为回答现代性过程的个人与社会的关系问题而兴起。人生而自由、本性自主，社会需要秩序、诉诸权力规范；个人的本性在于追求自主权益，社会的职责则是提供权力规范，两者之间既有深刻裂痕和剧烈冲突，同时也高度依存、相互型塑，它们的各自诉求和实践构成了现代社会的经济、政治、文化、生活领域的现实内容，影响着人类共同体的合作与分离、整合与冲突的基本过程。个人与社会的关系问题是现代社会一切问题的深层根源。三是社会互构论是关于社会行动主体间的互构共变关系的社会学理论。所谓互构，即指社会行动主体之间的相互建塑与型构关系，这一关系可从互构主体、互构时空、互构内容、互构形式、互构效应得到具体阐释。所谓共变，是指社会行动主体互构关系过程中的相应性变化，同向谐变、逆向冲突等都被视为共变的基本形式。我们更强调对正向谐变的研究，把逆向冲突视为达到同向谐变必须解决的课题。上述几个理论基点，在所选的《社会互构论的提出》、《社会互构论：中国特色社会学理论的新探索》两文中都有表达。

5. 关于实践结构论。在当代世界、当今中国，有八种值得我们高度关注的代表性新趋势或有新特点的主要趋势。它们既是“社会实践的结构性巨变”的结果，又是这一巨变的表现，也是我们考察和谐社会和其他社会现象的社会学新视角。社会实践的结构性变化有两个维度，即现代性全球化的长波进程以及本土社会转型的特殊脉动。在当今世界的每一项重大的动态变化之中，都包含着这两个维度也即这两个方面的共同作用。可以说，那些左右着社会生活的重要动态变化，那些影响我们个人生活的复杂症候，都离不开这两股力量，是这两股力量相互扭合所产生的一系列现实效果。我们把这种新视角相应地称之为“实践结构社会学理论的二维视野”，简要地说，就是实践结构论。所选的两篇文章《社会实践结构性巨变的若干新趋势》、《社会实践结构性巨变对理论创新的积极作用》就是论述这些问题及其社会后果的。

第三类是中国社会与中国社会学。这一类选出的六篇文章主要涉及三方面的问题。一是涉及中国社会变化的情况、特点、实质，《走向更加公平合理的社会资源配置格局——新中国60年社会发展和建设成就》、《改革开放30年：快速转型中的中国社会——从社会学视角看中国社会的几个显著特点》两文，主要是分析这些问题的。二是涉及中国社会变化对中国社会学的多方面的影响，《中国社会的巨大变化与中国社会学的坚实进展》、《改革开放30年：日趋成熟的中国社会学——有关中国社会学发展全局的几个重大问题》两文主要是探讨这些问题的。三还涉及中国经验本身的概括以及如何总结中国经验，《社会学视野下的“中国经验”》、《如何研究“中国经验”：二维视野还是单极思维？——从现代性全球化与本土社会转型的关系进行分析》则是回答这些问题的。同样由于篇幅的限制，上述文章中的第一篇文章最后没有收入本书。

第四类是社会建设与社会管理。对中国特色的社会建设、社会管理和社区治理的研究中，我和我的学术团队，采取了理论研究和实地调查相结合的办法，我提倡将前沿意识与草根情怀结合起来的“顶天立地精神”。

在理论研究方面，我遵循“立足现实，提炼现实；开发传统，超越传统；借鉴国外，跳出国外；创新理论，创造特色”路径，对社会建设、社会管理、社会管理科学化的内涵，以及实现科学化的途径做出了新的概括，并对与此相关的公平正义内涵及其两维做出了社会学的定义，另外还对美欧这方面的参照系作了分析。所选四篇文章《提高社会管理科学化水平的社会学解读》、《社会建设社会管理研究与中国社会学使命》、《我国社会建设社会管理的参照系及其启示——一种中西比较的视角》和《民族团结与和谐社会建设》是关于这方面的内容的。

在实地调查方面，从2006年起，我和我的学术团队在全国多个城市展开了系统的实地调查，形成了“当代中国城市社会发展实地调查研究系列丛书”和“中国特色和谐社区建设系列调查研究报告”两套丛书，相应的也形成了两个系列的数据资源库。目前，前一个系列的丛书已经出版了杭州城市卷、郑州城市卷和北京部门卷，南海城市卷已经完成，正在出版中，很快就能面世；后一个系列的丛书，已经出版了广州深圳社区卷、郑州社区卷、上城社区卷和上城追踪卷。除了以上八卷涉及的城市外，我还比较系统地调查了一些地方的城市发展或社区建设。其中，社会管理和社区治理的内容一直是调查的核心内容之一。在调查中，我们也逐渐领会到了我国社会管理和社区建设的一些规律性的东西。所选两篇文章《破解在陌生人世界中建设和谐社区的难题——从社会学视角看社区建设的一些基本问题》、《基层社区调查中应当坚持的准则》，是反映这方面的内容的。

第五类是理论自觉与学术话语权。近五六年以来，我一直在中国社会学界提倡三个重要观点，这就是“建设性反思批判精神”（2007年）、中国社会学的“理论自觉”（2009年）、学术话语权（2010年）。这三个重要观点，涉及中国社会学能否进一步健康发展、涉及中国社会学能否从世界学术边陲走向学术中心、涉及中国社会学能否真正成为有中国气派的社会学、涉及中国社会学能否产生有世界影响的中国学派。所选的四篇文章《论建设性反思批判精神》、《促进中国社会学的“理论自觉”——我们需要什么样的中国社会学》、《学术话语权与中国社会学发展》、《把“理论自觉”全面落实到社会学各个领域》，都是分别论述上面这些观点的。另外两篇文章《论“传统”的现代性变迁——一种社会学视野》、《21世纪社会科学的价值——浅论社会科学对自然科学的积极作用》，都可以看做是应用上面的重要观点来研究“传统”问题和社会科学的价值问题。

第六类是学术评论与学术剖析。对前辈社会学家的贡献做出实事求是的评价，充分肯定他们的学术贡献，对中国社会学界承上启下、繁荣发展极其重要。所谓“再认识”就是说我们以前对他们的贡献认识不足。一个有自己历史的学科是有自己的底蕴的、前景光明的；反之，一个没有自己历史的学科，那是空虚的、脆弱的，前景暗淡的。从2010年开始，想到要建立一个对前辈社会学家所作学术贡献“再认识”的系列，初衷就在这里。本自选集收入的是三篇已经发表的文章：《孙本文先生对早期中国社会学巨大贡献的再认识》、《林耀华先生对当代中国人类学所作贡献再认识》和《费孝通先生对当代中国社会学所作贡献再认识》。

一个学科不可能没有学术争鸣。时代精神往往是在学术争鸣中体现出来的、被大家广泛认同的；没有学术争鸣，时代精神往往会擦肩而过。在自己的学术历程中，我常以答复的方式，回答对我的一些学术观点的质疑和批评，它们涉及对社会学对象、“价值中立”、社会学基本问题和社会学学术规范问题的不同看法。这些文章由于这本自选集的性质，没有收入。读者如果有兴趣，可以在《郑杭生社会学学术历程》四卷五册中很容易找到。我一贯主张，在学术问题上可以争论得面红耳赤，但这不应影响学者之间的友谊，因为这是两个不同的领域——学术领域和非学术领域。如果在学术讨论和批评中掺进种种非学术因素，或者因为学术观点不同而影响学者之间原有的友谊，在我看来，都不能认为是适当的。我也一向主张中国学术界“多一点学派，少一点宗派”。学派要靠正常的学术争鸣来促进。学派应该是从不同的方面抓住和体现时代的精神，这是学派的灵魂、学派的生命，否则所谓“学派”就只是徒具形式，而无实际内容的空壳。真正的学派是理论自觉的高层次形式——理论自觉成为一个学术共同体的共识。

当代中国社会转型的实质是什么，是新型社会主义的成长或艰难成长呢，还是中国通过某种与苏联、东欧不同的方式转变为资本主义的一种没有资本家的资本主义呢？显然，这是一个政治性很强的原则问题。所选的两篇文章《当代中国社会转型的实质：新型社会主义的成长——对新布达佩斯学派中国版的学术剖析》、《新布达佩斯学派狭义转型论的重大理论缺陷》，就是从学术剖析的角度辨明这个问题的。由于同样的原因，后一篇文章最后也没收入。

本自选集是在很短的时间内仓促编成的，缺点难免，敬请读者批评指正！

郑杭生

2012年8月10日于中国人民大学

社会学理论和方法研究中心

目　录

马克思主义与中国社会学

中国特色社会学理论

中国社会与中国社会学

社会建设与社会管理

理论自觉与学术话语权

学术评论与学术剖析

马克思主义与中国社会学

MAKESIZHUYI YU
ZHONGGUO SHEHUIXUE

中国共产党与中国社会学*

在中国共产党诞生80周年之际，从社会学的视角较为系统地、实事求是地研究和分析中国共产党与中国社会学之间的关系，是极有意义的，也是很有必要的。笔者在想，这是一个中国社会学者纪念中国共产党诞生80周年的最好的方式之一。

一、80年概述:"合"—"分"—"合"轨迹的启示

中国共产党与中国社会学的关系，大体说来，可以分为中华人民共和国成立前约30年、成立后至改革开放前约30年、改革开放后约20年三个时期来考察。

在新中国成立前的第一个时期，以共产党人为主的中国早期社会学中的马克思主义学派，尽管在旧中国还不是

* 为中国社会学会2001年济南学术年会和《社会学研究》准备，发表于《社会学研究》2001年第5期。

主流学派，但产生了广泛而巨大的社会影响和不小的学术影响，对中国社会的进步和中国社会学的发展，作出了重大的积极贡献。那时，马克思主义与马克思主义社会学的第一种形态即革命批判性形态几乎是同义词。在这个意义上，党和社会学是“合”的关系，即良性互利的关系：两者在反帝反封建的革命斗争中，在夺取和建立人民政权的过程中，获得了“双赢”。

在新中国成立后到改革开放前的第二个时期，由于种种原因，中国共产党与中国社会学的关系发生了逆向变化，党对社会学采取了负面的态度和政策，使社会学学科陷入了被取消的“严冬”。这不仅严重地打击了社会学，反过来也对党的事业造成了不应有的损失。那时，党和社会学是一种“分”或“离”的关系，即恶性互损的关系。

在改革开放后的第三个时期，以邓小平为核心的党的第二代领导集体，顺应世界和我国经济发展、社会进步的潮流，对社会学采取了正面的态度和政策，又使社会学回到了恢复与重建的“春天”；以江泽民为核心的党的第三代领导集体，高举邓小平理论的伟大旗帜，也以自己的方式，表达了对社会学的关心和支持。这时，党和社会学又回到了“合”的关系。这种重新构建的良性互利关系，既促进了社会学的发展，又满足了社会的需要，也有利于党的事业。

这种由“合”到“分”再到“合”的过程雄辩地说明，中国共产党与中国社会学的关系是“合则双美，离则两伤”，说明了推进两者的良性互利、避免恶性互损的极端重要性。

现在，中国社会学作为一门与社会稳定、改革和发展直接密切相关的学科，正在中国共产党营造的比以往更为宽松的政策环境和体制条件下，以自己独有的视角和方法，锲而不舍地研究着多年难逢的社会转型加速期中国社会所发生的激烈变化。这种研究，在非经济因素日益突出的今天，已经且必将进一步推进中国社会的进步和现代化事业的发展；已经且必将进一步培育中国社会学与世界社会学平等对话的能力和实力。不论从客观条件还是主观条件看，作为一门学科的中国社会学，尽管还有这样那样的困难，但总的看来，正处在其发展的黄金时期，它在21世纪的前景将会更好，它对中国社会所发挥的作用、所作的贡献将会更大，它在世界社会学中所占的分量将会更重。

以史为鉴，总结过去，是重要的；以史为鉴，着眼现实，是更重要的；以史为鉴，面向未来，则是最重要的。

二、建国前的“合”：中国早期社会学中的马克思主义学派

19世纪末，当中国社会深深陷入社会危机和恶性运行、中国的仁人志士寻求救亡图存大计之时，欧洲社会学中的两大系——从孔德开始的西方社会学传统和从马克思开始的马克思主义社会学传统，双双传入了中国。

（一）马克思主义的传入与马克思主义社会学派的产生

在维新派人士提倡西学、向西方寻求真理并译介孔德

系西方社会学著作的同时，有关马克思主义创始人生平与思想的介绍和讨论也开始出现于中国思想界。这样，在俄国十月革命以前，中国思想界对马克思主义已经不是很陌生了。当然，这段时期对马克思主义的介绍和讨论还是非常零碎的。同时，十月革命以前，陈独秀等人进行的反对封建传统思想束缚的早期新文化运动，解放了国人特别是青年的思想，也为马克思主义系统地传入中国并在中国大地上生根、开花准备了思想条件。真正给中国送来系统马克思主义的，是俄国十月社会主义革命，它同时也送来了马克思主义社会学的革命批判形态。十月革命送来的马克思主义，使中国一批激进的彻底的民主主义者转变为马克思主义者和第一批马克思主义社会学派的代表人物。

中国共产党主要创始人之一的李大钊，是在中国系统地传播马克思主义和马克思主义社会学的第一人。1919年《新青年》第六卷五、六号上发表了李大钊的《我的马克思主义观》，比较完整地介绍了马克思主义的唯物史观、政治经济学和科学社会主义的基本观点，并指出这三个部分之间“都有不可分的关系”。李大钊除参加陈独秀主持的《新青年》杂志的编辑外，自己又主编《晨报》副刊，并于《晨报》副刊创办《马克思研究》专栏，刊载《共产党宣言》、《政治经济学批判序言》中有关历史唯物主义部分的摘译和《雇佣劳动与资本》的最早译文。这些实际上既是对马克思主义的系统介绍，又是对马克思主义社会学革命批判形态的系统介绍。

马克思主义及其革命批判形态的社会学，对现存的旧制度采取批判与否定的态度，以彻底打碎旧制度、建立社会主义与共产主义新制度为最终目的。这种形态的社会学与孔德系西方社会学主张对旧制度修修补补、一点一滴的改良有着本质区别。马克思主义和革命批判型社会学的广泛传播，激起了资产阶级改良派人士的不满与不安。曾经和陈独秀、李大钊一起积极倡导新文化运动并建立功勋的胡适，1919 年 7 月在《每周评论》上发表了《多研究些问题，少谈些主义》的文章，引发了著名的“问题与主义之争”。

胡适的所谓“多研究些问题”的主张貌似关心中国社会实际问题的解决，实质否认马克思主义的基本观点及其客观真理性，反对马克思主义在中国的传播。他让人们只去研究具体问题的解决方法，以达到一点一滴的改良。如果不对胡适的上述文章及其论点加以批驳，马克思列宁主义就难以在中国生根开花，指导中国的革命实践。为此，同年 8 月李大钊在《每周评论》上发表《再论问题与主义》一文，对胡适的观点加以批驳。他认为，问题与主义是不可分离的，实际的问题固然应当研究并加以解决，然而任何社会问题的解决，必须要有一个绝大多数人民所支持的一个伟大的运动。只有通过这种运动，使社会问题的解决变成多数人的共同活动，实际的问题才有解决的可能。而要造就一个多数人支持的伟大的运动，就必须宣传主义，并使之变成一个多数人共同趋向的理想。如果没有主义的指导，那么任何具体的社会问题就永远也不会得到解决。李大钊认为一方面必须坚持宣传马克思主义，一方面又必须以此为指导去研究解决具体问题。他根据马克思主义唯物史观的一般原理，指出了经济问题的解决对其他问题解决的重要性。在经济组织没有改造之前，一切问题丝毫不能解决，中国社会必须进行根本改造，只有来一个根本的解决，一个一个具体问题才能有解决的希望。同时，经济问题的解决必须与阶级斗争相结合，形成工人运动，这样才能求得根本问题的解决。

“问题与主义之争”正式标志着马克思主义者与改良的、不彻底的民主主义者的分道扬镳，也可以看作是马克思主义及其革命批判形态的社会学与改良主义思潮的第一个回合的论争。马克思主义经过李大钊等进步人士的传播，为中国共产党的诞生，为马克思列宁主义在中国的革命实践，为马克思主义社会学在中国的发展，起到了巨大的推动作用。

如果说，李大钊是在中国系统地传播马克思主义和马克思主义社会学的第一人，那么，瞿秋白便是以马克思主义社会学占领中国大学社会学阵地的第一人。1923 年中国共产党于改组后的上海大学创办社会学系，由瞿秋白担任社会学系主任，开展马克思主义社会学的教育教学活动，在中国社会学教育史特别是马克思主义社会学教育史上留下了重要一页。按照邓中夏和瞿秋白两人制订的社会学系教学大纲，该系教学内容与孔德系西方社会学内容明显不同。在教学方针上，以马克思列宁主义社会学的理论基础即历史唯物主义为指导。其教学目的旨在研究和认识中国社会的现实问题。同时他们也认为，马克思主义社会学与孔德系社会学二者之间也不是决然断裂的，可以从后者汲取合理的思想与方法作为对前者的补充。

中国早期社会学中存在两大传统——从孔德开始的西方社会学传统和从马克思开始的马克思主义社会学传统，本来是一个历史事实。这一点是当时两个传统中的学者特别是孔德系的学者都承认的。因为那时孔德系学者中的多数人都力求与马克思主义、与社会主义划清界限。其中，将存在两大传统的观点表达得最为清楚的，是学院派社会学家、燕京大学社会学系教授赵承信。他在天津《益世报》上发表的《中国社会学的两大派》一文，将中国早期社会学划分为两大主流：一为文化学派，一为辩证唯物论派[①]；前者为正宗和主流，后者尽管影响较大，但并非正宗。这种对中国早期社会学两大主流的划分及其所居地位的看法基本上是正确的。但是他把早期社会学中的马克思主义学派的研究工作归于“主义学说的范畴”，认为它们“非是科学的探讨”[②]，则是与事实不符的。实际上，中国早期社会学马克思主义学派运用马克思主义的唯物史观这一根本法则，在社会学基础理论研究、社会学应用研究及有关社会结构的理论与实证探讨等方面都取得了不少成就。尽管该派的有些观点尚不成熟，还存在着这样那样的缺陷，但它们在中国社会学发展史上所具有的重要位置

① 赵承信:《中国社会学的两大派》，发表于天津《益世报》“社会研究”专刊第23期，1948年1月22日。

② 赵承信:《中国社会学的两大派》，发表于天津《益世报》“社会研究”专刊第23期，1948年1月22日。

则是不容否认的。

（二）马克思主义社会学派的特点和贡献

在旧中国的特殊环境中，马克思主义社会学派大体有以下几个主要特点，从这些特点中也可以看到它对中国社会进步和中国社会学所作的贡献：

第一，坚持以唯物史观和社会革命为内容的社会学理论。在中国早期社会学的马克思主义学派代表人物李大钊、瞿秋白、李达、许德珩等人的理论活动中，对社会学研究的根本法则、社会学的研究对象及其与其他学科的关系、社会及其本质、社会学的历史使命、社会学研究的方法论等各种社会学基础理论问题进行了探讨。例如，李大钊从马克思主义的唯物史观出发，对社会学基础理论进行了探讨，并注意对孔德系社会学的理论缺陷进行清理。李大钊在1920年前后写的《我的马克思主义观》、《唯物史观在现代社会学上的价值》、《史观》等文章中，首次提出唯物史观是社会学研究的根本法则的思想，指出唯物史观“真值得起那社会学的名称”，“因为他借助于这些根本的原则，努力以图说明过去现在全体社会学上的现象。”① 在李大钊看来，唯物史观之作为社会学的根本法则，是它对社会学最伟大的贡献。他还主张并一再强调经济因素是社会变迁的最根本原因，他说“唯物史观的要领，在认经济的构造对于其他社会学上的现象是最重要

① 李大钊：《我的马克思主义观》，原载于《李大钊文集》下册，人民出版社1984年版，第64页。

的”，“在社会构造内限制社会阶级和社会生活各种表现的变化，最后的原因，实是经济的”。①

中国早期社会学的马克思主义学派代表人物，还以唯物史观为指导，探索了社会结构问题。例如瞿秋白在《社会科学概论》（1924年上海书店出版）一书中，将社会结构分为“社会基础”和“社会建筑”两大部分。“社会基础”包括生产力和经济关系，其中生产力含劳力、技术、自然三者，经济关系含阶级结构与劳动组织；“社会建筑”部分包括政治法律、社会制度与社会心理、社会思想等内容，其中社会心理又细分为宗教、艺术、道德、风俗等，社会思想细分为哲学与科学等。“社会建筑”立于“社会基础”之上，但受“社会基础”发展的影响，而“生产力之状态”是社会最后的根底。

马克思主义学派不仅对社会结构的一般原理进行了探讨，而且对旧中国社会结构的现实从宏观与微观等不同的角度进行了分析。这种分析一方面适合了当时中国革命的需要：宏观分析便于把握旧中国社会结构的基本特点与主要矛盾以为中国革命的依据；微观分析，主要是阶级分析，便于找到革命的领导者、同盟军与革命对象。另一方面，分析中国社会结构的现状也为马克思主义社会学社会结构理论的形成与发展提供了丰富的实证材料。毛泽东是对旧中国社会结构进行实证分析方面的典范。

---

① 李大钊：《唯物史观在现代社会学上的价值》，原载于《李大钊文集》下册，人民出版社1984年版，第369、第367、第360页。

毛泽东不仅是一位伟大的革命家、政治家、军事家和思想家，同时实际上也是中国马克思主义社会学派的重要代表之一。他在革命战争年代的大量著作中，有一些是分析旧中国社会结构的代表性作品。其中《中国社会各阶级的分析》（1926 年 3 月）、《怎样分析农村阶级》（1922 年 10 月）是以马克思主义的标准分析中国社会的阶级结构，属于微观社会结构分析。而 1939 年 12 月写成的《中国革命与中国共产党》则从宏观与微观的结合上分析了旧中国社会结构的基本性质、特点与社会各阶级的状况。应当指出，毛泽东对旧中国社会阶级结构的分析，在坚持以人们的经济地位为基本标准的基础上，又增加了政治态度（即对革命的态度）的标准。这是对马克思主义阶级分析方法的发挥。以这样的综合标准来分析旧中国的阶级结构，使以他为代表的中国共产党人找到了中国革命的动力、革命的对象、革命的同盟军、革命可以争取的力量等。因此，毛泽东的阶级分析方法对中国革命所起到的推动作用是巨大的。毛泽东深知政治态度对经济地位的从属性质，他指出："所有这些阶级，它们对于中国革命的态度和立场如何，全依它们在社会经济中所占的地位来决定。"① 因此，对毛泽东划分阶级的标准应当作准确的理解。

中国早期社会学的马克思主义学派代表人物，还力图从唯物史观出发，分析旧中国存在的大量社会问题的现状

① 《毛泽东选集》第二卷，人民出版社 1991 年版，第 638 页。

与特点，指出其产生的根源、探索解决社会问题的可能途径，取得了一些成果。例如，李达在《现代社会学》一书中把中国社会问题分为劳动者问题、妇女问题及准无产者问题三类，他所关注的核心问题是中国的劳动问题与失业问题，而造成这些问题的根源则在于西方资本的入侵、中国传统社会结构的解体、产业的不发展以及军阀的连年混战。[①] 此外，下面即将看到，还有其他代表人物进行的许多研究农村社会问题特别是其核心——土地问题的成果。

第二，坚持以阶级分析为主导线索的社会调查。这方面的工作主要有以毛泽东为代表的解放区农村调查和陈翰笙主持的国民党统治区农村调查。所有这些调查都对中国社会学作出了不可磨灭的贡献，它们仍然是当今建立以马克思主义为指导的中国特色社会学的宝贵遗产。

《毛泽东农村调查文集》收入的 1926 年至 1941 年的 17 篇著作，集中反映了毛泽东的解放区农村调查的理论和实践，以及在此基础上形成的“没有调查就没有发言权”的优良传统。1941 年 8 月，中共中央根据毛泽东的指示作出《关于调查研究的决定》。在这个《决定》的指导下，1942 年在解放区组织了一系列社会调查，其中规模较大的两次调查结果是《绥德、米脂土地问题初步研究》和《米脂县杨家沟调查》两书。所有这些调查，从生产关系着手，抓住农村经济最核心的土地问题进行研究，并按照阶级分析的方法，考察农村的阶级关系及其变化，

---

① 李达：《现代社会学》，昆仑书店 1929 年版，第 225—228 页。

以及各阶级在土地斗争中的态度与表现，分析我党制定的土地政策及其他各项农村政策的执行情况与存在的问题，并以此为基础，提出新的更加完善的根据地土地革命的路线、方针与政策。正因如此，这些调查对于保证我党领导的土地革命的胜利，实现以农村包围城市与夺取政权，最终建立新民主主义的新中国，所起的作用是巨大的。

在以毛泽东为代表的中国共产党人开创的农民运动和农村调查的影响下，陈翰笙等人利用他主持中央研究院社会科学研究所工作的公开合法身份，在国民党统治区农村也进行了一系列大规模调查。其中影响较大的有三次，这就是在1929年至1934年期间分别在无锡、广东、河北等地农村所作的调查。其成果分别为《亩的差异》（1929年）、《帝国主义工业资本与中国农民》（用英文写成，1939年于美国出版）、《广东农村生产关系与生产力》（1934年）。陈翰笙之所以在这些地区的农村作调查，是因为在他看来，“江南、河北和岭南是中国工商业比较发达而农村经济变化得最快的地方。假使我们能够彻底地了解这三个不同的经济区域的生产关系如何在那里演进，认识这些地方的社会结构的本质，对于全国社会经济发展的程序，就不难窥见梗概；而于挽救中国今日农村的危机，也就不难找到一个有效的设计。研究中国农村经济先从这三个地方着手，才是扼要的方法。”① 陈翰笙等人运用马克思主义的科学方法，从生产关系入手，以翔实的实际材

① 陈翰笙：《广东农村生产关系和生产力》，中山文化教育馆1934年版，编者序。

料，证明了中国半殖民地半封建的社会性质，揭露了农村的封建生产关系及地主对农民的残酷剥削，指出了农村的根本问题是土地所有制，而进行土地革命是中国农村的唯一出路。陈翰笙等人的研究结果对当时盛行的各种各样的改良主义理论与实践无疑是一个有力的回击，同时亦证明了中国共产党领导的土地斗争的正确性。

第三，以马克思主义普遍真理和中国革命具体实践相结合为特征的中国化。马克思主义及其革命批判形态的社会学，只有通过本土化、中国化的途径，才能真正在中国社会扎根、开花、结果。毛泽东是中国共产党内最早充分地认识到马克思主义中国化重要性和必要性的领导人。在1938年发表的《论新阶段》一文中，他明确地论述了“马克思主义的中国化”问题。在《中国共产党在民族战争中的地位》一文中，毛泽东指出：“马克思主义必须和我国的具体特点相结合并通过一定的民族形式才能实现。马克思列宁主义的伟大力量，就在于它是和各个国家具体的革命实践相联系的。”因此，“洋八股必须废止，空洞抽象的调头必须少唱，教条主义必须休息，而代之以新鲜活泼的、为中国老百姓所喜闻乐见的中国作风和中国气派。”①

要将马克思主义普遍真理和中国革命具体实践结合起来，要使马克思主义具有中国作风和中国气派，其桥梁就是调查研究。这就是为什么毛泽东这么重视和强调社会调

① 《毛泽东选集》第二卷，人民出版社1991年版，第534页。

查、花大力气来反对本本主义的道理。毛泽东所提出并运用的一系列社会调查方法，本身也有一个与中国的具体情况相结合、有一个中国化的问题。正是在长期的调查实践及其理论总结的基础上，毛泽东形成了一套以应用为主要取向的，既切合中国社会实际又具有很强的可操作性的社会调查方法。他关于社会调查的重要性、典型调查、座谈会、矛盾分析和阶级分析等的精辟论述，构成了他的社会调查方法思想的基本内容。这套社会调查研究方法，不但在新民主主义革命中对制定和完善中国共产党的路线、方针和政策以及战略战术、对形成将马列主义普遍原理同中国革命的具体实践结合起来的毛泽东思想，发挥了重要作用，而且至今仍对中国各机构所进行的社会调查活动尤其行政部门应用性的调查活动有着重要的影响。这些完全可以看作是中国共产党人在将马克思主义社会学思想和方法中国化过程中所取得的重要成果和贡献。

三、新中国成立后的“分”：走入取消社会学学科的误区及其消极后果

1949 年 10 月 1 日中华人民共和国的成立，标志着新民主主义革命在中国取得了决定性的胜利，中国社会与国家的性质由此发生了根本的变化，中国共产党成为掌握政权的执政党，马克思列宁主义毛泽东思想正式成为党和国家的指导思想。为了适应这种变化，在党的领导下，开始了全面清理与改造旧中国的社会科学遗产，并在此基础上

进行新中国的社会科学学科建设的过程。高等学校院系调整就是其中的一个重要组成部分。正是在这次清理改造和高校院系专业调整过程中，社会学的教学与研究未能取得应有的地位而被取消。

1949 年新中国成立前，中国高校有社会学系 20 个，另有与社会学相关的家政系 5 个。1952 年起，高等学校院系调整和专业设置工作全面开始。到年底，全国已有 3/4 的高校进行了这一工作。结果，只有中山大学及云南大学的两个社会学系暂时保留了下来，其他的社会学系及相关学系都被取消了。接着，在 1953 年教育部对高校院系的进一步调整中，剩下的社会学系也被并入别的专业。至此，社会学的教学和科学研究活动在高等学校中就完全停止了。由于当时还设有各级社会科学院系统，中国的社会科学学术活动基本上都是在各大学进行的。因此，高校社会学系被取消与合并，实际上意味着已有半个世纪历史的中国社会学学科建设的中止。

不仅如此，在 1957 年的反右运动中，费孝通、陈达、吴景超等有关恢复与重建社会学的意见被视作资本主义复辟阴谋的一部分而受到批判，许多原社会学者被打成右派遭受迫害，学术问题与政治的界限被混淆了。作为当时中共中央主持思想理论工作的首要人物的康生，在同年 8 月北京召开的一次座谈会上对社会学与原社会学者强加了各种“莫须有”的罪名，无限上纲，并对新中国成立之初取消社会学的错误做法进行强词夺理的辩护。例如他说“新中国成立以后，取消反动派的社会学是完全对的，这是一个很大的成绩，也是他们所不满意的”，“为恢复社会学的企图，（他们）提出一个总的纲领”，“他们这伙人过去是搞社会学的，实际上是借这块牌子贩卖私货的。究竟该叫什么学，他们也说不清楚，我说，那就叫做‘帝国主义侦探学’”。① 康生实际上代表了一种正在兴起的极“左”的政治思潮。他所作的有关社会学的上述谈话对于已经遭到严重摧残的社会学及原社会学者不啻是雪上加霜，从此以后长达20多年的时间里，社会学在中国大地上销声匿迹了，社会学成为不能碰的“禁区”。

本来，马克思主义正式成为党和国家的指导思想，应该意味着马克思主义社会学的地位上升，成为主导的社会学，可是事实恰恰相反，它不仅没有得到进一步加强和发展，反而随着社会学学科的被取消，连社会学的名字也与“资产阶级伪科学”挂上了钩，不能用了。问题究竟出在哪里呢？为什么会进入这个误区呢？

应该说，社会学当时被取消的原因是多方面的。有历史的原因：旧中国两种社会学在革命与改良问题上的对立；有认识的原因：有历史唯物论就够了、社会主义社会不存在社会问题；有外来的原因：苏联的高教体制和对社会学负面处理的影响；有理论的原因：社会学的对象的模糊性，等等。在所有这些原因中，从党的角度看，如下三点特别值得注意：

第一，毛泽东等中共主要领导人对传入的孔德系社会

① 引自李剑华：《社会学随笔》，发表于中国社会科学院社会学所《社会学通讯》。

学的负面印象。早在20世纪20年代，青年毛泽东即确立了马克思主义信仰，对资产阶级学者主张的改良主义道路持批评否定的态度，立志对中国进行根本的改造。他身体力行，从20年代起对中国社会进行了一系列的实地调查与考察，由此探索大规模改造中国的革命道路。毛泽东对社会学理论虽未曾直接置评，但从他的一些批语、评论中还是可以窥见他对这一类社会学理论印象之一斑。如在1958年6月中宣部编印的《宣教动态》上刊载了一篇为“中间立场”辩护的文章，毛泽东阅后写下了七条批语，其中有“小资产阶级的庸俗社会学”、“反阶级斗争，反辩证法”这样的评注。在这里，毛泽东显然不是专门针对传统社会学理论的；然而，旧中国盛行的学院派社会学却正是主张中间立场，“反阶级斗争，反辩证法”，主张温和路线的。毛泽东对“中间立场”的批评，亦就显示了他对孔德系社会学的负面印象。毛泽东的这种印象使新中国成立后中国社会学的改造与重建失去了强有力的推动，实际上间接支持了取消社会学的行动。

第二，实际上否认了中国马克思主义社会学有从革命批判型转变为维护建设型社会学的必要性。中国马克思主义者在新中国成立前坚持的革命批判型社会学，按照历史唯物论和科学社会主义的观点，主要论证中国革命的必要性，而与种种认为无需经过革命、就能解决中国各种社会问题的改良主义作斗争。新中国成立后，形势发生了根本变化。毛泽东在新中国成立前夕举行的七届二中全会上正确地指出：“我们不但善于破坏一个旧世界，我们还将善于建设一个新世界”。[1] 这就是说，党的任务已经从破坏旧世界转到建设新社会，相应地，马克思主义社会学主要已不是为了推翻半殖民地半封建的旧社会而揭露它的恶性运行和畸形发展，而是为了建设社会主义的新社会而推进、争取和维护它的良性运行和协调发展，减少和消除各种各样旧社会遗留的和新社会也必然要产生的社会障碍因素和社会问题。可惜，当时没有人认识到马克思主义社会学还有第二种形态即维护建设型形态，毛泽东也没有把自己正确思想贯彻到底，多年来忽视了从革命为主到建设为主的转变，仍然以阶级斗争为纲，以革命批判的态度对待自己建立起来的新社会，而不是建设、维护、改善它，这就不能不导致“穷折腾，折腾穷”这样的恶性循环，最后导致“文化大革命”这样全面的恶性运行。这是多么痛心的教训！否认上述转变的消极后果莫大于此。

第三，实际上也否认了中国受西方影响的孔德系学院派社会学从维护旧社会转到维护新社会的可能性。中国的特殊情况决定了这种可能性是一种现实可能性。这是因为，绝大多数中国社会学家是爱国的，同时，他们所持的治标不治本的改良主义观点，主要是他们所受的教育和社会地位的限制，而不是存心要去维护那个旧的腐败的社会制度。到了抗日统一战线和民主运动时期，不少社会学家作为民主人士，在跟反人民、反民主的蒋介石政权作斗争中，与马克思主义者建立了友谊。正因为如此，1949 年

① 《毛泽东选集》第四卷，人民出版社 1991 年版，第 1439 页。

中国大陆解放时，各大院校的社会学家基本上留了下来。从新中国成立后大约 3 年时间的活动看，这些来自旧社会的社会学家，是愿意接受党的领导、改造思想，愿意转到为社会主义服务的轨道上来的，是愿意用马克思主义观点来逐步清除受西方影响的社会学中的资产阶级观点的。而且，学院派社会学作为维护社会学，在如何维护上有较多的经验，对维护新社会也是有用的。但是，这一转型过程却被当时高校院系调整人为地中止了。

现在看来，如果上述两个不同的转型问题解决得好，作为社会科学基本学科之一的社会学本来会在新中国得到迅速、健康的发展。遗憾的是，事情恰恰相反。社会学被取消，是作为执政党的中国共产党与中国社会学关系中最不幸的一页。结果对党的事业和社会学都造成了不可估量的损失。

四、改革开放后的“合”:邓小平与中国社会学

中国社会学迎来重建和前所未有发展的春天，能够与中国改革开放的历史进程几乎同步进行，是与邓小平的名字分不开的。或者说，沉寂近 30 年的中国社会学在 1978 年后得以迅速恢复与重建，是与以邓小平为核心的中国共产党第二代领导人所给予的重要支持与推动分不开的。换言之，取消社会学的是中国共产党，而纠正这一失误的，也正是中国共产党自己。

1979 年 3 月 30 日，邓小平在党的理论工作务虚会上作

了题为《坚持四项基本原则》的著名报告，提出了社会学和其他社会科学一样“需要赶快补课”的问题。他说：“我们已经承认自然科学比外国落后了，现在也应该承认社会科学的研究工作（就可比的方面说）比外国落后了。”“应该指出，所以形成这种落后状况，责任首先在于中央和各级党委对于思想理论工作的领导方法不对，禁区太多，关心和支持太少。今天我代表中央向大家作自我批评。”①

邓小平在这样隆重的场合，用这样郑重而又自我批评的方式，从政治的高度提出恢复和重建社会学的问题，对在极“左”思潮肆虐年代备受打击与迫害的社会学者来说，无疑是一个极大的鼓舞。过去由于错误地取消了社会学，造成了这门科学和国外相比已经相对落后的现状，所以应当“赶快补课”、“急起直追”。邓小平的讲话彻底消除了当时不少社会学者的心理顾虑，解放了思想，给予筹划中的社会学恢复工作以最有力的支持与推动。邓小平的讲话也使不少在不同学科从事教学研究的党和非党的思想理论工作者和其他学者转向社会学，为社会学增加了生力军，增加了多学科的视野。这对社会学这门综合性具体社会科学在中国的发展来说，不是坏事，而是好事。

提出社会学“需要赶快补课”这个问题本身就表明，以邓小平为核心的中国共产党第二代领导人，改变了过去以毛泽东为核心的党的第一代领导人对社会学的负面看法。这可以说改变了中国社会学此后的命运，是中国社会

① 《邓小平文选》第二卷，人民出版社 1994 年版，第 181 页。

学的一个转机，意义是十分重大的。当然，这仅仅是开始。对社会学的负面看法延续了近 30 年，要真正改变对社会学的看法，特别是真正认识社会学的作用，不是某个领导人一说就能做到的。

在邓小平关于社会学“需要赶快补课”的讲话以后，我国新老两代社会学人，在费孝通、雷洁琼等老一辈社会学家的带领下，致力于建立对社会主义社会来说维护建设性形态的社会学。费孝通当时所作的关于社会学着重通过解决急迫的社会问题减少社会主义建设的障碍、防止非社会主义因素的滋生等论述，实际上就是说的这样一种社会主义社会维护建设性形态的社会学。[①] 无论在中国社会学的恢复过程中，还是在社会学学科地位的确立过程中，费孝通、雷洁琼等老一辈社会学家起了特殊重要的、其他人不能替代的作用。由于建立维护建设性形态的中国社会学的任务被推迟了近 30 年，整个社会学界充满着一种在获得了大显身手的机会后才有的紧迫感，并把这种紧迫感化为“急起直追”的行动。当代中国社会学能够在 20 年左右的时间发展到现在这样的规模和水平，除了其他原因，也是与这一点分不开的。

邓小平提出恢复社会学研究的最初与最直接的动因是他提出的拨乱反正的需要，是解决当时迫切社会问题的现实需要。当然还有更广泛、更深刻的原因，这就涉及社会学在中国现代化过程中、在当代中国社会发展中的作用问

---

① 费孝通：《为社会学再说几句话》，发表于《社会科学战线》1980 年第 1 期。

题和定位问题。我们国家自邓小平主导下的中共十一届三中全会以后进入了一个伟大的变革时代，我们的社会将由一个封闭的、乡土的、传统型社会加速转变为一个开放的、城乡结合的、现代型的社会。这个社会正在发生些什么变化，怎样变的，为什么这样变，没有现成的解释和认识，这些都需要探索，都需要给出社会学的回答。在这个过程中，发展的问题、改革的问题、稳定的问题，以及三者的相互关系问题，都会突出出来，这些也都需要探索，也都需要社会学从自己特有的视角、用自己特有的方法给以回答。

从社会发展本身看，发展是经济因素和非经济因素全面发展，把经济搞上去是首要的，但把发展理解为单纯的经济增长是片面的，忽视非经济因素对经济的促进或制约是有害的。社会学主要以非经济因素为切入点研究经济与社会协调发展，把不协调的因素减少到最低限度。这样的社会学，是一门研究以最小的社会代价取得最大的社会进步的社会科学，它在推进社会全面发展中，有着不可替代的作用；从社会稳定看，社会学既正面研究社会保持稳定、有序运行的机制和条件，又研究消除影响社会稳定、导致社会动乱、造成社会问题的种种障碍因素，其中非经济的障碍因素占有很大比例，在保持社会良性稳定中，社会学也有着不可替代的作用；从社会改革看，改革越深入，非经济因素越重要、越突出，往往成为改革深入的瓶颈，研究如何减少改革的社会代价，增加改革的社会效益，是社会学必须作出的回答。对于社会改革来说，社会学同样有着不可替代的作用。可见，社会学本来就是一门促进社会稳定、改革与发展的科学，它对于中国现代化事业来说，是不可或缺的。

对中国现代化进程起这样作用的社会学，在中国是必然要恢复的，只是时间迟早的问题。邓小平的功绩和高瞻远瞩在于他看到中国社会科学的落后状况将会拖现代化事业的后腿，以十分迫切的心情及时提出社会学"需要赶快补课"，从而使中国社会学得以与中国社会转型加速期几乎同步开始。这一方面的重要性还在于：它为中国社会学的学科建设提供了必要的发展空间和新的起点，并为今后学科建设的较为顺利进行、抵御各种可能的干扰，提供了强有力的政治保证。

邓小平与中国社会学的关系，不仅表现在邓小平决定了中国社会学命运的良性转折，而且表现在他的理论包含有丰富的中国特色社会学思想。也就是说，这种关系不仅仅是外在的，而且还是有内在的交汇点、结合点和共同点的。例如，邓小平理论的重要方面——拨乱反正，与中国社会学在治乱兴衰方面有着交汇点、结合点和共同点。拨乱反正在邓小平的实践和理论中占有重要地位。新中国成立以来，我党历史上具有深远意义的伟大转折——十一届三中全会，便是在拨乱反正中实现的；我国社会主义现代化事业发展的新时期，也是在拨乱反正中开创的。邓小平曾指出，十一届三中全会以来将近 7 年，"我们主要做了两件事，一是拨乱反正，二是全面改革。"① 拨乱反正，

① 《邓小平文选》第三卷，人民出版社 1993 年版，第 141 页。

全面改革，不仅是对这7年的概括，同时也是对新时期现代化建设过程的概括。

邓小平的拨乱反正无疑主要是一个政治命题，但同时也是一个社会学味很浓的命题。第一，即使从“拨乱反正”这样的词句上也可以看出，它没有离开治乱兴衰这一中国社会思想史和中国社会学的主导思想；第二，它包含着中外社会学、中外社会思想的两个经久不衰的主题：秩序和进步。就秩序来说，一方面追求大治、有序，一方面避免动乱、失序；就进步而言，一方面追求兴盛、发展，一方面避免衰败、停滞。因此，拨乱反正、重建秩序，拨乱反正、实现发展，一句话，在社会运行的两个方向——横向和纵向，摆脱恶性运行（大乱），进到中性运行，争取达到良性运行（大治），这是邓小平提出拨乱反正的应有之义。必须说，邓小平的拨乱反正，是中国历史上运用治乱思想获得巨大成功而且产生如此广泛影响的少数范例之一。

邓小平理论与中国社会学的内在的结合点，不仅表现在拨乱反正与作为社会运行轨迹的治乱兴衰的关系上，也表现在拨乱反正本身包含的社会学含义上。从社会学的视角看，拨乱反正包含着“结构性调整”和“功能性调整”两个方面。邓小平十分重视社会结构的问题。例如，他在1978年就已经多次谈到城市结构、劳动力结构、工农业结构的问题，提出“要研究一下资本主义国家的社会结构”[①]，等

① 《邓小平思想年谱》（一九七五——一九九七），中央文献出版社1998年版，第61页。

等；同样，他也很重视发挥社会结构的社会功能问题，多次强调要转换政府的职能，这主要涉及的是功能性的调整。邓小平的拨乱反正，既抓了结构性调整，又抓了功能性调整，并且灵活地该抓什么就抓什么。这也是他的拨乱反正能够成功，并且富有成效、极大地促进了中国社会发展的重要原因之一。

五、面向未来的“合”：党的政策与中国社会学的进一步发展

今后，作为执政党的中国共产党与作为社会科学基本学科之一的社会学的关系，就总的趋势来看，将向进一步良性互利的“合”的方向发展。当然，这不是轻而易举地、自然而然地就能实现的，它要求互动双方都作出相应的努力。

（一）中国共产党：营造有利于社会学进一步发展的政策环境和体制条件

在中国共产党营造的比以往更为宽松的政策环境下，恢复与重建后中国社会学无论在学科的制度化方面，在学科建设方面，还是在理论和实证的研究方面，以及在自己的国际影响方面，都取得了很大的成绩。

首先，在社会学学科的制度化方面，可以着重指出如下几点：

1. 社会学教学机构初具规模。据1999年全国高校社会学学科教学指导委员会暨社会学系系主任联席会议统计，初步结果是：在中央各部委和地方所属院校中，已有

社会学专业 37 个，其中社会学系 33 家；已有社会工作专业 30 个，其中社会工作系 9 家，因而在社会学教学的规模上远远超过了旧中国。这从一个重要方面表明：在 20 年左右的时间内，中国的社会学教育事业已经取得了较大的发展。

2．社会学研究机构普遍建立。中国社会科学院和我国各省社会科学院几乎都有社会学研究所。其中中国社会科学院社会学研究所、北京、上海、天津、江苏、浙江、辽宁、云南等省的社会科学院的社会学研究所，都有很强的实力。在研究机构方面值得提及的最新发展，是国家教育部在全国建立的百家人文社会科学重点研究基地中，社会学学科就有两家：中国人民大学社会学理论与方法研究中心和北京大学中国社会与发展研究中心。

3．社会学学术团体的成立发展。中国社会学会已经经历 4 届，各省市也有社会学会这样的学术团体近 40 个。中国社会学会还建立了每年召开一次学术会议的“年会制度”，年会已经召开了 10 次。学术年会越开越兴旺，参加的人越来越多。

4．社会学学位体系的完整设立。社会学作为独立学科的一个重要标志是它获得了学士、硕士和博士学位的授予权。其中，现有社会学博士点 7 个（中国社科院、北京大学、中国人民大学、南开大学、南京大学、上海大学、中山大学），硕士点超过 20 个，并已建立博士后流动站 3 个（北京大学、中国人民大学、中国社科院）。

5．社会学在国家社会科学基金体系中的地位得到确立。在国家社会科学基金中，社会学课题是增加最快的学科之一。在“六五”、“七五”、“八五”期间，社会学的课题共立项210项，其中重点项目42项，一般项目116项，青年项目52项。到九五规划，一个五年计划中社会学项目的立项数，就与前三个五年计划的立项数相差无几。除经济学科之外，社会学立项数的增加是最快的。在十五计划中，这个势头还将保持下去。2001年申报社会学项目的有446项，立项44项。

其次，在社会学的学科建设方面，这里也指出几点：

1．在中国社会学的发展方向、本土化问题、与历史唯物主义的关系、社会学学科的性质等问题上，社会学界取得了广泛的共识，这种共识集中体现在我们要建立的社会学是以马克思主义为指导的、中国特色的社会学，用费孝通先生在《建立我国社会学的一些意见》一文中的话来说，就是要建立“一门以马列主义、毛泽东思想为指导，密切结合中国实际，为社会主义建设服务的社会学。这是在本质上有别于中国旧时代的社会学和西方各国的社会学的”。笔者在《社会学对象问题新探》一书中，也对此作了论证。

2．社会学作为一门综合性的具体社会科学，已经发展和建立了一些相对完善和独立的分支学科体系，这些分支学科包括：社会学理论与方法、社会心理学、发展社会学、农村社会学、都市社会学（城市社会学）、家庭社会学、性社会学、医学社会学、劳动社会学、教育社会学、人口社会学、企业社会学、工业社会学、国外社会学、社会人类学、社会工作、社会保障学、社会调查学、体育社会学、法社会学等等。

3. 社会学的理论研究和社会调查取得了重要的进展，出版了一系列不同层次有影响的著作。出现了一些有影响的中国特色社会学的社会学理论，如小城镇理论，社会运行论，社会转型论，等等。在实证研究方面，费孝通的《小城镇·大问题》、《小城镇·再探索》等，就是对实行家庭联产承包制后的农村进行深入调查的成果。同样，雷洁琼指导下的《中国城市家庭》、《中国城市婚姻与家庭》等，也是对北京、上海、天津、南京、成都五个大城市的家庭生活开展新中国成立后首次大规模问卷调查所获得的成果。此外还有一些以大规模调查为基础的关于当代中国社会结构变迁的研究，现在一些社会学术语，如“社区”、“协调发展”、“运行机制”、“结构转型”等，已经成为社会大众的通用语言。

4. 社会学的课程体系已经建立，社会学类专业的主干课程已经确定。1999 年 7 月于陕西师范大学召开的全国高校社会学学科教学指导委员会暨社会学系主任联席会议上，确定了大学本科社会学专业 10 门专业主干课，它们是：社会学概论、社会调查研究方法、国外社会学理论、中国社会思想史或中国社会学史、社会统计学、社会工作概论、社区概论、社会心理学、经济社会学、发展社会学（社会现代化）。会议同时决定：以全国高校社会学学科教学指导委员会名义编写和出版这 10 门专业主干课的教学大纲，这些共识和做法得到了国家教育部有关主管部门的大力支持。此外，会议还达成了对本、专科社会工作专业8门专业主干课的共识。它们是：社会学概论、社会工作导论、个案工作、小组工作、社区工作、社会行政、生活保障、社会调查研究方法。社会学课程已在各类高校普遍开设，成为大学生最为欢迎的课程之一。

再次，在其他方面，应该指出的有：

1. 1992年年底《中国大百科全书·社会学卷》的出版，可以说是中国社会学学科建设的一个重要里程碑。在《中国大百科全书·社会学卷》的卷首文中，系统地介绍和总结了社会学的一系列根本理论问题，如社会学对象、性质、功能、地位等，描述了社会学的几种研究框架，对社会学的历史、发展趋势也作了分析。该卷辞书收集了千余条词条，概括和总结了社会学研究的最新研究成果，总结了社会学知识，成为社会学学科的一本总结性成果。

2. 社会学有了像《社会学研究》、《社会》、《国外社会学》等自己的杂志，出版了《社会学年鉴》。

3. 开展了一系列社会学国际学术交流，扩大了中国社会学的国际影响。1995年年底亚洲社会学大会在中国召开，就是一个突出的例证。

毫无疑问，上述这些，都是在执政党营造的比以往更为宽松的政策环境和体制条件下获得的，这是一方面。当然，就是这一方面，也有一个需要进一步完善的问题。

另一方面，要营造有利于社会学进一步发展的政策环境和体制条件，还有不少事情要做，例如：

——在学位制度方面，社会学二级学科太少，限制了它博士点的进一步发展，与它有超过100个分支学科的情况极不适应。1996年前，社会学这个一级学科中，有4个二级学科：即（1）社会学理论和方法；（2）应用社会学；（3）人口学；（4）人类生态学。其中社会学本身有两个二级学科。1996年调整后，社会学理论和方法与应用社会学两个二级学科被合并成一个二级学科。这样，社会学本身成了既是一级学科，又是二级学科，而实际上是只有一级学科，没有二级学科。这无助于促进社会学的发展，相反，限制了社会学的发展。

——在出版体制方面，社会学的学术杂志太少，审批刊号“只作减法，不作加法”的做法，对经历恢复与重建过程的社会学尤其不利。

——在学科规模上，学科的设置到招生与经济学严重失衡。经济学应该大，问题是社会学太小，小到不成比例。这从一个侧面反映出只重视经济因素，不重视非经济因素，是不符合经济社会协调发展的，迟早要付出代价。

——在投入的政策和体制上，与自然科学严重失衡。重理轻文的倾向对社会学的影响极大。

这里，还要特别指出在对社会学的认识和定位上，仍然存在不少问题。

社会学是一门在社会科学中占有重要地位的、正在迅速发展的、在我国有特殊经历的新型学科。所谓“占有重要地位”，从大的学科分类来说，在邓小平同志1979年提出社会学要和政治学一样要赶快补课前后，胡乔木等同志对社会科学提出这样的分类：文、史、哲，经、法、社。这是有道理的。所以，社会学作为一个大的门类也是有根据的。在1996年1月6日至12日在河南郑州召开的国务院学位委员会学科评议组第六次会议期间，费孝通先生为此向学位办写了书面意见，我作为那时社会学界唯一的代表，反映社会学界的意见，正式提出了关于将社会学学科上升为大门类的建议。从社会学的功能来看，它身兼三职：社会学在人文素质教育中是必不可少的；社会学又是一门基础性的文科学科；更重要的，社会学还是一门应用文科。所以不能笼统地说社会学是一门“长线学科”。现在，在所有发达国家和很多发展中国家，几乎没有一所大学没有社会学系。所谓“正在迅速发展的”，是指社会学是一门现代化社会不可或缺的学科，它随现代化进程而迅速发展，现在国际上已有170多个分支。所谓“新型”，同样指社会学是一门与现代社会生活直接密切相关的学科。在我国，社会学尤其是跟国家与社会关系变化的趋势相适应的，即与从“大政府——小社会”向“小政府——大社会”转变的趋势相符合的。以马克思列宁主义、毛泽东思想和邓小平理论为指导的中国社会学着重研究非经济因素对社会稳定、发展与改革的影响，从而既促进社会的稳定，又促进社会的发展。这样的中国社会学是促进社会稳定和发展的学科，不能笼统地把它叫做“敏感学科”。它研究一些敏感的社会问题是为了促进社会的稳定和发展，提出消除不稳定因素的建议。所谓“在我国有特殊经历”，是指新中国成立后它被停办近30年，在我们党的最高领导人提出重建后，全社会、政府用人部门、老百姓对它有了一定的了解，但总的来说，还了解得不够，特别需要扶植。而且根据各院校社会学专业招生生源和分配的实际分析，每年的最后情况是好的。

如果上述问题能够得到解决，那么，中国社会学发展的政策环境和体制条件将会得到极大的改善。

（二）中国社会学：坚持正确的学术道路高水平地进行理论创新和学科建设

客观的政策环境和体制条件，再加上客观的社会转型所提供的学术机遇，对中国社会学的发展来说，无疑是十分重要的。但是在有了好的政策环境和体制条件的前提下，中国社会学能否真正抓住学术机遇得到健康发展，还有赖于自己的主观努力。

这里，坚持不懈地进行理论创新和切切实实地推进学科建设，对中国社会学的进一步发展来说十分关键，可以说是它要常抓不懈的当务之急。理论创新是学科建设的生命源泉和主要内涵，学科建设是积累创新成果的体制化形式和主要渠道。没有理论创新就谈不上学科的发展和建设，没有学科建设则不能巩固理论创新的成果。应该说，理论创新和学科建设，特别是理论创新，是中国社会学的薄弱环节。

中国社会学的理论创新和学科建设，是一个涉及很多层次、极为复杂的话题。这里只就我认为的一些根本问题，提出几点个人想法。

第一，理论创新和学科建设必须坚持马克思主义为指导——当代欧洲社会学重新发现马克思给我们的启示。以马克思主义为指导，是以马克思列宁主义、毛泽东思想和邓小平理论为指导的简称。中国社会学坚持以马克思主义为指导，在我看来，主要有两方面的含义：一方面，从中学习领会马克思主义经典作家观察社会生活的唯物辩证法的世界观和方法论，也就是学习领会他们的立场、观点和方法。一个社会学者，如果不自觉接受作为2500年来智慧之花发展成果的马克思主义哲学的指导，就不可避免地要受到打着各种时髦旗号的最坏的哲学的支配。另一方面，要掌握马克思主义经典作家运用唯物辩证法分析社会的最基本的结论，对中国社会学者来说，特别要掌握毛泽东、邓小平对中国社会的一些基本问题的论述。离开这些，中国社会学就会失去正确的方向，其他问题也不可能得到正确解决。

以马克思主义为指导，重要的是要阅读马克思主义经典作家的原著，体会其中的精神实质。现在在一些年轻的社会学者和社会学专业青年学生中存在一种值得注意的风气：不阅读马克思主义的原著，往往从西方社会学家评论马克思主义经典作家的引述中，抓住一些片言只语就发议论，对马克思说三道四。这是很不严肃的，这可能也是“社会主义低潮综合征”的表现之一吧。

近20年来，欧洲社会学的一些著名学者，如法国的布迪厄、英国的吉登斯、德国的哈贝马斯等，为了突破和超越个人与社会的二元对立，也即突破个人与社会关系的僵死的、静态的、绝对的二元对立的理解，从各个不同方面作出努力，从而导致了当代社会学建构主义这种学术取向的产生。例如，吉登斯的“社会结构二重性”认为，社会结构既是个人行为的前提和条件，又是个人行为的结果和产物。把社会结构和个人行为都看作一种建构过程，从而打破了个人与社会的二元对立。其实这不过是在根本观点上重新发现了或回到了马克思主义。因为马克思从黑格尔那里继承了那种打破二元对立的辩证法思想，并把它运用到人与社会的关系上，把人与社会看作是一个互生、互动的过程，也即在差不多一个半世纪前，实际上做了建构主义思潮近20年来所做的事。例如马克思主义创始人把“世界是过程的集合体”而不是“现成事物的集合体”的辩证思想运用到人与社会的关系上，提出了个人与社会互为因果的思想：“正像社会本身生产作为人的人一样，人也生产社会。”① 还指出：“首先应当避免重新把‘社会’当作抽象的东西同个人对立起来。个人是社会存在物。”② 从这里可以清楚地看到，就根本观点说，马克思主义是取之不尽的理论宝库，当然就具体论断说，无疑要随着时代的发展而不断地校正。我们说的以马克思主义为指导也就是以其根本观点为指导。从欧洲社会学回到马克思主义并日益成为世界社会学理论中心的事实中，我们可以进一步体会到以马克思主义为指导对中国社会学的重要性。

第二，理论创新和学科建设必须明了世界社会学的整

① 《马克思恩格斯全集》第42卷，人民出版社1995年版，第121页。
② 《马克思恩格斯全集》第42卷，人民出版社1995年版，第122页。

体态势——汲取欧美社会学的优点，同时走自己的路。与中国社会学有关的世界社会学的态势主要有：首先，欧美社会学是强势社会学，处在中心地位，而中国社会学是弱势社会学，处在边陲地位。在这种情况下，树立主体意识，防止“边陲思维”特别重要。就是说，处在边陲地位，不等于应该有那种对西方亦步亦趋、人云亦云，而应该有中国学者自己的主体意识。客观地承认自己是弱势学科，不等于甘当弱者。我们要通过理论创新和学科建设而成为强者，做到“你懂的，我也不是不懂”，“我有的，你却不一定有”。只有这样，我们才能获得与国际学术界平等对话的能力和实力。

其次，由于美国社会学理论与实证研究的失衡，陷入实证主义的困境，很少产生原创意义的大社会学家。世界社会学的中心至少是世界社会学的理论中心，开始重新向欧洲转移。回顾中国社会学，自 1978 年重建以来，美国式的实证主义社会学一直是中国社会学模仿的对象，实证主义范式也一直是中国社会学中的主流话语。这样一种知识取向与中国社会学独特的发展经历是有直接关系的，它对于中国社会学的规范化和专业化曾经发挥了非常重要的、积极的作用。然而，近年来，实证主义范式对中国社会学的消极影响也逐渐暴露出来。这主要表现在：专注于具体的应用研究和政策研究，缺乏甚至有意回避有关重大理论问题的探讨。这使中国社会学的实证研究缺少必要的理论支持，大量实证研究停留于低水平的现象描述；研究成果自说自话，相互之间缺乏综合、整合和积累，缺乏一个一般理论（general theory）将具体的实证研究成果贯穿起来。中国社会学中的实证主义范式虽然还没有发展到美国社会学那样“危机”的程度，但如不未雨绸缪，后果也将是十分严重的。美国社会学当前所面临的危机和中国社会学所可能面临的危机，提出了这么一个问题：即在当前形势下，社会学知识如何创新的问题。笔者认为，个人与社会的关系问题是社会学知识演进的轴心和根本线索，是社会学发展的基本问题。在当前社会学面临危机的条件下，要实现社会学知识的创新，必须抓住这个既是根本的前沿问题又是我国社会快速转型中的焦点问题，进行理论和实证结合的研究，走出一条既不同于美国社会学又不同于欧洲社会学，但又吸取欧美社会学各自强势的学术路子来。

第三，理论创新和学科建设必须立足现实，开发传统——建设有中国特色的社会学，必须将世界社会学的普遍原理与中国社会的具体情况相结合。所谓立足现实，就是中国社会学把现实的中国社会作为自己的立足点、出发点和归宿点。中国社会学是应中国社会的现实需要而产生、发展的，目的是以不同形式为现实服务。这是中国社会学的优良传统。正是由于立足现实，中国早期社会学取得了丰硕的成果，出版了一系列应用社会学和理论社会学的著作，中国也因此被誉为“生气勃勃的社会学活动的中心”，被誉为在思想质量上除北美和西欧之外的“世界上最繁荣的社会学所在地”。自 1979 年社会学恢复与重建以来，重新获得大显身手机会的社会学界，仍然把现实的中国社会作为自己的立足点、出发点和归宿点，并把社会调查作为社会学与中国社会现实连接的桥梁和纽带。应当说，中国社会学恢复与重建以来不论是在理论社会学方面研究的进展，还是在应用社会学方面研究的进展，凡是有重大影响和有一定创新意义的，无一不是立足中国社会现实的结果。而凡是没有中国社会现实感的社会学作品，总是显得苍白无力，缺乏应有的生命力。所谓开发传统，就是中国社会学注意吸取几千年历史上丰富的社会思想，特别是关于社会治乱兴衰的思想，以此来观察现实的中国社会，并对西方传入的社会学给以带有中国特色的解释。社会学的中国化，首先当然是立足现实，同时也与开发传统分不开。中国学术思想是一个用之不尽的宝库，可资开发的思想资源。现在还做得不够。中国社会学百年的历史也告诉我们，史论结合对社会学是同样重要的：没有历史感的社会学作品，是缺乏底蕴的。

创造中国特色，不是别的，就是中国社会学立足于我国的社会实际，去调查、去研究、去概括、去总结，同时，又要深入研究中国社会思想史，从我国丰富的社会思想资料中，从我国悠久的优秀传统中吸取养料，并同欧美社会学各自强点所反映的世界社会学普遍原理结合起来。这样创造的中国特色社会学，既使世界社会学的普遍原理扎根于中国，同时又对普遍原理的丰富和发展作出自己的贡献。

第四，理论创新和学科建设还必须建立起有影响的、相互友好学术竞争的中国学派。这是坚持和贯彻“百家争鸣”、繁荣学术的必经之途。现在，在社会学界能够进行正常学术争鸣的学派，不是多了，而是太少了。笔者从20世纪80年代中期以来多次提倡中国社会学界“要多一点学派，少一点宗派”，就是因为学派是学术繁荣的标志，而宗派则是学术繁荣的障碍。

最后，中国社会学的理论创新和学科建设，要靠我们中国社会学者特别是年轻一代中国社会学者自己来承担；“立足现实，开发传统，借鉴国外，创造特色”的学术之路要靠我们自己来跋涉；高水平的良性互动的中国学派也要我们自己来创立。只有“方向正确、人品高尚、学问扎实、体魄健全”的社会学者，才能真正担当得起这样的重任！

总之，坚持以马克思主义为指导，坚持为我国社会主义现代化服务，抓住快速社会转型所提供的学术机遇，吸取欧美社会学的精华，开发我国悠久的社会思想学术传统，拥有众多彼此友好争鸣的学派和一批高素质且年龄结构合理的社会学者，是中国社会学理论创新和学科建设的主要条件。我们要坚持不懈地创造这些条件。随着这些条件的不断具备，中国特色社会学理论和方法将会作为理论创新和学科建设的成果而呈现在中国和世界。这样，中国社会学与中国共产党营造的有利于社会学进一步繁荣的政策环境和体制条件就会更好地结合起来，两者的良性互利关系就会持续地得到巩固和发展。

社会实践结构性巨变时代的马克思主义社会学*

20 纪的最后 30 年间，全球政治格局进入了空前变动时期，现代世界体系面临着各种反体系力量的挑战。20 世纪 60 年代末至 70 年代初，西方社会熬过了迅猛异常的红色浪潮袭卷，大劫之后的自我检讨、反思和修补，包括向自己的对手——“社会主义”的学习借鉴，换得了稳定、繁荣的趋势。至 80 年代末，随着中东欧社会主义阵地的大范围失守，马克思主义的政治议程遭受了极大的挫折，而社会主义和共产主义也似乎成了一个大垃圾桶，用来承载对社会和政治方案失误的清算，对政治家和思想家责任的追究，以及各种抱怨愤懑情绪的发泄。这促使马克

* 本文由郑杭生与杨敏合作写成，杨敏为第一作者，发表于《社会科学研究》2007 年第 2 期。本文是郑杭生教授主持的教育部人文社会科学重点研究基地重大课题《当代中国社会转型的社会学理论研究与构建：全球化背景下马克思主义社会学的应用与发展》（05JJD840149）的阶段性成果之一。原为“社会实践的结构性巨变与和谐社会的持续性构建”系列论文第六篇。

思主义走上了一个历史分野：在西方，马克思主义更频繁地一次次被宣布已经死去，或作为蜕去了政治倾向的一种学术思潮被囚困在象牙塔里；在东方，一些社会问题和矛盾引发的困顿、犹疑和疲惫心态，使马克思主义的发展进入了一个艰难时期。在社会主义、共产主义“终结”的一派逆浪中，中国依然砥柱中流，坚守自己的信念，推进既定的目标，等待马克思主义的世界性崛起。

然而客观地说，目前我们仍处在“马克思主义低潮综合征”境况中，是否出于一种“围城”心态，一些人极不愿意正视一个事实：经过近一个世纪的马克思主义中国化进程，这一思想和知识体系已深深融入了中国文化，并成为了中国哲学社会科学的组成部分。还有一些人历来对马克思主义抱着偏见和误识，把马克思主义看成是一种批判和激进的极端思潮，是对抗社会现实的反体制思想来源。也有一些人以为马克思主义没有社会学，即使有也仅仅是一种社会冲突论的、革命斗争型的，等等。这类不同倾向的一个共同点在于，不懂得马克思主义及马克思主义社会学是时代的、实践的和发展的。因此，在社会实践发生结构性巨变的时期，理解并跟上马克思主义社会学的当代形式，不仅需要勇气，也需要智慧。

一、马克思主义社会学的实质及其当代形式

什么是马克思主义社会学的当代形式？什么是它经久不衰的精神底蕴？什么是它在现时社会趋向中最为活跃的

思想特质？我们今天面对的许多问题，都聚集在马克思主义社会学的实质上。为此，我们应当再次回访马克思主义社会学的最初发祥。

19 世纪中期，一个巨大的问题牵动着欧洲国家神经中枢，归结起来就是如何“把刚刚形成的工业无产阶级合并到民族国家之中来”，对这个大问题的解决“足以同时衍生出社会主义、福利国家和作为一门学问的社会学”①。从社会学理论上说，这一焦点性问题包含着对现代社会的一个根本疑虑：社会（秩序）何以可能？在社会学研究的不同形式下展现出一条学术轨道——关于现代社会运行和发展的思考：当时的“种种社会运行和发展中的障碍和不协调，以极其鲜明的形式，提出了资本主义社会能否良性运行和协调发展的问题。如回答能，则有一个如何达到良性运行和协调发展的问题；如回答不能，则又有一个如何解决、出路何在的问题”②。西方社会学的两大谱系——从孔德开始的西方改良维护型社会学和从马克思开始的革命批判型社会学也由此导源，它们对资本主义社会的运行和发展“各自作出了不同回答”。

孔德改良维护型社会学的一个理论前提是：与旧式现代性相携而来的资本主义工业社会制度是合理的，是可以通过

① 马丁·阿尔布劳：《全球时代——超越现代性之外的国家和社会》，商务印书馆 2001 年版，第 73 页。

② 郑杭生：《社会学研究对象问题新探》，中国人民大学出版社 1987 年版，第 19 页；郑杭生主编：《社会学概论新修》（第三版），中国人民大学出版社 2003 年版，第 4 页。

理性的方式消除病态和失范现象实现社会和谐和均衡发展。孔德对西方现代性给予了这样的断定：这一过程代表了社会的进步趋向，指示了历史发展的最高点和理想结局。

与之不同的是，马克思主义的革命批判型社会学对旧式现代性和资本主义制度表达了强烈的批判立场，指出资本主义作为一种社会制度的不合理性，它导致了劳动的异化状态、剥夺了人的本真自我，并从社会劳动、社会关系和社会结构体系的病态基础中产生出使这种不合理性得以继续再生产的动力机制。这样，马克思主义社会学超越了人道主义和道德诉求，提出了对资本主义社会进行彻底变革的政治议程，通过无产阶级和人类解放的道路来改变劳动的异化状态、恢复劳动的自身价值，实现整个人类向本真自我的回归。以革命批判型社会学为起点，马克思揭示了资本主义社会制度内含的矛盾和冲突，阐发了对未来的社会主义和共产主义社会制度和秩序体系的特征及其良性运行和协调发展的理论。可以看出，马克思主义社会学中蕴含的社会现代性变迁及其运行和发展的理论逻辑。

在马克思主义社会学中，社会主义仅仅是一个伟大过程的开端，它意味着对社会劳动、社会关系和结构体系的持续性型塑建立全新的社会生活的实践过程。所以马克思主张"社会化的人，联合起来的生产者，将合理地调节他们和自然之间的物质交换，把它置于他们的共同控制之下，而不让它作为盲目的力量统治自己"①，"人在积极实现自己本质的

① 《马克思恩格斯全集》，第25卷，人民出版社1995年版，第926—927页。

过程中创造、生产人的社会联系、社会本质"，社会本质不再体现为与人的本质相对立的力量，而"是他自己的活动，他自己的生活，他自己的享受，他自己的财富"[①]。这些炽热如火的话语所表达的对社会良性运行和协调发展的最优状态的构想，对人类生活和生命的最高价值及意义的呼唤，从一个侧面展示了马克思主义社会学持久的当代性。对于马克思的继承者来说，他的思想永远是引领性的，是点燃激情、型塑理想、拓展思考空间的巨大原动力。

21年前，笔者对马克思主义社会学作了这样的界定：马克思主义社会学实质上是一门关于社会主义和共产主义社会良性运行和协调发展的条件和机制的综合性具体科学。笔者指出了马克思主义社会学揭示了资本主义社会从根本上总体上说是一个恶性循环和畸形发展的不合理的社会，只有代之而起的社会主义和共产主义社会，才有可能真正做到良性运行和协调发展。笔者阐述了马克思主义社会学的两种形态：马克思主义社会学在其发展过程中采取了两种不同的但又是统一的形态，即革命批判性的形态和维护建设性的形态。笔者明确了马克思主义社会学的主要形态："革命批判性形态只是它的一种过渡性的、预备性的形态"，"维护建设性的形态应该是马克思主义社会学的主要形态，甚至可以说是本来意义的马克思主义社会学"[②]。今天看

① 《马克思恩格斯全集》，第42卷，人民出版社1995年版，第24页。

② 郑杭生：《社会学研究对象问题新探》，中国人民大学出版社1987年版，第150—170页。郑杭生：《论马克思主义社会学的两种形态》，《光明日报》，1985年7月29日第3版。

来，这些观点依然保持着某种开创意义：给予了马克思主义社会学的基本界定，指出了马克思主义社会学的特殊性，阐明了马克思主义社会学的两种形态，凸显了当代马克思主义社会学更为基本的形式。这些仍然可以作为对马克思主义社会学进行理解和阐释的一系列起点。

二、社会实践结构性巨变视野下对马克思主义社会学实质的再认识

在马克思主义社会学的实质之中深藏着体悟马克思主义社会学当代性、展开其中永新精神底蕴的密钥，使得我们能够在现代性这一充满巨变和历史机缘的进程中找到视野、理路、研究方法、常绿常新的思想基点。

近年来，我们逐渐形成了关于一系列的“成长性”认识：现代性是不断成长的，它是人类生活和组织模式即社会实践结构从传统走向现代、迈向更加现代和更新现代的过程；中国的社会转型是不断成长的，是中国的社会生活和组织模式以及社会实践结构从传统走向现代、迈向更加现代和更新现代的过程；正如现代性和中国社会转型一样，中国的社会主义也是一个成长的过程，是走向更加现代的、更新现代的社会主义。近来，我们聚焦于“社会实践的结构性巨变”，通过“新型现代性的全球视野与本土社会转型的中国眼光”的社会学二维视野，指出当今世界和中国的一些代表性的新趋势或有新特点的主要趋势值得高度关注：

第一，当代科学技术的创新和应用引领着社会的信息化、符码化、数字化和网络化，提供了使失谐因素被激活的结构性条件，更易形成社会矛盾、引发社会动荡。第二，当代社会“去集体化”和“去组织化”趋势进一步发展，对社会分化过程形成了更强的催化作用。第三，劳动与资本的传统关系的破裂进一步推动了社会的两极化趋势，导致了新的二元化现象。第四，有形劳动的社会地位急剧下滑，失去了传统上的轴心地位，形成了社会分层的消极动力。第五，经济活动性质的转变使社会风险不断扩大和加深，对经济与社会的安全基础都形成了极大的销蚀。第六，财富分配和风险分配所带来的双重社会压力，使得社会矛盾的根源更为深刻、表现更为复杂。第七，生活世界与系统世界的不平衡关系为世俗事物的神圣化添加了助力，对社会信念和价值观造成了深度腐蚀。第八，社会中的传统性与现代性、古典现代性与现时现代性、西方旧式现代性与新型现代性，以及全球变迁与本土社会转型，各种因素和传统之间的关系更加盘根错节，这种影响仍在不断助推社会生活中的一些复杂征候。这些趋势表明，我们时代的社会实践结构正在或已经超越古典现代时期。当代中国构建和谐社会的工程正是在这种极为特殊的宏观背景下展开的。①

这一时代性背景对马克思主义社会学的实质及其当代

① 郑杭生、杨敏：《社会实践结构性巨变的新趋势——一种社会学分析的新视角》，《社会科学》，2006 年第 1 期。

性提出了新的考量。在古典现代阶段，社会各个领域更具有边界分明、线条清晰的特点，如社会利益、关系、权力结构，阶级和阶层、群体和组织、行业或部门，城乡、区域结构等，都带有某种刚性特征。而今这种结构特性正在被销蚀，实践中筑起的各个基点也似乎在融化：原有的对立在融合，原有的统一却在分化；传统界限漂移不定，既定准则也晦暗模糊。尤其是观念、理念、思想领域呈现出异常含混的局面：左派的批判性渐渐蜕去了亢奋激情，右派的保守性却日益锐化而锋芒毕露，左与右的分界不再一目了然。新自由主义对个人主义和自由放任的信条施以调节和限制，而保守主义则对官僚主义的僵化体制大刀阔斧地进行改革，激进主义与保守主义在现实中互换了角色。社会主义与资本主义曾经壁垒分明，现在是你中有我、我中有你，难免引发了深度的困惑。

在马克思主义与各种非马克思主义甚至反马克思主义的区分上，更是难分彼此：有人把马克思主义的唯物辩证法视为“斗争哲学”，是一种表达阶级对立和阶级斗争理论，是强调二分法和两极对立的思维方式，不再适应构建和谐社会的时代要求；有人把马克思主义歪曲为反对一切现行体制的极端思潮，试图聚合对社会基本制度的挑战力量；有些原来对马克思主义并无好感的人却表现出对工人阶级、边缘群体非常关切；也有人把资本主义等同于市场经济，把马克思对于资本主义的批判等同于对市场经济的拒斥，混淆了社会主义的目标和手段，把社会主义的新实践当作向资本主义转变，并高谈阔论“超越资本主义”。

更有人把马克思主义、社会主义说成是意识形态的、充满价值偏见的，却把资本主义刻画成超意识形态的、价值中立的。

这类重大现象几乎都聚焦到一个问题上，即如何理解马克思主义社会学的实质和当代形式。在这个极为特殊的历史时期，甚至可以视为许多复杂问题上不同立场的基本分野。

譬如，把马克思主义片面化为“斗争哲学”、阶级对立和斗争理论，甚至歪曲为反制度的极端思潮、反社会的理论来源，反映了把马克思主义社会学的两种形态即革命批判性和维护建设性相互割裂和对立起来，把前者看成是其唯一特征，把过渡性、预备性形态绝对化了，使之成为脱离具体时代条件和社会环境的抽象教条，从而看不到维护建设性是马克思主义社会学的当代形式。

马克思主义关于对立与统一、冲突与整合的辩证思想，至今仍然是社会学理论中最为精华的部分。几年前我们在“个人与社会”关系问题的研究中就曾指出，如果把事物、过程假设为可分的、包含差别、对立（即矛盾）的结构体，那么，这一假设无论在自然或社会领域，迄今为止唯见证实，不见证伪。不可分理论早已成为过去，可分性根置于现实本身。[①] 对于解释现代性过程个人与社会的关系来说，这一点是具有元意义的。在现代性过程中，

① 郑杭生、杨敏：《社会互构论的提出——对社会学学术传统的审视和快速转型期经验现实的反思》，中国人民大学学报，2003 年第 4 期。

这种关系既包括对立、冲突，也包括协调、整合，而且这两个方面始终是互为前提、彼此依存的。对于社会学来说，对立与协调、冲突与整合的研究是一个经久不衰的主题：从对立和冲突之中寻求协调和整合，在协调和整合之中洞察对立和冲突；研究对立和冲突是为了促进协调和整合，反过来，探讨协调和整合是为了解决对立和冲突。[①]可见，马克思主义社会学的基本方法论对于把握社会学的研究主题有着根本性意义，这本身也说明了维护建设性形态是马克思主义社会学的主要形态和当代形式。

再如，在社会主义与资本主义的问题上，看不到两者之间关系的新变化、看不到新型社会主义在我国的快速成长和实践创新，也是与对马克思主义社会学当代形式的不理解有着密切联系的。在我们看来，社会主义和资本主义的关系经历了从“传统”走向“现代”的过程，目前已经超越了最初的简单对抗和冲突，在恪守各自的基本原则和底线的基础上，在彼此借鉴、吸取、融通的过程中形成互构，正是当今社会主义和资本主义的一个值得关注的发展动向。在这一情势下，马克思主义社会学对于社会主义维护建设性特征的一个重要体现，就在于它所包含的目标与手段的辩证法——既定目标是不变的，推进手段是可以选择的。这就为我国社会主义的最新实践提供了理论和方法论前提：社会主义应当尽可能地学习、借鉴西方社会发

① 郑杭生、杨敏：《社会学方法与社会学元理论——个人与社会关系问题的方法论意义》，河北学刊，2003 年第 6 期。

展过程中的成功经验，不仅要使其为我所用，而且要将其吸纳到自身的体制系统中，成为社会主义制度的组成部分。在马克思主义社会学的当代形式中，目标的坚定性与手段的可选择性既是内在的逻辑，也是一种启示：不懂得学习和利用是缺乏基本的智慧，而只见手段忘记目标则是完全失去了头脑。

又如，把资本主义视为非意识形态的、价值中立的普世目标，这种观点是很荒谬的。因为，现代性本身就不是超意识形态的和超价值的，它是由多种不同的社会方案和政治安排推进的人为工程，这就决定了它的意识形态性和价值性的基本特征。我们可以领悟到其中的一个自反性逻辑：一种思想话语越是要抹去自己的意识形态性和价值性，反而越是强烈地表征着它的意识形态性和价值性。

在当代中国社会转型和新型社会主义实践的关键阶段，理念和思想是最为强大的利器。真正理解维护建设性形态是马克思主义社会学的主要形态甚至是其本来意义，意味着把握了理解当今时代历史性转换的一个思维构架，能够使远大志向在实践向度上更坚忍不拔，使政治抱负在现实策略上更富有睿智。

三、社会公平和正义的新探索：马克思主义政治的当代活力

马克思主义的真正魅力并不仅仅在于它的道德诉求和正义向往，更在于它使这种道德感和正义观转化为了一种

可追求、可实践的政治议程。从 19 世纪中期以来社会主义运动的激荡扩展，直到 21 世纪初中国新型社会主义实践的大步迈进，都可以看到马克思主义的道德诉求与政治议程的时代活力。在社会实践经历结构性巨变的时期，以现代性之全球视野和社会转型的中国眼光的二维视野，我们能够更为清晰地展开一个现实图景：无论是全球社会还是当代中国，各种差别、分异、矛盾和冲突不断生产出新的裂痕、造成新的问题。在此情势下，我国的社会矛盾目前正在成为一种常态现象并显露出一些新特点：

利益矛盾和利益冲突是社会矛盾及不协调因素的焦点。随着我国社会分化的快速发展，出现了一些新的社会阶层，社会利益的多元化格局鲜明地摆在人们面前。不同社会利益群体特别是新生利益群体构成了我国社会矛盾的主体，其利益矛盾和冲突往往是社会不和谐的重要成因，也是社会矛盾的焦点所在。

基层的利益矛盾是社会矛盾的重点。目前在我国的社会矛盾中，相当数量是发生在基层的社会矛盾。这类矛盾直接与群众的基本利益相关，甚至可以说是生死攸关，而且涉及的人员众多、影响范围较大，往往后果严重，有很大的危险性。

不同领域的矛盾形成链式反应是社会矛盾的一种倾向。由于利益群体之间呈现出十分复杂的社会关系和利益格局，其中许多群体具有较强的流动性和辐射性，形成了跨行业、跨地区、跨体制的网络，在社会关系上相互牵扯。这种状况使得局部矛盾容易传导到更大的社会领域。

地方政府首当其冲是社会矛盾的一个突出特点。现在的党群、干群关系普遍比较紧张，各地党群、干群之间的矛盾不断增多，特别是地方政府成为社会矛盾的焦点。一些矛盾现象与地方政府有着这样那样的联系，有的矛盾本身就是地方政府造成的，这样就把政府推到了矛盾的第一线。

制度性缺陷使社会矛盾形成恶性循环。我国社会管理体制上有浓厚的"官控"、"官治"、"官办"传统，习惯于通过政府机构和公务人员的重复性介入和干预来处理实际中的同类问题，这种人治或半人治的管理方式不仅消耗了大量的体制资源，而且治理效果不佳，常常会激化、加剧社会问题和社会矛盾，是基层社会问题不断复发、久治不愈的深层原因之一。

特权阶层对体制的俘获是一个值得警惕的问题。"官控"、"官治"、"官办"传统具有一种机制，即各种不同类型的资本之间构成很高的互换率，使得体制在客观上容易被侵蚀。一些社会现象和问题继续发展下去，就会不断地冲击政策和规则的底线，导致系统性和根源性的社会不公平，对更多的社会群体特别是弱势群体造成体制性排斥，等等。

每一道裂痕都意味着和谐与冲突的复杂胶着，每一个问题都表现了利益与矛盾的具体聚焦，正义与共享也因之愈益成为众所瞩目的期盼。我国社会目前两极化、贫富差距过大、收入分配不公正，意味着真正实现社会成果共享还需要付出更多的努力。马克思主义的道德诉求和政治议程所面对的社会主义实践课题，一个重要方面就在于对社会公平与正义进行的理论新探索。我们从中能够感受到马克思主义内在活力的激流腾跃，及其维护建设性社会学在当代的丰富和发展。

在马克思主义社会学中，正义与平等是密不可分的两个概念。马克思、恩格斯曾经把平等区分为两个方面：形式上的平等和事实上的平等。形式上的平等即法理性平等，主要指的是“法律面前人人平等”；“事实上”的平等也即实质性平等，是指社会经济平等和满足需要的平等。从人权的观点看，“法律面前人人平等”实际上说的是公民的政治权利；而“事实上”的平等实际上指的是公民的社会经济权利。马克思、恩格斯关于平等的思想揭示了作为正义的社会所应当具备的基本合理性。

罗尔斯提出的正义两原则，实际上也是暗示着这两方面的权利。第一个正义原则，即平等自由原则，是说每个人对与所有人所拥有的最广泛平等的基本自由体系相容的类似自由体系，都应有一种平等的权利。第二个正义原则，即差别原则和机会的公正平等原则，是说社会的和经济的不平等应这样安排，使它们在与正义的储存原则一致的情况下，适合于最少受惠者的最大利益，并依系于在机会公平平等的条件下职务和地位向所有人开放。[①] 所不同的是，罗尔斯围绕社会的基本结构，实际上给社会正义提供了一个伦理社会学的规定，他说：“对我们来说，正义

① 约翰·罗尔斯：《正义论》，中国社会科学出版社 1988 年版，第 46 页。

的主要问题是社会的基本结构，或更准确地说，是社会主要制度分配基本权利和义务，决定社会合作产生的利益之划分的方式。”他还指出“社会基本结构之所以是正义的主要问题，是因为它的影响十分深刻并自始至终”①。

在这里，无论是社会的基本结构、社会主要制度分配的基本权利和义务，还是社会合作产生的利益，用社会学的术语来说，都是社会资源和社会机会。同时，正义与平等或不平等以及公平概念，总是这样那样地联系着。因此，在理论上综合马克思、恩格斯和罗尔斯等人的观点，在现实上根据新中国成立以来特别是改革开放以来的实践，可以给社会正义下一个更为广泛的社会学定义：社会正义就是社会资源和社会机会配置的公平性和平等性。在此，公平和平等是对正义不同程度的表达。

从公平和平等的区别，可以看出社会正义的内涵是有阶段性区分的。笔者曾经对公平与平等的不同给予这样的阐述：“公平与平等，或者说公平原则与平等原则，都属于价值观的范畴，且它们有一部分内容是重合或交叉的，如机会的平等、竞争规则的平等属于公平的范围，这是它们的联系。同时，公平与平等又是不同的价值观：如果说，平等强调的是某种‘同’，那么公平强调则是某种‘异’。公平是以承认差异为前提的，由此我们可以一般地说，所谓公平就是一种合理的差异，这与平等以同一尺度来衡量形成反差。同时，公平与平等的内容可以是矛盾

① 约翰·罗尔斯：《正义论》，中国社会科学出版社1988年版，第7页。

的，如结果的平等基本上属于不公的范围。”① 在改革开放后的中国，人们也开始谈论“宁要不平等的公平，不要平等的不公平”。这些说法突出了公平与平等的区别，也表明了我国社会在价值观上从平等取向为主转变为以公平取向为主。

从以公平强调“异”转变到以平等强调“同”，可以视为正义的阶段性的一种体现——正义也有初级阶段和高级阶段之分，而且与中国特色社会主义是从初级阶段到高级阶段的发展过程是一致的。也就是说，社会主义在不同发展阶段对于正义的要求是有区别的：在社会主义初级阶段，正义主要与公平概念联系在一起，正义意味着社会成员之间存在着“合理的差别”；在社会主义高级阶段，正义则是与平等概念、特别是“事实上”平等或实质性平等联系在一起的，正义应当实现社会成员的社会经济平等和满足需要的平等。显然，对于社会主义初级阶段来说，公平的正义才是具有可行性的，而平等的正义仅仅只是可欲性的，它是经过努力在未来达成的一种现实。从社会公平和正义的角度来说，社会主义超越了自身发展的初级阶段性，也即意味着超越了社会主义初级阶段所具有的正义能力，或者说超越了这一阶段上作为社会公平的正义观念。因此，新中国成立以来，我们应当记取的一个经验教训是：不懂得对于正义的追求有一个从公平的正义转变到平等的正义的过程，在社会主义初级阶段就过早地以平等

① 郑杭生：《社会公平与社会分层》，《江苏社会科学》，2001 年第 3 期。

观念作为社会正义的主导观念，而不知道在这个阶段上我们只能遵循公平的正义观，而平等的正义观对于社会主义高级阶段才具有现实性。

四、寄语未来

当今中国和全球社会共同面对一系列的复杂问题：经济市场化发展的不均衡性和非理性、社会风险化、非传统安全和人类安全、生态环境危机、贫困现象、弱势群体、社会公正、社会进步与社会代价、成果共享与风险共担、社会成员对幸福及人生价值的新期待，等等。这是一个充满非常风险、重新开拓前景的时代，马克思之后的马克思主义仍在继续它的事业，担当起大大超过以往的责任和使命。

我们对当今中国和世界社会实践结构性巨变及其主要趋势的分析表明，随着中国社会从传统走向现代、迈向更加现代和更新现代的进程，社会主义的实践和探索也进入了一个从未有过的新境界，当代中国社会主义的发展已经驰入了一个全新的里程，我们称之为“新型社会主义的实践过程”。社会主义的实践和探索也进入了一个从未有过的新境界，社会主义正在最新的实践中扩展着和更新着自己的理念。正是由于这种新型的社会主义没有任何先例可以依循，对这一实践过程的维护建设性阐述反而需要超常的勇气。与此相反，对失败的社会主义旧模式进行斥责、批判和否定早已成了一件轻松惬意的事情，这个过程已经完全失去了创新的意愿和动机，无论表象上如何慷慨激进也遮掩不住实质上的保守。这也说明，一个人所持的基本价值理念、理论预设、研究视野，往往会决定他能够看到多远的前方，能够走到多远的未来。

在这个非常的时期，需要以反思性的体察、逆向性的智慧，在逆潮中看清并执掌时代的真正趋向：透过矛盾和冲突的纷扰蕴生出和谐的大势，通过相互竞争铸起更为持久的广泛合作；利益博弈无法断离相互依联的共同体，零和游戏的衰竭添助了创造双赢、多赢、共赢的动力。在个人、群体和社会的各种分疏、差异日益凸显和明晰的时期，我们正在从旧有的一致、整合的方式中脱出，通过新的生活实践锻造出更高层面的认同和更大限度的共识。正是在这种从分疏和差异产生出新的一致和整合的过程中，集体的认同和共识将被推向更高的阶段。

总之，现代性的成长性赋予了社会主义的成长性、马克思主义的成长性。当代中国的马克思主义继承者正在以更为广阔的视野和深度的思考，进一步认识这个创造历史的时代，构建维护建设性形态的马克思主义社会学的当代意涵。

中国特色
社会学理论

ZHONGGUO TESE
SHEHUIXUE LILUN

论马克思主义社会学的两种形态*

什么是马克思主义社会学？迄今为止，学术界对此众说纷纭。本文所提出的看法是否准确，希望大家给予指正。

一般地说，社会学是关于现代社会良性运行和协调发展的条件和机制的综合性具体科学。所谓从社会学的角度看问题，就是从社会良性运行和协调发展的角度看问题。这一点对社会学的两大分支——从孔德开始的西方社会学传统和从马克思开始的马克思主义社会学传统——都是适用的。因为西方社会学实质上是以维护资本主义制度为目的、以多方面研究资产阶级社会良性运行和协调发展的机制和方法为对象的，而马克思主义社会学则实质上是一门关于社会主义和共产主义社会良性运行和协调发展的条件和机制的综合性具体科学。二者都有一个从一般的社会哲

* 本文发表于《光明日报》1985年7月29日第三版。这篇文章第一次发表了一种社会学新观点，即社会学是关于社会良性运行和协调发展的条件和机制的综合性具体科学。

学到具体的专门社会科学发展的过程。

马克思主义社会学的特殊性在于：它的创始人马克思和恩格斯认为，他们面对的资本主义社会，从根本上总体上说是一个恶性循环和畸形发展的不合理的社会，只有代之而起的社会主义和共产主义社会，才有可能真正做到良性运行和协调发展。正是这一点，决定了马克思主义社会学在其发展过程中采取了两种不同的但又是统一的形态：革命批判性的形态和维护建设性的形态。

革命批判性的形态，就是以揭露批判资本主义社会致命的弊病为主要任务，以推翻资本主义社会为主要目标的社会学。马克思、恩格斯认为，在资本主义社会中，当务之急不是谈论什么良性运行和协调发展，恰恰相反，是要揭露它作为整体的不可避免的恶性循环和畸形发展。因此他们在唯物史观指导下，揭露了资本主义社会恶性循环的根源：生产社会性和生产资料占有私人性之间的矛盾，揭露了恶性循环的突出表现：周期性的经济危机，人们为异己的力量和盲目的必然性所支配等等，揭露了恶性循环不可避免的结果；资本主义社会必然为社会主义社会所代替，如此等等。正如恩格斯指出的：“冲突成为不可避免的了，而且，因为它在把资本主义生产方式本身炸毁以前不能使矛盾得到解决，所以它就成为周期性的了。资本主义生产产生了新的‘恶性循环’。”①

这样，马克思的社会学传统一开始就跟孔德的社会学

① 《马克思恩格斯选集》第3卷，人民出版社1995年版，第315页。

传统发生尖锐的对立，因为后者认为，资本主义社会尽管有弊病，但整个来说是能够良性运行和协调发展的。在孔德看来，“工业时期”，即资本主义社会，是社会发展的最高阶段，这个阶段能够实现他的“实证主义的箴言：爱、秩序、进步”。这两种社会学传统的根本对立，可以归结为前者要推翻资本主义社会，建立新社会；后者则是要维护资本主义社会，改善旧社会，因此二者确是革命与改良的对立。这就不难理解马克思和恩格斯为什么对孔德采取那样严厉的批判态度，如马克思说：“……我作为一个有党派的人，是同孔德主义势不两立的，而作为一个学者，我对它的评价也很低。”① 不难理解，他们为什么拒绝采用孔德创造的“社会学”这一名词，也不难理解，很长时间内西方非马克思主义社会学的不同流派，为什么把马克思主义当作自己攻击的主要目标。

革命批判性的形态是各国马克思主义者在本国社会主义革命胜利前所实际坚持的社会学。由于情况的变化，列宁已经采用了“社会学”这个名词。尽管如此，马克思主义社会学的这一革命批判性形态只是它的一种过渡性的、预备性的形态：为了真正研究社会的良性运行和协调发展的条件和机制，而必须先揭露作为整体的资本主义社会的恶性循环和畸形发展。这是一种由历史原因造成的社会学的特殊形态。与此相联系，我们不能同意如下两种看法：第一，否认革命批判性的形态也是一种社会学，因而

① 《马克思恩格斯全集》第33卷，人民出版社1995年版，第227—228页。

进一步否认马克思、恩格斯是社会学的创始人。第二，把革命批判性形态看作马克思主义社会学的全部或看作马克思主义社会学的主要形态，不知道或不承认马克思主义社会学还有其他的形态，而且归根到底是更重要的形态——维护建设性的形态。

维护建设性的形态，就是以维护、改善社会主义社会为目标，以社会主义和共产主义社会良性运行和协调发展的条件和机制为对象的社会学。马克思主义奠基人把共产主义社会叫做“以公有制为基础的、合理地组织起来的社会”，叫做“人类从必然王国进入自由王国的飞跃”，指出社会主义和共产主义社会的优越性在于能够真正在整体和局部两个方面，做到良性运行和协调发展。当然，这仅仅是一种可能性而不是现实性。维护建设性的形态，从宏观和微观两个方面研究社会良性运行和协调发展的条件和机制，正是为了努力把这种可能性转化为现实性。

维护建设性的形态，是各国马克思主义者在本国革命胜利、建立起社会主义制度后要建立的社会学。就我国的情况说，1949 年新中国成立以后，我们本来就应该致力于建立这样的社会学。由于认识不足和种种失误，这一任务被推迟了整整 30 年。从实质上说，维护建设性的形态应该是马克思主义社会学的主要形态，甚至可以说是本来意义的马克思主义社会学。它与革命批判性的形态不同，主要在于后者以破为主，前者以立为主。因此二者不能混淆，混淆了就要产生理论混乱。但是，这种不同不是对立，因为二者有共同的理论基础——唯物史观，而破是为了立，二者的最终目标是相同的：革命批判性形态为建立社会主义社会扫清道路，间接地为社会主义社会服务；维护建设性形态则直接地为社会主义社会服务。

维护建设性形态同革命批判性的形态一样，跟西方社会学是根本对立的，但根本对立的内容则发生了变化；它跟西方社会学的对立不再是推翻和维护资本主义社会的对立，不再是革命和改良的对立，而是维护社会主义社会和维护资本主义社会的对立。很显然，两种社会学维护的对象是根本对立的，但是要维护这一点却是相似的。既然同为维护，而且西方社会学具有较长的维护的历史和经验,同时，西方社会从总体上根本上不能良性运行和协调发展，并不等于它的每一个局部都是这样，因此，在西方社会学中有不少东西值得我们参考和批判地汲取。对待西方社会学既要坚持党性原则，又不能采取虚无主义态度。

把我们现在要建立的马克思主义社会学主要理解为关于社会主义社会良性运行和协调发展的条件和机制的综合性具体科学，不仅仅是理论思索的结果，而且也是对我国社会主义实践正反两方面经验的认识；社会主义从根本上是能够良性运行和协调发展的；但是，如果搞得不好，也会陷入恶性循环和畸形发展，甚至会达到崩溃的边缘。痛苦的经验教训使人们越来越意识到，研究社会良性运行和协调发展的条件和机制，是一个关系到我国社会主义制度优越性能否发挥的大问题。我国当前的改革，从社会学的角度看，也是为了消除妨碍我国社会良性运行和协调发展的因素，发挥有利因素的积极作用。从社会学方面来说，也只有抓住社会的良性运行和协调发展这个关键，才能更好地为社会主义服务，对改革作出贡献。

社会学对象问题新探*

当前，我国社会学正处在一种既热门又充满争议、既有吸引力又没有令人信服的理论根据的状况之中。在这种自相矛盾的状况下，用马克思主义的立场、观点、方法，从我国社会的实际出发来研究社会学的对象等基本问题就显得更为重要和迫切。如果社会学老是说不清自己的对象，老是没有令人信服的理论根据，那么它作为一门有吸引力的、热门的学科的状况也不能持久。所以，我们在重视各种具体的经验的调查研究的同时，也要重视根本性的理论研究。

社会学的对象问题特别是马克思主义社会学的对象问题，是一个十分复杂的问题，不能不涉及许多重大的理论问题和实际问题。本文愿意对这些问题提出一些不成熟的看法，目的是交换意见、引起讨论、抛砖引玉，以便群策

* 本文发表于《社会学研究》1986 年第 1 期（创刊号）。这篇文章问世后，当时的《社会学研究》主编张琢曾给笔者打来电话，说此文受到当时社科院胡绳院长的好评。

群力为完成我们的共同任务——创立中国特色马克思主义社会学而努力。

一、社会运行的类型和社会学的对象

我们认为，讨论社会学的对象问题从社会运行和发展的类型开始，也许能把问题说得更清楚。一般地说，社会的运行和发展大体可以分为三种类型，故且称它们为良性运行、中性运行和恶性运行或协调发展、模糊发展和畸形发展。所谓社会的良性运行和协调发展，是指特定社会的经济、政治和思想文化三大系统之间以及各系统内不同部分、不同层次之间的相互促进，而社会障碍、失调等因素则被控制在最小的限度和最小的范围之内。社会良性运行和协调发展，是生产力和生产关系、经济基础和上层建筑高度适应的体现，是社会运行和发展的理想模式。所谓社会的中性运行和模糊发展，是指社会运行有障碍，发展不甚平衡，包含较多较明显的不协调因素，但它们还未危害、破坏社会的常态运行。所谓社会的恶性运行和畸形发展，是指社会运行发生严重障碍、离轨、失控。社会学就是一门研究社会良性运行和协调发展的条件及机制的综合性的具体社会科学学科。我们现在要建立的社会学，就是以我国社会主义社会的良性运行和协调发展的条件和机制为自己的对象的。所谓从社会学角度看问题，正是从社会良性运行和协调发展的角度看问题。

在“社会学是关于现代社会良性运行和协调发展的

条件和机制的综合性的具体社会科学”这个定义中，“社会”主要指现代社会，即资本主义社会和社会主义社会以及将来的共产主义社会。因为社会学是现代社会的产物，而且也只有在现代社会中才会提出社会的良性运行和协调发展的问题，所谓“具体科学”，表明社会学不是哲学科学；所谓“综合性的”表明社会学不是那种以社会的某一个子系统为自己对象的单一性学科；所谓“条件”，指社会良性运行和协调发展所需的主要的内外部条件；所谓“机制”，指社会良性运行和协调发展的带规律性的因素。

二、社会学对象问题的理论方面

把社会学对象规定为社会良性运行和协调发展的条件和机制，在理论方面的优点有：

第一，就社会学本身说，它有了一根贯通其全部内容的主线，有了把社会学的研究领域和范围串起来、统起来的东西。社会学的研究领域和范围大体有：人的社会化、社会群体、社会互动、社会结构、社区、社会变迁、社会控制、社会问题、社会保障、社会调查研究方法等。

所有这些，从正面讲，都是从社会的各个侧面、各个环节及其相互联结上探求社会良性运行和协调发展的条件和机制；从反面讲，则是探求有效地消除妨碍社会良性运行和协调发展的方法和途径。至于调查研究的方法，则是研究探讨社会良性运行和协调发展、避免恶性运行和畸形发展的手段。以社会化为例，人的社会化，简单地说，是一个人成为社会合格成员的过程。在我国的情况下，就是把一个人培养成有理想、有道德、有文化、有纪律的社会成员的过程。这样的社会化，就是社会良性运行和协调发展的必要条件和重要机制之一。在研究社会化本身的机制时，我们还要深入研究家庭教育、学校教育、社会教育，如大众传播工具（电视、电影、广播，报刊……）等在人的社会化过程中的作用，以便使这些教育手段沿着正确的方向有效地促进人的社会化，避免或尽量减少其中可能出现的副作用。又如，为什么要研究犯罪、环境污染、人口过多、大龄青年婚姻失调等社会问题？这是为了研究这类问题产生的根源，寻找解决这些问题的有效方法和措施，排除社会生活中的故障，尽可能化消极因素为积极因素，防止人类生存的自然条件、生态环境受到破坏，使社会不致发生失调、失控，或使失调、失控限制在最小的范围内，从而从相反的方向保证社会的良性运行和协调发展。

有了社会良性运行和协调发展的条件和机制这根主线，有利于纠正一些模糊的、不确切的、片面的说法。例如，现在较流行的、较易被接受的一种看法是认为社会学是研究社会问题的。我们认为，研究社会问题无疑是重要的，但它并不是社会学的全部，而仅仅是社会学的一个内容。因为它着重从反面来研究如何消除妨碍社会良性运行和协调发展的因素的途径。

有了社会良性运行和协调发展的条件和机制这根主线，我们也有了什么是社会研究的明确的鉴别标准。为什么说费孝通教授带头搞的小城镇研究是一种社会学研究呢？这是因为小城镇研究，实际上是研究小城镇在城乡协调发展中，在城市、集镇、农村组成的区域经济社会协调发展中的作用。用费教授自己的话来说就是："研究中等城市对小城镇的作用，从一个一个的小城镇调查到一群一群的小城镇研究，这实际上是探索城市、集镇、农村浑然一体的区域经济社会协调发展的系统网络。"① 费教授还说，"在城乡协调方面，小城镇的作用好像'二传手'"。②

第二，就社会学和其他学科的关系来说，把社会学定义为研究社会良性运行和协调发展的综合性具体社会科学，既有利于明确它跟哲学科学——历史唯物主义的区别和联系，又有利于划清它与其他单科性的和综合性的社会科学的界线，以及与科学社会主义的界限。只有划清这些界限，社会学才有独立存在的理论根据，否则也很难称得上一门真正的科学或学科。

社会学和历史唯物论的关系，是具体的社会科学与哲学科学的关系，是特殊与一般的关系。我们可以从几个方面来看：（1）从对象上看，历史唯物论研究社会发展的一般规律，社会学则研究社会良性运行和协调发展的条件和机制的特殊规律；（2）从科学层次上看，历史唯物论是对包括社会学在内的各门社会科学知识的概括和总结，社会学则没有这么高的概括程度，社会学在历史唯物论的

① 本文发表于《江海学刊》（经济社会版），1985年第2期。

② 本文发表于《瞭望》，1985年第28期。

指导下，从社会良性运行和协调发展的特殊角度对其他社会科学进行概括和总结；（3）从作用上看，历史唯物论是考察整个社会的具有普遍意义的世界观和方法论。与此不同，社会学则以社会良性运行和协调发展的特殊观点研究社会，社会学的角度就是社会良性运行和协调发展的角度。正是由于历史唯物论跟社会学是一般特殊的关系，因此它们在理论上是指导跟被指导的关系。例如，我们在研究社会运行和发展的情况时，必须坚持以社会存在决定社会意识的基本观点为指导。同时，社会学又以社会良性运行和协调发展的条件和机制的各种特殊规律丰富历史唯物论。

社会学和政治学、经济学、教育学、心理学、法学等具体社会科学的关系，是综合性的科学与单科性科学的关系。社会学所研究的社会良性运行和协调发展的条件和机制，涉及社会整体，整体与它的各个组成部分，以及各个部分，各个层次之间的关系，用系统论的术语来说，涉及整个社会系统，系统与各子系统，以及各子系统、各个层次之间的关系。政治学、经济学、教育学、心理学、法学等具体社会科学所研究的对象比较单纯，只涉及各有关子系统内部的规律，不具有社会学那样的综合性，这是社会学与政治学等社会科学的区别。但是二者又有联系，这就是每个子系统内部各因素之间也有一个良性运行和协调发展的问题。在这个意义上，社会学与政治学等具体社会科学的关系，是特殊与个别的关系。

社会学与其他综合性社会科学如历史学、管理学的关系，是特殊跟特殊的关系。历史学和社会学的区别在于：(1) 历史学面向过去，社会学则面向现在和将来。(2) 历史学研究各个社会的发生、发展、衰落、灭亡的规律，尽管也研究社会的横断面，但研究横断面是为了纵向地说明社会，因此历史学主要是一种纵向学科；社会学研究社会良性运行和协调发展的条件和机制，尽管也研究社会的纵剖面，但研究纵剖面是为了横向地说明现实社会，因此社会学主要是一种横向科学。国外有的学者把社会学和历史学看成研究社会的两个拳头，不无道理。

与社会学最接近的是管理学。有的学者甚至认为社会学就是社会管理学。应当承认，这二者是容易混淆的。但是我们觉得它们仍然是有区别的，这就是管理学侧重从管理的主体——管理者、领导人方面来研究问题。因为管理学主要研究各级主管人员如何“设计和维护一种环境，使身处其间的人们能在集体一道工作以求有效地完成集体的目标”。① 社会学当然也要研究人，但社会学研究人、人与社会、人与人的关系等主要是为了客观地说明社会良性运行和协调发展的不以个人意志为转移的条件和机制。所以管理学与社会学研究的侧重点是不同的。

社会学与科学社会主义的区别主要在于：(1) 科学社会主义从无产阶级解放的条件这样的政治学角度来研究资本主义社会和社会主义社会；马克思主义社会学则从社会良性运行和协调发展的条件和机制这样的社会学角度来

① 哈罗德·孔茨：《管理学》(中文版)，贵州人民出版社，第7页。

研究资本主义社会和社会主义社会，二者的角度是不同的。（2）二者学科的性质和层次不同。科学社会主义，作为马克思主义的政治学，属于单科性学科，社会学则是综合性的学科，但是这绝不是说二者之间存在什么从属关系、包容关系。我们既不同意科学社会主义包容社会学、社会学从属于科学社会主义的意见，也不主张与此相反的意见。这是因为从学科的层次不同，并不能推出有诸如此类的关系。例如，我们说哲学是一般，社会学是特殊，政治学是个别，决不意味着社会学、政治学都从属哲学，哲学包容社会学、政治学等其他一切学科。科学社会主义和马克思主义社会学的联系在于：它们的目的一样，都是为了推翻旧社会，建立新社会；它们的理论基础一样，都由历史唯物主义作为指导思想。它们作为两门从不同的角度来研究资本主义社会和社会主义社会的独立学科，必然是相互补充、相互促进的。

第三，这样来理解社会学的对象，能够为各分支社会学提供社会学的角度，从而能够较清楚地说明各分支社会学的含义，以及它们与社会学、相关学科的区别。例如，什么叫“教育社会学”，它与教育学有什么不同，与社会学又有什么区别？在我们看来，教育社会学，就是从社会良性运行和协调发展的条件和机制的社会学角度，来研究教育现象的边缘性学科。换言之，它着重研究教育在社会良性运行和协调发展中的作用、功能。它既与着重研究教育规律本身的教育学相区别，又与着重研究社会良性运行和协调发展的条件和机制的社会学不同。关于政治社会学、人口社会学、劳动社会学等，也都可以这样说。由此可见，贯串众多分支社会学的仍然是社会良性运行和协调发展的条件和机制这根主线。

三、社会学对象的实践方面

把我们现在要建立的马克思主义社会学主要地理解为关于社会主义社会良性运行和协调发展的条件和机制的综合性具体科学，不仅仅是理论思索的结果，而且也是对我国社会主义实践正反两方面经验的一种认识。痛苦的经验教训使我们认识到，研究社会良性运行和协调发展的条件和机制，是一个关系到我国社会主义制度优越性能否发挥的大问题。我们的社会学正是从社会的良性运行和协调发展这个角度为社会主义服务的。这个角度，就是社会学与社会主义实践之间的结合点。从这个角度看，我们的社会学对社会主义社会最根本的服务，就是推动社会主义具有的良性运行和协调发展的可能性变成现实性。

实际生活已越来越尖锐地提出了重视社会良性运行、正视中性运行、避免恶性运行的问题。《人民日报》的两篇报道，十分典型地、引人注目地表明了这一点。一篇报道叫《快快医治“城市病”》[①]。“城市病”主要指城市基础设施的建设远远落后于整个国民经济发展，工业发展和城市发展的速度所造成的病态，用通俗的话来说，就是重

① 发表于《人民日报》，1985 年 7 月 18 日二版。

生产、轻生活所造成的二者的失调、失控。上海市的两个数字很突出：（1）新中国成立30年来，工业生产增长了30倍，基本建设的投资额达350亿元，而用于城市基础设施的投资仅为17.5亿元，只占总投资额的5%，相当于国外正常比例10%的一半。（2）全市机动车增长了10倍，非机动车增长了16倍，而城市道路的面积仅增长1.5倍，因此人多、车多、路少的矛盾十分尖锐。这种"城市病"给生产带来了严重损失，给居民的生活造成了极大不便。这种"城市病"不是别的，正是城市的良性运行和协调发展的机制发生故障，不同程度地陷入了"生产影响生活，生活影响生产"的恶性循环以及片面抓生产的畸形发展。这种"城市病"终于成为当前制约我国城市发展的主要原因，成为引人注目的社会问题。这是对长期在"左"的影响下，没有用社会良性运行和协调发展的观点看待和处理城市发展问题所付出的代价、所受到的惩罚。

另一篇报道《巩县的"富"与"脏"》说的是河南巩县乡镇企业发展快、农民收入多，人均达到900多元，居全省首位；同时乡镇企业排放的废气、废水、废渣严重地污染了环境，人畜的健康和生命受到了巨大威胁。也正如《人民日报》评论员的文章指出的，巩县的"富"在很大程度上是建立在"脏"的基础之上，以牺牲环境为代价换取来的。这样的"富"当然是不能持久的。从这里可以看到，树立社会良性运行和协调发展的观点的重要性以及缺乏这种观点的危害性。

类似的例子可找到很多很多。既然社会主义的实际生活尖锐地提出了良性运行和协调发展的问题，而社会学又正是以研究这个问题为自己的对象的，因此，社会学跟社会主义建设的实践对上了号，并紧密联系起来了。

社会学主要是通过提供社会良性运行和协调发展这样一种与人人有关的社会学角度为社会主义实践服务的。我们的各级干部，特别是领导干部，有了这种社会学角度，便能在自己的社会实践中，树立正确的、全面的社会发展战略观点，减少和避免由于盲目性而做出妨碍社会良性运行和协调发展的蠢事来；便能有更敏锐的眼光去发现自己管辖范围内的社会问题，防微杜渐，及时采取措施，避免事态发展到不可收拾的地步。我们每个人有了这种社会学的角度，便会扪心自问自己奉行的生活方式、交往方式、行为方式、工作方式、情感方式、思维方式等，究竟对社会运行和发展起促进作用还是相反的作用。我们的社会学家有了这种角度，就会更加深刻地理解自己工作的意义，就会更加目标明确地进行自己的一切活动。这个角度，好像一把钥匙，既打开了社会学为社会主义实践服务之门，又打开了人们正确看待社会生活的理想之门。

从这个角度看问题，就可以更好地理解我国体制改革的必要性、改革的目标、改革的前途等问题。从社会角度看，我国体制改革的必要性，就在于只有改革才能使我国社会从目前的中性运行和模糊发展进化到良性运行和协调发展，而避免退化到恶性运行和畸形发展。满足于中性运行这样一种步履艰难的有障碍的常态运行，持续稳定协调发展经济就难以做到。我国体制改革的目标，从社会学角度看,则是为了实现我国社会主义的整体及其各个组成部分的良性运行和协调发展。这个目标与发展生产力的根本目标相辅相成、并行不悖，前者是发展生产力的社会条件。忽视整个社会的良性运行和协调发展，发展生产力的目标最终是不可能实现的。我们对改革的成功充满信心，但社会学的角度也使我们清醒地看到，改革从来就有两种可能性，一种是基本上实现了预期的目的——我国社会由中性运行进化为良性运行，另一种是没有达到预期的目的。由于原来的运行机制已被打乱，结果引起了社会动荡，社会反而由有障碍的常态运行退化为恶性运行。这后一种可能性不是没有的。清楚地估计到后一种可能性并不会给改革泼冷水，而只会促使我们为争取改革的成功做出更加艰苦的努力，采取更加谨慎的态度，避免头脑发热。

从这个角度看问题，也会使我们更加自觉地抵制以权谋私、官僚主义等不正之风，警惕“一切向钱看”、见利忘义等种种错误做法，更加痛恨制造、贩卖假药等伤天害理的犯罪行为，因为所有这一切，都不同程度地妨碍了社会的良性运行和协调发展。

由此可见，社会良性运行和协调发展确实把社会学与社会实际生活、与我们每个人的思想和行动联系起来、沟通起来了。让我们抓住这个结合点，在社会主义实践中发挥社会学的巨大作用。

四、社会学对象的历史方面

把社会学定义为关于现代社会良性运行和协调发展的条件和机制的综合性具体社会科学，既符合从孔德开始的西方社会学的历史，也符合从马克思开始的马克思主义社会学的历史，并能够较好地揭示这两大分支社会学在对象问题上的共同点和差异点。

从孔德开始的西方社会学，实质上是以维护资本主义社会制度为目的，以多方面的研究资产阶级社会良性运行和协调发展的条件与机制为对象。它的一个突出特点是始终表现为一种维护型的社会学，即使有少数西方社会学家自称为批判的社会学，但归根到底，他们也是以批判的形式开始，以维护的结果告终。这就是说，西方社会学自孔德以来150年间，尽管从具体内容到形式确实发生了很大变化，但维护资本主义社会、改良资本主义社会这一点则始终没有变。在这个问题上，把现代西方社会学等同于孔德、斯宾塞等人的社会学是不对的，否认西方社会学归根到底是维护型的社会学也是不对的。西方社会学家承认资本主义社会有弊病，但认为资本主义社会是能够良性运行和协调发展的，他们实际上都是自觉不自觉地、范围或大或小地研究着这一社会运行和发展的条件和机制。西方社会学从孔德以来有一个从一般的社会哲学向专门的具体社会科学演变的过程。

从马克思开始的马克思主义社会学，实质上是一门关于社会主义和共产主义社会良性运行和协调发展的条件和机制的综合性具体社会科学。它的一个鲜明特点是：对资本主义社会表现为革命批判型的社会学，对社会主义社会则表现为维护建设型的社会学。马克思主义社会学从创立以来同样有一个从一般的社会哲学向专门的具体的社会科学发展的过程。

马克思主义社会学的上述鲜明特点，与它的创始人对资本主义社会和社会主义社会的看法有关。马克思、恩格斯认为，他们面对的资本主义社会从发展上总体上说是一个恶性循环和畸形发展的不合理的社会，只有代之而起的社会主义社会和共产主义社会才有可能真正做到良性运行和协调发展。这一点，恩格斯的《在爱北斐特的演说》作了通俗而集中的说明；马克思的《资本论》、《哥达纲领批判》，恩格斯的《反杜林论》等著作则作了深刻的理论论证。正是这一点决定了马克思主义社会学的特殊性：它在自己的发展过程中，表现为两种不同的但又是统一的形态——革命批判性的形态和维护建设性的形态。

革命批判性的形态，就是以揭露批判资本主义社会致命的弊病为主要任务、以推翻资本主义社会为主要目标的社会学。马克思、恩格斯认为，在资本主义社会中，当务之急不是谈论什么良性运行和协调发展，恰恰相反，是要揭露它作为整体的不可避免的恶性循环和畸形发展。因此他们在唯物史观指导下，揭露了资本主义社会恶性循环的根源：生产社会性和生产资料占有私人性之间的矛盾；揭露了恶性循环的突出表现——周期性的经济危机、人们为异己的力量和盲目的必然性所支配等等；揭露了恶性循环的不可避免的结果——资本主义社会必然为社会主义社会所代替，如此等等。正如恩格斯指出的："冲突成为不可避免的了，而且，因为它在把资本主义生产方式本身炸毁以前不能使矛盾得到解决，所以它就成为周期性的了。资本主义生产产生了新的'恶性循环'。"①

这样，马克思的社会学传统一开始就跟孔德的社会学传统发生尖锐的对立，因为后者认为，资本主义社会尽管有弊病，但整个来说是能够良性运行和协调发展的。这两种社会学传统的根本对立，可以归结为前者要推翻资本主义社会，建立新社会，后者则是要维护资本主义社会，改善旧社会，因此二者确是革命与改良的对立。这就不难理解马克思和恩格斯为什么对孔德采取那样严厉的批判态度，如马克思说"……我作为一个有党派的人，是同孔德主义势不两立的，而作为一个学者，我对它的评价也很低"②；这就不难理解，他们为什么拒绝采用孔德创造的"社会学"这一名词，也不难理解，很长时期内西方非马克思主义社会学的不同流派，为什么把马克思主义当作自己攻击的主要目标。

革命批判性的形态是各国马克思主义者在本国社会主义革命胜利前所实际坚持的社会学。马克思、恩格斯本人，后来的列宁以及我国的马克思主义者实际上都是这样

---

① 《马克思恩格斯选集》第3卷，人民出版社1995年版，第315页。
② 《马克思恩格斯全集》第33卷，人民出版社1995年版，第227—228页。

做的。

由于情况的变化，列宁已经采用了“社会学”这个名词。这些无疑是历史的真实。应当着重指出的是，尽管如此，马克思主义社会学的这一革命批判性形态只是它的一种过渡性的、预备性的形态：为了真正研究社会的良性运行和协调发展的条件和机制，必须先揭露作为整体的资本主义社会的恶性循环和畸形发展。这是一种由历史原因造成的社会学的特殊形态。与此相联系，我们不能同意如下两种看法：第一，否认革命批判性的形态也是一种社会学，因而进一步否认马克思、恩格斯是社会学的创始人。第二，把革命批判性形态看作马克思主义社会学的全部或看作马克思主义社会学的主要形态，不知道或不承认马克思主义社会学还有其他的形态，而且归根到底是更重要的形态——维护建设性的形态。

维护建设性的形态，是各国马克思主义者在本国革命胜利并建立起社会主义制度后要建立的社会学。它以维护、改善社会主义社会为目标，以社会主义和共产主义社会良性运行和协调发展的条件和机制为对象。马克思主义奠基人把共产主义社会叫做以公有制为基础的“合理地组织起来的社会”，叫做“人类从必然王国进入自由王国的飞跃”，指出这样的社会“不仅可能保证一切社会成员有富足的和一天比一天充裕的物质生活，而且还可能保证他们的体力和智力获得充分的自由的发展和运用”；[①] 在

① 《马克思恩格斯选集》第3卷，人民出版社1995年版，第322页。

这样的社会中，社会的生产无政府状态就让位于按照全社会和每个成员的需要对生产进行的社会的有计划的调节。这一切都是在论证社会主义和共产主义社会的优越性在于能够真正在整体和局部两个方面，做到良性运行和协调发展。当然，这还仅仅是一种可能性而不是现实性。维护建设性的形态，从宏观和微观两个方面研究社会良性运行和协调发展的条件和机制，正是为了努力把这种可能性转化为现实性。这种维护建设性形态的社会学，也就是我们通常所说的社会主义社会学。

应当说明的是，我们强调社会主义社会学研究社会主义社会良性运行和协调发展的条件和机制，并不是否认矛盾、斗争、冲突、竞争等在社会主义社会发展中的作用。恰恰相反，它们是保持和促进良性运行和协调发展的必要手段和条件，关键是要实事求是，按照客观规律办事，运用得当。例如，正常的学术批评和反批评对保持和促进学术界的良性和协调发展是十分重要的。

维护建设性形态同革命批判的形态一样，跟西方社会学是根本对立的，但根本对立的内容则发生了变化：它跟西方社会学的对立不再是推翻和维护资本主义社会的对立，不再是革命和改良的对立，而是维护社会主义社会和维护资本主义社会的对立。很显然，两种社会学维护的对象是根本对立的，但是要维护这一点却是相似的。既然同为维护，而且西方社会学具有较长的维护的历史和经验，同时，西方社会从总体上根本上不能良性运行和协调发展，并不等于它的每一个局部都是这样，因此，在西方社会学中有不少东西值得我们参考和批判地汲取。对待西方社会学既要坚持党性原则，又不能采取虚无主义态度；一定要分清精华与糟粕，对精华的东西又要区分适合我国国情的和不适合的，从而在主要立足于我国社会主义的伟大实践的同时，有批判地汲取适合我国国情的精华东西。这是马克思主义社会学开放性的要求，因为它和整个马克思主义一样，是离不开人类文明大道而发展的。

维护建设形态的社会学，在不同的社会主义国家有不同的特点。十月革命后，苏联社会学经过“肯定——否定——否定之否定”的曲折过程，终于逐渐争得了一门独立学科的地位，并获得了较大的发展。

我们现在要建立的是具有中国特色的马克思主义社会学，或者说，是具有中国特色的社会主义社会学。这种社会学，是马克思主义革命批判性形态社会学的合乎逻辑的继续，但又与它不同，这种社会学在指导思想等方面与苏联社会学是一致的，但在国情等方面与它不同，而且要避免它的不足，这种社会学与西方社会学以及受西方影响的旧中国社会学有原则区别，应对它们采取历史的、分析的态度。

我们认为，具有中国特色的社会主义社会学，概括地说，必须具备这样一些特点：

第一，它以我国社会主义社会良性运行和协调发展的条件和机制为对象。

第二，它以辩证唯物主义和历史唯物主义为理论基础和指导思想，这一点决定着马克思主义社会学与形形色色非马克思主义社会学的根本区别。

第三，它以我国伟大的社会主义实践为立足点，并且尊重我国社会学发展的历史、不割断这个历史。它能不能具有中国特色，要由此来决定。

第四，它具有开放性。它参考苏联社会学的经验和教训，汲取其成果；它实事求是地、有分析有鉴别地汲取西方社会学中适合我国国情的精华的东西；它汲取现代科学发展的有关成果。

第五，它把理论和实践结合起来，既重视经验的研究，又重视理论的研究，既重视宏观的研究，又重视微观的研究。

在这里，我国社会良性运行和协调发展的条件和机制是关键。抓住它，有助于贯彻其他各条，抓住它，有了理论框架，也有利于我们进一步深入探讨具有中国特色的社会主义社会学的各个细节。

要研究转型中的中国社会和成长中的中国社会学*

当代中国社会学急需研究的问题，从理论上说，主要包括两个大的方面；一是作为社会学研究客体的中国社会，一是社会学本身。它们的特点可以分别概括为两个词，即“转型中的中国社会”和“成长中的中国社会学”。让我们依次概要地来分析一下这两个方面包含的主要内容。

一、中国社会:从传统社会向现代社会的转型

中国社会从传统到现代的转型过程，大体说来，开始于约150年前的鸦片战争。这个过程，在大部分时间内进展缓慢，主观上也不甚自觉。我国自1978年起实行的改

---

* 本文是《中国社会学年鉴》（1989，10）的专文，刊登时曾被删节过。该文也无删节地发表在《社会学与社会改革论文集》中。这里按后者刊出。

革，自觉地又极大地推进了这个转型过程。从世界范围看，社会学和其他一些现代社会科学，就是这种转型过程的产物。社会学之引入中国，在我国获得较大发展，取消27年后又不得不重建，归根到底也是适应了我国从传统社会到现代社会转型的需要。研究这个转型过程，回答转型过程面临的种种课题，不仅是以马克思主义为指导的中国社会学义不容辞的任务，而且也是它安身立命的根基。可以说，对中国社会的“转型”认识得越深入、越全面，中国社会学的成长也就越扎实、越迅速，而成长了的社会学又转过来推动转型过程比较顺利、比较健康地前进。

“转型中的中国社会”是一个很大的题目，结合十年来改革的情况，从社会学角度看，至少下述几点是值得强调的。

第一，要研究这个转型过程的总体特点。十年改革十分鲜明地显示，这个转型过程是一个既充满希望，又饱含痛苦的复杂过程。一方面，在十年改革中，我国社会主义社会各个方面实现了程度不同的自我改善，取得了举世瞩目的成就。可以说，这十年是我国生机最为旺盛、经济实力增长最快、人民得实惠最多、民主进程较为迅速的十年，人们越来越认识到，从传统到现代的转型是不可避免的趋势，通过改革推进现代化是振兴中华的必由之路和希望所在。另一方面，我国社会在改革前就存在的许多不协调因素，如生产的发展与消费的提高不协调，生产性积累与非生产性积累不协调，经济发展与社会发展不协调，僵化的经济体制，过分集中的政治体制，封闭的思想体制与生产力发展、与社会主义商品经济发展不协调等，改革中新引发的许多不协调因素，如新旧体制并存所引起的碰撞和不协调，各种体制之间改革不衔接所引起的不协调，每种体制的改革由表层到深层、由单项突破到全面深化所引起的不协调等等；以及一些加重社会不协调的因素，如“迟发展效应”的影响和压力等，都在这十年里集中暴露出来了。这种种不协调带来的痛苦，现在集中地表现为明显的通货膨胀和物价上涨幅度过大，表现在社会分配中的许多不公正现象。表现在发生于某些党政机关工作人员中的腐败行为，以及表现在由上述种种原因而引起的社会不安甚至动乱。面对这种希望和痛苦并存的复杂过程，社会学应结合中国实际从理论上阐明这种既充满希望又饱含痛苦过程的根源。指明只看到希望而盲目乐观或只看到痛苦而盲目悲观都是片面的、有害的，引导人们避免做那些增加或延长转型过程的痛苦，妨碍实现现代化希望的蠢事，并研究切实的途径，为减轻、缓解现代化的痛苦、实现现代化的希望作出自己的贡献。

第二，要研究转型过程中社会运行和社会发展问题。转型过程在十年改革中的加速，把社会运行和发展问题再一次突出来了。人们不无痛苦地发现自己生活在其中的社会，正处在某种程度的失范状态之中：原来的许多社会规范正程度不同地失去作用，而新的规范尚未建立起来或尚未发挥作用。社会规范的某种“真空”导致社会行为的某种失范。人们从许多方面可以感受到权威的失落，角色的失调，拜金主义的上升、道德的滑坡、价值观的冲突、行为的无所适从等等失范状态的具体表现。同样，人们也不无痛苦地发现自己期待上的反差。十年前，我国社会刚刚从“文化大革命”的恶性运行和畸形发展中摆脱出来，走上了中性运行和模糊发展的轨道。在这种情况下，人们期待通过改革达到社会良性运行和协调发展是十分自然的，由于对改革的长期性、艰巨性、复杂性估计不足，人们未曾预料到种种不协调因素会在十年改革中集中地暴露出来，而一旦暴露出来，就产生了对社会运行的期待与现实的强烈反差。特别是一种可称之为“恶富集效应”的现象，正在败坏我国的社会运行，更增加了这种反差的程度。富集效应本指自然环境中少量污染物质经过食物链的富集，成千成万倍地积聚起来。例如滴滴涕散在空气中浓度通常为百万分之三，经过“浮游生物→小鱼→大鱼→人”这样一条食物链的富集，它在人体内的浓度可达原来的1000万倍。在社会中，我们也看到类似的现象，即丑恶现象的富集效应。例如“官倒”、行贿受贿、赌博、迷信、拐卖妇女儿童、卖淫嫖娼、不讲职业道德、一切向钱看等等，不过数年工夫，已富集到影响社会运行的地步，以致有的社会学家提出，要对犯罪率上升的程度等建立社会警报指标体系，用来引起全社会的警觉。这种高期待与现实之间的反差，影响人们对改革十年的评价，有人甚至偏激地说：如果“文化大革命”是十年动乱，那么改革开放就是十年乱动，说“宁要改革前的低生活水平高道德水平，也不要改革后的高生活水平低道德水平”。这种反差也影响政府行为，因为领导人迫于这种高期待的压力，往往会忽视我国相对小的社会承受力，容易盲目加快改革步伐，结果许多主观上利民的措施，往往转化为客观上扰民的措施，从而对社会运行产生不利影响。面对在社会运行机制转换时期的失范状态和期待反差以及种种不协调因素，社会学应当从理论上阐明这种失范状态是新旧体制交替过程中新体制还没有真正确立时的“间隙性紊乱”，并指明在实践中如何克服这种状态的消极作用，利用它可能具有的积极作用。上述种种不协调因素的存在，也使我们再一次认识到研究社会协调发展的问题不仅重要，而且迫切，认识到具有中国特色的社会学应着重研究我们生活在其中的这个转型社会的运行和发展的规律性，以便争取社会良性运行，缩短中性运行，避免恶性运行，认识到改革是一种治本的、难度极大的结构性调整，而不是治标的、难度较小的功能性补偿。

第三，要研究转型过程中发展战略的选择问题。十年改革的经验和教训表明，在发展生产力基础上，以人为中心的社会协调发展战略，是适合我国国情的正确社会发展战略。因为：（1）它正确反映了社会作为一个有机统一体的客观实际，反映了在这个统一体中，生产力的基础作用、人的中心地位（现代化本质上是人的现代化）、社会各方面协调发展这三者的相互联系、相互制约；（2）它正确总结了二次世界大战后发展中国家的教训，能够避免“增长第一战略”的种种弊端。“增长第一战略”实际上是一种牺牲社会发展、牺牲人的中心地位而获取经济增长的片面战略，有人称之为“没有发展的增长”战略，结果是既牺牲了社会发展，也妨碍了经济增长。毋庸讳言，十年改革的一个教训是我们或多或少、自觉不自觉地受到“经济增长第一”战略的影响，在进行经济改革的同时，没有相应地推进社会改革，这样就出现了社会改革落后于经济改革，反过来又制约经济改革的情况。十年改革使我们深深认识到，在我国社会转型过程中，非经济因素对经济因素的制约是强有力的，忽视这一点，迟早会受到无情的惩罚。社会学应从理论上阐明单纯经济增长战略的危害性和经济、社会协调发展战略的必要性，并结合国际上的教训（如伊朗前国王巴列维推行现代化失败的教训）和我国自己的教训，说明选择正确的发展战略是减轻转型过程的痛苦，实现它的希望的关键之一。

第四，要研究转型过程中的社会问题。十年改革再一次表明，我国存在十分突出的、积重难返的三大类社会问题：人口数量过大、素质不高所引起的一系列社会问题，生态环境污染、破坏所引起的一系列社会问题，由传统因素和外来因素所造成的一系列社会问题。首先，我国人口的量和质成了限制我国顺利转型的最大制约因素。就人口的数量来看，1989 年 4 月 14 日已成为我国 11 亿人口日。人口与粮食、资源、环境、能源之间的矛盾日益加剧。所谓住房问题，失业问题，农村中越穷越生、越生越穷的恶性循环，整个国家人口增长吃掉经济增长的消耗战，等等。无一不是人口数量过多的问题。我国经济供给、资源承载的最大人口临界点有人估计为 15 亿。能否切实控制人口的过快增长，使人口增长与社会和经济发展相适应，同资源利用的生态环境相协调，是事关中华民族生存和发展的大问题，也不能不对我国社会的顺利转型产生巨大影响。就人口质量来看，且不说我国有占人口总数5%强的各类残疾人，不说人口数量过大对质量的制约，只说文盲的人数在1982年人口普查时是2.35亿，占总人口的1/4。近年来随着新的“读书无用论”的泛滥成灾，学生流失普遍成风，实际上有更多的人具有扫盲的任务。而文盲充斥的国家是建立不起真正现代化的社会的。广大的文盲人口是迷信，赌博活动的深厚基础。更严重的是，我国人口现正经历着一个素质逆淘汰过程：文化程度高的人口数量正在相对减少，而文化程度低的人口，特别是文盲人口相对增加，形成整个人口素质下降。其次，我国生态环境问题的特点是：我国经济和社会尚未充分发展，生态环境的破坏和污染已经十分严重。例如，我国水源污染触目惊心。一项调查表明，全国目前已有82%的江河湖泊受到不同程度的污染。每年由于水污染造成的经济损失达377亿元，对居民健康的影响则无法估计。第三类问题最为敏感。例如，最突出地体现以权谋利的“官倒”就是与传统因素中的封建遗毒分不开的。据估算，1987年平价与市价两种价格之间的差额为2000亿元，1988年为3000亿元，占国民收入的20%。两种体制并存造成的如此巨额财源，为一些直接间接掌握物资权而又经不起金钱诱惑的人以权谋私、贪污受贿提供了条件。社会学从理论和实践的结合上研究这些问题，一方面能为解决或缓解这些问题提供有益的建议，另一方面又有助于唤起民众的生存危机感、民族忧患感、改革的紧迫感和历史的责任感。对国家来说，鼓励和允许研究社会问题，既是对自己有力量有信心的表现，又是对待客观存在的社会问题的正确态度，回避或反对研究，则像病人讳疾忌医一样是有害的。对社会学家来说，敢于实事求是地研究社会问题，是对社会有高度责任感的表现，理由十分明显：要维护、改善社会主义社会，就必须弄清楚腐蚀它健康肌体、影响它正常运行的社会问题，以便对症下药。

第五，要研究转型过程中社会变迁的特殊复杂性。从领域来说，有经济的变迁——我国正从自然经济、产品经济向社会主义商品经济转变；有政治的变迁——我国的社会主义民主化进程已经开始；有思想文化的变迁——一种不同于传统文化但又包括传统文化精华在内的、融贯中西文化的新文化正在形成。就社区来说，有城市和农村的变迁，有沿海和内地的变迁，有特区和非特区的变迁。从人和人群来说，有个体的价值观的变迁，有社会利益群体的崛起，有社会组织结构和功能的变迁，等等。在所有这些变迁中，又表现出有先有后的不平衡性，有进有退的曲折性，有同有异的多样性。一些极端的观点和做法又增加了这种复杂性，例如把传统文化和现代文化截然对立起来，全盘否定传统文化等，就是如此。事实上，正如英格尔斯《人的现代化》一书所说："从历史发展上看，现代化倾向本身就是人类传统文明的健康的继续和延伸，它一方面全力吸收了以往人类历史所创造的一切物质和精神财富；一方面又以传统所从来未曾有过的创造力和改造能力，把人类文明推向一个新的高峰。”诚然，现代化过程必然使人们与某些传统的生活和习惯诀别，但从一种新的意义上讲，现代人比传统人更能真正维护、珍惜和保存传统。同样，我国社会物质的和心理的承受能力相对小与人们要求社会变迁尽量快的矛盾，也增加了变迁的复杂性。为了使转型过程中社会变迁能够顺利、健康地进行，引导人们实事求是地看到它的特殊复杂性，避免一刀切，避免片面性，是十分重要的。在这个问题上，社会学可以也应该利用自己的学科优势作出自己的贡献。

二、中国社会学,从不甚成熟到较为成熟的成长

中国社会学，从 19 世纪末 20 世纪初引进到作为学科在中国大陆被取消的半个世纪中，特别是从 20 世纪二三十年代开始中国化过程后的 20 多年中，取得过举世瞩目的成绩，中国曾被称为“生气勃勃的社会学活动的中心”，被誉为在思想质量上除北美和西欧之外的“世界上最繁荣的社会学所在地”。但是，由于历史的、理论的、外来的和认识的种种原因，由于对受西方影响的社会学从维护旧社会到维护新社会转型的可能性认识不足，对马克思主义派社会学从革命批判性形态到维护建设性形态转型的必要性认识不足，造成社会学在我国大陆中断 27 年的失误。这样，1979 年，作为学科恢复和重建的中国社会学，不能不带有长期中断所造成的种种弱点和不成熟性：社会学的人才和师资、书籍和教材、教学机构和研究机构

等或者缺乏或者根本没有；大量引进国外社会学，开头不可避免有一段生吞活剥、消化不良的时期；产生了不把社会学作为一门科学来对待的庸俗化倾向；理论研究和经验研究均很薄弱，且有把二者对立起来的现象；等等。经过10年的艰辛创业与探索，经过10年与我国改革开放的事业同命运、共呼吸，中国社会学逐步提高了自己的成熟度：一方面社会学本身在理论上、在实践中都作出了一定的成绩，正对我国社会生活发挥越来越明显的作用，为我国社会学今后进一步发展打下了良好的基础；另一方面，它得到社会各界、社会科学各科的广泛承认，社会学成为很有吸引力的学科之一。人们越来越认识到社会学也和经济学等一样，对改革和开放的事业是不可缺少的。但是应当承认，这种成熟度还是不高的。社会学在中国成为一门真正成熟的科学，尚需继以时日，尚有不小的差距。对于尚处在成长过程中的中国社会学来说，在理论上处理好下述几个关系是至为重要的。

第一，处理好社会学与转型社会的关系。首先要明确这是一种流与源的关系。我国社会学必须植根于转型中的中国社会，才可能具有中国特色。能否从自己特有的角度如实地反映和理论地再现这个转型过程的主要方面，是我国社会学是否成熟的标志。我国社会学离开转型社会的实际，就会成为无本之木，无源之水。强调这一点并不是无的放矢。其次，为了深入转型中的社会，有必要对不同类型、不同发展水平的社区进行有计划、有系统的调查和分析。社区分析是社会学的特点和优势之一。当我们对各种有代表性的社区的转型过程及其异同有了深入的了解，我们对整个中国社会的转型过程的了解，就不再是抽象的和笼统的了。再次，为了从特有的角度如实地反映和理论地重现转型过程的主要方面，有必要利用或概括恰当的社会学范畴。恰当的社会学范畴是联系社会学和转型社会的纽带和桥梁。由于转型时期社会现象的丰富性，一些原有的范畴可以得到新的内容，如“社会效益”、“社会公正”、“社会承受力”、“失范状态”、“人口的逆淘汰”、“后发展效应”、“示范效应”、“德托维奎尔效应”（许诺过多，造成期待过高，导致普遍失望而引起的社会动荡）等等，一些新的范畴也可能得到概括，如“社会场”、“单位意识”、“贫困文化”、“社会短期行为”、“社会协商对话制度”、“社会恶富集效应”等等。用专题的形式深入研究这些反映转型过程中突出课题的范畴（包括原有的和新概括的），必将使中国社会学更具有活力和丰富的内容，更具有中国特色，从而也为世界社会学贡献自己的一份力量。在这个意义上，中国化与国际化是统一的：越有中国特色越能得到国际承认，照抄照搬，毫无特色，也就毫无国际地位可言。

第二，处理好社会学内部一些重要的理论关系。有一些关系曾在社会学形成和发展中起过重大的作用，如人与社会的关系，传统社会与现代社会的关系，自然科学与社会科学的关系，革命与改良的关系，秩序与动乱的关系等等。斯宾塞的“军事社会”和“工业社会”、滕尼斯的“公社”和“社会”，杜尔克姆的“机械的团结”和“有机的团结”，韦伯对社会行动的划分，实际上都是在说明传统社会与现代社会的区别。这些关系今日仍然是每个社会学者自觉不自觉地、这样那样地回答着的问题。其中，科学性与价值性的关系，理论研究与经验研究的关系，宏观研究与微观研究的关系，实证方法与人文方法的关系，还更多地困扰着当今中国社会学界，成为中国社会学在成长过程中要注意处理的问题。笔者认为，理论研究和经验研究、宏观研究与微观研究、实证研究和人文研究都需兼顾，不可偏废，不应将它们人为地对立起来，用这一个否定另一个，而应使它们相互取长补短、相得益彰。科学性和价值性的关系则更为复杂，认识也更不一致。有一种意见认为，凡科学不能涉及价值，凡涉及价值就不能是科学。因此持这种意见的人把韦伯所说的“价值无涉”当作不言而喻的真理接受下来，并把科学精神归结为“价值无涉”的精神。笔者认为这是不确切的、似是而非的。“价值无涉”确实包含着强调客观性的合理因素，但这种纯粹客观主义的观点不仅事实上做不到，而且本身还包含着不可克服的逻辑矛盾。因为要把“价值无涉”真正贯彻到底，那就要不涉及一切价值，就要对一切价值保持中立，那也就意味着必须放弃“价值无涉”这种价值观本身。但是持上述意见的人却一方面坚持在研究问题时不应有任何价值，同时又坚持一种地地道道的价值——“价值无涉”的价值，这不是逻辑上、理论上的自相矛盾吗？事实上，在认识和实践的各个阶段，研究者不管意识到与否，都是不能完全摆脱一切价值观的。问题是在选择哪一种价值观。笔者认为正确的行之有效的与科学精神统一的价值观就是实事求是，无论是选择问题，还是理解问题（韦伯把理解的领域留给“价值无涉”，而把选择的领域留给了“价值相关”，并没有摆脱自相矛盾），无论是发现问题，还是解决问题，都是离不开实事求是的。这样理直气壮地公开承认不能完全摆脱价值观，提倡与科学精神一致的实事求是的价值观，反对一切主观随意的与科学精神相背的价值观，本身就是实事求是的态度，就是理论上一贯的立场。这岂不比实际上做不到，又包含逻辑矛盾的“价值无涉”好得多吗？笔者认为，把科学性和价值性统一于实事求是，将有利于中国社会学的健康成长。

第三，处理好社会学界内部不同学派、不同主张、不同观点之间的关系。我国社会学是以马克思主义历史唯物论为理论基础和指导思想的、以我国社会主义实践为立足点的。以马克思主义的历史唯物论为指导并不是要把自己封闭起来，相反，马克思主义是开放性的，是用人类文明大道一切合理东西丰富起来的。这样的社会学应当用“广泛借鉴，具体分析”的态度来看待，处理西方社会学中和自身所包含的不同学派、“不同主张”。所谓“广泛借鉴”，就是对社会学中各种思潮、各种流派、各种观点采其所长所优，采其合理之处，为我所用。所谓“具体分析”，就是对自己不同意的思潮、流派、主张等，不采取一概排斥、全盘否定的狭隘做法。这种态度对处于成长过程中的中国社会学尤为必要。在当代西方社会学中，结构功能论、冲突论、交换论、互动论、现代结构论等纷纷登上舞台。这些流派正如《社会学理论的结构》一书的作者特纳指出的，它们相互共存、相互兼容，每一种观点都对人类互动和人类组织分析作出一定的贡献，但在西方社会学界人们往往把这些不同流派看成是相互对抗的，并彼此用刻毒的语言进行攻击，从而使西方社会学理论分裂成多少有些隔阂和对抗的思想活动阵营。我们应当记取西方社会学的这种教训，实事求是地具体分析地看待西方社会学各派，分清它们的精华与糟粕、强点和弱点，吸取符合我国国情的合理的东西，丰富自己的社会学。就我国重建后的社会学来说，经过十年发展，社会学界就多方面的问题提出了各种各样的见解。例如，对什么是社会学，就提出了形形色色不同于以往的定义。对种种为数众多的主张，也应该采取“广泛借鉴，具体分析”的态度，而不应该也没有必要强求统一。当然，这绝不是不要学术争论。相反，要通过学术争论，吸取对方合理的东西，弥补自己的不足，“广泛借鉴，具体分析”与正常的学术争论是并行不悖、互补互益的。它有利于相互尊重、自由讨论的良好学风的形成，而使文人相轻、门户之见的市场逐渐缩小；有利于真正意义上的学派的形成，而使宗派意识逐渐削弱；有利于我国社会学学术水平的提高；有利于社会学界团结的加强。一句话，它有利于我国社会学的健康成长。当然，“广泛借鉴”的作用不限于处理社会学内部不同流派和观点上。社会学是研究其他社会科学都涉及但不作专门研究的东西，这种东西在笔者看来就是社会运行和发展的规律性，特别是良性运行和协调发展的规律性。既然这样，它理所当然要吸取别的社会科学，以至自然科学的成果。众多的分科社会学的出现，既是这种“广泛借鉴”的见证，又是它的必要性的宣告。

中国社会大转型*

中国社会现正处在由传统社会向现代社会转型的过程①之中。“转型”也和人口等因素一样，是中国的基本国情之一。当前中国的各种现象无不带有转型的特点，社会成员也无不这样那样受到转型的影响和制约。

从 1978 年以来，中国的社会转型进入了一个新的阶段，具有了以往不曾具有的特点。为了说明这些特点，我们提出了“社会转型度”这个概念，它是衡量中国社会现代化程度的一个重要范畴。社会转型度可具体区分为速度、广度、深度、难度和向度五个次级概念。在我看来，当前中国社会的特点及其问题正十分集中地从这五个方面表现出来。

---

* 此文原名为《当前中国社会转型的特点及其面临的问题》，在《中国软科学》（1994，第一期）刊登时，被改名为《中国社会大转型》。此文被翻译成英文，刊登于 1994 年 11 月出版的韩国《东西方研究杂志》23 卷第二期上。作者在 1994 年 8—10 月访美讲学期间，以此文为基础分别在哈佛大学和杜克大学作过学术讲演。

① 这个提法后来笔者把它改为更确切的提法：“中国社会现正处在由传统型社会向现代型社会转型的过程之中。”

一、中国社会转型的速度大大加快

从总体上说，中国社会转型是从 1840 年的鸦片战争正式开始的。到目前为止，这一转型过程已大致经历了三个阶段：1840—1949 年为第一阶段；1949—1978 年为第二阶段；1978 年至今为第三阶段。就转型速度来说，这三个阶段呈现很不相同的情况。

第一阶段为低速或慢速发展阶段。从工业化角度看，自 1840 年到 1949 年，现代工业在国民经济中所占比例只有 10% 左右；从城市化角度看，1843 年，不包括东北和台湾，中国有大小城镇 1653 个，城镇人口 2070 万人，约占当时总人口 4.05 亿中的 5.1%，至 1949 年，大陆共设市 140 个，县城和建制市镇 2000 个，城镇人口 5765 万人，约占总人口的 10.6%。这就是说，经过 109 年，中国有了 10% 左右的现代工业，有了 10.6% 的城镇人口，显然速度是很慢的。

第二阶段是中速发展阶段。由于中国社会的内部原因（在一段时间内盲目照搬苏联模式，没有找到适合国情的发展道路和模式；“大跃进”、“文化大革命”的折腾，没有及时转到以经济建设为中心的轨道上来等）和外部原因（以美国为首的西方国家的封锁禁运等），中国的发展和转型仍然不快。但这一时期，中国毕竟建立了自己独立的工业体系，造出了足以使炎黄子孙自豪的人造卫星等。工农业总产值从 1949 年的 466 亿元提高到 1978 年的 5634

亿元，其中工业总产值从1949年的140亿元提高到1978年的4237亿元，人均国民收入从66元提高到315元。从1953—1978年国民生产总值每年以平均增长6.1%的速度发展。城镇人口在总人口中所占的比例也达到17.9%。这30年比过去109年的速度是加快了，历史地看，没有这一段中速发展阶段打下的基础，后面的快速发展将是不可能的。

第三阶段则是高速发展或加速发展阶段。从1978年执行对内改革和对外开放的政策后，情况与以前根本不同。可以说，十多年的发展在许多方面远远超过以前140年的总和。中国社会变化之巨大，速度之快，甚至连许多中国人自己有时也不敢相信；外国人如果不亲眼看看，也许以为是在听神话。

从经济上看，工农业总产值1991年已达36045亿元，为1978年的约6.5倍，每年平均以10.7%的速度增长，其中工业总产值28248亿元，为1978年4237亿元的6.7倍，每年以超过12%的速度发展；国民生产总值1991年达19855亿元，为1978年3588亿元的5.5倍，每年以8.6%的速度增长；人均国民收入1991年为1725元，为1978年的5.5倍。这种速度不用说纵向比较过去30年快得多，就是横向比，也比欧美日等发达国家历史上快速发展时期高出不少，与亚洲四小龙在最快速发展十年所取得的成就比也完全可以媲美。当然，我们也必须注意，中国不同地区，不同产业部门，对快速发展作出的贡献是不同的。

从城市化角度看，十多年来，以大城市为中心、中小城市为重点、小城镇为网络的城市化过程正在进行。与西方国家主要靠农村人口向城市迁移来实现城市化的办法不同，中国主要靠农村城市化，并同时配以农村人口向城市迁移。乡镇企业的崛起，许多农民变成“离土不离乡”的农民工；1984 年以后我国建制市、镇数惊人地增长（4 年增加市 87 个，即从 295 个增加到 382 个；增加镇 4892 个，即从 6211 个增加到 11103 个，也即每年平均增加市 27 个，镇 1640 个），应该说都是这种农村城市化趋势的表现。

应当说明，我们这里只把工业化和城镇化看作现代化的两个标志，但现代化并不等于工业化或城镇化。中国社会转型的高速度不仅表现在这两方面，而且表现在整个社会生活的各个领域，这些我们将在广度中加以说明。

当然在发展速度上有一个把握得当的问题，速度太慢不行，太快了也不行。太慢了就会在激烈的国际竞争中落后；太快了，超过了社会承受能力，也会引发社会问题，甚至引起社会动荡。这样势必回过头来又要调整，这方面我们已经有多次经验教训了。在速度的把握问题上，我们应该在战略指导思想上求快。而在战役战术的具体实施上从实际出发，能快到什么程度就快到什么程度，没有条件快速发展的地方要创造条件。据专家们估计，中国的适当发展速度在不低于 6% 和 9% 之间。

二、中国社会转型的广度空前未有

当前中国的社会转型不仅速度快，而且覆盖面宽，社会的各个部门、各个地区和各个群体无不涉及。

首先，从思想、经济、政治和日常生活各个部门看，中国社会的转型确实是全面的，同时转型的时序又是不同的。它以思想解放为先导，从经济体制改革着手，把经济建设作为中心，政治体制改革跟在后头，从而达到相互促进，覆盖社会各个部门。

1．就思想部门而言，1976 年粉碎“四人帮”、结束“文化大革命”前后，中国大陆经历了一场思想解放运动。之后，在邓小平主持下，对这场运动作了有历史意义的总结。这个思想解放运动的主要内容是：

——破除对毛泽东的神化和个人崇拜，既充分肯定他对中国历史的巨大功绩，又如实指出了他晚年的严重错误，把认识转到对毛泽东思想完整、准确加以理解的轨道上来；

——破除“以阶级斗争为纲”的束缚，把社会生活转到以经济建设为中心的轨道上来；

——破除对社会主义的片面的、理想化的理解，转到坚持改革、坚持发展的具有中国特色的社会主义的轨道上来；

——破除闭关自守的意识，消除对自力更生的片面理解，转向对外开放的轨道，认识到对外开放与自力更生是可以相互促进的；

——总结了过去 30 年来对客观规律尊重不够、过分强调主观能动作用的教训，把思想转到实事求是，以实践为检验真理标准的轨道上来。

没有这样一场思想解放运动作为先导，中国内地的经济和政治改革就难以起步，对外开放也无从谈起。

现在在中国大陆，人们的思想更加求实，更加开放，更加理智，更加成熟，眼光更加开阔，现代化的自觉性更加高涨，那种不利于现代化进程的束缚人们思想的传统意识正在日益被抛弃，而那种有利于现代化的传统因素则日益得到弘扬和开发，转变成为现代化的因素之一。

2. 经济生活是中国社会转型最突出的方面。在体制上，起初是从高度集中的计划经济转为有计划的商品经济，后来又转到社会主义的市场经济，市场成为资源配置基础性的手段。现在中国各种市场如金融、劳务、人才、期货、房地产、股票等市场正在发育和完善。在所有制上，从过去单一的公有制转为以公有制为主体多种经济成分并存；在分配制度上，则转为以按劳分配为主体多种分配方式并存；在产业结构上，加快第三产业的发展，加快外向型经济的发展。

中国的改革事业十多年来经历了从农村改革到城市改革，从经济体制改革到各方面体制的改革，从对内搞活到对外开放的进程。在这个进程中，经济始终是起带头作用的东西。从经济体制改革入手，以经济建设为中心，把发展生产力放在第一位，并制定了比较切合实际的分三步走的发展战略，这是中国改革取得公认成就的关键，也是中国与苏联及东欧国家不同之处。

3. 在政治领域中，从过去的“大政府—小社会”型开始转向“小政府—大社会”型。在计划经济下一定是“大政府”，因为计划经济的特点就是包揽经济生活中的一切。要管这么多事，就必须设置庞大的行政机构。而市场经济必然呼唤“小政府”。这就意味着政府必须转变职能，主要管宏观调控、制定法规，经营性的事业主要让社会去办。这个改革是1988年4月中国海南建省办特区率先实行的。省政府由原来行政区的69个部、局、委精简为27个厅，人员比过去作为广东省的一个行政区时还少近300人。这件事被国外舆论称为“中国最大胆的尝试”。海南省的小政府为海南经济特区对外开放增加了魅力，为经济的超常规发展创造了条件。政府机构的改革是政治体制改革的重要组成部分。中国政府机构改革的指导思想是：适应社会主义市场经济的要求，按照政企分开和精简、统一、效能的原则，转变职能，理顺关系，精兵简政，提高效率。重点是转变职能。这就是说，“小政府—大社会”这条从海南开始的转型也是全国要走的路。当然，这个转型不是没有阻力的。中国的民主、法制和人权进程也取得了进展。例如就选举制度而言，中国已由过去的不定期选举转为定期选举，废除了领导职务事实上的终身制；由过去的定额选举转为差额选举；已经实行了县级直接选举，今后随着条件的成熟，将过渡到更大范围的直接选举；立法和执法制度正在逐步完善；人权比过去任何时候都得到重视。中国已经发表了两个人权白皮书，全面说明中国和中国西藏地区的人权基本状况。一些人权研究机构已在中国建立，例如中国人民大学就在 1992 年成立了人权研究中心。

4. 在日常生活方面，人们衣食住行已从过去的单调划一转变为色彩绚丽和多样化。越来越多的家庭程度不同地实现了现代化。传统的大家庭正在让位给核心家庭。在家庭生活中，传统的家长制日益衰落，妇女的地位大为提高，父母与子女之间的代差（generation gap）越来越明显。甚至离婚方式也发生变化，出现了一种称之为友好离婚或协议离婚的方式：不做夫妻了，仍做个朋友，好离好散，最后吃一顿告别餐。这不同于过去反目为仇式的离婚。现在离婚率的大幅度增加，有的地方在青年当中甚至高达 30%，引起人们的担忧。

其次，从东西南北不同地区来看，中国内地的社会转型同样是全面的，同时又是递次推进的，这就是由东到西，由南到北。1978 年中国在沿海地区建立了 14 个开放城市的沿海发展战略，并由华南经济区推动华中、华北经济的发展，这些都是由南向北的推进。中国又实行从上海至重庆的沿长江推进的沿江发展战略，并由华东经济区推动中西部经济的发展，这些又是由东到西的推进。中国还实行沿国界发展的沿边发展战略，使中国社会转型涉及最遥远的边疆地区。

当前中国社会转型的特点，从广度和全面性的角度看，也与以前两个阶段不同。我们看到，现在第三阶段的转型是全面的，重点摆对了，发展战略也是较为切实可行的；第二阶段的转型不是很全面、很广泛，中心放错了，发展战略有时不切实际；第一阶段的转型则是相对片面的，先是19世纪的洋务运动追求器物层面的现代化，转型局限在器物层面上；后是19世纪末的维新运动追求制度的现代化，转型局限在制度的层面上；最后是1919年的五四运动追求文化的现代化，转型又停留在文化的层面上。

当然在谈论当前中国社会转型的全面性时，也不能不注意它的不平衡性。首先是地区间的不平衡，我们担心沿海和沿江发达地区（转型的优势地区）与西部不发达地区（转型的弱势地区）差距越来越大，前者与国外的联系甚至比后者还密切；我们也担心，随着发达地区实力的增强，如果税制不健全，就会出现“诸侯经济”，削弱中央的宏观调控能力，使中央相对集权与地方合理分权的正确原则得不到切实贯彻。其次是部门之间的不平衡，例如文化教育部门由于投入不足、教师待遇低下，本来应该成为优势的部门却成了弱势部门。第三是群体之间的不平衡，拿收入来说，当前中国社会存在着群体间差距过大，而群体内平均主义这两种现象，这是社会分配不公的两种形式。

三、中国社会转型的深度史无前例

当前中国社会的转型不是表面的，而是发生在社会生活的深层，它涉及社会结构和价值观念的变化。

首先，随着各种经济成分的发展，中国从社会流动率和社会分化率很小的社会转型为较大的社会，并进而引起社会职业结构和社会分层结构的广泛转型。

在1978年以前，中国的社会流动很小，特别是农民，由于户籍制度对农民与非农民的区分，形成了农民永远是农民的格局。农民的子女要进城，除了考大学和参军，几乎别无他途。这明显带有传统的特点。然而，这种格局被迅猛发展的乡镇企业打破了。据统计：1978年全国乡镇企业工业总产值只有385.26亿元，仅占当年全国工业总产值的9.1%，而到1991年则已达到8698.9亿元，已占当年工业总产值的30.8%。

1978年以来新增工业总产值的34.7%是由乡镇企业创造的。随着乡镇企业的异军突起，许多土生土长的农民成了农民企业家。在1992年9月由中国人民大学主持召开的会议“中日企业家第一次研讨会”邀请了中国几个著名的农民企业家参加。他们是被称为“服装大王”的大连大杨服装集团公司董事长兼总经理李桂莲，被称为“乌龙茶大王”的福建集美绿菀茶厂经理高清奇，被称为“鳗鱼大王”的广东汕头和泰企业有限公司总经理黄学敏等。那时他们中有的营业额达到5亿元，他们在当地有很高的社会地位。有的还拥有企业集团，在国外拥有分公司或开展国际贸易。这几位仅仅是数以万计的农民企业家的代表。农民企业家是新的职业，新的阶层。有这么多的农民变成农民企业家，从社会学上讲，就是社会流动和社会分化加速。传统的农民永远是农民的格局被打破了，而社会流动和分化的加速必然导致社会职业结构、分层结构、利益集团结构和城乡结构等等的变化。

当然，对于富起来的农民有一个教育问题。远近闻名的农民企业家——天津市静海县大邱庄企业集团总公司董事长禹作敏五罪（窝藏、妨碍公务、行贿、非法拘禁、非法管制罪）并犯，被判刑20年。这一事实说明：对富起来的农民，如果不进行教育，就有可能成为“土皇帝”。禹作敏和跟他类似的人物走上斜道一般有这样几步：有了钱，有了权，钱权合一，无法无天，甚至无恶不作，一步一步把自己送进监狱。富起来的农民要在今后站住脚，而不成为昙花一现的人物，必须接受法制和道德教育，科学技术和管理知识教育。他们自己也必须自律，好自为之。

其次，随着市场经济的发展，中国人在义和利，个人和社会等方面的价值观念也发生了变化。

长期以来，中国人普遍受儒家传统思想的支配，轻利重义，儒家的名言“君子喻于义，小人喻于利”，把重义说成是君子的事，重利则是小人的事。这种义利观表现在实践上就是轻商轻产业。1949年后中国大陆仍然把商放在最后一位：工农兵学商。这种义利观的另一个实际结果是轻视消费，轻视满足人们的物质需要。在宋代儒家甚至提出“存天理，灭人欲”的主张。这种义利观必然导致轻经济，使人讳言钱和物质利益，好像一谈它们就是庸俗的表现。

现在中国正向既重义又重利的观念转变。国家把经济建设放在中心的地位，其他都是实现这个中心的手段。讳言钱和物质利益的情况得到根本的改变，“时间即金钱”的口号到处可见。随着义利观的转变，在社会和个人关系上也相应地转向社会利益与个人利益并重兼顾的观念，纠正了过去对集体主义的片面理解：只强调社会和集体的利益，而程度不同地忽视了个人利益。当然价值观的这种转变，既有利的一面，又有不利的一面。有利的一面是促使社会讲效益，推动市场经济的持续发展。不利的一面则是容易走向另一个极端，导致拜金主义和极端个人主义。20世纪五六十年代，大学毕业生的口号是：到基层去，到边疆去，到祖国最需要的地方去；现在八九十年代，大学毕业生则更欣赏这样的口号：到公司去，到国外去，到赚钱最多的地方去！青年价值观的这种转变应当加以引导。但这是一件不容易的事。因为1949年后出生的中国人已超过总人口的2/3，他们对旧中国军阀混战、贫穷落后、灾害饥荒、政治腐败等已没有多少记忆，对无数仁人志士为建立新中国而前赴后继斗争的艰难也已没有多少感受，他们很容易受到西方个人主义价值导向的影响，殊不知西方个人主义已达到了它的限度。这是我们必须面对的现实。今后还是要提倡义利并重，提倡东方文化固有的集体主义取向，既考虑国家和社会的需要，又重视个人利益，反对拜金主义和极端个人主义，以便使我们的市场经济成为文明的市场经济。

四、中国社会转型的难度前所未遇

中国现代化事业的难度，不仅仅表现在人口多、底子薄、经济落后，也不仅仅表现在中国处在迟发展效应的作用之下，处在不平等的国际经济格局之中，最主要的是表现在中国社会转型的每一步都涉及利益关系的调整。

当代中国社会转型的一个主要形式是社会改革。而改革这种有计划、有步骤的社会变迁，本质上是一种利益关系的调整，即个人与个人、群体与群体之间、个人与群体、个人与社会之间的利益关系的调整，也即是要打破原来形成的不利于调动人们积极性，不利于生产力发展的利益格局。这就势必要这样那样地暂时或长期地影响某些个人、某些群体的既得利益，也就会形成改革的大大小小的阻力。改革还有一个社会承受力的问题。任何改革如果超过社会承受力，就会引起社会不安，甚至导致改革失败。而大范围的既得利益则是社会承受力的很主要的方面。这种利益关系、利益格局的调整便成为改革难度最主要的根源。同时中国长期以来根深蒂固的平均主义传统又使利益格局的调整成为难上加难的事情。了解这一点才能了解中国一些似乎矛盾的现象。

在中国老百姓中，很难找得出不主张改革的人来。在这个意义上，每个中国人都是改革派。他们对改革都有自己的期待——切合实际的和不切合实际的。一旦在某个问题上，实际的改革不仅不能达到预期的愿望，反而触及到原有的既得利益时，就可能犹豫了，退却了。例如中国的公费医疗制度改革、住房制度改革这么困难，原因就在这里。抽象地说，人们都能说出现行公费医疗制度和住房制度有多少条缺点和弊病，但这并不意味着可以一下子就把它们取消。如果在条件不成熟的情况下贸然这样做，那么他们原有的利益就会受到过快的损害，就会超出他们的承受能力。要想改革顺利和成功，即使在人们收入大幅度增加的情况下，也得分若干步骤进行。例如医疗费用，先让个人负担10%，国家负担90%，然后个人负担的部分逐步增加。经过一段时期，随着新的社会保障制度的建立和完善，现在的公费医疗制度才能基本取消，即使那时还不能不留下一段“老人老办法，新人新办法”的小尾巴。所以，中国的任何一项重大的涉及多数人利益的改革，如果不考虑到它的多方面的难处，照抄照搬国外特别是西方发达国家的某种办法，企图一个早上加以实行，那就没有不失败的。

至于领导这个难度很大的中国改革事业的领导人，他们当然要深入研究某项改革的具体目标、方法、步骤，以及调整那些社会群体的利益，调整多大的幅度等问题，并对不同的方案进行选择。这种决策程序是各国共同的。但是，西方一些政治家、记者和中国问题专家总喜欢把中国人特别是领导人分为改革派和保守派，这是不了解中国国情。其实，在他们的用语中，所谓“改革派”不过是他们想象的比较符合西方利益的人，而所谓“保守派”则不过是他们认为不怎么符合西方特别是美国利益的人。如此而已。

由于中国社会转型和改革的难度，我们既要看到它充满希望的一面，又要看到它饱含痛苦的一面，与其准备得时间短点，还不如准备得长点，既不盲目乐观，也不盲目悲观，从而踏踏实实推进改革事业。在这里，关键是要处理好个人与社会、局部与全局、眼前与长远利益的关系。

五、中国社会转型的向度十分明确

转型的向度涉及中国现代化的道路和模式的选择。在中国社会转型迄今为止的三个阶段中，向度是各不相同的。

在1840—1949年的第一阶段，总的说，中国选择的是资本主义现代化道路和模式。中国曾学习过法国、英国、美国和日本的模式，但是都没有成功，都没有能够改变中国半殖民地半封建的社会面貌，也都没有能够避免被侵略、被掠夺、受欺凌的局面。痛苦的经验教训，使中国人不得不另作选择。所以中国人在1917年俄国十月革命影响下开始向社会主义找出路，不是没有原因的；也就是说，中国不是没有选择过资本主义道路和模式，而且是反复选这条路，时间延续了一百多年，不可谓不长。在说明中国社会转型的向度时，我们不能忘记这个基本历史事实。

在1949年—1978年的第二阶段，开始时没有认识到苏联模式的社会主义只是一种特殊的社会主义，而误把它当作一般性的东西，曾盲目照搬了苏联模式的不少方面，按照这种模式建立了高度集中的计划经济体制。当时以美国为首的西方国家的封锁禁运，又进一步加强了中国向以苏联为首的社会主义阵营一边倒，加强了苏联模式社会主义的分量。由于高度集中的体制的弊病逐渐暴露，也由于没有及时转到以经济建设为中心的教训，中国开始寻求有自己特色的社会主义道路和发展模式。

在 1978 年开始的第三阶段，中国在改革开放的总设计师邓小平的主持下，确立了建设有中国特色的社会主义的道路和发展模式。当前中国正在进行的一切都离不开这一点：中国的现代化是社会主义的现代化；正在建立的市场经济是社会主义市场经济；正在进行的改革是社会主义的自我完善。所以，向度是很明确的。中国人认识到：市场不等于资本主义，计划不等于社会主义，它们都是资源配置的手段。把中国建设市场经济说成是走资本主义道路，是一种误解。

建设有中国特色的社会主义，必须吸取和借鉴资本主义创造的一切有价值的成果，既反对闭关自守，又反对全盘西化。

以上是从“社会转型度”视角来说明当前中国社会转型的特点和问题。由于篇幅的限制，这里只能说明一个轮廓。

关于“社会转型”一词*

“社会转型”一词，来自英文SOCIAL TRANSFORMATION。其中TRANSFORMATION是个多义词，1985年出的《新英汉辞典》列有如下含义：(1) 变化、变形；【生】变态、转化；(2) 改造、改革；(3) 转变、转化；【数】变换；(4)【电】变压；【化】蜕变；(5)（女人用的）假发。

SOCIAL TRANSFORMATION一词，也被翻译成“社会改造”、“社会改革”、“社会转变”；SOCIALIST TRANSFORMATION一词在《简明不列颠百科全书》中被译成“社会主义改造”（第七卷第125页）。

“社会转型”是社会学的译法，这个译法是符合原意的，因为TRANS-有转换、转变之意，而FORM-则有形状、形式之意。所以，《新英汉辞典》应在相应的地方加上“【社】转型”。

“社会转型”，是一个有特定含意的社会学术语，意

---

* 本文写于1996年11月18—30日之间。

指社会从传统型向现代型的转变，或者说由传统型社会向现代型社会转型的过程，说详细一点，就是从农业的、乡村的、封闭的半封闭的传统型社会，向工业的、城镇的、开放的现代型社会的转型。当我们说“社会转型”时，着重强调的是社会结构的转型。在这个意义上，“社会转型”和“社会现代化”是重合的，几乎是同义的。正是在这个意义上，笔者将其主持的一本书定名为《转型中的中国社会和中国社会的转型——中国社会主义现代化进程的社会学研究》。

社会学及其学科地位的确立是社会大变动，特别是社会现代化，即社会从传统型社会向现代型社会转型的产物。世界如此，中国同样是如此：中国社会学在本世纪初的引进和产生，是中国当时业已开始的社会转型的需要，而20世纪70年代末80年代初的恢复与重建，则是从传统向现代快速转型中的中国社会的需要，是中国社会主义现代化的需要。所有重建后的社会学的研究工作，都可以看作是在社会转型加速期，力图推动社会与经济的协调发展、促进人的全面发展、实现整个社会及其环境的可持续发展的一种努力。中国社会的社会转型加速期，在笔者看来，将延续到21世纪的10年代至30年代。这是社会学大有作为的时期，是社会学学科地位进一步提高的时期。

“社会转型”这一用语确有一个规范化的问题。对“社会转型”这个术语有一个正确理解的问题。目前，在我国确实存在种种不正确理解甚至是滥用这个术语的现象，但这是纠正不正确理解和反对滥用的问题，而不是反对“社会转型”这个术语本身的问题，因为任何一个术语都可以被滥用。

滥用中，最突出的一类是把社会转型理解为所谓“社会主义向资本主义的转变”或向“后社会主义转变”等，这是基于错误政治立场的滥用。理论界有些同志反对这类滥用是对的，但由此反对“社会转型”本身则是不对的，因为这样做事实上也陷入了与滥用者一样的错误理解，只是处于两个不同的极端而已。

还有一类不准确的理解，就是把我们的经济体制转轨等同于“社会转型”。不错，当前中国正处在两个转变之中：一是从农业的、乡村的、封闭半封闭的传统社会，向工业的、城镇的、开放的现代化社会转变，这是社会结构的转型；二是从高度集中的计划经济体制向社会主义市场经济体制转变，这是经济体制的转轨。社会结构转型和经济体制转轨同时并进，形成相互推动的趋势，是现阶段中国社会发展的重要特征，是有中国特色社会主义的具体体现，这在其他发展中国家的现代化过程中是很少见的。但是，结构转型和体制转轨并不是等同的，至少有三方面不同：

1. 由于种种条件的限制，结构转型不可能在一个短时期内完成，而是一项贯穿于整个现代化过程的长期任务。而体制转轨并不是社会结构转型的全部内容，与整体的现代化过程相比较，体制转轨应当在一个相对来说不是太长的时距中完成，这是降低改革成本所必需的。

2. 中国的社会结构确实是从一种传统型结构向现代

型结构的转型，而相对于结构转型来说，中国的体制转轨并非是从一种传统体制向另一种现代体制的过渡，而是从一种缺乏效率的现代体制向另一种更有效率的现代体制转变。把我们自己建立的有弱点的现代体制，也叫做传统体制，这事实上是在自己否定自己。

3．两个转变的同时并进，一方面形成相互推动的趋势，另一方面也相互制约，造成结构冲突和体制摩擦交织在一起，增加了改革和发展的难度。

由此可见，把我们的经济体制转轨也叫做从传统向现代的转型，是不确切的，这里的“传统”已不是与“现代”相对的那种有确切含义的“传统”了，而只是与“现在”相对的通常所说的“过去”两字的含义了。

笔者希望，在“社会转型”一词上，不要重复过去长时期在“物质刺激”和“物质鼓励”上所闹的笑话。似乎说“物质鼓励”是可以的，说“物质刺激”则是不可以的，好像前者是符合社会主义原则的，后者则似乎属于“资本主义性质”。其实，这两个词都是对俄文同一个词的不同译法，是我们自己在做文章。

笔者也希望，在“社会转型”一词上，不要重复过去长时期在“民主、自由、人权”问题上特别是人权问题上的经验教训，把民主、自由，特别是人权说成似乎是西方资产阶级的专利品，好像这些词与我们共产党人无缘的，事实上是把这几面旗帜拱手让给了别人，其后果是不好的。

正确的做法是提出划清两种民主观、两种自由观、两种人权观的界限。这是邓小平同志和江泽民同志提倡的做法。在江泽民同志提出的几条原则界限中，划清社会主义民主同西方议会民主的界限就是其中之一。

在社会转型问题上，同样也有两种观点。正确的做法是具体分析这两种社会转型观的原则区别，划清两者的界限。这就是我们为什么多次强调社会转型的“向度”的道理和原因所在。用行政命令限制，甚至禁止使用这个本身无辜的社会学术语，则不能认为是正确的。现在确实有人说“不能使用‘社会转型’这个词”，确实有人准备要批判“社会转型”。我认为这至少是一种术语幼稚病。按照这种逻辑，那不知道有多少无辜的语词和术语要被限制甚至禁止。事实上，像“改革开放”、像“市场经济”都有一个方向问题，我们的改革开放，是社会主义的自我完善，我们的市场经济是社会主义市场经济，而不是如某些人希望的那样是资本主义化，如果按照上述逻辑，岂不是连“改革开放”和“市场经济”这些词也不能用了吗?这显然是荒唐的。如果这样做，无论是政治后果和学术后果，都将是不好的。

中国社会学百年轨迹*

世界社会学，如果从孔德1838年出版的《实证哲学教程》提出“社会学”（Sociology）一词算起，已有160多年的历史。中国社会学，如果从1903年全文出版严复译述斯宾塞《社会学研究》的《群学肄言》算起，也有了近百年的历史。当然无论中外，社会思想古已有之，这里是就作为学科的社会学而言的。中国社会学百年，可以分为两大时期，这就是以新中国建立为界，分为前一段近50年的中国早期社会学和后一段50年的中国当代社会学。

世界社会学存在两大传统，一是从孔德开始的西方社会学传统，另一是与它几乎同时的从马克思开始的马克思主义社会学传统。在中国，这两大传统的社会学，在早期近50年中，表现为作为主流或“正宗”的学院派社会学和非主流或非正宗的马克思主义派社会学，其中学院派社

* 本文发表于《东南学术》，1999年第5期；后被收在北京市社科联组织编写的《学术名家论百年》（北京出版社，1999年11月）的论文集中。

会学主要分为以梁漱溟、晏阳初为主要代表的乡村建设学派，以孙本文为集大成者的综合学派，以吴文藻、费孝通等为主要代表的社区学派；在后一段50年中，社会学不幸被取消近30年，两大传统至少在名义上都不复存在。在1979年恢复与重建后，马克思主义社会学和以马克思主义为指导的社会学成为中国社会学的主流。在这一恢复与重建过程中，邓小平关于社会学也“要赶快补课”的著名指示，给这一过程以巨大的推动，也表明以邓小平为核心的我们党的第二代领导人，改变了以毛泽东为核心的第一代领导人对社会学的负面看法。在这一恢复与重建过程中，正像笔者多次指出的那样，“无论在中国社会学的恢复过程中，还是在社会学学科地位的确立过程中，费孝通、雷洁琼等老一辈社会学家起了特殊重要的、其他人不能替代的作用”①。

中国社会学在自己百年的历史中走过了曲折的道路。在这曲折的过程中，它无时无刻、自觉不自觉地在处理着与中国社会现实、与中国学术传统特别是中国历来的社会思想、与外国社会学和社会思想的关系，并且正是在这种处理中实现了并且还在实现着自己的创新作用和具有自己的中国特色的。从这一方面来看，中国社会学百年的发展轨迹，可以简明地概括为四句话，这就是立足现实，弘扬

---

① 见拙作《关于21世纪中国社会学发展的几点展望》，发表于《社会学研究》，1997年第二期；该文又摘要刊登在《人民日报》，1997年6月14日六版。另见拙作《邓小平与中国社会学》，该文发表于1999年6月武汉学术年会承办的学术刊物《华中理工大学学报（社会科学版）》1999年第三期。

传统，借鉴国外，创造特色。

一

所谓立足现实，就是中国社会学把现实的中国社会作为自己的立足点、出发点和归宿点。中国社会学是应中国社会的现实需要而产生、而发展，目的都是以不同形式为现实服务。这是中国社会学的优良传统。在中国，从来没有那种单纯的“为学术而学术”的社会学。这对两大系社会学来说均是这样。

从客观上说，中国社会学是中国社会从传统向现代的转型的产物。长期封闭的中国社会的转型是一种被动式的转型，即是说它是一种主要由外力入侵推动的转型。这一转型从1840年鸦片战争正式开始。英国和西方为了掩盖这场战争的非正义、不名誉性质，把它叫做“开放战争”(Open War)。鸦片战争，翻开了“多难与动荡”[①] 的中国近代史的第一页。两次鸦片战争的失败与后来的中日甲午战争中国的败北，以及战败后西方列强在中国掀起的一次又一次的割地、赔款的狂潮，使中国人民饱受丧权辱国之苦，使中国社会日益陷入恶性运行和畸形发展，不仅社会的下层生活不下去，而且上层也感到不能照旧生活下去了。西方列强以武力切入中国的同时，也引发了中国传统社会结构的深刻变化。正如历史学家指出的，“近代中国

① 陈旭麓：《近代中国社会的新陈代谢》，上海人民出版社1992年版，第37页。

所受的纷至沓来的压力，本质上就是资本主义按自己的面貌改造世界，改造落后民族。西方民族强暴的侵略和扩张同时又不自觉地裹挟着一种不能用意志和感情化解的历史内容，那就是逼迫中国改变几千年来的传统制度。因此，只有在实现自身的近代化的过程中，中国才能真正抵抗一个近代化了的侵略者。这是历史着意赋予近代中国反侵略和反封建的同一性”①。要理解中国社会被动转型这样一种前所未有的社会变化，传统的中学已经无力单独承担，而作为西方社会从传统向现代转型的产物的社会学，也和其他西学一样，成为理解中国社会被动转型的较有解释力的学说。

从主观上说，社会学之所以传入中国，是适应了中国的仁人志士为挽救近代中国社会日益恶化的运行状态的需要。对 19 世纪末维新派知识分子来说，他们在为救亡图存而向西方寻求真理的活动中，首先将社会学这门学科传到了中国。这是由于孔德系的西方社会学正好适应了维新派人士进行社会改良的迫切现实需要，它自然成为该派知识分子加以介绍与引进的首选目标。而与资产阶级维新派人士提倡西学、向西方寻求真理并译介孔德系西方社会学著作的同时，从 19 世纪末起，有关马克思主义创始人的生平与思想的介绍和讨论也开始出现于中国思想界。尽管主张以革命的手段推翻旧社会的马克思主义社会学与主张改良的孔德系社会学不同，甚至在当时发生尖锐的对立，

① 陈旭麓：《近代中国社会的新陈代谢》，上海人民出版社 1992 年版，第 104 页。

但它们都自觉不自觉地、这样那样地主张和实行社会学应为中国社会的实际需要服务，都把现实的中国社会作为自己的立足点、出发点和归宿点。这无论是后来中国早期社会学的乡村建设学派、综合学派、社区学派的代表人物，还是马克思主义学派的代表人物李大钊、瞿秋白、李达、许德珩等的理论和实践活动，都是如此。

正是由于立足现实，中国早期社会学取得了丰硕的成果，出版了一系列应用社会学和理论社会学的著作，如潘光旦的《中国之家庭问题》（新月书局，1928 年）、吴景超的《都市社会学》（世界书局，1929 年）、陈达的《中国劳工问题》（商务印书馆，1929 年）、杨开道的《农村社会学》（世界书局，1929 年）、许仕廉的《中国人口问题》（商务印书馆，1930 年）、吴泽霖的《社会学与社会问题》（中华书局，1932 年）、李景汉的《定县社会概况调查》（中华平民教育促进会，1933 年）、许德珩的《社会学讲话》（好望书店，1936 年）、孙本文的《中国社会问题》（青年书局，1939 年）和《社会学原理》（二册）（商务印书馆，1944 年）、林耀华的《凉山夷家》（商务印书馆，1947 年）、费孝通的《江村经济》（原名《开弦弓：一个中国农村的经济生活》，Routledge 书局，1939 年）和《生育制度》（商务印书馆，1947 年）以及《乡土中国》（上海观察出版社，1948 年），等等。中国也因此被誉为“生气勃勃的社会学活动的中心”[①]，被誉为在

① 黄绍伦：《当代中国的社会学和社会主义》，1979 年英文版第 V 页。

思想质量上除北美和西欧之外的“世界上最繁荣的社会学所在地”[①]。

新中国成立后，由于没有正确理解两种社会学与中国社会现实关系的变化，即孔德系学院派社会学有可能从维护旧社会转到维护新社会，而马克思主义派社会学有必要从推翻旧社会转到维护新社会，导致社会学在中国被取消。甚至由于社会学与社会现实的密切关系，还一度导致了社会学被双重误解：在台湾，它被误当作社会主义学说，在大陆被误认为是“资产阶级的伪科学”。现在，把本来是一门促进社会稳定、推动社会改革、深化社会发展的社会学，看作是一门“敏感学科”，也是由于社会学与社会现实的密切关系而引起的一种新的、至今还没有被消除甚至还在起作用的误解。

自 1979 年社会学恢复与重建以来，重新获得大展身手机会的社会学界，在老一辈社会学家的传帮带下，仍然把现实的中国社会作为自己的立足点、出发点和归宿点，并把社会调查作为社会学与中国社会现实连接的桥梁和纽带。费孝通的《小城镇·大问题》、《小城镇·再探索》等，就是对实行家庭联产承包制后的农村进行深入调查的成果。同样，雷洁琼指导下的《中国城市家庭》、《中国城市婚姻与家庭》等，也是对北京、上海、天津、南京、成都五个大城市的家庭生活开展建国后首次大规模问卷调查所获得

---

① 莫·弗里德曼：《中国的以及关于中国的社会学》，发表于《英国社会学杂志》1962 年第 13 卷。

的成果。应当说，中国社会学恢复与重建以来在理论社会学方面研究的进展，不论是社会结构的研究，还是社会变迁的研究；在应用社会学方面研究的进展，无论是社区的研究，还是婚姻家庭与性的研究、社会问题的研究、社会保障的研究，凡是有重大影响的，无一不是立足中国社会现实的结果。而凡是没有中国社会现实感的社会学作品，总是显得苍白无力，缺乏应有的生命力。

笔者在20世纪80年代末曾写过一篇题为《转型中的中国社会与成熟中的中国社会学》，提出："中国社会学必须植根于转型中的中国社会，才有可能具有中国特色。能否从自己特有的角度如实地反映和理论地再现这个转型过程的主要方面，是中国社会学是否成熟的标志。中国社会学离开转型社会的实际，就会成为无本之木，无源之水。"①

现在，中国社会学正以独特的社会学视角和方法，反映、描述和分析着中国社会正在发生的巨大变化，回顾、总结着与此有关的过去发生的变化，并且预测着即将发生的，特别是21世纪初将要发生的变化。可以预期，21世纪，中国社会学将会更加成熟，取得更大的成就。

二

所谓弘扬传统，就是中国社会学注意吸取几千年历史

① 《中国社会学年鉴：1979—1989》，中国大百科全书出版社1989年版，第25页。

上丰富的社会思想，特别是关于社会治乱兴衰的思想，以此来观察现实的中国社会，并对西方传入的社会学给以带有中国特色的解释。社会学的中国化，首先当然是立足现实，同时也是与弘扬传统分不开的。

用“治乱兴衰”或“治乱盛衰”来评价社会运行状况，在我国已有数千年的历史，可以说一直延续到当今。在中国历史上，有许多著名的“治世”和“乱世”，治世如西周的“文武之治”、西汉的“文景之治”、唐初的“贞观之治”和清初的“康乾盛世”，乱世如“侯景之乱”、“安史之乱”等。作为现实的反映，在中国从古到今的思想家那里，不论是先秦诸子百家还是此后的学者，都有众多的关于社会治乱兴衰的论述。我们还注意到，生在乱世的思想家往往站在乱世盼治世，虽然他们对各自盼望的“治世”的理解不同；而生在治世的思想家则往往总结过去乱世的经验教训，避免治世再次陷入乱世。总之，在中国社会思想史上，我们的前辈思想家们或论述社会变迁的轨迹——治乱兴衰，或探讨治世的社会条件及运行机制、达到治世的途径与手段，或表达自己对治世的理想模式和看法，或研究乱世的社会根源、乱世的治理与控制，或说明乱世给人民的苦难和危害，等等。① 所以程颐曾总结性地

① 笔者最初在《社会学对象问题新探》中表达的这一看法，与香港中文大学社会学系张德胜教授《儒家伦理与秩序情结——中国思想的社会学诠释》（1989 年 9 月第 1 版）和金耀基教授为此书所写的序言中所表达的看法不谋而合。金序写道：“德胜所讲的‘秩序情结’也即是‘动乱情结’，秩序与动乱是一物之二面。诚然，追求秩序与趋避动乱是中国一个突出的文化趋向。”（该书第 2 页）。

说："看史必观治乱之由，及圣贤修己处事之美。"①

上述源远流长的思想传统对中国社会学产生了巨大的影响。有中国特色社会学的第一个定义，是被毛泽东称为"先进的中国人"、"在中国共产党出世以前向西方寻找真理的一派人物"② 的严复给出的。对中学西学都有深厚功底的严复在《群学肄言》的序言中把社会学看作一门研究社会治和乱、兴和衰的原因，揭示社会所以达到治的方法或规律的学问。很显然，在这个定义中，严复用中国社会思想的主导观念，对斯宾塞在《社会学研究》中所表达的思想作了自己的解释。正是受到严复的启发、沿着严复的思路，结合对新中国成立以来社会运行状况、特别是对"文化大革命"期间恶性运行状况的反思，笔者形成了社会运行三种类型——良性运行与协调发展、中性运行和模糊发展、恶性运行与畸形发展的想法，提出了我的社会学定义：社会学是关于社会运行和发展、特别是社会良性运行和协调发展的条件和机制的综合性具体科学。③ 在我看来，中国特色社会学的视角，首先就是社会运行的视角。

上述源远流长的思想传统也给予当代社会思想和当代的伟大人物如毛泽东和邓小平以深刻的影响。所谓"文化大革命"，在某种意义上，也可以说是毛泽东企图通过"大乱"达到"大治"的一次失败的尝试。毛泽东常用

① 《遗书》卷二十四，收录于《二程集》。

② 《毛泽东选集》第四卷，人民出版社 1991 年版，第 1469 页。

③ 参见拙著《社会学对象问题新探》、及笔者主编的《社会学概论新修》和《社会运行导论——有中国特色的社会学基本理论的一种探索》等著作。

"治"、"乱"、"大治"、"大乱"来分析形势、判断环境，告诉人民只有"大乱"才能转化为"大治"。他确实非常希望中国能够从"大乱"转为"大治"，可是无情的事实是，造成"大乱"容易，达到"大治"却极其困难。而邓小平的"拨乱反正"，则是中国历史上运用治乱思想获得巨大成功而且产生如此广泛影响的少数范例之一。不错，邓小平的拨乱反正主要是一个政治命题，但同时也是一个社会学味很浓的命题。第一，即使从"拨乱反正"这样的词句上也可以看出，它没有离开治乱兴衰这一中国社会思想史和中国社会学的主导思想；第二，它包含着中外社会学、中外社会思想的两个经久不衰的主题：秩序和进步。就秩序来说，一方面追求大治、有序，一方面避免动乱、失序；就进步而言，一方面追求兴盛、发展，一方面避免衰败、停滞。因此，拨乱反正、重建秩序，拨乱反正、实现发展，一句话，在社会运行的两个方向——横向和纵向，摆脱恶性运行（大乱），进到中性运行，争取达到良性运行（大治），这是邓小平提出拨乱反正的应有之义。这里，我们看到，中国社会学与邓小平理论是有交汇点、结合点的。

中国社会学界和历史学界，很重视中国社会思想史和中国社会通史的研究。在早期，郭真的《中国社会思想史》于 1929 年出版；程伯群的《中国社会思想史》于 1937 年出版。现在已经出了好几本中国社会思想史的著作，其中一本是南开大学王处辉教授的（南开大学出版社，1989 年），另一本是陈定闳教授的。特别是以历史学家龚书铎教授为总主编的八卷本巨著《中国社会通史》已于1997年出版。龚书铎教授在该书的前言中，很有风范地说明他参考和吸取了我的社会运行的主导观念，特别是关于社会运行类型的观念，并用不短的篇幅加以论述。

中国社会学也重视对自己历史的研究。中国社会学史，是社会学作为一门学科，适应中国社会的需要，传入中国，在中国立足、发展，不断与中国的实际结合，并在中国社会发挥自己作用的历史。它作为有中国特色社会学的历史方面，不仅帮助我们更深入地理解社会学理论本身，而且还以其在中国的曲折历程，为我们今天的学科建设提供了丰富的经验教训；它也是社会学工作者知识结构必要的构成部分。有关中国社会学史的著作，建国以前，主要有孙本文先生所著的《当代中国社会学》一书，于1948年出版。建国后主要有1987年出版的两部中国社会学史专著，一部是杨雅彬的《中国社会学史》，由山东人民出版社出版；一部是韩明谟的同名专著，由天津人民出版社出版。1999年7月由党建读物出版社出版的《20世纪中国社会学》，又名《中国社会学的发展：历史、现状与前瞻》，是笔者与自己的在职博士生李迎生合作的专著。该书从社会运行和社会学两大系等的新的视角，史论结合，对中国社会学的历史和现状作了新的整理和概括。该书强调：不与“史”结合的“论”，是没有生命力和影响力的，也是没有中国特色的。在这个意义上，一种真正称得上是社会学理论的中国社会学理论，必须是“史”与“论”互动的。反之，没有自己主导观念(“论”)的

"史"，则容易变成史料的堆砌，且容易与中国哲学史雷同，体现不出中国社会思想史或中国社会学史的特点。该书姊妹篇教科书《中国社会学史新编》新增一些章节，补充了不少资料，将由高等教育出版社出版。

在中国社会学界，不仅有总体上研究中国社会的学术传统和思想的，而且也有分别对儒、道的思想作出社会学解释的，例如《道学与社会学》[①]、《儒学社会的伦理控制及其限制》。

中国学术思想是一个用之不尽的宝库，可资开发的思想资源，现在还做得不够。中国社会学百年的历史也告诉我们，史论结合对社会学是同样重要的，没有历史感的社会学作品，是缺乏底蕴的。

三

所谓借鉴外国，就是中国社会学界注意借鉴国外社会学，其中包括欧洲、美国和日本的一些理论和方法。这在中国社会学经历的两大时期都是如此。在早期，不少社会学家都翻译过国外的社会学著作。可以说，一直到 20 世纪 20 年代初，中国社会学界还是以翻译为主。其中，1924 年商务印书馆出版了许德珩译的迪尔凯姆的《社会学方法论》。现在西方古典和当代社会学的一些主要著作

① 该文是《道学与中国文化》一书（人民出版社 1996 年版）的第五章，是笔者与自己的博士生陈劲松合著的。

已经有了中译本。中国社会学家自己的研究也在增多，如1988年出版的苏国勋的《理性化及其限制：韦伯思想引论》；1988年出版的侯钧生的《西方社会学思想进程》；1997年出版的宋林飞的《西方社会学理论》等。中国社会科学院社会学研究所还专门办了《国外社会学》的学术杂志，供中国社会学者发表这方面的研究成果。对国外社会学，现在在中国已不像80年代初那样基本上是限于介绍，而是注意研究学科前沿的问题。具体说来，以1987年在大连召开的“国外社会学学术研讨会”为发端至今，学术界在对国外社会学著作继续有选择地译述的同时，研究与鉴别工作也相应开展起来，并日益深入。从研究的内容看，可以分成如下几个部分：（1）对经典社会学的研究，包括对马克斯·韦伯、迪尔凯姆、马克思及更早一些的如孔德、斯宾塞等人的研究。（2）介绍和研究帕森斯主义的结构功能论、反帕森斯主义的冲突理论、符号互动理论、社会交换论及网络分析、布劳的宏观结构论、批判理论、解释社会学。（3）对当代社会学理论新潮流的综合介绍，包括吉登斯的结构化理论、阿历山大的新功能主义、哈贝马斯的批判理论、法国布迪厄、图雷纳、福柯的社会学理论、理性选择学派等的介绍和研究。（4）对现代化理论的介绍和研究。（5）对社会分层理论的研究和介绍。（6）对经济社会学的介绍与研究等。

借鉴外国主要涉及社会学本土化和国际化的问题。

中国社会学的产生和发展主要是“西学东渐”的结果，因此，从它产生的那天起就面临着一个本土化或中国化的问题。对于本土化，社会学界早有议论，曾有“资料本土化”的说法，即把本土化理解为“理论是外国的，资料是中国的”，现又有“对象本土化”、“理论本土化”以及二者同时本土化等诸多说法。关于社会学本土化的问题，现在看来，有几点在社会学界大体达成了共识：

第一，所谓中国社会学的本土化，从本质上说，就是要求中国社会学能正确地描述和解释中国的社会现实，预测社会发展的前景，从而有助于中国社会的实际发展。

第二，在当今中国，社会学本土化的问题是与社会学的发展方向紧密联系在一起的；本土化问题的正确解决，是以社会学发展方向的正确选择为前提的。所谓指导思想，就是我国的社会学必须坚持以马克思主义、毛泽东思想和邓小平理论为指导，一方面，从中学习领会他们观察社会生活的立场、观点和方法，一方面掌握他们对中国社会一些基本问题的论述。离开这些，中国社会学本土化的问题就会失去正确的方向，从而不可能得到正确解决。

第三，当今中国社会学本土化的标志是中国特色社会学理论和方法的形成。这里所谓中国特色，就是中国社会学必须首先立足于中国的社会实际，去调查、研究、概括、总结，同时，又要深入研究中国社会史和中国社会思想史，从中国丰富的社会思想资料中，从悠久的优秀传统中吸取养料。

第四，本土化并不是排外化、全盘拒斥，当然，本土化更不是外国化、全盘照搬。可以说，本土化本身就包括借鉴、扬弃国外社会学，特别是西方社会学的问题。

以马克思主义、毛泽东思想和邓小平理论为指导的、吸取国外社会学精华的、为我国社会主义现代化服务的中国特色社会学理论和方法，这是中国社会学本土化的目标。到21世纪，这样的社会学本土化，将随着研究社会转型加速期的深入而加速进行。

随着国际交流的增多，中国的发展日益引起国际注目，中国社会学的国际化也日益突出。所谓国际化，也应包括两个方面：一是中国社会学成为世界社会学不可缺少的一支，具有与国际社会学界对话的能力和地位，从而得到国际社会学界的承认；二是中国社会学家能从世界的高度，从整个人类实践的高度来解释中国社会和建构中国的社会学理论。这两个方面也是相依不离的，后者是前者的内在本质，前者是后者的表现形式。在21世纪，中国社会学的本土化和国际化将同时加速，这是世界一体化趋势和中国与世界一体化进程加速的必然结果。

社会学本土化和国际化是两个不同的但又紧密联系的过程。一定要处理好两者的关系。任何统一都是多样性的统一。社会学的本土化并不排除国际化；社会学的国际化也并不排除本土化。社会学的国际化与本土化的关系，从哲学上说，是普遍与特殊的关系，二者是对立的统一。我们的社会学只有真正本土化了，才有可能真正国际化。因为，如果中国社会学对西方社会学理论亦步亦趋，言必称西方如何如何，不能建构自己的理论，没有自己的特色，不能描述、解释、预测和指导中国社会，这种社会学无论是对于世界还是对于中国都没有任何实际意义。这样的社会学显然不可能真正国际化。研究和深入了解西方社会学是十分重要的，但我们必须吸收其中精华的、适用于中国的东西。

四

所谓创造特色，就是在立足现实、弘扬传统和借鉴外国的基础上，中国社会学进行自己的创造。在早期，严复用治乱思想给社会学定义，费孝通在《乡土中国》中用“差序格局”来说明乡土社会划分群己人我界限时所形成的一种社会结构格局，等等，就很有中国特色和创造性。在中国社会学恢复与重建后，小城镇理论和实际、社会转型论、社会运行论等则是中国特色社会学理论中较有影响的几种。

小城镇理论和实际。早在1980年胡耀邦到云南视察时，看到保山县板桥公社的小集镇破烂不堪、凄凄凉凉，于是他在同年年底召开的一次会议上讲到要发展商品经济，小城镇不恢复是不行的，如果我们的国家只有大中城市而没有小城镇，农村里的政治中心、经济中心、文化中心就没有腿。在中央领导同志讲话精神的鼓舞下，社会学恢复重建之初费孝通四访江村时“特别看到了农村的发展与小城镇建设的密切关系”。所以，1982年费孝通决定调查研究作为农村经济、政治、文化中心的集镇。① 在费孝通的努力下，“江苏小城镇研究”被列入国家社会科学六·五重

① 费孝通：《小城镇调查自述》，《费孝通学术论著自选集》，第127页。

点课题。费先生本人身体力行，实地开展小城镇研究，并写出了《小城镇，大问题》、《小城镇：苏北初探》等一系列著名论文。随着农村改革的步步深入，导致了小城镇及乡镇企业的蓬勃兴起，社会学界对小城镇的研究也形成了前所未有的高潮，并对其中的一些观点进行了争鸣。从吴江县起步的小城镇研究，是费孝通等人农村社区研究的新拓展。费孝通说："吴江县小城镇有它的特殊性，但也有中国小城镇的共性。只要我们真正科学地解剖这只麻雀，并摆正点与面的位置，恰当处理两者关系，那么，在一定程度上点上的调查也能反映全局的基本面貌。吴江县地处全国经济最发达地区之一的苏南，我们以吴江小城镇为调查点进行深入分析，或许是触到了小城镇问题的塔尖。所谓塔尖是指吴江县小城镇建设的今天有可能是其他地区发展的明天；现在在这里出现的问题有可能将来在别的地方也会碰到。假如我们对这些问题的发生、发展有一个科学的认识，那么对不同地区今后的小城镇建设无疑有指导和参考意义。"①

纵观十几年来的中国小城镇研究，可以看到，随着时间的推移和研究的深入，其一，小城镇研究的内容在不断拓展。在小城镇研究的初始阶段，研究内容主要是描述小城镇的发展状况及其分类，并主要从解决农村剩余劳动力问题以及调整农村产业结构等方面论述了小城镇的作用。随着研究的深入，内容逐步拓展，研究者更倾向于把小城

① 费孝通：《小城镇，大问题》，《费孝通学术论著自选集》，第145页。

镇问题同城乡关系、城市化问题结合起来。同时，有关小城镇文化、生活方式、小城市居民同城市、乡村居民的异同点和亦工亦农阶层的演变趋势等问题的研究都有了较大进展。其二，小城镇研究的地域范围在不断扩大。从江苏吴江开始的小城镇研究，迅速扩大至苏南，并以此为基地，逐步向苏北、沿海、中部乃至边远地区扩展，研究者通过对不同地区的小城镇研究，总结出了“苏南模式”、“温州模式”、“珠江模式”、“民权模式”、“耿车模式”等各种不同的发展模式，并通过模式的比较研究，提示小城镇发展的共同点和特殊性。

社会运行论。中国社会的巨大变化可以从治乱兴衰这种社会运行的角度来加以概括。1966—1976 年期间发生的所谓“文化大革命”，给每个中国人和中国学者留下了刻骨铭心的教训。那个期间几乎每个年龄段的中国人都受到了不同形式的伤害。这是中国社会最近经历的实实在在、名副其实的“十年大乱”。在上述严复社会学定义启发下，笔者在用治乱兴衰这种社会运行的视角来总结新中国成立以来，特别是“文化大革命”的经验教训时，提出了社会运行类型的概念，把社会运行区分为良性运行和协调发展、中性运行和模糊发展、恶性运行和畸形发展三种类型，并提出了“社会学是关于社会运行和发展的条件和机制，特别是社会良性运行和协调发展的条件和机制的综合性具体科学”这样的新观念。这事实上既继续了严复的思路，又在这个基础上进行了发挥和创新。我们把这个既有中国特点，又没有离开世界社会学的传统和潮流的观点，叫做社会运行论。这里，所谓传统，是指从孔德开始到现在的绝大多数社会学定义都没有离开“秩序和进步”、“结构和过程”、“运行和发展”这两个方面；所谓潮流，是指世界社会学的综合性倾向。现在，笔者的观点为国内不少教科书吸收、采用；也作为一种主导观点，被运用于社会实际问题的分析上。现在，“运行机制”、“协调发展”、“良性运行”等术语已经成为大众用语。社会运行论的四本代表作列在脚注里。[①]

我们运用上述视角，对新中国成立以来直至1978年的社会运行状况作了分析，列一个简表如下：

新中国成立至1978年社会运行状况

时期 运行状况	1949—1956	1956—1959	1959—1962	1962—1966	1966—1976	1976—1978	1978至今
良性运行	初步良性						良性增加
中性运行		中性运行		中性运行		转向中性	中性运行
恶性运行			局部恶性		全面恶性	摆脱恶性	

上述新中国成立以来的运行状况纠正了过去一个非常幼稚的观念，即似乎社会主义社会会自然而然地良性运

① 《社会学对象问题新探》，1987，7；《社会学概论新编》，1987，11；《社会指标理论研究》，1989，9；《社会运行导论——有中国特色的社会学基本理论的一种探索》，1993，4。以上四书均由中国人民大学出版社出版。

行。现在，无情的事实告诉我们：如果搞得不好，社会主义社会也会经常处于中性运行和模糊发展之中；如果再不注意，还会陷入恶性运行和畸形发展，甚至到达崩溃的边缘。十年动乱给我们上了极其充分的一课。既然社会的良性运行和协调发展不会自动地、自然而然地到来。这就要求我们研究我国社会良性运行和协调发展的条件和机制，并努力创造这种条件，按照这种机制去尽力加以争取。从这个角度看，1978 年改革开放的伟大历史功绩在于它真正结束了中国不幸陷入的恶性运行和畸形发展，使之进入了中性运行和模糊发展的状况，并向我们展示了向良性运行和协调发展转化的现实可能性。

对社会运行论的重要概念“社会运行条件”和“社会运行机制”，我们进行了较为深入、较为系统的探讨。关于社会运行条件，我们首先回顾了中外社会学界前辈们对于这个问题所做过的研究，考察了他们从社会要素、社会条件和功能主义三种角度发表的见解，在吸取其中合理因素的基础上，对社会运行条件作了理论说明。接着，分别说明了社会运行的人口条件、环境资源条件、经济条件、文化条件和社会心理条件。最后，特地研究了对我国社会运行产生特殊影响的内外两个条件，即转型时期的转型效应和迟发展国家的迟发展效应。关于社会运行机制，我们首先从理论上阐述了“社会运行机制”这一概念的含义，对社会运行机制的体系作了分析。接下来分别说明了社会运行的五个重要机制：动力机制、整合机制、激励机制、控制机制和保障机制。对条件和机制的阐述，都力求结合我国现代化进程和改革开放的实际以及人们关心的问题。通过上述的探讨，使社会运行论向结构上较为合理和成熟的方向迈进了一步。社会运行论最重要的代表作是《社会运行导论——有中国特色的社会学基本理论的一种探索》一书。

社会转型论。中国社会的巨大变化还可以从社会转型的角度来加以概括。1989 年前笔者提出“转型中的中国社会”[①] 这一概念，用社会转型或者社会转型加速期来说明中国社会的巨大变化。笔者还论证：“转型”也和人口多等因素一样，是中国的基本国情之一。当前中国的各种现象无不带有转型的特点，社会成员也无不这样那样、自觉不自觉地受到社会转型的影响和制约[②]。现在经过许多质疑以后，“社会转型”这一概念已被中国学术界大多数学者所接受。笔者和李强、李路路等教授阐述这一理论的代表作《转型中的中国社会和中国社会的转型》等和相关著作共六本，已在注释中加以说明[③]。

陆学艺等也是较早提出社会转型的概念并加以研究的

---

① 郑杭生：《转型中的中国社会和成熟中的中国社会学》，《中国社会学年鉴》，1989 年 10 月。

② 郑杭生：《中国社会大转型》，《中国软科学》，1994 年第一期。

③ 《中国社会转型中的社会问题》，中国人民大学出版社 1996 年版；《当代中国农村社会转型的实证研究》，中国人民大学出版社 1996 年版；《转型中的中国社会和中国社会的转型》，首都师范大学出版社 1996 年版；《当代中国社会结构和社会关系研究》，首都师范大学出版社 1997 年版。另外还可参见笔者主编的两本系列学术报告：《从传统向现代快速转型中的中国社会（1994—1995）——中国人民大学中国社会发展报告》，中国人民大学出版社 1996 年版，《开始走上两个文明全面发展轨道的中国社会（1996—1997）——中国人民大学中国社会发展报告》，中国人民大学出版社 1998 年版。

比较有代表性的社会学家。陆学艺、李培林认为，社会转型是一种整体和全面的社会类型过渡，包括从自给半自给的产品经济社会向有计划的商品经济社会转型；从农业社会向工业社会转型；从乡村社会向城镇社会转型；从伦理社会向法理型社会转型。我国社会转型的特点是结构转型和体制转轨同步进行，并交织在一起；在城乡二元结构存在的同时，城市本身往往成为城乡结合体；城市化主导趋势不是城市向农村辐射，而是表现为农村包围城市式的自身城镇化；由于某些不可超越的条件限制，我国社会转型时期可能持续更长一些。社会转型的具体内容是结构转换、机制转轨、利益调整和观念转变，但这种转型的实现不是通过暴力的强制手段或大规模的群众运动，而是主要通过发展生产力和确立新的社会经济秩序。[①]

在中国社会学中，社会转型（Social Transformation）是一个有特定含义的概念，即指社会从传统型向现代型的转变。说详细一点，就是从农业的、乡村的、封闭的半封闭的传统型社会，向工业的、城镇的、开放的现代型社会的转型。当我们说“社会转型”时，着重强调的是社会结构的转型。在这个意义上，“社会转型”和“社会现代化”是重合的，几乎是同义的。因此，它与一般的转换不同，是一种特殊的转换。

这里，说“传统型社会”，而不说“传统社会”；说“现代型社会”，而不说“现代社会”，主要是想说明，我

---

① 陆学艺、李培林主编：《中国社会发展报告》，辽宁人民出版社 1991 年版。

们不像20世纪60年代旧的现代化理论那样，把传统和现代这两者截然对立起来；我们认为，传统和现代这两者除了有相互矛盾、相互对立的一面，事实上还有相互依存、相互吸收的一面。就中国社会来说，尽管传统因素实际上还在这样那样地起着主导作用，但是现代因素也显现在社会生活的各个方面，早就不是那种典型的传统社会了，而且，分别看来，纯粹传统的东西也很难找到，总是多多少少、程度不同地带有一些现代特点，可以说是你中有我，我中有你；同时，传统因素不仅可以转化为现代因素，而且如果方针和做法正确，还可以成为促进现代化的深层因素，例如，对东方集体主义的重塑和开发，就可以成为这样的深层因素。即使将来现代因素实际上起主导作用了，传统因素也仍然会以不同的方式在社会生活各个方面存在，成为现代生活中一个不可缺少的部分，那时，也不可能是纯粹的现代社会。所以，我们并不把传统看作包袱，而是看作一种可资利用的资源，就看善于不善于利用。所以，笔者写过文章，提倡“弘扬传统，服务现代”①。不少人一提现代化理论就认为是60年代那种把传统和现代截然对立的旧的现代化理论，而忽视还可能有别的类型的现代化理论，我们的社会转型论就是一种主张传统和现代又对立又统一的新型的现代化理论。

用这种观点来看中国社会转型，就能知道它是一个十分复杂的过程。就社会整体来说，它是一个从传统因素占

① 参见拙作：《当前中国比较文明研究的任务》，《社会科学辑刊》，1994年第二期。

主导地位的社会转变为现代因素占主导地位的过程。但是在这个总过程中，既有从传统向现代转变，如从传统的自然经济向现代市场经济的转变、从人治到法治的转变、从同质性很强的社会向异质性日益加强的社会转变等；又有现代向传统的转变，如现代民主在某些文盲充斥的农村的变形，一些地方的婚丧嫁娶从现代退回到传统（彩礼、买卖婚姻；不仅为死人，还为活人做坟等）；既有传统向传统的转变，如重男轻女的复苏、以换汤不换药形式出现的家长制等；又有现代向现代的转变，如从高度集中的计划经济体制这样一种效率不高的现代经济向效率较高的现代市场经济的转变等。这些复杂、交叉的进程在当代中国大陆社会都在经历着，成为当前中国社会快速转型的显著特点之一。

从1978年以来，中国的社会转型进入了一个新的阶段，具有了以往不曾具有的特点。为了进一步具体说明中国社会在“社会转型加速期”的特点，笔者还提出了“社会转型度”这一概念[①]，把它作为衡量中国社会现代化程度的一个重要范畴。社会转型度可具体区分为速度、广度、深度、难度和向度五个次级概念。在笔者看来，当前中国社会的特点及其问题，正十分集中地从这五个方面表现出来。所以，笔者把它叫做把握当前中国社会转型特点的一种视角。“社会转型加速期”是指1978年到现在这一段时期。之所以把这一段时期叫做“社会转型加速

① 参见拙作：《中国社会大转型》，《中国软科学》，1994年第一期。

期”，是与中国社会以前所经历的转型相对而言的。从总体上说，中国社会转型是从1840年的鸦片战争正式开始的。到目前为止，这一转型过程已大致经历了三个阶段：1840—1949年为第一阶段；1949—1978年为第二阶段；1978年至今为第三阶段。

中国社会转型度在不同时期的表现

阶段 转型度	第一阶段 1840—1949	第二阶段 1949—1978	第三阶段 1978至今
速　度	慢速	中速	快速
广　度	片面	相对片面	全面
深　度	表层	较深层	深层
难　度	军事上的难	建设上的难	利益大调整的难+建设上的难
向　度	寻求资本主义现代化道路和模式	接受苏联式社会主义现代化道路和模式	探索中国特色的社会主义现代化道路和模式

而为了说明中国大陆东部地区、中部地区、西部地区转型能力和发展水平的不同，我们还提出了“社会转型势”的概念，并按转型势把中国大陆分为三类或三种水平：东部地区是转型强势地区，中部地区是转型中势地区，西部地区则是转型弱势地区。当然转型强势地区，确切地说，是强势因素占优势的地区，但并非一切都强，也程度不同地存在着弱势因素和中势因素；同样，转型弱势

地区，也并非一切都弱，也程度不同地存在着强势因素和中势因素，而转型中势地区也有自己的强势因素和弱势因素。中国社会转型或现代化的过程，就是各个地区不断地改善、增强和提升自己的强势因素，不断缩小、减弱和清除弱势因素和中势因素的过程。

立足现实，弘扬传统、借鉴国外，创造特色，是统一的整体，不能相互分割。缺少其中之一，就会影响中国社会学的健康发展。

立足现实，弘扬传统、借鉴国外，创造特色，在我看来，不是一个短期的做法，将被中国社会学界长期坚持下去，仍将是世纪之交中国社会学研究的总的走向。

社会学中国化的几个问题*

这是笔者承担的一个课题①，涉及社会学中国化问题。这个重要问题虽然不是一个新问题，却极有必要从新的视角来加以研究。我们的新视角主要是两个：一是社会学中国化可以而且应当从社会学在世界各国本土化这一更开阔的眼界来加以研究。因为社会学中国化只是世界社会学本土化运动的一个重要的或最重要的组成部分。这是比较研究的视角。二是研究社会学本土化，首先需要探讨的

---

* 这是为中国社会学会2000南京学术年会准备的文章，先发表在《学海》2000年第6期上，后来《中国社会科学文摘》2001年第4期又摘要加以发表。

① 在1996年9月确定的国家教委“面向21世纪教学内容和课程体系改革”立项项目中，笔者承担了社会学的一个子课题“建设有中国特色社会学研究”。1999年底，笔者及其博士生王万俊完成了该子课题中的第三个成果：专著《二十世纪中国的社会学本土化》（又名《有中国特色的社会学：社会学本土化从世界到中国的理论和实践》），已于2000年7月出版（党建读物出版社，北京）。该子课题的前两个成果，是笔者及其另外一个博士生李迎生合著的《二十世纪中国的社会学》（党建读物出版社，1999年7月，北京）和《中国社会学史新编》（高等教育出版社，2000年5月，北京）。中国社会学史已被确定为社会学系10门主干课程之一。《中国社会学史新编》因而成为该门主干课的一本最新的教科书。

是社会学本土化的一些基本理论问题，包括社会学本土化的由来和界说，社会学本土化的类型和特征，以及社会学本土化与社会学西方化、国际化、全球化的关系等。对于这些基本理论问题，我们是着重结合社会学本土化进程从地区性向世界性发展的历史实际，结合其在中国的实际进程，结合正反两方面的意见，来加以考察和说明的。① 这是理论研究的视角。《二十世纪中国的社会学本土化》一书，由于上述两个视角，所以又名《有中国特色的社会学：社会学本土化从世界到中国的理论和实践》。

笔者自认为，从上述新视角形成的社会学本土化理论，是继社会运行论、社会转型论之后的第三个理论，在自己的学术体系中占有重要地位。

在写《二十世纪中国的社会学本土化》这本专著时，也即在用世界的眼光研究社会学中国化问题的过程中，我们曾形成一些想法，写出来向学界汇报、求教。

一、在世界社会学本土化的历史上，中国社会学界的前辈们做了卓有成效的工作，功不可没②

所谓社会学本土化是一种使外来社会学的合理成分与

① 这一点，从《二十世纪中国的社会学本土化》一书的目录中就可以看到。该书24万字左右，由五章组成，第一章是“社会学本土化若干基本理论问题”；第二章是“社会学本土化在国外的变迁”；第三章是“二十世纪上半叶社会学本土化在中国的变迁”；第四章是“恢复重建后中国社会学的本土化探索”；第五章是“全面推进中国社会学的本土化”。

② 本文第一部分所述，有些参考或引用了郑杭生、王万俊著《二十世纪中国的社会学本土化》第一章和第三章。

本土社会的实际相结合，增进社会学对本土社会的认识和在本土社会的应用，形成具有本土特色的社会学理论、方法的学术活动和学术取向。这里，我们区分了作为学术活动的社会学本土化和作为学术取向的社会学本土化。就中国的情况而言，作为一种学术取向，社会学本土化在中国开始于这一学科的传入阶段初期，严复、章太炎等人就是作为学术取向的社会学本土化的代表。而作为一种学术运动，社会学本土化则是从20世纪20年代中后期特别是30年代初期兴起于中国社会学界的，那时的中国社会学者几乎都程度不同地投入了这一运动。就世界的情况来看，本土化作为一种自觉的群体性的学术活动，除了率先出现于中国社会学界外，也同时出现于20世纪20、30年代的拉丁美洲，尤其是墨西哥的社会学界。因而中国和墨西哥这两个国家，特别是中国，不能不在世界社会学本土化的历史上占有极其重要的地位。

对中国和墨西哥来说，社会学最初均是从欧美国家传入和引进的，所接受的社会学知识原本是对欧美社会现实的反映且有浓厚的西方文化特征。到20世纪20年代后，随着社会学学科在这些国家的逐步制度化以及本土社会的社会学研究力量的增强，如何在社会学研究中重视本国的社会现实、社会特性、文化传统并在此基础上寻求社会学理论的创新，几乎同时引起了中国和墨西哥一些既熟知西方社会学知识、又具有强烈的反省意识的社会学者，如中国的许世廉、孙本文等和墨西哥的曼努埃尔·加米奥等的关注。

中国社会学家许仕廉（1896—?）于1925年在《社

会学杂志》上发表了《对于社会学教程的研究》一文，分析了当时中国社会学教学和研究中存在的问题，倡导建设“本国社会学”。随后，社会学家孙本文（1891—1979年）更是明确地论述了社会学在中国的本土化即“中国化”问题，大力倡导社会学的中国化，呼吁构建“中国化的社会学”。[①]

1930年2月，孙本文联合许仕廉、陶孟和、陈达等学者，在上海成立了全国性的社会学学术团体——中国社会学社。成立大会上，孙本文当选为中国社会学社的负责人（正理事）。1931年2月，在中国社会学社的第一次年会上，孙本文发表了题为《中国社会学之过去现在及将来》的演讲。在这篇演讲中，孙本文明确使用了社会学的“中国化”概念，并特别地将“建设一种中国化的社会学”强调为中国社会学今后的四大“基本工作”之一。孙本文说“采用欧美社会学上之方法，根据欧美社会学家精密有效的学理，整理中国固有的社会思想和社会制度，并依据全国社会实际状况，综合而成有系统有组织的中国化的社会学”是中国社会学界“今后之急务”。[②] 可

① 有趣的是，加米奥、许仕廉、孙本文这三位社会学本土化运动的先驱式人物，早年均留学美国，熟悉欧美社会学知识。加米奥于1921年毕业于哥伦比亚大学获博士学位，许世廉于1924年左右毕业于艾奥瓦大学获博士学位，孙本文1926年毕业于纽约大学获博士学位。

② 孙本文的这篇演讲，后收入《中国人口问题》一书。详见中国社会学社编辑：《中国人口问题》，世界书局1932年版，第18—19页。孙本文是在1931年2月召开的中国社会学社第一次年会上发表这篇演讲的。国内有学者如王建民在其1997年出版的《中国民族学史》（上）第279页中，将这篇演讲误认为是1930年发表的。

以认为，孙本文在中国社会学社第一次年会上的演讲，标志着社会学本土化运动在中国的正式开始。此后的十多年里，中国社会学步入了轰轰烈烈的本土化运动时期，取得了引人注目的成就。在亚洲乃至世界社会学史上，孙本文的这篇演讲也算得上是正式地、明确地倡导社会学本土化的最早范例。

20 世纪上半叶中国社会学的本土化，内容丰富，成果形态多样，既有本土化理论问题研究型和本土社会认识型，又有理论和方法的修正—创新型以及本土社会问题解决型。在 20 世纪上半叶的世界社会学圈里，中国社会学研究所以能取得引人注目的发展，并成为当时除欧美外社会学的一个主要研究中心，与中国社会学者持续不懈的本土化努力关系密切。具体说来，在中国早期社会学的发展阶段，社会学本土化作为一场有组织的群体性的学术运动，其多种表现形态主要有：

第一，表现为一些中国社会学者对本土化进行的倡导和研究（除许仕廉、孙本文外，还有杨开道、晏阳初、吴文藻）。在众多的倡导者中，孙本文、吴文藻的贡献尤为引人注目。就如何实现社会学本土化，包括孙本文、吴文藻在内的不少学者都提出了自己的设想或看法。在这些设想或看法中，有两点是共同的，即：强调对国外社会学理论、方法的借鉴和运用，以及强调从中国社会的实地调查研究着手。当然，在各种设想或看法中，孙本文特别重视从中国社会固有的社会史料的角度去考虑社会学本土化的实现，晏阳初则比较重视在运用适合中国情形的调查方法的前提下进行实地社会调查以推进社会学或社会学科系的中国化，而吴文藻则重视在社会学与人类学相结合的情况下进行实地社会调查以实现社会学的中国化。

第二，对外来社会学方法进行的本土化改造。他们或分析社会调查在中国所遭遇的特殊困难，其中，以李景汉的分析和概括最为系统，也比较深入；或讨论社会调查方法如人口调查方法、社区调查研究法等在中国的应用问题，其中，言心哲、朱祖晦、赵承信、吴文藻的工作是比较突出的，他们的工作主要集中于如何结合中国社会的实际状况去应用人口调查方法和社区研究方法两个方面；或形成一些切合中国实际的社会调查研究方法，这中间，陶孟和的账簿法（又称为“记账法”）是比较引人注目的。与此同时，中国共产党领导人毛泽东从革命斗争的需要出发，对中国社会进行了不少的调查研究活动，形成了一套行之有效的调查研究方法，如“典型调查”和“调查会”方法等。如果说陶孟和的账簿法，代表着中国社会学发展阶段学院派社会学者在社会学研究方法的本土化（中国化）方面所取得的创新性成果，那么，毛泽东所提出并运用的一系列社会调查方法则主要代表着同期中国共产党人在将马克思主义社会学思想和方法中国化过程中所取得的重要成果之一。

第三，对本土社会调查的拓展和深化。据赵承信在一篇论文中的介绍，仅在1927年至1935年九年间，各种各样的社会调查报告总计达9027篇，其中全国性调查为1700多篇，地方性调查达7200多篇；在7200多篇地方性调查报告中，城市调查占33%，乡村调查占27%，全省调查占40%，而且从1933年开始乡村调查报告便超过了城市调查报告。[①] 在农村调查方面，著名的有李景汉1927年进行的对北京郊区乡村家庭的调查；陈翰笙主持的1929年至1934年间对三江地区（江南、河北、岭南）的调查；李景汉主持的有名的定县社会概况调查；言心哲1934年进行的江苏江宁县农村家庭调查；费孝通1936年进行的江村调查和1939年前后进行的禄村调查等。在城市调查方面，著名的有李景汉等人于1924—1925年对北京人力车夫进行的调查；陈达1926年指导进行的北京零售物价的调查；陶孟和1926—1927年以账簿法进行的北京生活费调查；杨开道、许仕廉1928—1929年主持进行的北京清河镇社会调查；史国衡1940年的昆厂调查。其他方面的调查，著名的有潘光旦的家庭婚姻问题调查；严景耀的犯罪现象调查；陈达的人口调查和人口普查；而对少数民族地区众多的调查中，吴泽霖对贵州炉山黑苗的调查、徐益棠对雷波小凉山彝族的调查以及林耀华对凉山彝族的调查是比较有影响的。

第四，一些中国社会学者对具有本土特色的社会学理论的构建，如陈达的生存竞争与成绩竞争理论、吴景超的都市发展理论和孙本文的社会学学科体系理论、费孝通的差序格局论等。

第五，还表现为中国社会学者应用社会学的理论方法

---

① 赵承信：《社会调查与社区研究》，《社会学界》1936年第九卷。

去实证地研究中国社会和参与中国社会的改造活动。这些活动最著名的是晏阳初 1930 年开办的定县乡村建设实验区、梁漱溟 1930 年开办的邹平乡村建设实验等。

如果我们把 20 世纪上半叶中国社会学本土化与同期日本、拉美地区的社会学本土化相比较，可以发现：社会学本土化无论在中国还是在日本和拉丁美洲，本土化的对象均为欧洲社会学和美国社会学的理论、观点与方法；从本土化的展开方式看，社会学本土化在中国和拉美地区既表现为一种运动型本土化又表现为一种非运动型本土化，而在日本则基本上表现为一种非运动型本土化；中国和拉美地区大体上是在同一时间出现了运动型本土化，但中国社会学的本土化运动从规模上讲，强于拉美地区社会学的本土化运动。

如果说 20 世纪中叶以前社会学本土化作为一种学术运动还局限于世界某些地区（如中国或墨西哥），是一场地区性的学术运动，那么，第二次世界大战以后，社会学本土化则开始逐步成为一场世界性的学术运动。而且，从形式上讲，“本土化”作为一个社会学学术概念，也是第二次世界大战后被正式引入社会学领域的。在社会学本土化的过程中，社会学者们一方面反对那种脱离本国或本地区社会现实、文化传统而简单地移植、套用国外社会学尤其欧美社会学的做法；另一方面，始终将社会学本土化的目标或内容，与本国或本地区社会问题之解决以及具有本土特色的社会学理论和方法的构建，紧密地联系在一起。

正是由于社会学本土化在中国有着深厚的历史基础，

新中国成立后虽然有过27年中断的不幸曲折，但1979年恢复与重建后，在费老和雷老的带领下，中国社会学者又开始了对社会学本土化（中国化）的再倡导、再探索。例如费老提出：中国社会学的发展要走自己的路，建立“中国式的人民的社会学”，中国社会学“一定要本国化”。[①]中国社会学必须是具有“社会主义性质和中华民族特点”的“中国社会的社会学”。如王康的具有“中国特点”的、为中国社会主义革命和建设服务的社会学,[②] 等等。

总之，社会学本土化是中国社会学百年的优良传统之一，中国社会学界的前辈们做了卓有成效的工作，功不可没，我们不能忘记。

二、增强主体意识,弱化“边陲思维”,是社会学中国化顺利推进的前提条件[③]

铭记前辈社会学家的功绩无疑是十分重要的，但更重要的是要真正地学习他们。他们给我们提供的一条基本经验是：没有主体意识，就没有社会学中国化；那种对欧美社会学照抄照搬、亦步亦趋还自以为站在学术前沿，而对本国社会学及其历史则采取看不起甚至虚无主义态度的

① 费孝通：《从事社会学五十年》，天津人民出版社1983年版，第135—136页。

② 王康的《社会学在中国》一文发表于《百科知识》1980年第8期，而《社会学今昔》一文则发表于《社会科学战线》1980年第4期。

③ 本文第二部分所述,有些参考引用了郑杭生、王万俊著《二十世纪中国的社会学本土化》第五章。

"边陲思维"，是没有出息的，也是阻碍社会学中国化健康发展的。

确实，正如笔者已经指出的：社会学本土化能否顺利地进行，与本土社会学者学术研究的主体意识、对本土化阻力的认识以及在社会学本土化过程中如何对待外来社会学成果和本土社会已有的有关资料资源等基础性的因素关系密切。通常，社会学者的学术主体意识弱，忽视本土化的阻力，否定或过高估计外来社会学成果和本土社会已有的有关资料对社会学本土化的价值，则社会学本土化难以展开，或难以顺利进行；反之，社会学者的学术主体意识强烈，对本土化的阻力认识充分，既全面了解和批判地吸收外来社会学的成果，又充分发掘和利用本土社会已有的有关资料资源，则往往有助于社会学本土化顺利展开并取得成果。

从比较研究的视角看，世界和中国社会学发展的历史，都证明了这一点。美国社会学的本土化所以在 20 世纪上半叶取得巨大成功，与美国社会学者所具有的强烈的批判精神和创新意识有关；中国社会学的本土化运动所以在 20 世纪中后期得以兴起，拉美地区的社会学本土化运动所以在第二次世界大战后蓬勃兴起，与所在地社会学者的学术反省和自主发展意识的强化关系密切。同样，中国社会学恢复重建后，本土化运动的兴起与一些社会学者们所具有的学术反省和批判意识也有相当的关联。

所谓"主体意识"，在笔者看来，主要是指社会学的学术研究所体现的反省—批判意识、责任意识、竞争—发展意识等，消除对西方社会学的依赖性以及由此产生的自卑心理。

第一，强化社会学研究的反省—批判意识（反思意识），就是要通过对外来社会学知识的性质的反省，批评那种对外来社会学的错误认识，认清机械地搬用外来社会学知识的危害性，坚信社会学本土化的必要性和重要性。说得稍微详细一点，我们的前辈社会学家当时对哪些问题进行了反省—批判或反思呢？归纳起来大体有：

反省—批判之一：普适性是社会学研究所应追求的理想性目标，但外来社会学（如欧美社会学）所含的知识是以研究者所在的国家或地区为对象基础而构建的，既包含了普遍性的成分，又包括大量的非普遍性（特殊性和个别性）的成分，它们对其他国家或地区不一定具有普遍的适用性。如果片面地将外来社会学的知识统统看成是具有普遍性的东西，不加分析地搬用其概念、理论和方法，不仅无法解释清楚中国社会的现象和问题，研究显得极为肤浅，而且会导致对外来社会学的畸形依赖，最终使社会学无法在中国社会生根和成长，使社会学无法在中国社会得到广泛认同，也使中国的社会学研究无法在世界社会学界取得一席之地，并受到应有的尊重。“二战”后发展中国家社会学的本土化运动也就是始于对欧美社会学知识的普适性的质疑。从长远的角度看，社会学本土化与社会学的普适性目标之间不存在根本的冲突，经由本土化而获得关于各种不同类型社会的认识，是最终形成具有世界普适性的社会学知识的重要基础。

反省—批判之二：客观性是社会学研究所必须坚持的一大基本原则，但绝对客观化（如绝对的价值中立）是不存在的，欧美社会学知识不可避免地带有欧美社会的特色，在很大程度上是对欧美社会的理论性反映；在本土化过程中，构建具有本土特色的社会学理论、方法，是为了更客观、如实地反映本土社会，与社会学研究的客观性原则并不矛盾。

反省—批判之三：不同国家或地区的社会既有共同点又有巨大的差异性，社会学不仅要研究共同点也必须研究不同社会的差异性和特殊性，社会学要在本土社会得以成长和发展则必须以本土社会为基本研究对象并在此基础上进行理论概括。从这个角度看，社会学本土化在一定程度上就是对社会差异性、特殊性的认可和重视。

反省—批判之四："二战"后欧美社会学尤其是美国社会学一直居于社会学世界格局的中心，成为强势社会学，垄断着世界社会学学术圈，且具有文化霸权的倾向。要打破这种学术垄断和文化霸权状态，发展中国家的社会学界就必须强化社会学的本土化，形成具有本土特色的社会学理论方法或流派，提高在世界社会学界的地位，改变学术上对欧美社会学或美国社会学的依赖关系。

总之，反省—批判意识或反思意识是主体意识的基本内容之一，它构成了社会学本土化尤其运动型的社会学本土化活动得以展开的学术起点或基础。正是在反思中，社会学者们认识到了社会学本土化不仅是必要的而且是重要的。

第二，强化社会学研究的责任意识，就是要增强社会学研究者所具有的服务于我国现代化建设和改革开放事业的责任感、使命感，提高社会学研究的社会关联性。责任意识是社会学研究主体活动的内在动力，是社会学研究者自立为主体的突出表现。社会学研究者作为一定社会关系的承担者，是一个责任主体，意识到自己的社会责任，就会对社会尽义务作贡献，而具有高度自觉的责任意识必然会产生强烈的使命意识，把自己的研究活动与我国现代化建设和改革开放事业的需要结合起来，从多方面增进社会学对中国社会的认识，提高社会学在中国的应用水平，拓展社会学在中国的应用范围，从而推进中国社会学的本土化进程。

第三，强化竞争—发展意识，就是在对本土社会的研究中以国际社会学界公认的高标准要求自己，努力做出高水平的研究成果，参与社会学的国际交流，与外国社会学者竞争，使社会学的本土化与国际化结合起来。在社会活动中，竞争意识是主体基于自身利益的要求而产生的对先进和优胜的强烈追求，它是主体能动性由潜能向现实转化的直接驱动力。主体间由于实践能力和利益的差异，产生了克服这种差异的欲望，在这种欲望的驱使下，主体自身便产生了一种高度紧张、高度兴奋的精神状态，从而推动主体在社会互动中把自己全部能动性发挥出来。对中国社会学研究者来说，正是在与外国社会学者的学术交流中，发现了自己的不足，发现了在社会学的国际交流中所处的不利境地，而要克服这种不足，摆脱不利境地，就必须在对本土社会的研究中以国际公认的高标准要求自己，努力做出高水平的、具有本土社会特色的社会学研究成果。可以认为，借由社会学本土化途径创建具有本土特色的社会学理论和方法，以此参与国际社会学界的交流和竞争，既有助于提高我国社会学的水平，又有助于改变我国社会学在社会学国际交流中的不利境地。从这个意义上讲，社会学本土化和社会学国际化是可以结合在一起的：越有中国特色就越能获得国际承认；照抄照搬，毫无特色，也就不具有参与国际竞争和交流的“资本”，必然毫无国际地位可言。

要真正完全地增强主体意识，还必须充分认识社会学本土化所面对的各种阻力。社会学本土化在一定意义上本身就是社会学领域所发生的一种社会变迁，社会学本土化运动更是一种有计划的社会变迁活动。这种社会变迁的发生，无疑冲击了一些人原有的关于社会学的学科性质的观念，改变了人们对外来社会学尤其西方社会学的看法，因而招来了这样或那样的反对和怀疑，使本土化面对着多方面的阻碍因素。

首先，在一些人的观念中，社会现象与自然现象一样都受“普遍的”必然因果律的支配，社会学知识具有“普遍性”且是放之四海皆准的，中国的社会学与其他国家的社会学“没有根本区别”，社会学本土化（中国化）是没有必要的，因而反对或不赞成中国社会学的本土化。这种观念事实上是一种机械的自然科学模式的社会学观，其根本的错误就在于片面地抬高了社会现象与自然现象的共同性对社会学研究的价值，漠视社会现象与自然现象的根本区别，否定社会学作为一门社会科学所具有的与其自然科学所不同的特性，从而忽视了社会学知识是普遍性与特殊性构成的统一体这一客观事实。

其次，社会学本土化强调对本土社会进行研究，而一些人认为西方社会学研究历史悠久，水平高于我国的研究，因而感觉到目前我国社会学的任务主要是学习西方社会学而不是进行本土化，这种观点的错误就在于割裂了引进西方社会学与进行社会学本土化的关系，既无视我们在引进西方社会学方面已经取得的成果，又过高地估计了西方社会学对中国社会学本土化的价值。我们认为，引进并批判地借鉴包括西方社会学在内的外国社会学是进行社会学本土化的一个基础性条件，但引进和学习外来社会学是不能取代社会学本土化的，更何况，引进和学习外来社会学与进行社会学本土化在目前的情况下是可以同步进行的。

再次，社会学本土化强调对西方社会学的普适性进行质疑，改变了人们过去对西方社会学的一系列膜拜式的看法，这必然会冲击一些西方社会学者在有意无意中所坚持的西方中心论或欧美中心主义，因而他们反对中国社会学的本土化，贬低社会学本土化所具有的价值。

此外，社会学本土化所遭遇的阻力，还来自于一些对社会学本土化有误解的学者中间。在近 20 年的中国社会学本土化历程中，一些学者因对本土化的含义和内容的不了解，从而对社会学本土化产生了不少误解、怀疑以至否定中国社会学的本土化。我们曾经指出的几大“误解”，即“社会学本土化必然导致学术上的排外主义”、“社会学本土化是一种学术上的相对主义”、“社会学本土化必然导致局内人主义”以及“社会学本土化就是对本土社会问题的研究”以及“社会学本土化是对传统文化的复归”等，在很大程度上就是因为不了解社会学本土化的含义和内容而产生的。

认识社会学本土化所面对的多种阻力，尤其是明白各种反对或否定社会学本土化的人所持根据或理由的错误性，这对进一步坚信社会学本土化是异常重要的。当前，应积极阐明和宣传社会学本土化的必要性，揭示本土化反对者的错误根据，以减轻社会学本土的阻力，推进中国特色社会学的建设。

三、坚持社会学中国化才能有真正的中国学派；世界社会学中心从欧洲转移到美国的启示[①]

中国早期社会学中的几个学派的形成，不论是以梁漱溟、晏阳初为代表的乡村建设学派，以孙本文为集大成者的综合学派，以吴文藻、费孝通为代表的社区学派，也不论是马克思主义学派，无一不是坚持社会学中国化的结果。在当今中国，如果不要社会学本土化，而只是对西方

① 本文第三部分所述，有些参考或引用了郑杭生、王万俊著《二十世纪中国的社会学本土化》第二章。

社会学亦步亦趋，那至多也只是在中国的西方学派，而不可能是采中外古今之长而加以创新的真正中国学派。

在这一点上，美国社会学通过本土化，代替欧洲成为世界社会学中心的历程，可以给我们以深刻的启示。

在美国，社会学是19世纪后半叶从欧洲传入的。1874年，W. G. 萨姆纳（W. G. Sumner，1840—1910年）率先在耶鲁大学开设了社会学课程。1892年A. W. 斯莫尔（A. W. Small，1854—1926年）在芝加哥大学创建了社会学系，而后社会学在美国逐步地制度化了。伴随着社会学的制度化，社会学研究在美国迅速地开展起来，美国社会学也迈上了它的本土化路途。

19世纪后期，废除了奴隶制后的美国，资产阶级取得了全国政权，资本主义经济得到了发展并很快成为一个工商业高度发达的资本主义国家。与此同时，资本主义社会的各种弊病也日益明显地暴露出来，产生了大量的社会问题。在实用主义思潮的影响下，一些美国社会学家开始把目标集中于从欧洲传过来的社会学尤其是法国孔德和英国斯宾塞的社会学理论，以期运用这些理论来医治美国的社会问题。正是在这样一种运用过程中，社会学者们意识到，全盘搬用欧洲的理论难以认识美国的社会现象，不能解决美国的社会问题。于是，一些美国社会学者便开始了立足本土社会，构建一套适合自己社会实际的社会学理论和方法。

美国社会学的本土化历程，大体上可分为四个阶段。

1. 尝试阶段。这一阶段发生于介绍并批判地吸收欧洲社会学知识的过程中，美国早期社会学家沃德、萨姆纳、斯莫尔、吉丁斯等在此方面起了重要作用，为日后美国社会学的学科发展作了准备。在介绍欧洲社会学尤其孔德、斯宾塞社会学理论的同时，沃德等社会学家开始结合美国的社会需要和文化背景，改造和发展了外来欧洲社会学的某些理论或观点。比如，社会学家、美国社会学会首任主席沃德受英国斯宾塞进化论的影响而认为宇宙进化是一个由简单到复杂（宇宙起源—生物起源—人类起源—社会起源）的发展过程，但他不同意斯宾塞的自动进化思想，提出了著名的“社会导进”（Social telesis）概念并在此基础上论述了“应用社会学”问题。沃德认为，社会进化是可以由人合理控制的，社会进化的重要力量是人类心理的能力即创造性综合，应用社会学研究的是社会导进即人类为影响环境而设计的有目的的行动。

2. 新概念、新理论的初步出现阶段。经过第一阶段的努力，社会学在美国的地位初步确立起来，开设社会学课程和开办社会学系的大学日益增多。随着社会学研究领域的拓展，人们进一步发现了欧洲社会学的缺陷和空白点。在此情况下，库利、米德等美国社会学家结合美国社会的实际，提出了“镜中自我”、“初级群体”、“角色扮演”、“概念化他人”、“自我互动”、“主我”、“客我”等社会学新概念，在社会角色、社会群体、社会互动、社会化等方面形成了一些与欧洲社会学不同的新理论和新观点，推进了社会学在美国的本土化进程。

3. 经验研究取向的确立阶段。20 世纪二三十年代，随着工业化的发展和城市化的加速，美国的社会矛盾日益尖锐，种族冲突、劳资冲突、暴力事件等不断出现。在这种社会背景下，为了对社会进行必要的改造和改良，人们需要足够的社会信息和实证资料，这种带有明显的实用特征的社会需求便为具有经验主义社会学特征的芝加哥学派在美国的兴起和繁荣提供了契机。芝加哥学派的帕克、托马斯、伯吉斯等社会学家，抛弃了欧洲思辨社会学的理论框架，将实地观察法、人种志技术等定性化经验研究方法引入了社会学领域，对美国都市社区、移民、民族冲突、贫困、犯罪等实际社会问题进行了一系列的调查和研究，使社会学在解决实际社会问题上显示了实效，促进了社会学向应用研究方向的发展。芝加哥学派的形成，标志着美国社会学发展到了具有自己的特色——实用特征和经验研究特征——的新阶段。第二次世界大战后，美国社会学的经验研究特征得到了进一步的强化，在斯托福、拉扎斯菲尔德等人的努力下，美国社会学的经验研究获得了新的成分——定量化方法。

4. 结构功能主义的形成。如果说芝加哥学派的贡献主要在学科价值取向和学科研究的具体方法这两方面为当时美国社会学赋予了不同于欧洲社会学的特色，那么，形成于20世纪40年代前后的帕森斯结构功能主义则主要从分析框架的角度为美国社会学独特性的形成作出了巨大贡献。按德国学者明赫的说法，帕森斯在其结构功能主义中从“美国的观点”对欧洲社会科学的经典思想如英国的功利主义经济学、法国的实证主义和德国的历史主义传统作了“重新诠释”。而且，如果说欧洲的“理论源头”在帕森斯 1937 年出版的成名之著《社会行动的结构》中还有所体现的话，那么，在《社会系统》（1951 年）中就“日渐式微”，到其后期著作中则“完全销匿”了。[①] 事实上，帕森斯是将这些欧洲经典思想以综合的方式纳入了他所理解的“美国社会模式”——制度化了的个人主义与工具行动主义，相互交叉的自愿结社的多元化，共同的公民身份，有政党争端而无深刻的政治裂痕的、稳固制度化了的政治民主，持续地提高人民生活水平、解除了资本家与工人阶级斗争的资本主义的大规模生产——之中了。作为一种理解和研究社会的社会学方法论，结构功能主义认为：社会是由诸多相互依存的单元组成的统一系统，其内部存在着结构上的分工，每个单元都各自发挥着特定的功能，它们相互依存又相互制约，维系着社会作为一个整合系统而存在；如果社会系统的一个部分发生变化，势必影响到其他部分甚至整体系统都发生变化；系统一般保持均衡状态，当受到外部或内部因素刺激时，原有的均衡被打破，系统内部开始进行调整，为适应新的环境而出现结构分化，继而吸收或同化干扰，最终建立新的均衡。可以认为，帕森斯的这些观点，实际上为美国社会学的研究提供或构建了一种新的分析框架或模式。这一分析框架或模式在 20 世纪 50 年代后的美国得到了广泛的运用并对美国以

① 明赫著、应星译：《美国与欧洲的社会理论：文化特性与理论生产的社会形式》，《国外社会学》1998 年第 2 期。

外的地区产生了深刻的影响，从分析框架方面为当时美国社会学构建了与众不同的新特征。

从沃德对应用社会学的倡导，到芝加哥学派的经验社会学研究，再到帕森斯构建结构功能主义，美国社会学实现了从介绍、仿效欧洲社会学到构建具有美国本土社会特色的社会学理论和方法的巨大跨越，社会学本土化取得了巨大的成就，美国社会学的本土特色也基本上得以形成。正是在这种本土化的过程中，社会学在美国成长壮大起来；正是在社会学本土化获得巨大成果的基础上，美国社会学逐步得到了世界其他国家或地区的广泛认可，第二次世界大战后更是雄居社会学世界体系的中心位置并成为强势社会学。

社会学本土化所以能在美国取得巨大的成就，客观上说是美国本土社会的需要，而主观上则与美国社会学者所具有的强烈的批判精神、创新意识和务实作风有着密切的关系。此外，美国政府和一些经济机构、社会机构在经费上的支持也是一个重要的原因。

现在，中国的社会学处在自己发展的黄金时期，一方面，中国社会处在社会转型加速期中，处在激烈的前所未有的深刻变化之中，这并不是经常能够遇到的，它为中国社会学的发展提供了坚实的客观基础；另一方面，从以邓小平为核心的党的第二代领导集体开始，改变了以毛泽东为核心的党的第一代领导集体对社会学的负面看法，中国社会学获得了自己发展的良好的政策环境。在这样的条件下，如果我们能够坚定不移地沿着社会学本土化的道路前进，我们一定能够创立有中国特色的社会学，建立起自己有影响的、相互友好学术竞争的中国学派。这样，中国社会学才能更好地认识中国社会，推进中国社会的发展，也才能真正具备与世界社会学平等对话的能力。

社会互构论的提出*

——对社会学学术传统的审视和快速转型期经验现实的反思

社会学植根于现代性之中。它以独特的方式对这一浩大历史过程进行了持续性研究，将现代性带给人类的风险与机遇、冲突与和谐、困境与希望、迷惘与信心，都融入了自己的诞生、成长、危机和重建，社会学也因之而生机盎然。在当代，现代性情状急剧变化，旧式现代性危机叠生，新型现代性曙光渐露，在中国社会发展迅速推进的基础上，由于对新型现代性的日益自觉，为中国社会学拓展新的学理空间带来了历史机缘。笔者此前提出和阐释的、有中国本土特色的社会运行论、社会转型论和社会学中国化理论，是中国社会学向这个历史机缘奋力逼近的一系列反映。本文提出的社会互构论，既是对新型现代性的感

---

* 与杨敏合作，刊登在《中国人民大学学报》2003 年第 4 期；《新华文摘》2003 年第 11 期。

悟，也是对上述“三论”的进一步探索。

为此，本文对现代性、社会学的学术传统和当代中国社会快速转型的经验现实进行了反思，并对新型现代性、当代社会学重建的趋势、社会互构论的意涵进行了探讨、阐发和陈述。这当然绝非易举，但我们愿意进行这项深具意义的尝试。

一、现代性——社会学从摇篮步入成年的时代遭遇

在社会学中，对现代性（modernity）的理解歧义颇多。有的学者将“现代”与“传统”相对照，把现代理解为对传统规范的反叛，认为现代性确立后，必然产生新规范、形成自我的传统，并与新的现代性过程相冲突，从而把现代性看成是一项“未竟的事业”（哈贝马斯）。有的学者则将现代性视为17世纪出现在欧洲并逐渐在世界范围内形成影响的社会生活或组织模式，是从“简单现代性”向“反思性现代性”的发展，不断地“去传统化”和对现代性自身的超越是这一过程的一种重要特征（吉登斯）。也有的学者将现代性区分为“技术的现代性”和“人类自我解放的现代性”两种类型，并认为在现代性的现实发展过程中，技术的现代性已经背离了人类自我解放的目标，主张终结“假的现代性”以便开始“真正的现代性”（沃勒斯坦），等等。总起来看，这些学者的观点在研究角度、切入点、分析方法、范式运用等方面各有特

点，对现代性过程的理解、评价和具体阐释彼此相异，但有一点是共同的，即认为由欧洲启蒙时代开创的、以人类自身为行动主体、以科学和民主为主题、以人的自由和解放为目标的现代性过程，正面临深刻危机和重大转折。但是，由于受到欧美文化的地缘性和传统性框架的影响，他们对现代性危机和转折的实质性认识还带有一定的局限性。

旧式现代性及其危机。自“现代”开启以来，人类踏上了自我解放的征程。但是，从更深层次上看，这是人类误入盎格鲁—撒克逊文化价值轨道的历史时期。按照这一文化价值的取向，如果人类不能赢得对自然的控制权，那么人的自由和解放就是不可思议的。在这样的文化价值观引导下，人对征服和主宰自然赋予了前所未有的特殊意义：对自然的征服构成了人获得自由的前提，对自然的主宰被理解成人类解放工程的根基。征服和主宰自然的这种优先性渗入到现代社会生活的一切过程和一切方面，从人生的意义赋予、个人的才情旨趣的发扬、行动的合理性依据、生活情景的界定，到工具理性、生产性价值、技术性现实、社会积累和再生产过程等等，无不隐喻了对资源控制权的争夺和运用的根本性意义。这一权力也因而腐蚀了现代社会，造成了一种不可逆转的世俗化和平庸化的生活趋向，致使以短期的、物质的、货币的手段验证和认可的价值形式，被推上了至尊的地位。因此，即使“现代”是以最彻底的方式对以往的传统规范和腐朽观念实行“反叛”和“无可挽回的断裂”，然而，从一开始关于人类自由的价值理念本身就存在问题，这注定了西方现代性与传统性或陈旧性难解难分。我们把这种建立在自然和社会的双重代价基础之上的现代性，称为旧式现代性。

在这样的时代，科学技术落入了资本的掌控，使得科学技术的解放由人类自我解放的手段变成了目的本身，进而取代了人类自我解放的目的，具有了对现代性的支配性意义。由于科学技术的现代性压倒了人类解放的现代性，推动了自然事物、社会事物甚至人本身（包括与人的观念和精神形态相联系的象征和意义赋予过程以及结果）的资源化过程。随着人类生活的几乎全部经验事实和现象的资源化，资源的象征意义也因之具有了无所不及的广泛性和深刻性，超前并驾驭了人的行动甚至意念，对现代个人和社会造成了深远的影响。而且，这一过程始终存在着相互冲突的两个方面——人欲的激发和资源的匮乏，使得对资源控制权力的争夺愈益激化。这样，人和社会选择了与自然的对立，个人与社会的关系也趋向恶化，陷入了无可挽回的极度紧张和冲突激变的现实境地。于是，在这种旧式现代性的推进之中，人赢得了对自然的控制权，人的自由却变得更加不可思议了。这就是社会学从摇篮步入成年的时代遭遇。

新型现代性及其曙光。20 世纪后半期，对现代化进行重新探索的思潮和实践在非西方世界兴起。到 20 世纪与 21 世纪之交，全球社会生活景观呈现了重大转折来临的种种迹象：倒行逆施的自然政策导致了越来越严重的“绿色惩罚”，促使旧观念所建构的自然事物和社会事物之间界别的悄然消融，以这种界别为基础的各种裂变——左与右、激进与保守的政治意识形态，以及人类生活样式、社会组织模式、文明类型乃至国家界限所造成的分隔——也在漂移和重构。人们身处其中的世界重现了其相互关联的固有性质。这一系列社会剧变进一步推动了对旧式现代性的质疑、批判和反省。人们逐渐认识到，人类对自然的掳掠和人类的自相奴役，都是与人类自我解放不相容的；不能以科学技术的现代性取代人类解放的现代性，科学技术在现代性过程中具有的重要意义，应当取决于它能够服务于人的完善、社会的进步和人类解放目标的实现，否则，它的任何成就都是可疑的。同时，人们也认识到，科学技术是巨大的生产力，是实现人类解放的必要手段；尽管在资本的掌控之下，科学技术及其进步和创新依然显示了它作为生产力的独特效用，为解决人类的生活困扰、改变生存环境、提高生活质量、促进人和社会的进步速率，创下了不朽基业。

历史的启迪和催动，使关于新型现代性的探索成为当代社会的一种潮流和趋向。特别是在中国，在建设有中国特色的现代化过程中，改革开放、科教兴国、共建两种文明、走可持续发展的道路、西部开发和扶贫共富，以及新型工业化、全面建设小康社会等等概念、思想和实践，强烈地透显出新型现代性的理念和初始内涵。我们认为，新型现代性必然是能够充分发挥本国特色和优势，包容吸纳西方现代性的一切优点的现代性，是能够促进两种文明的协同发展、全面改善生态环境系统，使社会与自然相携永存、使人类永久安全的现代性。简言之，所谓新型现代性，是指那种以人为本、人和自然共存、人和社会双赢，并把自然代价和社会代价减少到最低限度的现代性。使科学技术的现代性服务于人类解放的现代性，使现代性最终向人类自身解放的目标回归，这种自觉意识和由此而来的远大抱负，对中国社会转型加速期的实践是非常重要的。从社会转型加速期取得的巨大社会进步和付出的种种社会代价中，我们都能亲身体会到新型现代性的深刻意涵。

总之，旧式现代性锻造了以往的社会学——它的感受力和想象力、设问和眼界，甚至它的理论抱负和期望所能达到的限度。很长时间以来，社会学理论与一种普遍的失望情结纠葛在一起。贝克不无遗憾地察觉到，社会学“已滑入了一个没有用处的共识中去。这使它现在甚至不能觉察重大的社会高潮和变动，也就更谈不上创造性地考察它们了”[①]。塞德曼甚至断言“社会学已经走上了歧途”[②]。我们认为，现代性的重大危机和转折时期，也是社会重构、个人重塑、个人与社会的关系发生重建之时，社会学不可避免地卷入其中，经历视野的重大调整、预设的根本变化、理论的重铸和再生过程。十分清楚，除了寻求理论上的重建和崛起，社会学别无选择。

---

① 尼格尔·多德：《社会理论与现代性》，社会科学文献出版社 2002 年版，第 261 页。

② 史蒂文·塞德曼：《后现代转向》，辽宁教育出版社 2001 年版，第 159 页。

二、社会学传统的反思与理论重建

对于社会学来说，所谓现代性问题，归根结蒂就是个人与社会的关系问题。个人与社会的关系问题作为社会学研究的基本经验事实和实质性内容，以多种不同的表达形式沉淀在宏大叙事或个人述说、科学型理论或人文型理论之中。因此，这一问题与社会学知识中种种传统化特征有着密切的关系，它直接造成了社会学研究的视野和取向、理论和方法的不同学术倾向的区分与对立。这些学术倾向在各自承续中的传统化，成为社会学知识体系的结构性因素，并导致了体系的成长、积累和持续方式。

（一）社会学传统的反思

1. 米尔斯对社会学研究传统的概括和后现代主义的偏颇。米尔斯对社会学研究传统做了简洁的概括，认为社会学有三种发展方向：一是倾向于“历史理论”，如孔德、马克思、斯宾塞和韦伯等，他们的思考使社会学成为一种“百科全书式的尝试”，即以历史性和系统性方式对人类社会生活的“全部”进行研究，其目的在于发现社会生活的规律性；二是对于“人与社会的本质”的系统性理论，如齐美尔和维泽的研究具有形式主义特征，社会学被用于对社会关系的划分及其普遍一致特征的洞察；三是关注对当代社会事实和问题的经验研究，并认为此种情况下，只要社会学被视为对社会专门领域的研究，就很容易成为社会科学中“打零工的人”，对“学术剩余物”进行“形形色色的研究”。米尔斯指出，上述方向“都易遭扭曲，甚至走火入魔”①。

按照当代后现代主义的理论时尚，前两种研究方向被讽刺意味地称为“宏篇叙事”、“宏阔之论”或人类解放的“规划工程”，并予以拒斥。这样一来，社会学的三种方向就被简约成了一种研究。后现代主义者否定社会学获得确定性和普遍性知识的可能，拒绝对社会生活的“宏大”理论探索，主张从分散性的“主体”立场进行小叙事和“述说”，提倡对局部类型的具体情境和有限题材进行经验研究。事实上，社会世界是异彩多姿、丰富多变的，社会学的理解也不会是一个角度、一种方法、一种逻辑和一种陈述。无论从学术或实践的角度来说，社会学都有必要对社会生活进行多元多维的、综合性的和一般性的理论研究。而且，正是由于后现代主义的“个人话语”、“小叙事”将整体性的社会世界情境划为原子式的破碎状，人类对自身生活的积极建构、对“人为工程”的能动策划也就具有了更为现实的意义。无论对于社会学还是对于现实的社会生活，“历史理论”、“形式主义”和经验实证性调查研究这三个总体方向，都有其合理性和必要性。从某种意义上说，对社会学传统反思的一项重要任务，就是对社会学研究中的一些极端倾向及其传统表现进行重新审视，以便肯定每一重要研究方向所具有的知识意

① 赖特·米尔斯：《社会学的想象力》，生活·读书·新知三联书店2001年版，第21—22页。

义，形成新的综合发展趋势。

2. 社会学传统的分裂。理论传统是在以往各种理论研究及其基本内容的概念化、抽象化、一般化过程中逐渐形成的。在社会学理论中，理论范域、取向、概念、假设、方法、模式、结构、过程、变迁等等，被后来的社会学研究不断地沿革而传统化，成为理论传统的构成要素和组成部分。总起来看，社会学理论传统的分裂甚至二元对立，是一种突出性状或总体特征。从古典社会学的原创性研究直到当代社会学新兴思潮间的激烈论战，有关重大问题的进一步理解和回答，几乎都与社会学传统本身的二元对立性状有着深刻的关联。

社会学理论传统的分裂和二元对立，最终仍然要通过与现代性相关联的社会生活本身来得到解释。如果人类自身活动和社会生活所造成的“二元对立”不能弥合，蕴涵于社会学传统自身的二元对立思维方式也就不可能消解，社会学理论的论战就将沿着传统的形式发展下去，即使在理论空间上有所拓展，其实质性内涵也不会跳出二元对立的思维框架。

3. 科学主义型和人文主义型。社会学传统的分裂表现在社会学理论类型方面，是科学主义型社会学理论和人文主义型社会学理论的二元分野。

科学主义型社会学理论的基本主张是，社会现象与自然现象在本质上没有区别，社会学研究以客观的经验事实为基础，社会学理论是对客观存在的本质和因果规律性的陈述，理论知识或认知模式的建构应当是“科学性”的，即经验实证性的。社会学创始人孔德曾意识到，作为一门“科学”，社会学的地位是缺乏稳固性和合法性的，因而提出了人类知识发展“三阶段法则”以资论证。自孔德、斯宾塞、迪尔凯姆以来，实证主义或科学主义型社会学理论一直是社会学理论中的一种“正统”传统。然而，孔德关于“社会的自然科学”的观点，在一个半世纪以后的当代“却很少有人认同”[①]。

人文主义型的社会学理论认为，理论知识或认知模式的建构应当是“非科学”的人文模式。这一传统把现代生活看成现代文化的一种表现，主张社会学理论是对现代文化及其现象的深沉思考，是对作为主体的现代人所创造的社会生活的描述、认知和理解。在人文主义型社会学理论中，韦伯把“文化”看作人为自己的生活和行动编织的“意义之网”，人类是自我建构的意义牢笼中的囚徒。他主张明确社会现象与自然现象的区分，认为社会学是一门致力于解释性地理解社会行动并对其原因和结果做出说明的科学，指出“社会行动”是行动者个人把他的主观意义赋予行动的过程，并着重论述了这种行动的社会性含义。[②] 这些思想是对社会学中的人文主义纲领的经典阐述。马克思的社会历史过程论、生产实践基础上的社会结构论与变迁思想、个人和社会与自然环境的关系辩证法，以及物质与精神、思维与存在（对象）、主观与客观、理

---

① 乔纳森·特纳：《社会学理论的结构》，华夏出版社 2001 年版，第 3 页。
② 马克斯·韦伯：《社会科学方法论》，华夏出版社 1999 年版，第 35—36 页。

论与行动、自由与强制的对立统一等思想，一直保持着巨大而深远的影响。此外，迪尔凯姆在继承孔德实证主义传统之时，也看到了社会学的知识对象是社会系统，毕竟与自然科学的研究对象不同。他确认了社会的人群关系的系统性和整体性，及其外在于个人的实体性行动单位等特征，实质上也确认了构成社会的个人具有行动能力和意志特征。所以，迪尔凯姆的“社会”的客观性并非只是物质化的客观性，而且具有精神意志的和主观意义的含义。马克思、韦伯和迪尔凯姆的经典和原创思想，成为人文主义型社会学的理论奠基和知识资源。

4. *方法论传统的二元对立*。社会学方法论的整体主义和个体主义的二元分裂，是社会学传统的另一重要方面。这种分裂更直接地与早期现代性的社会生活事实联系在一起。随着人类对自然的迅速侵入和资源控制权的激烈争夺，个人与社会的关系也急剧恶化。事实上，社会与自然对立的每一次升级，总是由个人与社会间裂痕的深化来支付账单的。对自然的诅咒最终变为对人和社会自身的诅咒，剧烈的社会冲突和革命震撼了整个欧洲。这一时期，个人与社会的裂痕和冲突折射在理论之中，化为社会学的理论视野，形成了整体主义和个体主义的方法论对立。

例如，孔德认为，社会学的独特论题是作为整体的和系统的社会，只有通过对整体社会的认识才能产生对其部分和个人的认识。迪尔凯姆认为，人的本性就是二元分裂的，追求物质私欲的生物性个人与具有道德和宗教感的社会性个人相互冲突和对立，这一思想成为其社会学的整体主义理论主题“现代社会何以可能?”的重要基础。马克思也是从整体性的社会视野出发，对现代社会结构及系统过程着重进行了分析，阐释了社会不平等模式发生的基础和再生产机制、这一过程中社会冲突和危机的形成及其发展、现代社会变迁的必然性和基本方式，等等。

也有一些古典社会学家表现出个体主义的方法论倾向，他们强调个人才是实体性的存在，对个人的研究是对社会进行研究的前提。例如，斯宾塞主张社会实质上是个人集合体的名称，只有研究其组成成分的个人的本质，才能产生出真正的社会学学说。滕尼斯认为，社会现象是从人的行动中和作为主体的人的相互联系的意向中产生的，社会现实只有在为个人所察觉、感知、认识并产生愿望时才是存在的。韦伯认为，社会学是“对社会行动的解释性理解并因此关注对社会行动的过程和结果的因果性说明的科学”，正是他的“理解社会学”真正为个人研究取向制定了理论框架和方法论基础。

上述划分大体上能够概括现代性早期的社会学研究取向和方法论的基本状况。而且，这种状况也影响了整个20世纪的社会学理论。如后来的结构功能主义、社会冲突论、社会批判理论、建构主义社会学、历史社会学等，基本上继承了整体主义的传统，而现象学社会学、常人社会学、社会交换论以及后现代主义社会理论，则倾向于个体主义的传统。我们也注意到，在20世纪后期的社会学研究中，出现了上述两种传统的交叉融合以及研究内容的趋同迹象，如社群主义所主张的“社会中的个人”取向，新合作主义（也称法团主义、社团主义、合作主义）“社会中的国家”取向，等等，仍然没有真正超越原有的方法论传统。在21世纪的当代社会学中，传统的二元对立思维方式依然十分活跃。从个人与社会、主体与客体、权益与规范、行动与结构、自由与秩序、意义与支配、生活世界与社会系统、惯习与场域、沟通与规则、意图与原因、符号表象与物质属性等研究和讨论，以及贯穿其中的实证或人文、理论或经验、宏观或微观、宏大理论或个人话语、宏篇叙事或个人述说，并没有脱离科学主义型和人文主义型的理论分野，以及整体主义型或个体主义型的方法论框架。

（二）社会学重建

1. 建构主义社会学思潮的出现。20世纪末，随着现代性的全球推进，人为规划对自然持续侵入的恶果进一步显露。社会与自然、个人与社会关系的恶化，使生活的现实与美好的初衷越来越南辕北辙。各种政治意识形态提供的进步纲领和正义承诺造成了普遍性的失望，使改造社会的宏远抱负、乐观心态和进取信念迅速地“淡出”。在西方社会，这一时期被视为一个权力分散、社会碎化或因绝望而纷争不已的“黑暗时期”的开始。在我们看来，这是对旧式现代性的反叛和变革时期。后现代主义、后殖民主义、女权主义、绿色主义、新社会运动等社会思潮，以及“第三条道路”、“激进政治”等的重新设计，正是精神领域和实践领域正在经历的痛苦和低迷、探索和进取的征兆。当代建构主义社会学思潮的出现和传播正是与这样的时代相联系的。

建构主义社会学是20世纪80年代以来，社会学界逐渐增强的社会学重建运动与社会建构主义相汇聚的产物。在20世纪60年代，法国后结构主义方法论就与建构主义认知学习理论相互结合，形成了后结构学习理论，这对于建构主义社会学的地缘学术土壤的培育有着重要的意义。从建构主义社会学的主要思想、观点和倾向来看，这一学派对古典社会学采取了挑战姿态，试图从视野、设问方式、研究方法上对社会学进行根本改造或重建。由于建构主义社会学所涉及的领域十分庞杂，作为一种“学派”的地位目前还不甚明朗。在此，我们主要立足于社会学重建的角度，对其进行简要的评述。

2. 重建努力。建构主义社会学的重建努力从总体上可简要地概括为以下方面：

第一，寻求超越传统社会学“二元对立”的道路。建构主义社会学认为，在社会学传统中存在根深蒂固的二元对立的观点和思维方式，拒斥和消除这些观点和思维方式是社会学改造和重建的基本前提。在埃利亚斯、布迪厄、吉登斯的理论中，这一主张得到了明确的表达。例如，埃利亚斯强调个人结构与社会结构是在不可分割的相互联系之中形成的，个人结构的变化是社会结构变化的一个特殊方面；只有把个人和社会看作变化的、正在形成和已经形成的过程，才能阐明个人结构和社会结构之间的关系①。

---

① 诺贝特·埃利亚斯：《文明的进程：文明的社会起源和心理起源的研究》，生活·读书·新知三联书店1998年版，第9—10页。

布迪厄则力图超越“导致社会科学长期分裂的根深蒂固的二元对立”，如主观主义与客观主义、符号性分析与物质性分析、理论研究与经验研究，以及能动作用与社会结构、微观分析与宏观分析、社会现象学和社会物理学的对立和脱节。并称在探索中“逐渐摸索出一套能够消除上述二元对立的概念工具和方法论手段”①。吉登斯认为社会不是个体单位的简单集合，也不是独立于个体行为的整体，从而否定了个体主义原则与整体主义原则，以及在两者间做出选择的必要性。他的结构化理论否定了关于行动与结构的二元对立的理解，对两者的过程二重性关系进行了解释，认为社会系统的结构特性既是组成系统的行动者进行活动的条件，又是其结果；结构既限制行动者的能力又赋予其权利，行动既受到结构的限制和支配，也利用结构提供的资源和规则。

第二，建构主义思潮的一个共同目标是重振社会学的想象力，这直接触及了社会理论与社会学理论的关系问题。“社会理论”具有广泛的论题，它涉及现代性的源起、发展和危机，直面现代社会的激烈冲突和敏感性问题，始终与认识的广泛旨趣联系在一起。在许多后现代主义者眼里，社会理论是人类规划工程的“宏大叙事”。“社会学理论”则与可限定的经验问题相关，强调从经验

① 皮埃尔·布迪厄、华康德：《实践与反思》，中央编译出版社 1998 年版，第 2—11 页。

基础上对特定社会现象的研究，因而社会学理论的陈述总是表现为限定性类型。在最初，社会理论与社会学理论本是一体性的，古典社会学家（如孔德、马克思、迪尔凯姆、韦伯）既是社会理论家也是社会学理论家。随着社会学的发展，社会理论与社会学理论之间的区隔逐渐扩大，并形成了相互排斥和对立。在建构主义社会学家看来，社会学危机的一个重要原因就在于社会学排斥了社会理论研究，陷入了实证主义的方法论原教旨主义，脱离了社会生活和时代潮流。从吉登斯通过认识的批评和反思纬度对现代性的广泛深入的研究，到布迪厄对学术世界和学术人的抨击、对反思社会学或“社会学的社会学”的倡导，以及埃利亚斯对“社会学人”（指迪尔凯姆、韦伯、帕森斯）的“封闭的人”思考倾向的批评可以看出，把社会理论研究重新融入社会学，已经被视为社会学重获生机的一种方式。

第三，开拓社会学理论的新领域。例如，布迪厄的社会学思想具有“百科全书式”的特点，涉及了哲学、心理学、人类学、教育学的研究。吉登斯社会学理论牵涉到政治学、经济学、历史社会学、社会理论、现代性、当代社会运动等等方面的研究。埃利亚斯的学术思想更加具有跨学科和交叉研究的特点，对历史哲学、生物学、文明、艺术等领域广为涉猎。这些研究对于开拓社会学的思维和研究空间有着重要的意义，但也难以避免地带有广泛博杂的性质。同时我们也注意到，与研究的这种广博性自相矛盾的是，研究内容甚至论点的趋同和相互重叠。此外，在进行开拓研究的过程中，建构主义社会学还吸取了当代社会学中各种流派的思想，如后结构主义、后实证主义、后现代主义等等，这对建构主义社会学的重建产生了复杂的影响。

3. 困难与争执。建构主义社会学家雄心勃勃的重建工作也面临许多困难和争执。例如关于“反思”问题，它表达了这些社会学家对主体与客体、主观与客观的关系进行重新理解的努力。建构主义者将反思视为主体针对自身的思考、质疑、监控、筹划，是主体的自我指涉和自我批判。在逻辑上，反思主体应当是超然的、中立的观察者，旨在发现偏见和揭示偏见。然而，我们知道，现实中的实践主体总是面对各种不可超越的局限性。反思所要达到的目的——揭示偏见以及认定所揭示的偏见为偏见，是一个极其复杂的实践过程，而且主体自我指涉的或自我审判的反思过程本身往往会陷入自我偏见的纠葛，演变成以偏见来揭示、认定和纠正偏见，从而彻底背离了反思的初衷。建构主义社会学家所设想的理想化的反思主体和反思境界，似乎是极不现实的。

又如，关于“建构”问题。建构主义社会学认为世界是客观性的存在，对其理解和意义赋予则是个人的自我建构，个人总是以自己的经验及信念为基础来解释世界，作为主体的人的话语、概念、理论都参与了现实事物的建构。关于建构的更偏激的阐释往往变为：理论界定了我们认为是客观的东西，关于社会世界的理论建构了一种社会事实，等等。这类阐释重新唤起了对于贝克莱、马赫的记忆[①]。所以，建构主义者有必要对自己的观点与唯智主义唯心论的区别做出认真的阐释。否则，在客观上，建构主义与主观唯智论的新一轮复活就难以区分开来，使人们对“重建”的根本性质产生质疑。

再有，关于“个人与社会的建构”问题，在建构主义社会学的重建工作中是一个关键性问题。建构主义社会学关于社会建构个人的刻画可以说是驾轻就熟。但是，对个人建构社会的理解并没有真正超出还原论的阐释。有批评者认为，吉登斯“用‘行动’牺牲了‘行动者’，用历史的型塑过程取代了型塑者，行动者只是在实践当中被建构出来”。关于新功能主义“更多地侧重于探讨如何重新解释结构对行动的约束作用，而对于人们如何通过行动来建构社会这一点却仍然缺乏足够的说明”的批评[②]，也可以说明建构主义社会学中的普遍性缺失。

再如，关于“重建的理路”问题。建构主义社会学家将社会学中二元对立概念的消解视为实现重建的根本理路，对这一点的片面强调以至“走火入魔”，在许多情形

① 例如布鲁诺·拉杜尔等人对“科学事实的社会建构”过程进行“破译”研究，结论是：“事实就是没有其他对手提出异议的叙述”，“一个事实的历史性发生就伴随着科学争论、各种各样的策略、内含说服人的修辞形式的出版物，与自主机构建立的联系或职业的逻辑，这就是它在实验室里的日常活动中被制造出来的方式”（参见菲利普·柯尔库夫，2000，89—90页）。而马赫的论断是：“一切科学……都是以在思想中表述的事实为出发点的”（哈贝马斯，1999，85页）；贝克莱的名言是“感觉到的才是存在的”。建构主义社会学者与马赫、贝克莱的相似之处是十分明显的。——笔者注。

② 杨善华主编，《当代西方社会学理论》，北京大学出版社1999年版，第249、第163页。

下甚至无视事实及概念本身固有的区分和对立性质。于是，消解二元对立的主观努力与二元对立客观上的不可消解，构成了“重建的理路”的逻辑悖谬。

总之，建构主义社会学在批判实证主义传统的褊狭、复兴人文主义传统，以及拓宽社会学的理论视野、研究领域、论述纬度，对不同学术传统的清理和批判、聚纳和综合，以及借鉴后现代主义、批判西方晚期现代性等等方面，做出了重要的贡献。但由于在上述重大问题上的理论缺失，对其所能达到的社会学知识成就，还有待进一步的观察。

三、社会互构论的提出

现代性的具体时空过程构成了社会学的情境遭遇，社会学的任何思考和想象内容、话语和表达方式都脱离不了这种时代性。对于社会学，现代性既是限制和障碍，也意味着启迪和更新。当代现代性面临的转机，催促社会学进行新的尝试，实现对传统的思维方式和知识建构方式的跨越。

（一）社会互构——时代的感悟与理论的提炼

当代中国的社会转型进入了更为激烈的推进时期。如果说从20世纪70年代末开始，我们主要应对的是与前现代性因素的“断裂”（或对这些因素的具体否定），那么，经过20余年的改革开放，我们还面临与转型过程中形成的旧式现代性因素的“断裂”（或对这些因素的具体否定)。在我们看来,这种从前一断裂转向后一断裂所表现的对自我“过去”的持续脱出,成为当代中国社会的生机与活力的重要来源。

我们也必须清醒地认识到,前现代性因素与旧式现代性因素相互交织、旧式现代性与新型现代性相互影响,对当代中国社会转型造成了种种复杂的社会效应,社会与自然、个人与社会的关系发生了重大的变化。主要表现在:

1. 伴随着资本和财富的迅速积累,成本的外部化愈演愈烈,在现代拓荒者一劳永逸地结束了“自然史”之时,发现自己面对的是生态耗竭的危机。

2. 非农村化和乡村终结的潮流将中国传统农业推向了终点,也留下了数亿人的传统生存方式的替代问题。与此同时,“去工业化”过程却与之并行不悖:产业结构的激变、“夕阳产业”的废弃和新技术化的加速推进,进一步削弱了社会提供就业岗位的能力。

3. 安全本是人类的基本需要,但现代性已经使社会安全画上了巨大的问号。我们已经进入了一个衣食住行各方面都充满风险的高风险社会:现代农业污染与绿色生活方式,网络技术与个人隐私权,社会监控与公民自由权,不断膨胀的社会消费与生态环境指标,等等,因而我们不得不面对越来越多的风险性选择。

4. 知识的世俗化过程使人的素质进一步提高和完善,也促成了权力和知识的结盟、政治权威与专家系统的联手,代价是知识政治学的产生——权力与知识共享真理。政府是为社会服务的工具、推进社会变革和发展的加速器，现在深陷于与财富和金钱的力搏之中，穷于应付自身的权力精英所结成的利益团伙的侵蚀。伦理社会和人治社会向法治社会的转变带来了社会的进一步整合与秩序，同时也带来了一系列现实困境：由于政治权力对法律秩序的干预和介入，造成了法律秩序的政治化和人治化，权力精英的违法也往往更“合法”、更隐蔽、更有“效率”。法人集团（尤其是政府扶持的垄断性中介法人集团）的失信、违规和违法，使日渐式微的社会资本进一步流失，个人的信任和忠诚转让给了各种利益化的社群，其后果是政治权威的权力效应的耗散。而且，这种现状还导致了法律规则的变动不居，使社会利益的划分处于频繁的变化状态，于是，制度规则的不稳定、利益格局的不稳定和社会的不稳定形成了相互助长之势。社会伦理原则在实践过程中的“虚化”，使道德规范的约束性徒有其表，个人行为价值趋从于生产性、实用性和利益效能原则。

5. 政治意识形态的渐次淡化和“后政治”社会氛围的逐步形成，既从政治运动等方面解放了大众，也向地方的、文化的、民族的，甚至“宗教”的意识形态出让了社会认同的空间。在这种情况下发生的自行组合、相互分离的社会过程，推动了个人及社群的多元化。与此同时，发展的不平衡性已经变为被社会普遍接受的常态，这意味着社会陷入了更为复杂的“我们”、“你们”、“他们”的界别——经济上的东、西部间的差距，心理和文化样式上的北、南方间的沟壑，以及国民内部不断加速的社会分化，等等。

6. 社会问题也发生了结构性变化：社会向个人开放了选择和发展的机会，个人自主性的发挥则使社会责任更多地转变为个人责任，这在相当程度上解除了社会和群体对底层化和边缘化人群的负疚感，同时也理解到如果不关注社会弱势群体，不在社会政策上做到强弱双赢，社会的良性运行和协调发展势头难免消解。

中国社会转型过程的经验事实给予我们的启示在于：与旧式现代性相联系的社会与自然、个人与社会的关系的原有基础正在瓦解。一方面，由于人类的持续侵入和劫掠，“自然”不可逆转地人化和社会化，已经不再是与社会主体的心智活动无关的过程。另一方面，社会不能再把个人仅仅理解为生产性的资源或手段，以物性特征来看待和衡量个人的价值——把个人的独特性当作社会不可复得的“宝贵财富”、“人才资本”。反之，个人也不能仅仅从生存性利益的角度来看待自己对社会的依赖，或以无奈之情来理解社会对自己的约束限制：个人与其社会之间有着互构互生、共存共荣之义，休戚相关、血肉联体之情。问题的关键在于，必须通过对社会与自然、个人与社会的关系的彻底反省和检讨，找到真正的修复和重建之路，在我们看来，这正是新型现代性所要探索的道路。在当代中国社会转型实践经验的启示和它所提供的历史机缘中，在社会运行论、社会转型论、社会学本土化理论的基础上，我们的社会学理论视野也渐趋明朗地指向一种以个人与社会的关系为基础和根本的社会互构论。

中国社会转型是在当代世界社会关系格局中发生的，

因此，对中国特色的社会转型的社会学思考，不能不关涉到对当代世界格局的思考。中国社会转型的各个发展阶段均有自己的个性特征，但某些个性特征不仅属于相应时空条件下的过程自身，而且是与世界社会关系格局、尤其是与西方旧式现代性相关联的。对旧式现代性过程与实质的审视，促进了我们对新型现代性趋向的日益自觉；对旧式现代性过程的社会学传统地回视、对这种现代性面临转折时期的社会学重建的分析，敦促我们对社会学新的学理空间进行尝试；对我们时代向社会学展现的历史机缘的感悟、对生活和时代具有的主导机制和主要特征的思考，形成了社会互构论的基础。在和平与发展的主题下，多极化和多元化趋势日益增强，强弱悬殊或支配屈从已经不再是社会关系及其过程的主导机制，相反，并存互构、协商对话、平等互惠、强弱双赢才是现时代的主要特征。社会互构论本身正是对社会生活中的经验现实的理论提炼。

（二）社会互构论的一个思考——关于二元对立的理解

我们以为，如果把事物及其过程假设为可分的、包含差别和对立（即矛盾）的结构体，那么，迄今为止，这一假设无论在自然或社会领域，唯见证实，未见证伪。反之，如果把事物及其过程假设为不可入、不可分、无差别、无对立的非结构体，那么，综合、包容、相互依赖关系就失去了存在的理由，知识活动也就成为不可能。如果我们不仅从逻辑的角度、而且也从真实的社会生活角度思考和提问，那么显然，当代社会生活中的差别和对立是不可否认的。

作为社会学知识对象的社会事实或现象本身，既具有自然物质的客观物理结构属性，也不可避免地打上互构行动主体的主观心智结构的印痕。正因如此，否认或消解了主观与客观、主体与客体的对立区分，也就取消了社会主体的认识和行动过程本身。所以，对社会事物的区分是因为其可分，区分使得对关联的理解成为可能，反之亦然。“二元对立”不过是对社会事物自身的既相互区别又相互联系的“二元”关系的一种描述，这一表述正是以“相互关联”为预设前提的。

在当代，许多本来十分明白清楚的道理变得晦暗难辨，这是后现代主义“知识消解工程”对现代知识基础的严重销蚀所导致的后果。由于日益对宏大理论难以企及的原创性感到压抑和沮丧泄气，后现代主义的“反精英”对“知识消解”的渴望盛行一时，个人述说成为流行时尚，经典品位和准则被废弃一旁。由对所谓元叙事的批判和拒斥，来瓦解正统知识精英对真理的话语、象征和代言的资格，并解构与现有知识体系紧密相连的权力和权威制度以及社会秩序，以看似玄奥的知识论题来展开社会“碎化”的想象、并促成碎化社会的方案，反过来又以碎化的社会观来进一步论证碎化的知识观——知识与权力和现行制度、真理与权威和社会秩序之间的同体共生关系，从未像现在这样清晰和直接。在此过程中，一系列二元化的知识范畴（如真理与谬误、主体与客体、心智与身体、理性与情感、在场与不在场等等）被后现代主义置于这项“消解工程”的核心，因为这些范畴被认为是构成意识形态的基础、具有重要的社会组织功能、表达了权力者和支配者的意志。如果我们把握了这个特定时代的知识话语的实质，也就不难看到当代社会学中的个人与社会二元关系讨论的真实含义。

布迪厄将二元对立视为“危害社会学的毒瘤般的主张”，认为这类概念［主体和客体，内在（本质）与外在（表象），物质与精神，个人与社会等］应“一概加以抛弃”[①]。对社会学来说，问题的关键在于“个人与社会的对立”仅仅是概念对立或是一种主张，还是对现代社会的基本事实的一种描述？社会学随现代性而来，以解释现代性问题作为存在的重大理由。现代性过程本身是一个对立冲突、协调整合的过程，社会学正是要研究这种对立统一的互构关系。如果在现代性形成发展和扩散过程中，不存在个人与社会之间的深刻裂痕、剧烈冲突和高度依存，没有两者关系凸显的“问题性”及其在社会生活各个方面的现实表征，就不会产生“个人与社会之间的对立”的描述，也就不会有社会学的一系列“二元对立”的相对关系范畴。以往和当代睿智的社会学家对个人与社会的关系（尤其是对立和冲突关系）所做的大量研究和分析，当然不是以“概念对立”和“主张”为出发点，而是对摆在自己时代面前的、经验的、真实的基本题材进行的探索。

事实上，布迪厄的社会学并不能“抛弃”二元对立。

---

① 皮埃尔·布迪厄、华康德：《实践与反思》，中央编译出版社 1998 年版，第 16、第 166 页。

他对客观社会结构与主观心智结构、“初级客观性”与“次级客观性”、“双重解读”、特别是对场域与惯习的阐述，与其说“超越”了二元对立，不如说充斥了相互对立和冲突争斗的内容。所以，布迪厄社会学不仅没有消解“二元对立”，而正是依赖于各种概念的对立关系，其理论和论述才得以展开。由此可见，任何否定和拒斥二元对立的话语，或者关于二元对立已被某种理论和思想消解、克服的声称，不过是新的“剧场假象”。

埃利亚斯极力想使人们明白，他使二元对立变成了“相互依赖”、“不可分割”。然而，个人结构与社会结构“不可分割的相互联系”并不是二元对立的消解，相反，是二元对立的逻辑确证，因为二元对立本身就是指不可分割的关系，如果没有对立的二元，又如何“相互依赖”、“不可分割”？埃利亚斯不过是将个人和社会放到了他的“文明的进程”之中，对两者（也就是“二元”）的相互联系做了历史性的和细节性的刻画。而且，个人结构与社会结构之间不可分割的相互联系的具体刻画，当然脱离不了区别、对立、冲突以及适应、协调、整合的形式。

总之，我们认为，二元对立的消解本身是一个假问题，它提供了一种虚假的理论前提。按照这种理路进行的社会学重建，注定是难有成效的。

（三）关于社会互构论

社会互构论将个人与社会的关系问题作为元问题和基本问题，从社会学基本理论和方法上对两大社会行动主体的互构共变关系进行分析和阐释，并着重对当代中国社会转型期的个人与社会的关系的现实经验事实进行研究和刻画。简言之，社会互构论是关于个人与社会这两大社会行动主体间的互构共变关系的社会学理论。

那么，什么是互构共变？所谓互构是我们对参与互构主体间的关系的本质刻画，即指社会关系主体之间的相互建塑与型构的关系。社会互构论强调互构关系中，互构主体多元性、互构时空多维性，互构内容的二重性（客体与主体、客观与主观、外在的社会结构与内在的主体心智结构）之具体同一，互构形式的同时、相应、协变，互构效应的不确定性特征，等等。所谓共变，是指社会关系主体在互构过程中的相应性变化状态，相应性是共变状态的基本特征。也就是说，社会关系主体在互构过程中发生的变化，是共时性的和共变性的。共时和共变并不意味着完全一致、一一对应，而是包含差异和冲突的过程。所以，我们将正向谐变、逆向冲突等都视为共变的基本形式。但我们更强调对正向谐变的研究，而把逆向冲突看作是达到正向谐变的必经之途。

社会互构论强调互构共变关系的研究，因为，作为社会学知识对象的社会事实或社会现象，是与社会行为主体的行动相联系的，是社会行为主体之间互构共变关系的产物。因此，社会学知识对象的实质内容，在于对社会行为主体间的互构共变关系的研究。在社会互构论看来，个人和社会作为最基本的社会行为主体，是社会学知识对象的元事实，也是社会学知识体系的结构性元要素。个人和社会这两大元事实和元要素的关系问题，即为社会学的元问题。由这一问题延伸出元预设、元命题和衍生性预设等各组成部分，形成了具有逻辑结构关联的理论元层面。社会学元层面提供了一个理论平台，为社会学知识的形成和积累、理论建构、实证研究，以及关于社会组织形式和生活样式、社会结构性变迁的讨论、选择和设计，奠定了基础。①

社会互构论的基本观点是，个人和社会分别表现了人类生活共同体相互关联的二重含义：个人是社会的终极单元，社会则是个人的存在方式；从共同体的构成而言，它是众多的个人；从众多个人之间的关系上看，它就是社会。人类生活共同体的发展就是个人与社会的互构关系的演变过程。对于个人和社会之间的基本关系，社会互构论既承认两者的区别，又强调它们在区别基础上的相互联系，这种相互联系既是差异的、对立的和冲突的，也是适应的、协调的和整合的，是互为前提、互为存在条件、不可分割的。因此，社会互构论的本体论和方法论预设，既确定了个人与社会之间的共时性和共变性的互构关系，也排除了在个人和社会之间做出非此即彼的选择性陈述的必要。这构成了社会互构论的整个理论前提和基础。

社会互构论的研究表明，现代性扩散和现代社会发展的过程使个人与社会关系的“问题性”意义充分凸显出

① 关于社会学的元事实、元要素、元问题、元理论的阐释，参见郑杭生、杨敏《论社会学元问题与社会学基本问题——个人与社会关系问题的逻辑结构与特定历史过程》。

来，赋予了这一问题的基本性质。人生而自由、本性自主，社会需要秩序、诉诸权力规范；个人的本性在于追求自主权益，社会的职责则是提供权力规范，两者之间既有深刻裂痕和剧烈冲突，同时也高度依存、相互型塑，它们的各自诉求和实践构成了现代社会的经济、政治、文化、生活领域的现实内容，影响着人类共同体的合作与分离、整合与冲突的基本过程。个人与社会的关系问题是现代社会一切问题的根源，是社会学的基本问题。

中国社会学的基本问题，是当代中国社会转型期的个人与社会关系的经验现实问题。社会互构论本身就是对这一问题的一种基本理论概括。我们的研究表明，在当代中国，社会关系主体之间存在着互构共变关系，这种关系使得个人和社会处于一种相应的、交互性的、共时共变的过程性状态。我们的后续研究将继续表明，社会互构论是对于当代中国个人与社会的关系在各个方面（在经济、政治、文化、社会生活中，在社会结构、社会组织模式中，在个人结构、行为方式和生活样式中）的现实表现和变化趋向的一种理论提炼和学术表达。

由于着眼于互构主体多元性、互构时空多维性，互构内容的二重性之具体同一，互构形式的同时、相应、协变，互构效应的不确定性特征，社会互构论既是对社会关系主体之间关系的因果性现象的研究，也是对其不确定性和或然性现象的研究。在这里，产生了社会互构论的另一个基本假设：科学不应仅仅局限于因果性和必然性规律的内容。在这一点上，我们的观点明显是与实证主义的科学主义断想不相一致的。传统观念中的科学着重于研究对象客体现象的因果必然性规律，获得关于研究对象的预期性的、时序性的、单向度的、不可逆结果的认识和解释。这种传统的科学观在两个多世纪以前就受到了休谟的沉重打击，在20世纪又遭到海森伯格、奎因、库恩等人的多次再度打击。我们认为，作为科学的社会学，没有理由拒斥对不确定性、非预期性、非意图性的社会现象进行研究，社会学应当最大限度地包容对于因果性、时序性、单向度、不可逆性现象及不确定性、非意图性、非预期性现象的研究，以便理解和把握社会行动主体的互构关系的多元性、多样性、繁复交叠、顺逆交织和不断再造与重建过程。

社会互构论的研究形式，是理论性与经验性、人文性与实证性相结合的一体化研究，这一特点将在具体研究中体现出来。所以，社会互构论首先是一种理论性研究，是对当代中国社会转型期社会关系主体的交互性建塑与型构关系的理论刻画和阐释。同时，社会互构论也是一种经验性研究，对经验性社会事实的研究构成了社会互构论的另一重要的研究纬度。总起来说，社会互构论以对当代中国社会转型期的互构主体、互构时空、互构内容、互构形式、互构效应的理论解释和经验描述为根本任务。

社会互构论的研究既是理论的研究过程，也是经验命题的形成过程。社会互构论研究方法具有两个最重要的特点。一个特点是理论研究过程中经验性命题的形成和经验研究过程中对理论结论的检验。另一个特点是，在社会互构论的研究中，对于个人与社会二者之间的连续性及其区间性和过渡性事实的重视。因为这类连续性、过渡性特征，是个人与社会的相互建塑与型构作用的结果及其集中体现，能够更好地展示个人与社会的互构共变关系。社会互构论着眼于个人间、个人与群体间、群体间、个人与社会间、个人与国家间、社会与国家间等等关系分析，将对当代我国社会转型期的个人对社会的相互建塑和型构，做出具体的阐释。

社会互构论具体研究方法的运用，注重分析方法和研究方法的多样性和多元性，以及不同分析方法和研究方法之间的交叉性和兼容性。这一特点是由社会互构论的预设前提、“科学研究的扩展性理解”、研究内容、研究形式、理论与经验命题的内涵等决定的。在社会互构论的研究中，我们将根据研究内容和研究设计，选择性地采用适宜的具体研究方法，以便获得对社会事实的多元性、多样性、繁复交叠、顺逆交织和不断再造与重建过程的理解，形成对个人与社会的互构共变关系的阐释。

社会互构论并不讳言理论的价值取向。我们认为，健全的社会是良性运行和协调发展的社会，社会运行机制的改善对于克服社会病态、建构健全社会有着根本性意义。个人与社会的互构协变机制是社会运行机制的根本，只有建立和改善个人、社会、自然之间的互构协变关系，才能促进社会良性运行协调发展，为健全社会的构建奠定基础。我们确信，研究并促进当代中国的个人与社会的互构共变关系，是当代中国社会学的责任和存在的意义。

应当强调的是，社会互构论并不仅仅是对现代社会与自然、个人与社会的关系恶化情境的描述。在我们看来，社会学本身是与现代性进行的一场竞跑。因为，在现代性过程中，社会学对于提升人类智慧、解除社会生活忧患、减缩社会代价、增促社会进步与发展，始终负有道义上的责任。这决定了社会学的精神本性——关注现在、指向未来。今天，在旧式现代性步入衰落和新型现代性初现勃兴之时，当代中国的社会实践正在敦促社会学的崛起。中国社会学必须审时度势、迅速更新自我，以赢得这场竞跑的前沿地位。社会互构论是对这一情势的郑重的理论抉择。

还应说明的是，马克思主义的唯物史观关于人类社会历史首先是生产发展的历史的理论思想，把人类历史奠基在人类生产实践基础上，把人与人、人与自然的关系看作社会的基本关系。这一理论对社会基础和上层建筑、理论与实践、客观行动与主观思维在实践过程中相互转换的辩证分析，重视人的自由、解放及解放的整体性和革命性策略，和“人的本质并不是单个人所固有的抽象物，在其现实性上，它是一切社会关系的总和”①，“世界不是既成事物的集合体，而是过程的集合体”②，“正像社会本身生产作为人的人一样，人也生产社会”③，以及“历史创造了人，人创造了历史；环境创造了人，人创造了环境”④

① 《马克思恩格斯选集》第1卷，人民出版社1995年版，第56页。

② 《马克思恩格斯选集》第4卷，人民出版社1995年版，第244页。

③ 《马克思恩格斯全集》第42卷，人民出版社1979年版，第121页。

④ 《马克思恩格斯选集》第4卷，人民出版社1995年版，第244页。

等等论述，把人与社会的关系看成是一个互生的过程，给了我们极大的启示。我们的社会互构论，从根本观点上说，得益于马克思主义的思想和辩证法。

社会互构论：中国特色社会学理论的新探索*

一、深入研究现代性与社会学的关系，特别是研究两种类型的现代性与两种类型的社会学的关系，对于当代中国社会学的理论发展具有根本意义，它也为十六大提出的战略机遇期中国社会的主调“社会更加和谐”提供了社会学学科支撑

社会学是关于现代性过程的社会知识系统。它的独特性质在于，以现代性过程的经验事实作为知识的来源和基础，通过持续的追踪研究，对这一历史性过程给予广阔而深入、宏大而细致的反映和刻画，以努力回答并解释人类

---

* 与杨敏合作，刊登在《马克思主义与现实》2003 年第 4 期。

生活、人的行动方式、社会关系结构和组织模式的空前变迁，以及现代社会生活的种种问题。可以说，社会学是一面现代性之镜，它将人类走向现代的整个过程都化入了自己的诞生、发展和重建之中。也正因如此，社会学的研究对于现代社会生活和社会运行规律的理解和把握，有着十分重要的意义。

约 17 世纪，现代性发轫于西方社会，人类生活、社会结构和组织形式开始了由传统向现代的变迁。由于社会根本制度和文化价值取向的局限性，西方现代性建立在自然和社会巨大代价的基础上，导致了对自然的劫掠不断升级，造成了个人与社会的裂痕不断深化。而且，这一过程的扩展逐渐祸及非西方社会，形成了全球范围的发展困境。所以，西方现代性实质上与传统性和陈旧性难解难分。我们将这种建立在自然和社会双重代价基础上，背离人类解放的丰富内涵和远大理想的过程，称为旧式现代性或传统现代性。

随着殖民化、资源争夺、世界市场瓜分、广大非西方国家和社会的卷入，使现代性进程脱出了西方地缘，并出现了重大分化。一方面，西方旧式现代性向全球扩展；另一方面，非西方的社会具体现实也使旧式现代性的局限与弊端显露无遗。20 世纪中后期以来，第三世界的壮大，新兴工业国的兴起，社会主义国家的改革，推动了非西方世界对现代化本土道路的探索，这从一个侧面反映出旧式现代性危机的来临。特别是在中国特色社会主义现代化过程中，改革开放、科教兴国、两个文明建设、走可持续发展的道路、西部开发、共同富裕，以及新型工业化、全面建设小康社会等思想和实践，强烈地透显出新型现代性的基本理念和初始内涵。我们认为，新型现代性是能够充分发挥本国特色优势、包容吸纳西方现代性优点的现代性；是能够促进社会文明的建设、改善生态环境的现代性；是人与自然相携永存、人类社会获得永久安全的现代性。简言之，所谓新型现代性，就是指以人为本，人和自然双盛、人和社会双赢，并把社会发展过程的自然和人员代价减小到最低限度的现代性。这种对新型现代性的日益自觉和远大抱负，正是中国社会转型加速期的实践指向。

旧式现代性的困境及社会问题，构成了西方社会学研究的基本内容，锻造了它的理论特征——感受力和想象力、设问和眼界，甚至理论抱负和期望所能达到的限度。反过来，西方社会学也是对旧式现代性的学术折射，反映了人与自然、个人与社会的深刻裂痕和冲突。中国社会学虽起始于西方社会学的影响，但根植于中国本土的现代性过程。继承马克思主义社会学对西方现代性的批判传统，坚持对中国新型现代性道路的探索，是中国社会学的一项基本任务。

在当代，随着现代性的重大转折，必然发生社会重构、个人重塑、个人与社会的关系重建，社会学也不可避免地将发生视野的重大调整、预设的根本变化、理论的更新和重铸。旧式现代性步入没落、新型现代性勃然兴起，使中国特色社会学的理论构建面对着更高起点和广阔前景。

同时，由于新型现代性标志着不断促进社会的和谐，提高社会的和谐度；而旧式现代性则意味着人与自然的不协调、人与社会的不和谐。这是两种现代性的重大的本质差别之一。十六大报告提出21世纪头20年“社会更加和谐”的目标，符合那种不同于旧式现代性的新型现代性的要求，说明我们党对新型现代性的日益自觉，也说明社会学能够在深层次上为“社会和谐”的理念提供理论的和学科的支撑。

二、个人与社会的关系问题是现代性过程的根本表征和基本社会事实，是社会学的元问题和基本问题，也是当代社会生活的核心课题

个人与社会的关系经历了从前现代性到现代性、再从旧式现代性到新型现代性的转变，体现了人类生活、社会关系结构和组织模式变迁的根本内容。“走向现代”使个人与社会的关系凸显出“问题性”，并成为现代社会一切问题的根源。所以，对这一问题的研究，在社会生活的把握、设计、组织和导向方面，具有战略和策略、方针和政策意义，直接关系到社会良性运行和协调发展。对这一问题的错误认识和处理，往往是实践过程发生失误的根源。

我们通过研究说明，个人与社会的关系如何在现实中构成了权益主体与规范主体的关系，又如何聚焦在权益自主与权力规范的问题上；个人为什么追求行动和权益的自

主性，社会为什么要运用权力和规范，两者的诉求和实践如何构成了现代社会生活的实际内容，形成了人类共同体的合作与分离、整合与冲突。我们还探讨了个人权益与社会规范的现实二重性：个人权益意味着义务与节制，以使自我行动具有合理性；社会规范也意味着权威与承诺、约束与保障，以满足公共的一致性利益。两者的最大威胁都来自其自身：个人行动的无条件性和独断放任必会损害权益资格；社会权力规范如果转移了目标，蜕变为自我满足和自我伺服的系统，也会丧失权威性和合法性。因此，双方都必须进行不断的相应性调适。

我们阐释了为什么个人与社会的关系问题是社会学的元问题，它如何构成社会学理论研究和实证研究得以展开的经验事实基础，和社会学理论方法的二元分裂传统的根源，并且仍然是当代社会学理论分歧和论战、反思和重建的源头；为什么这一问题也是社会学的基本问题，是表征社会问题的"符码"，社会学如何由对其"破解"形成与现实生活的联结，获得了对社会多重真实性的理解和解释。我们还阐释了，社会学如何使艰深的理论思考与生动的经验研究合为一体，使知识的理路与实践的路径相互交叠。

总之，个人与社会的关系既是理论也是实践的前沿问题。从理论上说，越是具有元意义和逻辑先在性的问题，越是需要深入研究，因为它们往往构成了生活与实践的成功或失败的根源。从实践来看，当代个人与社会正经历更深刻的变化，全球化和跨国化、生态危机、南北差距、贫富分化，市场和战场的激烈鏖战，显然，这一问题也是全球社会的紧迫论题。我们有必要从时代高度深入研究这一当代课题。

三、社会互构论：世界眼光下的当代中国特色社会学理论新探索

新型现代性是使社会与自然、个人与社会的关系获得修复和重建的过程，中国特色社会主义现代化正在推进这一探索。社会互构论是对当代中国快速转型实践的理论提炼和学术表达。

概括地说，社会互构论是关于个人和社会两大行动主体间的互构共变关系的社会学基本理论。所谓互构，即指社会行动主体之间的相互建塑与型构关系，这一关系可从互构主体、互构时空、互构内容、互构形式、互构效应得到具体阐释。所谓共变，是指社会行动主体互构关系过程中的相应性变化，同向谐变、逆向冲突等都被视为共变的基本形式。我们更强调对正向谐变的研究，把逆向冲突视为达到同向谐变必须解决的课题。

在社会互构论看来，个人和社会分别表现了人类共同体的二重性：个人是社会的终极单元，社会则是个人的存在方式；从共同体的构成而言，它是众多的个人；从众多个人的关系上看，它就是社会。人类共同体的发展就是个人与社会互构关系的演变过程，这一过程既有对立和冲突，也有协调和整合。使对立和冲突转变为协调和整合，

在协调和整合中洞察对立和冲突，是社会互构论的研究所关注的焦点。

社会制度不同，个人与社会的关系性质及处理原则和方式也不同。我国的社会主义制度体现了以人民大众的权益为根本出发点和最终归宿的准则，决定了社会关系结构和组织模式的设计与选择、方针政策的制定和实施、国家的最高决策层和政府行政机构及基层社会组织的运作目标。只有从社会主义的制度原则出发认识和处理个人与社会的关系，才能避免实践中的重大失误，实现社会稳定、加速社会进步。

我们确信，当代中国个人与社会之间有着休戚相关、血肉联体之情，互构互生、共兴共荣之义。社会互构论正是对这一事实及其意义的着力阐发。譬如关于个人化、个人间分化、个人类型化和分布及其意义的研究，以阐释当代中国个人的变化与中国社会转型的关系。又如个人丛、个人丛化、个人丛类型及组织化和法团化研究，探讨了个人与社会和国家的互构关系。再如个人间互构、个人间与社群/法团间互构、社群/法团间与国家间互构的研究，将从微观、中观和宏观不同层面研究个人对社会和国家的影响、社会和国家对个人的导向和调控，从社会互构论的逻辑做出新的探索和解释。

上述观点与社会学研究中的一些倾向（如或者强调个人，或者偏重社会，或是试图“消解”个人与社会客观上的二元对立统一关系）有着根本区别。在学科发展和建设上，这对于社会学的理论构建和实证研究以及知识的承继和积累，有可能提供新的视野和路向；从实践来说，对于社会生活方式、社会关系结构、组织模式及其变迁的理解、设计和选择，有助于开拓新的眼光和思路。

我们一向主张，任何社会科学理论都无法回避价值取向。社会学的精神本性是关注当代、指向未来。在现代性过程中，社会学对于提升人类智慧、解除社会忧患、减缩社会代价、增促社会进步，始终负有道义上的责任；对于改善人与自然、个人与社会的关系，克服社会病态、促进社会良性运行和协调发展，有着重大的实践意义。旧式现代性的危机和新型现代性的勃兴正在敦促中国社会学的崛起，中国社会学必须赢得与时代的竞跑。

社会互构论是一种在马克思主义观点指导下提出的、具有世界眼光的当代中国特色社会学理论。它在社会和谐上与今后20年战略机遇期中国社会的主调的吻合，表明了它作为一种维护建设型社会学——马克思主义社会学的第二种形态的特质，也预示着它必将对中国社会的改革、发展、稳定起到自己应有的作用。

社会实践结构性巨变的若干新趋势*

——一种社会学分析的新视角

20 世纪后期特别是 80 年代末以来，古典时代的旧式现代性告别了过去的辉煌，走向衰落，表现之一是它的两难困境、它的不可克服的鸿沟依然随处可见：富裕与贫困、发达与落后、繁华与凋敝、兴盛与破败等等。在这组巨壑汇成的背景之下，凸显出了对和谐的追求——这是古典现代性留给我们的未竟之业，也凸显出了“构建和谐”的时代含义——这是一个需要付出持续的艰巨努力才能达到的目标。这也标志着以克服旧式现代性缺陷为己任、以和谐协调为标志的新型现代性的不可抑制的兴起。

古典时代的旧式现代性和现时代新型现代性的不同，

* 本文由郑杭生与杨敏合作写成，发表在《社会科学》2006 年第 10 期。本文是郑杭生教授主持的教育部人文社会科学重点研究基地重大课题《当代中国社会转型的社会学理论研究与构建：全球化背景下马克思主义社会学的应用与发展》（05JJD840149）的阶段性成果之一。

植源于这里提出的“社会实践的结构性巨变”。社会实践的结构性变化有两个维度，即现代性全球化的长波进程以及本土社会转型的特殊脉动。在当今世界的每一项重大的动态变化之中，都包含着这两个维度也即这两个方面的共同作用。可以说，那些左右着社会生活的重要动态变化，那些影响我们个人生活的复杂症候，都离不开这两股力量，是这两股力量相互扭合所产生的一系列现实效果。

这种结构性巨变及其两个维度，造成了当代社会不同于过去的特点。社会学家们对此作了种种的描述：法国的理论家提到“不稳定性”，德国的理论家提到“不可靠性”和“风险社会”，意大利的理论家提到“不确切性”，英国的理论家提到“不安全性”。但是所有这些，都考虑到了在全世界、以各种形式、在不同名义下经历的人类困境这一相同的方面。与此类似，我们中国理论家则常常提到“非协调性”、“突发性”等。这些特点告诉我们，当代社会和谐不同于传统和谐之处，是与世界性的人类困境联系在一起的。

在当代中国，社会改革不断推动着社会转型的提速，生活本身、社会实践活动的方方面面——活动方式、交往方式等等，都经历了急剧变迁，目前也走进了一个新的转折期。这个伟大的、充满生机的、既取得前所未有社会进步又付出沉重社会代价的过程，使我们能够从经验上更直接地体验到上述“社会实践的结构性巨变及其两个维度”。

我们的研究表明，在当代世界、当今中国，有八种值得我们高度关注的代表性新趋势或有新特点的主要趋势。它们既是“社会实践的结构性巨变及其两个维度”的结果，又是这一巨变的表现，也是我们考察和谐社会和其他社会现象的社会学新视角。我们把这种新视角相应地称之为“实践结构社会学理论的二维视野”：其一，是以现代性的长趋势和大尺度的历史视野，探查和追踪这一历史进程的持续经久、连绵不断的稳定性变化；其二，是通过本土社会变迁的具体视域，把握转型过程中以快波频率交替进行的社会变动，这类变动往往显隐不定却能引发较大的社会震荡。把这两方面的分析结合起来，我们称之为“实践结构社会学理论二维视野下的双侧分析”。这二维视野、双侧分析在研究中各有特点：前一维度以宏大的历史感，过滤掉了这一进程中的具体情节，以及偶然性的、局部性的和个人的故事，来展现贯穿现代性之中的大时段和总体性趋势，着意把握住其中最坚忍不拔的“顽强逻辑”。后一维度则更具有近距离的观察力，尤其是聚焦于当前社会变迁过程的各种现实反应和症状，通过多角度、多侧面的透视和分析，来解释发生在本土社会中的较为近期的事件和困扰，更倾向于对具体社会政策和对策的讨论。这种二维视野也体现了我们一贯主张的社会学理论的创新要走本土化与国际化结合的道路，既要立足本土也要超越本土，我们从不赞成把这两方面对立起来的两个极端，即主张纯粹本国经验的国粹主义和主张一切照搬的全盘西化。

下面所述的八种代表性趋势，都包含着实践结构社会学理论的二维视野和双侧分析。

第一，当代科学技术的创新和应用引领着社会的信息化、符码化、数字化和网络化，提供了使失谐因素被激活的结构性条件，从而更易形成社会矛盾、更易引发社会动荡。这种发展趋势完全改变了传统上的时空内涵和形式，在地理限制几乎终结的同时，对时间限制的突破也达到了极致，社会事件更为频繁地从特定时空形式以及组织实体中抽脱出来，社会关系日益与“面对面的互动情势”相分离。一方面，社会事件所受到的各种有形的、可见的、实体性的制约和限制，正在迅速地被弱化。另一方面，一些不可触及的远距离事件甚至虚拟过程却越来越与我们的生活形成直接的牵扯。

这种状况对整个社会活动过程的影响是多重性的。譬如，个人间（以及群体间、个人与群体间）的即时性沟通越来越成为常态，形成了一种“去中介化”过程，各种事件瞬间涌到，同时在一个抽象点上形成聚集和交错，传统上运用时序间隔与地缘空间对实践过程进行自然的调节和磨合往往失去了可能。经济活动的性质也出现了很大的变化，产业结构的升级以及对技术进步和创新的需求，社会劳动体系和组织模式更快地与传统脱离开来，这又使得目前劳资关系的紧张化程度大幅度提高。与此同时，信息化、符码化、数字化和网络化继续向社会生活领域的大范围扩展，除了媒体、教育、文化和艺术领域，还对更多的服务业如健康、医疗、金融、交通、娱乐、广告等部门形成渗透，并涉及了家政、法律、就业、心理、情感、婚姻，以及个人信用、理财和投资等。特别是信息技术在社会消费领域取得的突破，规模化的信息消费越来越对市场和需求的升级形成推动，也加剧了社会生活、精神领域和价值系统的变动和不稳定。

总体上看，当代社会生活更趋向迅速流变、动荡不居。我们在理论上将这种状况描述为“轻盈”、“灵动”、“流畅”，等等。在这种趋势下，社会现象往往是“无形无像无痕”的，一些难以察觉的迹象可以快速扩散蔓延，发展成为重大的社会事件，因而这一过程也更难以预料、捕捉和把握。其所带来的负面效果是，各种失谐因素极易得到激活，形成社会矛盾甚至导致社会动荡。

第二，当代社会“去集体化”和“去组织化”趋势的进一步发展，对社会分化过程形成了更强的催化作用。现代性的现时阶段与古典阶段的显著区别之一，表现在社会生活的组织模式出现的巨变。古典现代性是集体化和组织化的发展过程，是以大型集体和大型组织来锻造历史的时期。随着现代性的继续推进，社会生产体系、产业结构、劳动体制、资本运作也随之发生改造和转型，以往的集体和组织出现了大范围的解体和重组，今天的现代性已经远远超越了以大规模集体行动和大型组织过程来锻造历史的那个伟大时期。从许多方面看，这促使社会内部的分离趋势得到了明显增强。正如一些社会学家认为的，这种变化一方面为“个人自由、自我实现、民主化、去中心化提供了更多的机会，减少了工作场所和社会中的等级制度”，但同时，企业“规模不断压缩、长期雇员不断裁减”、“劳动力的使用变得随机化，社会分化也会逐步加深”①。

在中国，自改革开放以来，社会组织模式的改造和重组在迅速发展，与此同时，“去集体化”、“去组织化”近30年来也一直在持续。在社会学研究中，社会组织和单位制的转型集中了大量研究。然而，直到较近时期，对这一过程中的“去集体化”、“去组织化”趋势才形成了较为明确的关注。② 有关研究显示，由于单位制度的转型，其对社会劳动力的吸纳功能大大下降。例如国有单位的职工，在1978年改革之初占全部职工总数的78.4%，到2002年时，其职工占全部职工总数已下降到65.6%。城镇集体单位的职工最多时曾占职工总数的27%，到2002年时仅占全部职工总数的10.1%。③ 在此过程中，单位（特别是企业）因效益滑坡或破产，其对职工的保障功能也逐渐丧失。因此，“去集体化”、“去组织化”成为我国多种社会问题的重要成因之一。以城市贫困问题为例，90年代中期，随着“减员增效”政策的实施，大批工人失业、下岗，失去稳定的生活保障、陷于困境。中国城市贫困人群开始形成并不断扩大，城市贫困问题凸显出来。至

① 罗宾·科恩、保罗·肯尼迪：《全球社会学》，社会科学文献出版社2001年版，第90页。

② 郑杭生、杨敏：《现代性过程“个人”的创生与集体化——行走在自我创新前夜的个人》，《社会》2006年第2期。

③ 李路路：《城市社会的阶级结构》，郑杭生主编：《中国人民大学中国社会发展研究报告2005：走向更加和谐的社会》，中国人民大学出版社2005年版。

目前，全国城市低保对象已经超过2000万人[①]。在农村，人民公社的解体使大规模的农业人口处于无组织或弱组织状态，同时，由于受到城市化和工业化过程的影响甚至排斥，大批失地农民丧失了生活依托，与其他原因而背井离乡的流动人口一起汇成了一个边缘群体，无论在农村还是在城市，他们都是“漂泊一族”，居无定所、身份低微，只能从事非技术性、低收入的工作，甚至以非法活动谋生。还有其他多种社会问题也与“去集体化”、“去组织化”有着密切的关系，譬如，伴随着重化工业、能源工业和制造业的转型，原有的企业和组织发生解体，在老工业基地形成了大范围的废弃区，以及大量的失业人员、贫困、疾病、犯罪等社会问题。

尽管这种“去集体化”、“去组织化”既是现代性的必然趋势，也是我国社会改革的一种必经过程，但在客观上，这一趋势毕竟在许多方面造成了个人与集体和组织的分离，推动了社会的离散趋势，从而对社会的矛盾和冲突起了较强的增效作用。

第三，劳动与资本的传统关系的破裂进一步推动了社会的两极化趋势，导致了新的二元化现象。资本的自由度在全球范围达到了空前未有的水平，劳动的束缚度却由于多种因素（市场供求、产业结构、技术要求、政策倾向以及地理空间等）而有增无减。因此，资本的自由化与劳动的屈服，颠覆了古典现代性时期形成的相互依赖关

① 洪大用：《转型时期中国社会救助》，辽宁教育出版社2005年版，第63、第100页。

系，这对于传统的劳资盟约造成了极大的动摇。在中国，这一过程表现得更为突出。由于劳动的过剩供给在一个较长时期中仍将持续，同时，劳动对资本的依赖远远超过了资本对劳动的需求，使得劳动要素对资本的吸引力进一步下降，也使得资本的“违约”更加频繁，劳资关系因而也更容易出现紧张和激化，甚至造成相互对峙的局面。同时，由于资本对劳动的雇佣越来越趋于流动性、临时性和随机性，劳动的自我组织性也因之大大被削弱了，在与资本的对峙过程中，劳动的协商、抗议和抵制能力在相当程度上已经丧失。

更重要的在于，由于资本越来越多地依赖于抽象的非物质性劳动过程（如思想、符号以及象征和意义系统）来获得高额利润，这种情形直接导致了劳动世界本身的两极分化。在高新技术、金融、智力和信息服务等行业，那些掌握和运用符号、数码和网络技术的高级白领人员，处在提供利润价值的高端，通常地位稳定、待遇优厚；在下游的产业部门、非技术性岗位从事简单熟练性工作的工人，则处在低效益、低利润的边缘部门，是可替代性高、工作经常变动的临时就业者。出现在高新产业与下游产业、核心技术部门与边缘生产部门、高级白领与熟练工人、稳定就业与临时就业等等区分，典型地表现了劳动本身的深刻裂痕，也表现了新一轮的社会二元化趋势。

第四，有形劳动的社会地位急剧下滑，失去了传统上的轴心地位，形成了社会分层的消极动力。有形劳动传统社会地位的丧失带来了诸多的负面影响，其中一个重要方面就是社会弱势群体的形成和固化。随着社会产业结构由重型化的工业制造业向轻型化的信息服务业的转型，现代性早期那种集中大规模人力进行集体作业的劳动景观已不复存在，社会劳动体系的轻型化、小型化和微型化成为一种基本趋向，这种体系性变化对有形劳动产生了很强的排斥力。如果真如有的学者所比喻的那样，现代性是一场马拉松式的淘汰赛，那么应当注意到，那些最有可能被淘汰出局的，往往是从事有形劳动的成员和群体。事实上，对于其中的许多人来说，他们的出局不仅是必然的，甚至是永久的。

在我国，这一趋势的发展特别体现在传统工业和农业的衰落过程。这些行业对于信息化、符码化、数字化和网络化的技术发展趋势的接受能力和适应能力都十分有限，因而其从业群体及人员基本上可以说是“经济体系中最为廉价、最可变更、最可任意处理的部分”①。这些群体和人员在社会劳动体系中的弱势地位是根本性的，因为，这种弱势地位会继续对他们的其他社会地位带来传导性影响，最终形成了他们在社会分层、收入分配、资源和机会占有等方面的被动处境。所以，以往在我国社会中占主导地位的蓝领工人和农民等阶层，现在却普遍处于极为不利的境况，从根本上说，显然不是某种政治的、政策的和制度的安排所导致的结果，而主要是由于有形劳动本身社会地位的变化对社会分化形成的一种传导效应，这种效应可

① 齐格蒙特·鲍曼:《流动的现代性》，上海三联书店2002年版，第237页。

以说是难以避免的。

当然，合理的政治、政策和制度安排能够使这一过程产生的矛盾得到改善或者缓解，反之，则会使这类矛盾进一步恶化。从目前看，上述弱势群体在就业、教育、社会流动、福利和保障方面都处于极为不利的处境，其弱势地位在不断地被固化，从而进一步从主流社会中被分离出去。

第五，经济活动性质的转变使社会风险不断扩大和加深，对经济与社会的安全基础都形成了极大的销蚀。这一点尤其表现在虚拟经济的膨胀与升级。自 20 世纪 80 年代金融市场解除管制，在世界范围，以往以实业为主体的实体性经济迅速向以套利为目的的投机性经济演变，不断推动了虚拟经济规模的扩大。据估计，20 世纪末，国际金融交易仅有 2% 同生产、贸易等直接投资有关，其余部分均在自我循环，进行钱生钱的游戏。① 2000 年底全球虚拟经济的总量已达 160 万亿美元，而当年各国国民生产总值的总和只有约 30 万亿美元，即虚拟经济的规模已达实体经济的 5 倍。全世界虚拟资本日平均流动量高达 1.5 万亿美元以上，大约是世界日平均实际贸易额的 50 倍，就是说世界上每天流动的资金中只有 2% 真正用在国际贸易上。② 也就是说，虚拟经济已经成为对世界性的资金流动的一种绝对主控力量。而且，电子商务、电子货币的发展

① 刘力、章彰：《经济全球化：祸兮？福兮?》，中国社会出版社 1999 年版，第 31 页。

② 成思危：《虚拟经济》，人民网，http：//www.people.com.cn/GB/jinji/20021123/872946.html，2002－11－23。

及套利行为的普遍化仍在推动虚拟经济规模的继续膨胀。

这种趋势对经济安全与社会安全都有很大的影响。一方面，虚拟经济使资本与劳动的相互依赖关系更为弱化，因为其所造成的趋势使资本的食利性、寄生性更为凸显和普遍化，在当代经济活动中已经走向了一种极端，这对整个社会生活和价值体系的负面影响是空前的。另一方面，由于虚拟资本的超时空转移、支付和兑换，使不同形态资本的运作进一步脱离了有形转移的限制，因而也规避了社会机构的制度化管理、调节、约束和监控，这就使得虚拟经济本身具有的不确定性、波动性极易发展为失控，从而使经济和社会风险转变为事实。

第六，财富分配和风险分配所带来的双重社会压力，使得社会矛盾的根源更为深刻、表现更为复杂。在一些西方社会学家看来，现代性是一个自我生长和成熟的过程，这一过程“本身也在老化”，风险社会的出现就从一个方面表现了现代性和工业化的这种“老化”[①]。如果将古典现代性与现时现代性进行对比，可以发现，社会分配的内涵和性质发生了根本性的变化。概括地说，在古典阶段，社会分配的核心问题主要集中在收入和财富的分配方面，在后古典阶段，社会分配的重心则转移到了对于风险的分配。

财富分配的压力逐渐让位于风险分配的压力，是西方现代性经历的一种演变进程。西方现代性的古典阶段是典

① 乌尔里希·贝克：《世界风险社会》，南京大学出版社2004年版，第96页。

型的工业化社会，也是以实体性生产和制造业为主导的社会，在其古典阶段上，由于生产和剩余的有限、生存资源的匮乏，是否能够公正地安排社会各阶级阶层及其成员的收入分配、财富占有，有着极为重要的意义。在这一阶段上，社会提供生产剩余的能力与合理分配这部分剩余的能力，或者像人们通常所说的，怎样把蛋糕做得更大、怎样使社会成员共同分享这块蛋糕，就成为一个突出的社会问题。这也就是所谓社会公正的问题。而在后古典阶段，由于生产能力的提高，人们生活普遍富裕，更加注重生活的满意度和幸福度，更加关注对自我生命和财富的保护、防御意外后果、规避社会风险。同时，由于科学技术的发展使得人类的知识和行动越来越进入未知领域，这意味着在更大范围和更深程度涉入了风险领域之中。所以，西方现代性的后古典阶段最为集中的问题是社会风险问题，或者说是社会安全问题。正如有的社会学家所指出的："古典现代性阶段的理想是平等，而高级现代性阶段的理想则是安全。"①

借助这样的比较，可以看出现代性在我国社会的一种特殊情势，即古典阶段的社会问题与后古典阶段的社会问题的复杂扭结与重叠，这迫使我们目前不得不同时面对着财富分配和风险分配的双重社会压力。对于前一种社会压力，从改革初始，我国社会学界就对社会分化、社会分层、收入分配、社会贫困、弱势群体等现象展开了大量而

① 乔治·瑞泽尔：《后现代社会理论》，华夏出版社2003年版，第96页。

深入的研究，为社会福利、保障、救助提供了相应的对策。至于对后一种社会压力，我们的关注和研究还远远不能适应社会风险化趋势的迅速发展，这造成了在社会福利、保障、保险的理解和对策方面的局限性，譬如，直到目前，我们主要倾向于将社会福利、保障、保险视为对收入分配和财富占有差距的一种调节手段，作为缓解社会贫富悬殊现状的一种应对方式。显然，这就大大局限了社会福利、保障、保险的内涵和功能。

我们认为，对于我国所面对的这种财富分配和风险分配的双重社会压力加强认识和研究，建立起关于社会分配的内涵和性质的动态性观念，将在很大程度上扭转社会福利、保障、保险的研究中存在的不适应，能够使我们提供的政策和对策建议更为积极、现实和具有预见性。关于这一问题，我们以后将进一步探讨。

第七，生活世界与系统世界的不平衡关系为世俗事物的神圣化添加了助力，对社会信念和价值观造成了深度腐蚀。我们可以看出现代性的一种持续不断的进程，即神圣事物的世俗化和世俗事物的神圣化，可以简单地概括为“神圣与世俗的置换替补”。随着神圣事物所具有的崇高魅力不断被破解，它们也失去了神圣的地位，出让了自己一向占据的圣坛。与此同时，以往的市井俗物反而显示出了重大的意义，从而形成了一场新的造神运动，一些世俗事物在不断填补失去旧神圣后出现的空缺。在当代社会生活中，世俗事物的神圣化成为一种主导性趋势，特别是近几十年来，这种价值替代和重建神圣趋势的发展，对人们的主观心理和日常行为都造成了更为深刻的影响。

在我国，改革开放以来，市场化经济体系的确立极大地推动了经济和社会发展，在各个社会领域越来越具有核心地位。同时，在国家发挥对现代化的推动和主导作用的过程中，政府行政系统对社会的制度化管理和控制能力也大大增强。因此，相对于市场化经济和国家行政这两大系统对社会生活世界的渗透趋强，第三部门即社会领域自身的发展明显滞后，导致了生活世界本身具有的共同意义和价值的建塑功能严重萎缩。生活世界与系统世界的这种失衡，使得对神圣事物魅力的祛除再度升级，并助推了新一轮的世俗事物的神圣化。在社会生活中，人们逐渐习惯于用利益博弈模式来理解和处理人际关系，而疏于培育价值认同、相互信任、资源共享的意愿和能力，因而公共精神和分享生活的兴趣日益流失，这对于社会合作过程权利义务的履行都形成了破坏性影响。而且，由于人们的价值系统与生活情境的变化有着越来越密切的联系，对于特定现象或事物的价值评价带有明显的实用性、随机性和流变性特征，所以，当前的、局部的、直接的利益需要，以及对于支出、成本、代价和效益、利润、收益、回报的关注，常常压倒了对于伦理道德情操、理想信念以及未来愿景的兴趣。这种价值系统的倾斜突出地表现在：在各种现实因素的压力下，如果理想与现实、崇高与实用、道德与功利、未来可能与当下兑现的追求面对分裂和对峙，需要在两者之间作出取舍，那么人们往往选择后者比选择前者更容易。这种现象说明，我们的社会在价值轨道上的运行已经出现了严重的倾斜。

生活世界与系统世界的关系值得我们高度关注，因为，这两者的整合与平衡涉及多方面的社会问题，“这些问题中存在着现代社会的难题与危机”①。

第八，社会中的传统性与现代性、古典现代性与现时现代性、西方旧式现代性与新型现代性，以及全球变迁与本土社会转型，各种因素和传统之间的关系更加盘根错节，这种影响仍在不断助推社会生活中的一些复杂症候。

（1）社会生活体系中的“错位”。一个突出现象是，劳动向游戏领域的转移日趋明显，劳动在许多方面被游戏化和娱乐化了，反之，游戏和娱乐却成为劳动过程，带有了劳动的严肃意味。在有形劳动的传统价值不断受到贬斥的同时，娱乐性劳动反而成为社会身份和社会财富的一种重要资源。这类错位现象增添了新的社会分化与隔离。

（2）生活性状的变化。生活过程的流动变得愈加急促有力，可以持久停靠的港湾也越来越少，人们的生活策略出现了一种迹象：只要暂时、不求永久，这反过来又推动了生活本身的结构性变化——在现实上，生活更像各个片段临时凑成的组合，它的每一笔得失平衡都要当下结算。

（3）社会关系的“弱结合”趋势。无论是个人、群体还是组织，在目标、期待和追求以及责任和义务方面也普遍短期化了，这对社会关系特别是人与人之间的亲密关

① 乔纳森·特纳：《社会学理论的结构》，浙江人民出版社 1987 年版，第 248 页。

系形成了破坏性影响。即使是在家庭这样的个人首属群体中，命运相依、枯荣与共的力量也大大削弱了。普遍看来，社会关系的“弱结合”似乎比“强结合”更易得到维持。

（4）政治型塑力量的转变。可以明显感受到，古典现代时期那种建构和型塑历史的伟大激情逐渐冷却了，不断从社会生活、特别是日常生活领域中撤出。从消极的方面看，这似乎是一种衰败；从积极的方面看，它或许更加理性，孕育着复兴。因为这种转折可能促成对传统政治的改造，培育起对公共生活和日常生活都具有引导力的一种新型政治。

在社会实践的结构性变化的这些方面中，有一些是当代社会生活出现的最新动向，有一些尽管持续已久，但随着现代性进程的发展而发生了变异，形成了与古典时期完全不同的独有特征。然而，无论是上述哪一种情形，这些方面显然都是社会实践的结构性变化及其两个维度的代表性趋势。应当指出的是，自现代以来，社会实践越来越成为有意识的设计和规划过程，这种人为构建的努力深深融入了社会实践并铸成了其结构性特征，一种不同于古典现代性阶段的实践结构性特征。上述这些趋势表明，我们时代的社会实践结构正在或已经超越古典现代时期，而当代中国构建和谐社会的工程，正是在这种极为特殊的背景下展开的。

社会实践结构性巨变对理论创新的积极作用*

——一种社会学分析的新视角

我们意识到，我们时代的社会实践发生了结构性巨变。在论文《社会实践结构性巨变的若干新趋势》一文中，我们分析了社会生产的信息化、符码化、数字化和网络化的影响，“去集体化”和“去组织化”的继续，劳动与资本传统关系的变化，有形劳动社会地位的改变，以及经济活动与社会安全、财富分配与风险分配、生活世界与系统世界的不平衡、多种因素的复合效应，等等。但这些仅只是社会实践结构性的变化中的一些较为明显的趋势。

同时我们也注意到，这类来自实践领域的现象不仅一

* 本文由郑杭生与杨敏合作写成，杨敏为第一作者，发表在《中国人民大学学报》2006 年第 6 期。本文是郑杭生教授主持的教育部人文社会科学重点研究基地重大课题《当代中国社会转型的社会学理论研究与构建：全球化背景下马克思主义社会学的应用与发展》（05JJD840149）的阶段性成果之一。

直在自我积累，而且向学术和思想领域形成了越来越强有力的折射，已经引发了诸多理论问题。与此同时，不仅实践问题大量地转变为理论问题，而且理论问题也大量地再次进入实践领域之中。所有这些都使我们确信，现有的社会学理论已经再次获得了新的推进力量。关于实践结构的社会学理论的新探索，就是在这种力量推进下进行的，它标志着我们在社会学理论方面转入了一个新的领域，即是说，在以前提出的四个社会学理论——社会运行论、社会转型论、学科本土论、社会互构论的基础上，我们的探索又迈出了新的步伐。

一、实践结构社会学理论的二维视野和双侧分析

我们的研究表明，社会实践的结构性变化包含着两种力量，具有两个维度，这就是第一，现代性全球化的长波进程所代表的力量和维度，第二，本土社会转型的特殊脉动所代表的力量和维度。我们曾经指出，当今世界的每一项重大的动态变化之中，都包含着这两个维度也即这两个方面的共同作用。可以说，那些左右着社会生活的重要动态变化，那些影响我们个人生活的复杂症候，都离不开这两股力量，是这两股力量相互扭合所产生的一系列现实效果。这两个维度所发生的作用、所产生的效果，我们称之为“二维效应”。

对于上述客观的两种力量、两个维度，“二维效应”展开社会学分析，我们称之为“双侧分析”，而它们作为

社会学视野或视角，我们称之为“二维视野”或“二维视角”。具体说来，二维视野、双侧分析，就是其一，是以现代性的长趋势和大尺度的历史视野，探查和追踪这一历史进程的持续经久、连绵不断的稳定性变化；其二，是通过本土社会变迁的具体视域，把握转型过程中以快波频率交替进行的社会变动，这类变动往往隐现不定却能引发较大的社会震荡。二维视野、双侧分析在研究中各有特点：前一维度以宏大的历史感，过滤掉了这一进程中的具体情节，以及偶然性的、局部性的和个人的故事，来展现贯穿现代性之中的大时段和总体性趋势，着意把握住其中最坚忍不拔的“顽强逻辑”。后一维度则更具有近距离的观察力，尤其是聚焦于当前社会变迁过程的各种现实反应和症状，通过多角度、多侧面的透视和分析，来解释发生在本土社会中的较为近期的事件和困扰，更倾向于对具体社会政策和对策的讨论。

关于历史的长时段、结构性分析作为一种学术传统，其渊源悠长而深厚。譬如，法国哲学、心理学、人类学、社会学关于“结构”现象研究的学术传统，K. Polanyi 对于西方社会“自我调节的市场”的发展及其“自由的逻辑”的探索，F. Braudel 对西方近现代文明和经济的长时段分析，P. Kennedy 关于近现代以来 500 年间中西方列强国家的经济发展与国力兴衰之间关系的研究，I. Wallerstein 的世界体系论，N. 道格拉斯及柯武刚、史漫飞的制度变迁研究，E. 埃利亚斯、A. 吉登斯对文明、社会心理、民族—国家的长期发展趋势的分析，D. 史密斯对历史社会学的宏阔研究的整理，A. 阿达对于民族国家与市场经济走向全球过程的研究，等等。我们列举的这些研究仅仅是这一学术渊源之中很有限的一个部分。

我们十分重视这一传统并非是出于一种纯粹的学术嗜好。事实上，自 1840 年以后，中国社会转型过程发生的几乎所有的重大历史剧目，一直是与现代性的宏大过程相联系的。因此，历史的长时段、结构性分析勾勒出了“现代性的成长性”，这种认识能够使我们更为充分地理解和分析当代社会实践的结构性巨变，并通过这些变化的具体动态趋势和表现来解释当代中国社会变迁过程的重大社会现象和社会问题。而且，当我们以现代性的长趋势和大尺度来透视当代社会实践的结构性巨变时，一个更宏阔的历史过程对于本土社会变迁所具有的重要意义也因之显露出来，我们的思考和想象也为之激活，这两个各具特点的观察维度在研究过程中形成了自然的切换和转化，不断展示出我们生活变迁中的多重属性——传统性与现代性、个性与多样性、特殊性与普遍性，以及地方性与世界性、本土性与全球性——的相互依存、扭结和推进，从而大大深化了我们对中国本土社会变迁过程各种现象的悟知和分析。

随着研究的深入，我们越来越体会到，当代社会实践的结构性变动及其两维效应，内涵非常丰富，影响十分广泛。我们把研究这种社会实践的结构性变动及其两维效应的理论称之为“实践结构的社会学理论”（简称实践结构论）。上述指出的八种巨变既是“社会实践的结构性巨变及其两个维度”的结果，又是这一巨变的表现，也是我们考察和谐社会和其他社会现象的社会学新视角。换言之，“实践结构的社会学理论及其二维视野和双侧分析”是我们对当代社会实践的结构性变动及其两个维度进行观察，并再次整理自己的思想和理路的结果。

从实践中来的社会学理论的每一次真正进展，无疑能够回到实践中去，产生出自己应有的实践效果。它能增进我们思想和行动的理论底蕴，使我们对社会现象和问题形成更为理性的透视、更为客观的审度、更为人文的考虑——这对政策选择、对策选择和行动选择来说，有着重要的理论意义和实践意义。

二、广义转型论与狭义转型论的分野：学术追求还是政治化倾向？[①]

我们首先面对的一个问题是，“现代性”与“社会转型”究竟是怎样的关系？如果对这一问题有了基本的理解，那么“广义转型论”与“狭义转型论”的分野也就一目了然了。所谓现代性最基本的涵义可以理解为人类生活和组织模式也就是社会实践的结构从传统型社会向现代型社会的变迁。按照吉登斯的看法，这一过程最初约17

① 本文在发表时，原有第二个小标题为“如何研究‘中国经验’：二维视野还是单极思维?”后来为了应邀参加2006年9月21日在上海社科院举行的“世界中国学论坛”，来不及写其他的文章，把它单独抽出加工为发言稿。为避免重复，这里把这一部分删去，删去的内容可见本书单独的同名文章。

世纪出现在欧洲，后来程度不同地在世界范围内产生着影响。显然，“社会转型”是对“现代性”所指称的这场人类历史变迁的另一种表达。随着现代性的发展，人们对这一过程逐渐获得了一种日益深刻的认识，即现代性是不断成长的，所以，现代性可以更进一步地解释为人类生活和组织模式即社会实践结构从传统走向现代、迈向更加现代和更新现代的过程。这种认识意味着，“社会转型”也越来越成为一个深具持久蕴力的思想范式。所以我们这样认为，“现代性”与“社会转型”是“一体两面”的关系，它们都是对人类社会生活中发生的同一伟大历史进程和壮阔实践过程的表达或刻画。

我们要面对的另一个问题是，“现代性”及“社会转型”与社会学又是怎样的关系？对于社会学而言，现代性是一个基本的经验事实、一种现实的社会过程。正如吉登斯所言，社会学的概念和发现，与“现代性究竟是什么”这个问题密切相关；反过来说，现代性就其深刻和内在特性而言，本身就具有社会学的性质。由于现代性与社会转型的“一体两面”关系，当我们明了了社会学与现代性的密切关联之时，我们也就把握了社会学与社会转型的关系。从古典社会学直到当代社会学的最新研究来看，社会学家们无论是自觉的还是下意识的、是明确的还是隐晦的、是直接的还是暗含的，社会转型研究都是一个主导性和实质性的主题，体现和贯穿在社会学研究的基本方面——概念、范式、命题陈述、理论构架，以及方法论和具体研究方法，等等。20 世纪初，西方社会学的传入启动了早期中国社会学的研究，这一过程从一开始就与中国社会的现代性变迁联系在一起，当时或此后的一批著名社会学家（如严复、梁漱溟、李景汉、晏阳初、孙本文、陈翰笙、费孝通等）从各自的视角或侧面，对中国从传统向现代的社会转型进行了不同的观察和探索。从那时起，对社会转型过程的“中国研究”就成为中国社会学最重要的学术传统。20 世纪 70 年代末社会学在我国重建以来，在中国社会学界一批有影响的学者的推动下，通过对转型加速期中国社会的研究，中国社会学对社会转型的研究已经具备了相当的学术规模，并在这一过程中形成了自己的知识体系——基本理路、理论构建、经验观察和分析框架，等等。以至于中国社会学界形成了这样一个普遍的共识，即，如果不理解中国社会转型也就不理解当代中国社会学。总之，现代性与社会转型是中国社会学的当然题材和主流传统。

然而，在 20 世纪 80 年代末，社会学这一传统的主题被加入一个戏剧性的插曲。这一时期东欧社会出现的急剧变化使“后冷战”时代突如其来，撕裂了二战以来在东、西方一直持续的国家安全战略、意识形态、政治对策，这一巨大空白的出现为学术界提供了一个发挥的空间。欧、美、亚的一些学者借助这一剧烈变化，从东欧和俄罗斯等国家出现的转变赋予了“转型”研究的另一种含义，即特指对于共产主义（社会主义）国家的经济、社会体制、政治意识形态等根本性转变的研究，这样就从社会学的社会转型研究的传统主潮之中导出了一个支流。采取这一研究立场的学者一般被称为“布达佩斯学派”（确切地说，应当被称为“新布达佩斯学派”①）。这一学派的研究实质上是针对所谓“转型国家”——东欧诸国、苏联以及东亚（他们也把中国包括在内）——的研究，这一学派的“转型研究”，即是对于这类“转型国家”由社会主义（或共产主义）向资本主义过渡的过程。

这样，在当代社会学研究中就出现了两种“转型论”，我们分别称为广义转型论和狭义转型论。首先，我们所说的广义转型论，是指关于人类生活和组织模式从传统走向现代、并从现代迈向更加现代和更新的现代过程的社会学研究，这一研究是整个社会学研究的理论、方法、学术传统和学科发展的正源。可以说，真正意义上的社会学研究基本上均可以纳入广义转型论的范畴。其次，我们在这里所说的狭义转型论，是指特别针对东欧诸国、苏联以及东亚（在他们那里也包括中国）等所谓“前共产主义国家”的“转型国家”进行的研究。也可以这样说，“狭义转型论”是从社会学的学术传统和学科发展主脉之中分离出的一个支脉，是社会学关于现代性和社会转型研

① “布达佩斯学派”最初是以卢卡奇（1885—1971）为代表的，一般来说被视为西方马克思主义或新马克思主义的一个流派，后来以卢卡奇和他的学生为主体的布达佩斯学派经历了一个发展、演变、分化的过程。苏联、东欧剧变前后，由于外国、特别是美国等西方学者加入到对于匈牙利的改革和转制的研究中来，因而形成了一种新的学术趋向。这已经远远超出原来布达佩斯学派的范围。为了区分这种不同，我们更愿意把上述新的趋势叫做“新布达佩斯学派”。但是我们并不反对把这一趋向也叫做“布达佩斯学派”。只是要注意，这样意义上的布达佩斯学派已经与卢卡奇没有直接联系了。

究过程发生的一个增生物，并且公开或隐蔽地附着在“广义转型论”的研究下。

这里应当特别说明的是，自20世纪70年代末中国社会学重建以来，“广义转型论”的学术框架在这20多年间一直是中国社会学发展的主导性潮流。在中国社会学界，“广义转型论”与专门进行“转型国家”研究的“狭义转型论”的区分是极为明确的，可以说一目了然、不言而喻，因而也就无须再作出刻意的论证。也许正是出于这一原因，中国社会学家和社会学研究者对于后者的观点很少给予正面的回应。然而，随着近年来中国社会学学术地位的持续提升、社会影响的不断增强，原本在中国社会学界沉寂已久的“转型国家”的声音也在新的社会条件下重新活跃了起来[①]。这一动态使得当代中国社会学中“广义转型论”与“狭义转型论”的学术分野及其立场分歧，彻底明朗化了。

在社会学中，“狭义转型论”主要是通过布达佩斯学派或新布达佩斯学派的研究体现出来的。这一学派的人员阵容及研究内容都十分庞杂，总起来说，他们一般把俄罗斯、东欧以及其他正在进行社会改革的国家（包括中国）

① 国内有学者这样指出，“其实学界至今对‘社会转型’的概念界定还没有明确的共识，仅从社会学的角度而言，有代表性的就有三种”。并言“孙立平教授认为，社会转型是指社会主义国家从计划经济向市场经济过渡的过程，社会转型的研究范围也特指中国、苏东等前社会主义国家。见其《社会转型：发展社会学的新议题》，《社会学研究》2005年第1期”。——参见赵定东：《俄罗斯社会转型的历史动态轨迹》，中国社会学网。

称为“转型国家”，认为转型国家正在经历从社会主义向资本主义的过渡。其中，Gil Eyal 等从现代社会主义过渡到现代资本主义的转变以及所谓建立在社会主义废墟之上的资本主义特征①，Achim Siegel 关于东欧国家社会制度的变化与极权主义的关系，Michael Burawoy 所谓“第二次大转变”，Lawrence King 等的东亚、东欧、中欧所谓转型国家的资本主义类型，Rudolf Tokes 权力精英的形成及作用，Janos Kornai 关于从社会主义向资本主义过渡的市场经济、社会结构，Victor Nee 等的社会制度变迁的路径依赖等等研究，都是有一定代表性的。这一学派的许多研究是直接针对中国的，涉及政治改革、市场转型、社会流动、经济私有化、地方政府经济法人、乡镇集体企业及国有企业的产权转移、农村基层选举等等。可见，“狭义转型论”将特定的政治立场、欧美价值倾向（确切地说是欧美政治意识形态倾向）直接融入了学术研究。

应当说明的是，我们对“布达佩斯学派”或“新布达佩斯学派”采取分析的态度，并不一概否定。他们的观点中有值得我们参考、借鉴的东西。但是他们的“狭义转型论”，他们把中国也叫做“前社会主义国家”、“后共产主义国家”，列入他们的具有特定含义的所谓“转型国家”，并断定中国正在从共产主义、社会主义向资本主

① 《打造没有资本家的资本主义——东欧的新统治精英》是“布达佩斯学派”的代表人物伊亚尔、塞勒尼、唐恩斯利的一部著作（1998），现在这部书的导言部分被译成了中文并发表（孙立平等：《当代中国社会分层：理论与实证》，社会科学文献出版社 2006 年版）。

义转变，企图把西方“三权分立”的那一套宪政和价值观也搬到中国来，这是我们坚决不能同意的。

但是，自20世纪80年代末以来，中国社会学界有人直接采用了“布达佩斯学派”或“新布达佩斯学派”的观点，对社会转型予以一种政治化的解释。目前，持这一观点的人把中国归为社会根本体制和意识形态脱离了社会主义的所谓“转型国家”，把中国社会结构从传统型向现代型的变迁视为从社会主义向资本主义的转变，从而对中国社会改革的根本性质给予了错误的解释，似乎我国的社会改革正在朝与自己的根本制度相反的方向发展，甚至正在转变为一种更不好的资本主义。[①] 这里还值得关注的是，“布达佩斯学派”的观点对东亚一些地区高等学校的教育形成的渗透现象，特别体现在已经成为一门系统的社会学课程，这不仅把“布达佩斯学派”的研究进一步条理化了，而且进入打造精英人才的社会工程之中。由于高等教育过程的知识和学术传播必然与一系列社会结构和社会过程形成密切关联，这将对社会学的项目研究、课程设置、教材建设、教学过程以及人才培养和聚集等等，带来极为深远的社会影响。

我们一直坚持并重申这样的学术观点：“社会转型”是一个有特定含意的社会学术语，意指社会从传统型向现

---

① 如孙立平的“权贵资本主义与中国的社会转型”，参见孙立平：《社会转型及其比较研究》，2006年中国社会学年会主题报告，2006年7月15日；中国社会学网：2006社会学年会专题，http：//www. sociology. cass. cn/shxw/2006nh/nhztbg/P020060727564950624383. ppt.

代型的转变，或者说由传统型社会向现代型社会转型的过程，说详细一点，就是从农业的、乡村的、封闭的半封闭的传统型社会，向工业的、城镇的、开放的现代型社会的转型。现在我们进一步认为，中国的社会转型是中国的社会生活和组织模式从传统社会实践结构走向现代、迈向更加现代和更新现代的过程。我们主张，客观地和全面地理解中国社会转型过程是把握中国社会改革的根本性质以及构建社会主义和谐社会的实质的认识基础，也是中国社会学展开“中国研究”、总结“中国经验”的最基本的学术原则。在此还应当指出的是，中国目前一些有影响的社会学家，从他们发表的文章看，尽管在某些具体方面也许有某种差异，但在基本立场上都体现出了这一观点。

我们越来越认为，狭义转型论对中国社会学的健康发展是没有好处的。用从社会主义向资本主义根本转变来解读中国社会主义初级阶段，是一种误解和误导。可是，现在这类非常政治化、专门研究“转型国家”从前共产主义向资本主义过渡的狭义转型论，采取了这样一种姿态：他们或明或暗地强调，唯有这样理解转型才是正确的，似乎其他的转型观点是不正确的，至少在他们看来是没有意义的；只有这样的所谓转型社会学才是真正的转型社会学，好像其他研究社会转型的社会学理论都是没有价值的。所有这一切都迫使我们不得不对“布达佩斯学派”或“新布达佩斯学派”的转型观点及其影响进行研究，说明两种转型论的分野究竟在哪里。

三、二维视野下的马克思主义社会学

应当指出的是，实践结构社会学理论的二维视野也使我们以新的眼光来理解马克思主义社会学。无论是对现代性全球过程的眼界方面，还是对这一历史变迁对社会生活和生产方式的具体影响方面，马克思主义社会学的分析都具有典范的意义。一方面，马克思以宏阔的历史视野，透视了市场社会、市场竞争、资本积累之中包含的一种经济必然性，指出“社会经济形态的发展是一种自然历史过程”，深入分析了经济发展对于现代社会的基础性、决定性意义，经济领域对其他社会领域的绝对支配，社会生活对于市场、价格、供求关系的屈从，并阐述了现代社会进步的动力因素。另一方面，马克思也对资本主义及其市场经济的具体性给予了批判，指出了资本主义社会的异化劳动本质，揭示了这一过程对现代人的深刻影响，人的异化既是社会异化的结果，也是使社会异化再生产的基础。卢卡奇对此曾作了这样的发挥：“当资本主义的体系本身不断地在越来越高的经济水平上生产和再生产的时候，物化的结构逐步地、越来越深入地、更加致命地、更加明确地沉浸到人的意识当中”。马克思既看到了现代性过程市场化经济及其竞争发展的必然趋势，也看到了这一过程造成的两种积累——资本家财富的积累和无产阶级贫困的积累，以及这两大工业阶级的两极分化和对立冲突，明确了资本主义作为一种具体的社会事实，其价值上和道义上的不合理性，从而阐发了人类解放的目标。在对待历史的长波趋势与具体的社会冲突、现实感受与理想主义、激进的批判与浪漫的想象等等关系上，马克思主义社会学本身提供了如何避免理路和方法的一维性、单向性的研究典范。

由郑杭生和刘少杰共同主编的《马克思主义社会学史》一书的前言指出：马克思主义社会学蕴含着同实证社会学和解释学社会学不同的基本立场、理论构架、方法原则和价值取向，而这些正是马克思主义社会学至今仍有勃勃生机的根据所在。它还简略而系统地介绍了该书提出的关于马克思主义社会学史的一个新框架，即“一点两线两段”。其中所谓“一点”就是马克思主义社会学史的起始点是马克思恩格斯的经典马克思主义社会学。所谓“两线”就是马克思主义社会学史沿着两条线发展，一条线是列宁、普列汉诺夫、毛泽东、邓小平等为代表的东方不发达国家或欠发达国家的马克思主义社会学；另一条线是以卢卡其、葛兰西、法兰克福学派等为代表的西方发达国家的马克思主义社会学。所谓“两段”就是，以每个国家的社会主义革命胜利为界，大体把马克思主义社会学分为两种类型，即对资本主义社会它是革命批判型的社会学，而对自己建立起来的社会主义社会则是建设维护型的社会学。这个框架包含着与以往不同的某种新意和这个领域中的新进展。

应该说，从马恩开始的马克思主义社会学史的各个代表人物，都在以不同方式，这样那样地处理着现代性全球化的长波进程和本土社会转型的特殊脉动这两维的关系，从而给我们以理论和方法的启示。

四、二维视野下的经济学与社会学的一种差异

在现代性以来的新兴社会科学的研究中，几乎都能看到这种两维性。但是，在不同学科的研究中，这两个维度的侧重是很有差异的，这种差异也许是形成一些学科自身个性特征的一个关键，反过来这又可能影响着我们对不同学科研究的理解。譬如，经济学对现代性过程的“必然逻辑”似乎有独到的见解，在许多研究中都透露出对现代性的大时段和总趋势的眼光。而且，经济学这一学科本身就是现代性历史转折的产物，正如卡尔·波兰尼所理解到的，在19世纪，社会生活发生了独特的转折，在经济活动的根本性改造之中形成了市场经济，而且，社会在某种程度上也服从了这一需要，转变为一种市场化社会。事实上，从17世纪古典现代性发端之始，市场化经济不仅催生了经济学，其长时段脉率也塑造了这一学科特性。譬如，经济学研究通过理性化和理想化的模型和方法，抽掉了经济行为的社会秩序、制度、权力、文化和信息的制约性，也过滤掉了历史过程的具体细节、偶然事件以及个人或群体、阶级阶层的故事，紧紧地把握住了现代性过程的经济市场化这一持久的和“自由的逻辑”。相对于这一逻辑，过程中的细节、事件和故事毕竟是瞬息烟云，它们的意义是十分有限的。也许正因如此，经济学家们似乎更为相信现代性是一场马拉松式的淘汰赛，相信市场经济和科

学技术的发展对社会生产和生活的冲击是无可避免的，一部分个人、群体、阶级阶层的利益受损也是难以挽回的，因而强调效率的优先性，倡导以“雷霆手段”实行社会改革，同时，对农村和农民的“终结”、国企改制、城市化和失地、失业、失房现象，对收入分配及财富占有的不公平现象、对社会成员两极化现象的“漠视”，这些造成了一种社会印象，似乎经济学天生就具有某种特殊的社会利益倾向。但是，我们应当看到的一个客观事实是，经济学一直以深邃的智慧体察和把握着现代性不可逆转的前进方向。在当代我国社会利益充满矛盾甚至冲突的现实情形下，感受经济学的独特智慧对于我们理解现代性过程和中国社会转型的现实与未来，是很有意义的。

与经济学不同，社会学产生于19世纪中期，这是现代性剧烈扩张、走向极盛的时代，市场化经济的迅速发展造成的种种社会病态——人口压力、城市病、失业、贫困、自杀、犯罪、家庭问题、阶级阶层冲突等等——牵动着社会学的关怀。因此，社会学的一项重要任务就是，对现代性造成的社会分裂和社会问题进行研究、提供对策，尽可能地化解社会矛盾和冲突，减少社会进步过程的代价，促成社会的良性运行、协调发展。因此，社会学家敏锐地察觉到经济学模型中的缺陷，强调社会变迁过程的不确定性，重视具体的、局部的经验事件的重要意义，更注重对本土社会转型的近期现实症状的研究。面对现代性和市场化经济过程的马拉松淘汰赛，社会学家拒绝接受任何无所作为或推波助澜的姿态，这显露了这一学科研究中深藏的基本假设，即对于现代性、市场化经济和技术进步过程发生的社会病态，我们应当而且必须救治，并深信这能够转变社会的病态现状。这一假设中包含着明显的价值性和道义原则，体现了社会学学科的平民情怀、正义责任的特征。在具体研究中，社会学关注社会不公正、两极化等现象中的不协调和矛盾、冲突症候，重视对社会贫困和弱势群体的研究，强调发展社会保障、社区建设和社会建设，并对改革过程的种种弊端坚持反思和批评的态度。总起来看，社会学在学术上有强烈的责任感，对社会病态现状有高度的敏感性，在社会政策和对策上表现出突出的正义感。这使得社会学在现代性、市场化的狂澜中，建立起了自己的社会和谐卫士、公正和道义守护神的形象。

相对于经济学、制度经济学、历史学的宏大视野而言，社会学对于特定民族国家和本土社会变迁的具体性更为关注。这甚至不仅被视为社会学研究与上述学科的一个差异，也往往被视为“社会学理论”与“社会理论”的一个重大差异。

实际上，一切流变的表状之下都会深含着某些一贯的趋势，一步步近期行动的积累是达成长远目标的保证，一个个短频波动形成的连续性铺垫了通往未来的桥梁——现代性的每一步进展，都一再地重现了这种两极相通、二重相合、多元动态相互重叠的道理。如果说经济学更注重效率，那么只有在一个公平的社会中，效率才可能获得持久的基础；如果说社会学更强调公平，那么一个有效率的社会，才能促成真正的公平和高质的公平；经济学家对市场化经济的持久顽强趋势所持的深邃见解，并不意味着我们就绕得开那些实际问题的现实困扰，而社会学家在对改革的弊端表示忧虑、寻求积极对策的同时，也不应忘记，正是由于现代性变迁、市场化经济的长波震荡、传递和扩展，在社会转型过程中激起了一系列复杂的症候。所以，经济学与社会学的研究对同一历史过程的两侧各有侧重，我们应以某种方式促成这两种研究相互整合的空间。

小结：二维视野下中国社会问题的热点关注

显然，在一些学科之间或学科内部的分歧之中，所表现的是对于社会现实问题的理论视野和价值立场的某种不同，这种不同往往又体现了或延伸为不同的政治纲领、政策方案、实际对策的竞争。所以，我们进行的实践结构社会学理论的二维视野的讨论，以及通过这一视野所展开的双侧分析，对于理解和把握当前我国政学两界共同关注的社会热点问题，也是有一定裨益的。譬如，围绕着目前的一些重大现实问题，如改革与协调、效率与公平、政府与市场、市场与社会、国家与社会、经济发展与社会建设等的关系上，我们常常看到的大量分歧、争论甚至各执一端的情形，几乎都可以从学术的和学科的不同理论视野和价值立场发现某种折射。这一点有助于我们认识和把握当今泛起的一些“新”思潮——如所谓新个人主义、新自由主义、新保守主义和新现实主义，还有新民粹主义、新复古主义、对待民族传统的原教旨主义，等等——的实质及其论争。

这些都进一步提示我们，社会学研究更应以一种开阔的理论视野，进行理性的透视、客观的分析和人文的考虑，既不主张“左”也不主张“右”，既不采取新的悲观论，也不诉诸新的激进论，并认为唯有如此，才能坚守作为社会学研究者和工作者的应尽之义，为中国社会学的持久繁荣和发展，为推进社会进步与社会和谐作出贡献。

中国社会与中国社会学

ZHONGGUO SHEHUI YU
ZHONGGUO SHEHUIXUE

改革开放30年：快速转型中的中国社会*

——从社会学视角看中国社会的几个显著特点

改革开放10周年之时，笔者曾在一篇文章中指出："中国社会学必须植根于转型中的中国社会，才有可能具有中国特色。能否从自己特有的角度如实地反映和理论地再现这个转型过程的主要方面，是中国社会学是否成熟的标志。中国社会学离开转型社会的实际，就会成为无本之木，无源之水。"①

在纪念改革开放和中国社会学30周年的时候，笔者感到这个主题仍然非常合适，而且上述这些看法也越来越为实际所证实。尽管如此，为了表示此后20年的进展，

* 本文发表在《社会科学研究》2008年第4期。

① 郑杭生：《中国社会学年鉴：1979—1989》，中国大百科全书出版社1989年版，第25页。

学界认识的提高，笔者把本文的题目改成《快速转型中的中国社会》。笔者希望，“快速转型”更能表达中国社会这30年的历史进程。

作为中国社会学研究客体的“快速转型中的中国社会”，究竟是一个什么样的社会呢？快速转型体现在哪些方面呢？从世界眼光和我国社会转型的实际看，我认为以下几点越来越明显，也越来越值得强调。

一、一个进步代价反差鲜明的社会

1989年笔者曾在上面所提到的文章中指出，10年改革十分鲜明地显示，这个转型过程是一个既充满希望，又饱含痛苦的复杂过程。

一方面，在十年改革中，我国社会主义社会各个方面实现了程度不同的自我改善，取得了举世瞩目的成就。可以说，这十年是我国生机最为旺盛、经济实力增长最快、人民得实惠最多、民主进程较为迅速的十年，人们越来越认识到，从传统到现代的转型是不可避免的趋势，通过改革推进现代化是振兴中华的必由之路和希望所在。另一方面，我国社会在改革前就存在的许多不协调因素，改革中新引发的许多不协调因素，以及一些来自内外的加重社会不协调的因素，都在这十年里集中暴露出来了。这种种不协调带来的痛苦，现在集中地表现为明显的通货膨胀和物价上涨幅度过大，表现在社会分配中的许多不公正现象，表现在发生于某些党政机关工作人员中的腐败行为，以及表现在由上述种种原因而引起的社会不安甚至动乱上。面对这种希望和痛苦并存的复杂过程，社会学应结合中国实际，从理论上阐明这种既充满希望又饱含痛苦过程的根源，研究切实的途径，为减轻、缓解现代化的痛苦、实现现代化的希望作出自己的贡献。

20年过去了，随着我国各方面深层矛盾的日益暴露和展开，上述“转型过程是一个既充满希望，又饱含痛苦的复杂过程”不仅仍然持续着，而且更加突出。人们更清楚地看到社会快速转型期的一个鲜明特点，就是社会优化与社会弊病并生、社会进步与社会代价共存、社会协调与社会失衡同在、充满希望与饱含痛苦相伴。近30年来,以社会快速转型形式出现的社会巨大变化，表现在中国社会生活各个领域。这些变化在速度、广度、深度、难度和向度上都是前所未有的。其中，城乡面貌、利益格局、社会关系、次级制度、社会控制机制，价值观念、生活方式、文化模式、社会承受能力等等领域的变化尤为显著。党的十六届六中全会用四个“深刻”来概括上述空前巨大和激烈的变化，即“经济体制深刻变革，社会结构深刻变动，利益格局深刻调整，思想观念深刻变化”。

快速转型中的中国社会的极端复杂性，首先表现在中国每一个社会领域都有两个方面，都有两重性。一方面，上述各个社会领域都得到的不同程度的优化，另一方面，又引发了、出现了大量问题，有些问题还十分严重。一方面，近30年的进步和成就，可以毫不夸张地说，是举世瞩目、全球公认，与此同时，也付出了种种代价，一些代价还非常沉重；一方面，在社会三大部门间、人际关系、城乡关系间的协调性在不同程度增加；另一方面，这些方面的失衡也屡见不鲜，有的还非常突出。一方面，不用多少统计数字，我们也能直观地感受到，近 30 年来我国社会生产力的发展超过多少世代以来生产力发展的总和。以笔者亲眼所见为例，现在连南疆这样边远的地方也建起了高速公路网，连民丰县这样新疆南端的县城也能上网、接收电子邮件，这真是了不起的成就。但另一方面，我国也面临多种多样发展中的困境：差距困境、环境困境、公平困境、腐败困境、弱势群体困境，等等。所谓“发展困境”，简要地说，就是发展的实际结果与发展的预定目标正好相反的趋势。① 本来，发展的预定目标是减缩差距、改善环境、提高公平度、减少腐败现象、缩小弱势群体，但是发展的实际结果却是差距的增大、环境的恶化、公平度的降低、腐败现象的蔓延、弱势群体的扩大。当然，确切地说，我国面临的“发展困境”，是一种“类发展困境”，即总体发展起来了，但不少方面发展的实际结果与发展的预定目标正好相反。这是属于总体发展顺境中的“发展困境”。“类发展困境”与那种发展的实际结果与发展的预定目标完全相反的情况，即很想发展、就是发展不起来或很难发展起来的情况是不同的。

---

① 郑杭生：《警惕“类发展困境”——社会学视野下我国社会稳定面临的新形势》，发表于《中国特色社会主义研究》，2002 年第 3 期。

快速转型中的中国社会的极端复杂性，其次表现在不仅问题的方面引起问题，例如贫富分化引起公平不公平的问题，而且优化的方面如社会产业结构的优化，也引发这样那样的问题，像失业下岗的问题，其中也包括公平不公平的问题。就是说，结构优化本身就是有代价的。这是因为结构优化是调整和改革的结果，既然是调整和改革，必然要或大或小地触动各类既得利益者，而且对什么是优化，由于利益不同，也会有不同的甚至相反的看法。

快速转型中的中国社会的极端复杂性还表现在，不仅受损者会产生、引发问题，如会有强烈的不公平感，甚至受剥夺感，受益者也会产生、引发各自的问题，也会有程度不同的不公平感。这是因为在社会结构的调整中，不同的个人、不同的群体，有的受益，有的受损，而受益者因受益程度的差异而各不相同，受损者也因受损程度的高低而相互区别。因此不仅在受益者的个人、群体与受损者的个人、群体之间产生了强烈的公平不公平的问题，而且在不同程度的受益者之间也产生了公平不公平的问题。

当代中国社会的进步是如此巨大，代价是如此沉重，正反两个方面的情况是如此复杂，对比是如此鲜明。种种情形引起众多议论和不同意见是毫不奇怪的，因为要正确加以把握确实很不容易。人们往往容易只看到希望、优化、进步、协调而盲目乐观，而人们往往更容易只看到痛苦、弊病、代价、失衡而盲目悲观，甚至导致否定一切。应当说，肯定一切，否定一切，都是不难的，特别是否定一切，还是解气的。但它们都是不符合实际的，因而是不科学的。同时，还应当客观地说，我们社会的基本方面、基本趋势是社会优化、社会进步、社会协调，而社会弊病、社会代价、社会失衡则是非基本方面、非基本趋势。否则如何解释这些年来我国综合国力的增强、国际地位的提高、多数老百姓生活质量和生活水平上升这些基本事实？当然，肯定基本方面，并不是说可以忽视非基本方面。对社会弊病必须重视，必须花大力气进行治理，如果忽视，听之任之，这些基本方面也会恶性演变，造成非常严重的社会后果。

面对这样一个进步代价反差鲜明的社会，我国社会三大部门必须更加自觉地按照“增促社会进步，减缩社会代价”的深层理念，通过各自不同的社会功能——政府组织要更好地发挥自己的管理和服务的功能、市场盈利组织要更讲自己的社会责任、非政府组织或非营利组织要更好发挥弥补政府失灵和市场失灵的功能，通过功能互补、结构调整，更自觉地促进社会进步，并尽力把社会代价减少到最低限度，控制在最小的范围之内。同样，每个社会成员也必须更加自觉地按照“增促社会进步，减缩社会代价”的深层理念，通过各自不同的社会行为——官员通过自己的行政行为、学者通过自己的学术行为、商人通过自己的经营行为、其他社会成员通过自己的日常行为，更自觉地促进社会进步，并尽力把社会代价减少到最低限度，控制在最小的范围之内。

二、一个治理管理难度很大的社会

中国社会不仅进步和代价反差鲜明，而且社会代价、社会问题又有自己的非常明显的特殊性。这就是不同时段、不同空间的社会问题和社会思潮，一下子出现在面前。

（一）不同时空社会问题的复杂扭结

中国社会不得不同时面对、承受诸如未富先老的双重矛盾、财富分配和风险分配的两重压力等等社会问题。而这在西方则有一个足够长的时间差，使他们能够充裕地分别地加以应对。

西方现代性的古典阶段是典型的工业化社会，那时由于生产和剩余的有限、生存资源的匮乏，是否能够较为公正地安排社会各阶级阶层及其成员的收入分配、财富占有，有着极为重要的意义。在这一阶段上，像人们通常所说的，怎样把蛋糕做得更大、怎样使社会成员共同分享这块蛋糕，就成为一个突出的社会问题，这也就是所谓社会公正的问题。那时，他们的人口还没有老化，风险分配的压力还没有提上日程，他们能够集中精力解决脱贫致富的问题。在这过程中，他们也付出了沉重的代价，有些手段、有些过程是十分残酷的。只是进入后古典阶段，由于生产能力的提高，人们生活普遍富裕，西方发达社会的人口老龄化问题才逐渐出现，“老龄社会”或“银发社会”才渐次到来。这时人们也更加注重生活的满意度和幸福度，更加关注对自我生命和财富的保护、防御意外后果、规避社会风险，其中也包括人口结构的安全。而且，由于科学技术的发展使得人类的知识和行动越来越进入到未知领域，这意味着在更大范围和更深程度涉入了风险领域之中。所以，西方现代性的后古典阶段最为集中的问题是社会风险问题，或者说是社会安全问题。正如有的社会学家所指出的："古典现代性阶段的理想是平等，而高级现代性阶段的理想则是安全。"①

与西方社会的发展不同，我国社会面对的却是古典阶段的社会问题与后古典阶段的社会问题的复杂扭结与重叠。2005 年底全国 1% 人口抽样显示，我国 65 岁以上人口达到 10055 万人，占总人口数的 7.7% 。按照老龄化评判标准②，我国已成为人口老龄化国家。但是我国人均国民总收入，据世界银行 1998/1999 年公布的材料，仅为美国的 1/40，为高收入国家 1/30。到 2008 年我国的人均国民总收入估计约为美国的 1/20。在一个经济欠发达的国度里，老龄问题与脱贫致富问题狭路相逢，使我国处于两难境地。有文章分析了"未富先老"的三大挑战，即人口老龄化对社会保障体系应对能力的挑战、对劳动力结构调整能力的挑战、对消费产业服务能力的挑战③。

---

① 乔治·瑞泽尔：《后现代社会理论》，华夏出版社 2003 年版，第 96 页。

② 联合国的老龄化标准是：如果一个国家 60 岁以上老年人口达到总人口数的 10% 或者 65 岁以上老年人口占人口总数的 7% 以上，那么这个国家就已经属于人口老龄化国家。

③ 高和荣：《"未富先老"中国面临人口老龄化三大挑战》，《光明日报》2006 年 7 月 30 日。

这种现代性在我国社会的特殊情势，极大地增加了社会治理管理的难度。面对未富先老的双重矛盾，财富分配和风险分配的两重压力，政界和学界都容易顾此失彼。就财富分配和风险分配的双重社会压力来说，对于前一种社会压力，从改革初始，我国政界和学界就对社会分化、社会分层、收入分配、社会贫困、弱势群体等现象展开了大量而深入的研究，为社会福利、保障、救助提供了相应的对策。至于对后一种社会压力，我国政界和学界的关注和研究还远远不能适应社会风险化趋势的迅速发展，这造成了在社会福利、保障、保险的理解和对策方面的局限性，譬如，直到目前，我们主要倾向于将社会福利、保障、保险视为对收入分配和财富占有差距的一种调节手段，作为缓解社会贫富悬殊现状的一种应对方式。显然，这就大大局限了社会福利、保障、保险的内涵和功能。加强对于我国所面对的风险分配的认识和研究，建立起关于社会分配的内涵和性质的动态性观念，将在很大程度上扭转社会福利、保障、保险的研究中存在的不适应，能够使我们提供的政策和对策建议更为积极、现实和具有预见性。例如，我国当前最大的理论和实际的矛盾是：从理论上说，社会代价的后果应由全社会来分担，但是实际上绝大部分却由弱势群体来承担或主要来承担，这就是风险承担上的不公平。同样，社会进步的成果应由全社会来共享，但是实际上弱势群体很难来共享。这又是共享中的不公平。在新形势下，我国的社会福利、保障、保险，再不考虑解决这种风险承担中的不公平，显然是不行的。

（二）不同时空社会思潮的交叉重叠

中国社会治理管理的难度，不仅表现在要应对不同时空社会问题扭结的顾此失彼，而且要面对不同时空社会思潮重叠的尖锐分歧。当代中国是各种古今中外思潮的汇集点。尽管对于哪些是主要思潮，不同的学者有不同的看法；但是对于中国是各种思潮汇集点这一说法，据我所知，学界还没有不同意见。有的主张“改革开放以来，中国思想界出现的影响广泛的自由主义、民族主义和‘新左派’三大社会思潮，集中反映了中国社会发展进程中的矛盾与冲突，鲜明表达了不同社会阶层、群体在急剧变动的时代的感受与愿望”①，有的则主张“自由主义以个人权利为核心价值，左翼平均主义以社会公正为核心价值，新保守主义以秩序为核心价值，这三大思潮彼此之间相互对峙碰撞，形成思想的交响曲”②。还有的认为“六种社会思潮是改革开放以来表现最活跃、影响最广泛、涉及社会问题最深刻的社会思潮”，即“新自由主义思潮、新左派思潮、民族主义思潮、后现代主义思潮、文化保守主义思潮、怀疑主义思潮”。③ 有的作者则这样概括：“一些年来，国人关注过外国的社会思潮，如新权威主义、新

---

① 房宁：《影响当代中国的三大社会思潮》，原载于《复旦政治学评论》2007年第4辑，http://www.sociologyol.org/yanjiubankuai/fenleisuoyin/fenzhishehuixue/zhengzhishehuixue/2007-04-07/1257.html.

② 萧功秦：《百年困境与中国的三大思潮》，http://www.sociologyol.org/yanjiubankuai/tuijianyuedu/tuijianyueduliebiao/2007-07-17/3067.html.

③ 刘少杰：《快速转型期的当代中国社会思潮》，http://www.sociologyol.org/yanjiubankuai/xuejierenwu/liushaojie/2007-06-21/2446.html.

自由主义等等，也关注过中国古代的社会思潮，如专制主义、民本主义等等。现在到了应该关注当今中国社会思潮的时候了。……现在在中国思想界，马克思主义中国化的最新成果邓小平理论、‘三个代表’重要思想、科学发展观无疑占据着主导地位，引领着国家发展的主流。但是也应该清醒地看到，还有一些错误思潮正在社会上流行、传播、发酵，值得引起人们重视。这些错误思潮择其要者有：民粹主义、狭隘民族主义、教条主义、无政府主义。”① 种种社会思潮从不同角度反映了当代中国社会的深刻变迁，表达了在新形势下人们思想观念错综复杂的深刻变化。

由于多样多变的社会思潮的存在，同样一个社会措施，同样一件社会事实，从不同的思潮看来，会有截然相反的观点和评价。因此，如何引领多样多变的社会思潮，最大限度地形成社会思想共识，是实现社会治理和有效管理的思想条件。党的十六届六中全会《决定》第一次鲜明地提出“坚持以社会主义核心价值体系引领社会思潮”，并把“尊重差异、包容多样”寓于引领社会思潮的原则之中。这里“尊重差异、包容多样”是在一些最基本的问题上（例如认同宪法上）达成共识的基础上的差异和多样。十七大报告重申了十六届六中全会决议的提法。这表明，多样多变的社会思潮是不可避免、不可回

① 李树桥：《当前我国几种错误社会思潮点评》，http：//www. sociologyol. org/shehuibankuai/shehuipinglunliebiao/2007 - 04 - 10/1325. html.

避、也不必大惊小怪的，同时又不能听之任之，放弃引领，而是必须引领的。问题是如何引领。引领的根本方法还是离不开实事求是、具体分析。引领的具体方式方法无疑是多种多样的。其中一个有效方法，就是中国化马克思主义一直提倡的“百家争鸣”。这是因为对于思潮这样的集思想、学术、理论、意识形态问题于一身、又这样那样曲折反映现实问题的复杂精神世界的问题，只能用说理的办法、论证的办法，也就是百家争鸣的办法来解决。这就是通过百家争鸣，扩大中国特色社会主义理论体系的影响，扩大社会主义核心价值体系的影响，形成旗帜鲜明的主文化，用它们从思想上来武装人民群众，特别是我们的青年学生，缩小各种错误思潮的市场。当年，小平同志说不争论，是针对特区初办阶段的一些特殊问题的，是有范围的，不是无限的。把小平同志的不争论说成是没有范围的、什么问题都适用的，这是一种误解。这种误解竟然造成一种类似“争论恐惧症”的东西。更有甚者，当前还形成这样一种不正常的社会氛围，似乎谁用中国特色社会主义思想剖析一些相反的思潮和学派，就会受到种种责难。现在，“坚持以社会主义核心价值体系引领社会思潮”这一重要精神表明，该是结束这种误解和不正常社会氛围的时候了。正如和谐社会不等于没有矛盾，相反，社会和谐是在正确处理社会矛盾中达到的一样，引领社会思潮也不等于没有争鸣，相反，思想共识是在百家争鸣中达到的。

总之，上述社会问题扭结重叠所表现的客观复杂性，社会思潮众说纷纭所表现的主观分歧性，不能不加大社会治理管理的难度，加大构建和谐社会的难度。这里，沟通、协调、民主决策，积极引领，百家争鸣，越来越重要。

三、一个自我调适能力极强的社会

当代中国社会的进步是如此巨大，对此国际社会做出了种种反应：肯定、羡慕、嫉妒、反感，甚至提出种种所谓“中国威胁论”；同样，代价是如此沉重，对此国际社会也做出了种种反应：有善意提出改进办法纠正措施的，有幸灾乐祸的，甚至恶意妖魔化中国，更有人用此得出形形色色的“中国崩溃论”。正如有的作者指出的：“人们包括中国人自己经常感到困惑的是，随便拿出一个问题来分析似乎都会导致中国社会的崩溃，然而中国却屡屡在荆棘丛生的险境中创造着发展的奇迹。”①

笔者自己就有这样的亲身感受。1990 年 4 月笔者和北大罗荣渠先生一起到美国华盛顿参加《中国：政策的选择》国际讨论会，笔者在会上做了题为《中国的大势所趋——一个学者的看法》② 的演讲。在和一些人士交谈中，当笔者说到“五年后，中国会如何发展……”，不等

① 张志伟：《世界性视野中的“中国模式”——现代中国学之政治研究的方法论问题》，发表于《中国人民大学学报》2006 年第 3 期。

② 郑杭生：《中国的大势所趋——一个学者的看法》，发表于《社会科学》1990 年第 10 期。此文后被收入《郑杭生社会学学术历程（二）——中国特色社会学理论的应用》，中国人民大学出版社 2005 年版。

我说完，一位人士便不耐烦地打断我，说："还要等五年，两年就足够了!"他的意思是说，经过1989年政治风波，加上美国的制裁，中国这条大船无可挽回地要下沉，两年就要沉没。那时很多美国人是这样估计中国前景的。可是那时以来已经18年过去了，中国这条大船不仅没有沉没，反而乘风破浪，扬帆远航，在现代化和现代性的历史航程中前进得更好。事实证明，不是中国社会沉没了，而是那些低估中国社会自我调适能力的人的论调沉没了。

瑞士日内瓦大学亚洲研究中心高级研究员张维为说得好："美国研究中国问题的人众多，但对中国前景误判的人也最多，不少所谓的中国问题专家先是预测邓小平百年之后中国要大乱，后又预测中国会像苏联一样解体。有一个叫章家墩的美籍华人六年前出版了一本名叫《中国即将崩溃》的书，还上了《纽约时报》的畅销书榜。他认为中国政治经济体制将在加入世贸组织的冲击下迅速走向崩溃，但中国加入世贸组织六年之后，中国非但没有崩溃，而是通过改革开放和体制创新，经济总量又翻了一倍，经济规模接近世界第三，中国还成了世界第三大贸易国和带动整个世界经济增长的主要火车头。现在回头一看，不是中国崩溃了，而是这些唱衰中国的观点崩溃了。"①

在社会学领域，对中国前景、中国经验的解释上，最具有根本性质的莫过于由塞勒尼、伊亚尔、唐恩斯利等人

① 张维为:《在海外感受中国的崛起》，http://news.xinhuanet.com/theory/2007-12/06/content_7207560.htm.

组成的“新布达佩斯学派”[①] 的狭义社会转型论。他们在《打造一个没有资本家的资本主义》[②] 等书中极力表明：正如苏东等前社会主义“转型国家”或“转型社会”一样，中国社会转型也是从现代社会主义向现代资本主义的转变。他们把这种主张从现代到现代的狭义转型论叫做“新古典社会学”，以与主张从传统到现代的“古典社会学”相区别。他们认为这种区别特别表现在“新古典社会学”主张“没有资本家的资本主义”，而“古典社会学”则主张“资产阶级先于资本主义”。因此，在他们看来，所谓“中国经验”就是中国在“打造没有资本家的资本主义”过程中出现的一系列特点，例如，他们认为，中国，还有越南，同属于一种“自下而上”通向资本主义的新类型和新路径，这与中欧的匈牙利依靠外国资本（跨国公司）来推助不一样，也与俄罗斯和东欧通过政治上最高代理人“自上而下”来推行不相同。

为了论证这一点，“新布达佩斯学派”中，有人把前社会主义阵营各个国家的转型称为“第二次大转变”，而

① “布达佩斯学派”最初是以卢卡奇（1885—1971）为代表的，一般来说被视为西方马克思主义或新马克思主义的一个流派，后来以卢卡奇和他的学生为主体的布达佩斯学派经历了一个发展、演变、分化的过程。苏联、东欧剧变前后，由于外国、特别是美国等西方学者加入到对于匈牙利的改革和转制的研究中来，因而形成了一种新的学术趋向。这已经远远超出原来布达佩斯学派的范围。为了区分这种不同，我们更愿意把上述新的趋势叫做新布达佩斯学派。但是我们并不反对把这一趋向也叫做布达佩斯学派。只是要注意，这样意义上的布达佩斯学派已经与卢卡奇没有直接联系了。

② 塞勒尼、伊亚尔、唐恩斯利：《打造一个没有资本家的资本主义》，参见《当代中国社会分层：理论与实证（转型与发展第1辑）》，社会科学文献出版社2006年版，第38、第39、第54页。

且认为这一转型是对社会学理论的一个大挑战①。有人则把“共产主义的衰落”视为一个“发给社会学家的请柬”，致力于对进入21世纪以后新资本主义之可能性进行发掘，并将这些问题集中到一点：“资本主义转型的初始条件究竟会如何影响到将要打造的资本主义类型？这个资本主义将在哪里打造？由谁来打造？”②。也有人致力于对所谓“中国新资本主义的崛起”进行更直接的讨论，援引自由主义的论据——“资本主义是经济发展的必要充分条件”，从亚当·斯密的“资本主义导致经济成长”的命题，反向推导出“如果经济发展了，肯定已经存在资本主义了”，并寻求对资本主义的中国特征、机制及其全球意义的解释。③ 还有的学者则对中国和东欧的市场转型专门进行研究，通过与一些经济学者合作展开的研究项目，根据中国各公司在上海股票市场的交易数据，分析资本主义在中国的出现以及政府在这一过程中的作用，有关研究涉及了中国城市中高效率的私营企业、国有企业以及人力资源上有竞争力的公司，通过相关调查数据来显示这

① Burawoy, M. (2000) *The Sociology for the Second Great Transformation.* In Annual Review of Sociology.

② Gil Eyal, Ivan Szelenyi and Eleanor Townsley. (1998) *Making Capitalism Without Capitalists: Class Formation and Elite Struggles in Post - Communist Central Erupoe.* London: Verso；塞勒尼、伊亚尔、唐恩斯利：《打造一个没有资本家的资本主义》，参见《当代中国社会分层：理论与实证（转型与发展第1辑）》，社会科学文献出版社2006年版，第38、第239、第54页。

③ Lin Nan, *The Rising Chinese Neo - Capitalism and Its Global Implication*, the paper for the Fourth International Conference of East Asian Sociologists on The Global Futures of World Regions: The New Asia. 2006 - 9 - 29, Seoul, Korea.

三种机制对于市场转型的作用。[①] 通过所有这些，他们向世界传达这样的信息：中国似乎在现有体制下通过“自下而上”的途径确定无疑地在演变为资本主义。

在“新布达佩斯学派”的推动下，对中国的“资本主义新成员”身份进行论证成了当前国际学术界一个比较时髦的议题。不仅如此，“新布达佩斯学派”的观点还渗透到东亚一些地区高等学校的教育之中，甚至已经成为一门系统的社会学课程。这不仅把“新布达佩斯学派”的研究进一步条理化了，而且进入到了打造精英人才的社会工程之中，其中特别是培养一些年轻人的颠覆性、否定性的思维定势，我们已经深深感受到这一点对青年学子的祸害。由于高等教育过程的知识和学术传播必然与一系列社会结构和社会过程形成密切关联，这将对社会学的项目研究、课程设置、教材建设、教学过程以及人才培养和聚集等等，带来极为深远的社会影响。这种动向是特别值得我们警惕的。

从上述观点和宣示中，可以明显地看到“新布达佩斯学派”的一种预期：似乎中国社会转型真会沿着他们设想的资本主义轨道走下去。但是，中国的现实，不论是自上到下，还是自下到上的现实，都使“新布达佩斯学派”不断地、日益地感到失望和失落。时间和事实越来

① Victor Nee and Yang Cao: *Market Transition and the Firm: Institutional Change and Income Inequality in Urban China*. Management and Organization Review, Volume 1Page 23, March 2005.

越证明，中国社会转型的实质，是中国特色社会主义这种新型社会主义的成长，而绝不是从社会主义转变为资本主义，不管是“自上至下”或者“自下而上”。

正如笔者多次指出的那样，我们对“布达佩斯学派”或“新布达佩斯学派”采取分析的态度，并不一概否定。他们的观点中有值得我们参考、借鉴的东西。但是他们的“狭义转型论”，他们把中国也叫做“前社会主义国家”、“后共产主义国家”，列入他们的具有特定含义的所谓“转型国家”，并断定中国正在从共产主义、社会主义向资本主义转变，企图把西方“三权分立”的那一套宪政和价值观也搬到中国来，这是不可能做到的，也是我们坚决不能同意的。

对许多外国人和不少西方理论来说，中国社会成了一个无法准确判断的“测不准”的社会。这一方面是因为他们有很多根深蒂固的偏见，意识形态的有色眼镜，另一方面是因为他们一直低估中国社会极强的自我调适能力。这两方面都使他们不可避免地、不断地看走了眼。关于这种自我调适能力，为了叙述方便，放到下一节讨论。

四、一个沿着既定目标前进的社会

中国社会自古以来一直有极强的自我调适能力或者说自我应变能力。这是中国社会成为世界上唯一五千年历史不曾中断的社会的一个重要原因。这种极强的自我调适能力，自新中国诞生以来，又提高到一个新的高度。经过近

60年特别是改革开放以来30多年风风雨雨的严峻考验，现在，这种极强的自我调适能力突出地表现在三个相互联系的基本要素上：第一，它有能够把全国人民凝聚在一起的、坚定不移的共同目标，第二，它有能够把社会资源集中到实现这一目标上的、无可比拟的社会动员能力，第三，它有全国人民信赖的、无可替代的社会领导核心力量。以这三个基本要素构成的极强的自我调适能力，是中国社会的优势，是战胜一切困难的保证，是社会沿着既定目标前进的强大推动力。

（一）共同目标的坚定性

自中国杰出领导人邓小平1982年在党的十二大提出"把马克思主义的普遍真理同我国的具体实际结合起来，走自己的道路，建设有中国特色的社会主义"[①] 的著名论断以来，中国特色社会主义这一新型的社会主义，一直是中国社会坚定不移的根本目标。

根本目标的重要性，从社会学的视角看，在于它是广大社会成员对整个社会规范的信任和遵从的基础，是公民对整个社会规范和社会秩序的信心的来源。一个有坚定正确根本目标的社会是一个前景光明的社会。而一个根本目标失范的社会，即多数社会成员对根本目标模糊不清、动摇不定，失去信心，甚至失望逆反等等，这离整个社会的恶性运行和畸形发展也就不远了。一个社会可以容忍一定程度的手段方式的失范——这是失范的第一阶段，因为这

① 《邓小平文选》第三卷，人民出版社1993年版，第3页。

种失范还不足以危及社会生存和发展的基础；但绝不能听任手段方式失范的恶性膨胀，因为这会严重侵蚀广大社会成员对整个社会规范的信任和遵从，动摇公民对整个社会规范和社会秩序的信心，进而演变为社会失范的第二阶段——根本目标失范。因为这意味着一个社会的根基动摇了。所以根本目标的问题，绝不是一个小问题。党的十七大报告这样强调中国特色社会主义道路和中国特色社会学理论体系，绝不是空穴来风、无的放矢。

那么，中国特色社会主义作为一种新型社会主义，"新"在哪里？笔者曾经指出，概括地说，主要表现在两个方面：第一，它是一种利用资本主义一切可以利用的东西、逐步取得对于资本主义的相对优势、并最后战胜资本主义的社会主义。第二，它又是一种在自己的实践中不断探索社会正义、不断追求社会和谐、不断进行制度创新、并不断致力于逐步把公平正义贯彻到社会结构和社会制度各个方面的社会主义。

就第一方面来说，它是一种与资本主义有着复杂关系——一种利用资本主义，但又与资本主义有本质区别的社会主义。这样的社会主义有市场经济，有证券交易，有劳资关系等资本主义社会同样存在东西，不仅如此，中国还有企业主共产党员——红色资本家，"两新组织"——新经济组织、新社会组织，"两新人员"，即两新组织的人员等等。这种你中有我、我中有你的情况，一方面使我们体会到中国特色社会主义具有的开放性和包容性；另一方面，也使我们亲身体会到，如果不清醒地自觉到这是利用资本主义，那就很容易与资本主义相混淆。因此，这里特别体现出社会主义坚定目标的重要性，树立共同理想的必要性。同样上述情况也告诉我们，如果不去利用，那就是缺乏智慧；但是如果在利用时，忘记了自己的社会主义目标，那就是没有头脑。

就第二方面来说，它是一种前所未有的创新性的社会主义。党的十六大以来，特别是以胡锦涛为总书记的党中央掌舵以来，一直到胡锦涛总书记代表党中央所作的十七大报告，这种趋势越来越明显。以人为本，全面、协调、可持续发展的科学发展观的提出，构建民主法治、公平正义、诚信友爱、充满活力、安定有序、人与自然和谐相处的社会主义和谐社会的问世，社会和谐被确定为社会主义的本质，改善民生问题被确定为社会建设的重点，公平正义被确定为社会建设的目标，就是几个标志性里程碑。党的十七大报告进一步指出："改革开放以来我们取得一切成绩和进步的根本原因，归结起来就是：开辟了中国特色社会主义道路，形成了中国特色社会主义理论体系。高举中国特色社会主义伟大旗帜，最根本的就是要坚持这条道路和这个理论体系。"这里"开辟了"、"形成了"都表明了马克思主义中国化在中国特色社会主义方面的理论创新和制度创新。十七大报告，深刻明确无误地向全世界阐释了中国特色社会主义从哪里来，又到哪里去，从而同样明确无误地否定了资本主义方向。

如果说，第一方面强调的是中国特色社会主义作为新型社会主义的开放性，那么第二方面强调是它的创新性。

现在已经可以看到，前一方面，在发展初始期，对发展生产力、提高效率特别重要，今后还将继续这样做；当社会生产力发展到一定程度，后一方面则越来越显示出自己的重要性。中国特色的社会主义正是一种非常开放的、在不断制度创新中持续成长壮大的新型的社会主义。

当然，中国特色社会主义作为一种处在成长壮大过程中的新型社会主义，还很年轻、还有很长路要走，但它已取得巨大成绩，这表明它是一种前途无量的社会主义。关于成长过程的长期性和艰巨性，正如邓小平指出的："中国社会主义是处在一个什么阶段，就是处在初级阶段，是初级阶段的社会主义。""初级阶段，就是不发达的阶段。"① 他还说："我们搞社会主义才几十年，还处在初级阶段。巩固和发展社会主义制度，还需要一个很长的历史阶段，需要我们几代人，十几代人，甚至几十代人坚持不懈地努力奋斗，决不能掉以轻心。"② 确实，这种社会主义的成长是与很多不发达因素联系在一起的，也是与世界各国普遍存在的"人类困境"相联系的。③ 每前进一步都需要走曲折的道路、作出艰巨的努力，而且都会有人把取得的成绩归之于资本主义而把产生的问题归之于社会主义。因此坚持这样的社会主义在"社会主义低潮综合征"存在的大背景下，无论在理论上还是实际上都是需要有勇气的。

---

① 《邓小平文选》第三卷，人民出版社 1993 年版，第 252 页。

② 《邓小平文选》第三卷，人民出版社 1993 年版，第 379—380 页。

③ 齐格蒙特·鲍曼：《流动的现代性》，上海三联书店 2002 年版，第 250 页。

（二）动员能力的可持续性

执政党的动员能力，是它的执政能力强弱的重要标志，也是全社会动员能力强弱的关键所在。集中力量办大事，是社会主义制度优越性的重要体现。这种动员能力在新中国成立后的两弹研制、卫星上天、一批重大工程实施中显示出来，在2003年战胜非典中，在最近南方应对多少年不遇的冰雪灾害中，也充分显示出来，当前在举办2008年奥运会上又集中地表现出来，更不要说在新中国成立前、新中国成立初在战争中所表现出来的巨大动员能力了。当然要正确发挥这种优越性，必须遵循实事求是、具体分析的精神，在实施过程中要有脚踏实地的作风，把宝贵的力量真正用到刀刃上，防止有些地方对它的误用滥用，防止以它为借口，来搞不切实际、做做样子的形象工程之类劳民伤民的事情。

所有这些表明，中国社会这种巨大的社会动员能力，使它可以应对任何不利于自己的困难、风险，表明自己具有极强的自我调适能力。谁对此估计不足，谁就会在中国问题上留下“测不准”的记录。

现在，随着中国社会重心日益下移，这种巨大的社会动员能力，被重点用来实施构建社会主义和谐社会的两大基础工程：城市和谐社区建设和社会主义新农村建设。当今，这两大工程正在全国范围蓬勃开展。我们在全国各地的调查和考察表明，中国城乡基层社会，正在用建设性的反思批判精神，通过制度创新，把社会公平正义落实到我国微观制度的方方面面。无论在制度安排的公平方面，还是百姓认可的公平方面，无论在合理地配置社会资源和社会机会、重点解决民生问题上，还是在解决突出社会问题、社会矛盾和社会风险上，无论在使全体人民受益方面，还是在让弱势群体共享社会发展成果方面，无论在减少居委会的行政性、增加自治性，还是在培育和健康发展社区组织与建立社区服务体系方面，都在逐步取得进展。我们的调查和考察也表明，各地是在把资源和力量用于夯实社会主义的基础，其中包括利用资本主义一切可以利用的东西，但绝不是在“自下而上”走资本主义道路。

（三）党的领导的无可替代性

在近来的社区调查中，笔者和我们的团队对此有了新的认识。

1. 越是陌生人的世界越需要有社区党组织的支撑。社会建设、社区建设，是为了在一个市场经济的陌生人世界里，构筑人际关系和谐的、互助合作的新的社会共同体。这个社会共同体，在宏观上叫做和谐社会，在微观上叫做和谐社区。要在陌生的世界中建设和谐社区，关键是要找到能够整合社区各种陌生人的主导力量，找到社区凝聚的核心力量。从各地的经验看，这个力量主要是社区共产党员组成的基层党组织（党支部或党总支或基层党委）。正是他们的工作，把陌生人世界重新连接起来、整合起来。各地的调查使我们认识到，在中国研究社区建设如果看不到以党建带社建，以基层党组织为整合陌生人世界的主导力量，创造新的连接这个基本经验，就不可能理解中国社区建设的过去、现在和未来，也不可能真正理解中国社区建设最大的特色。在中国，没有任何社会力量能在基层起到这样的整合作用。在对北京建外街道这个最典型的陌生人的世界的考察中，我们深切感到，越是陌生人的世界越需要有社区党组织的支撑。

2. 全国社区运转模式都离不开作为领导核心的基层党组织。在中国，社区运转模式通常有“1+1”（社区党组织+社区居委会）、“1+2”（社区党组织+①）、“1+2+1”（社区党组织+②+社区志愿者大联盟）、“1+3”（社区党组织+③）、甚至还有“1+4”的，即在“1+3”中再加上商会。但不管是哪种模式，都有“1”，它就是作为领导核心的基层党组织。同时，社区建设的方方面面，不论是社区资源动员、社区文化建设、社区服务等等，都离不开基层组织。《民政部关于在全国推进城市社区建设的意见》也反映了这一点：“社区党组织是社区组织的领导核心。”党的十七大报告中重申：要“着力加强基层党的建设”，“以党的基层组织建设带动其他各类基层组织建设”，“充分发挥基层党组织推动发展、服务群众、凝聚人心、促进和谐的作用”。社区党组织的建设，既是社区建设的重要内容，也是社区建设的组织保证。

3. 支部领导与居民自治相结合——社区建设取得进展的关键。如果说，在新民主主义革命中，支部建在连上

---

① 社区居委会+社区工作站

② 社区居委会+社区工作站

③ 居民委员会、业主委员会+物业企业

是保证革命胜利的基层军事基础，那么现在，支部建在社区，则是保证社区建设成功的基层社会基础。支部领导与居民自治相结合，这是中国特色社区建设取得进展的关键之一。各地以党建带社建，为这一点提供了新的例证。当然，支部领导与居民自治相结合，如何结合得好，仍有许多问题要探索，例如，支部领导如何改进，居民自治如何推进，两者的结合方式如何创新等等，不是都解决了。各地的实践本身也提出了这些问题。

上述四个方面，不论是“进步代价反差鲜明”，还是“治理管理难度很大”，不论是“自我调适能力极强”，还是“沿着既定目标前进”，都这样那样地反映了快速转型中的中国社会的一些重要特点。包括中国社会学在内的哲学社会科学或者说人文社会科学，都是以这样的中国社会为背景、为客体、为服务对象，来展开自己的研究的。对包括中国社会学在内的哲学社会科学来说，快速转型中的中国社会，是水之源、木之本。只有与这个社会同呼吸，共命运，并用建设性的反思批判精神加以认真探索，才能推动我们的社会变得更加美好，才能实现社会学作为社会科学的崇高使命。

改革开放30年：日趋成熟的中国社会学*

——有关中国社会学发展全局的几个重大问题

1989年，即改革开放十周年之时，关于中国社会学的情况，笔者曾著文做了这样的分析：

经过十年的艰辛创业与探索，经过十年与我国改革开放的事业同命运，共呼吸，中国社会学逐步提高了自己的成熟度；一方面社会学本身在理论上、在实践中都作出了一定的成绩，正对我国社会生活发挥越来越明显的作用，为我国社会学今后进一步发展打下了良好的基础，另一方面，它得到社会各界、社会科学各科的广泛的承认，社会学成为很有吸引力的学科之一，人们越来越认识到社会学也和经济学等一样，对改革和开放的事业是不可缺少的。但是应当承认，这种成熟度还是不高的。社会学在中国成为一门真

* 本文原载于《江苏社会科学》2008年第3期。

正成熟的科学，尚需继以时日，尚有不小的差距。[①]

当时，笔者在该文中还提出：对于尚处在成长过程中的中国社会学来说，在理论上处理好下述三个关系是至为重要的。这就是：第一，处理好社会学与转型社会的关系；第二，处理好社会学内部一些重要的理论关系；第三，处理好社会学界内部不同学派、不同主张、不同观点之间的关系。

20 年过去了，中国社会学成熟度得到了显著的提高。由笔者主编的《中国社会学 30 年（1978—2008）》，书中各章对社会学不同领域所取得进展的梳理，有说服力地表明了这一点。这篇总论主要围绕几个有关中国社会学发展全局的重大问题进行必要的分析和梳理，从中可以看出，中国社会学在 30 年中成熟到什么程度，它与前十年相比提高了多少，从而表明它确实日趋成熟了。

一、科学性与价值性

自中国社会学恢复和重建以来，长期困扰中国社会学的众多问题中，科学性和价值性的关系问题，可以说是一个最突出的问题。这个问题其实是一个母题，它涉及一系列子题：社会学是否是中性的或“价值中立”的学科？社会学是否与政治和意识形态无关的纯科学？社会学是否

① 郑杭生：《中国社会学年鉴：1979—1989》，中国大百科全书出版社 1989 年版，第 24—25 页。

只有科学性没有人文性？等等。在这些问题上，把不完全正确甚至错误的东西，当作不言而喻正确的东西，来加以接受，并作为用来评论他人的观点是否“科学”的标准，是中国社会学界曾经出现过的不成熟性的表现，现在，这种情况已经大大改观了。

（一）社会学与价值性

在20世纪80年代的中国，“价值中立”曾被当作不言而喻的金科玉律，当作评判懂不懂社会学的试金石。其实，“价值中立”作为一种来源于实证主义的科学观，是一个在总体上包含根本缺陷但又有局部合理性的西方社会学方法论原则，是一个在国外学术界有严重分歧、毁誉参半、仍难一致的争论问题，是一个在本质上与马克思主义相左但又有部分一致的理论命题，因此，对它极有必要采取具体分析的态度，既不能全盘肯定，把它夸大为我国社会科学的普遍的方法论原则，也不能全盘否定，将它说得一无是处，连它包含的合理因素也否认了。[①]“价值中立”总体上的根本缺陷是指它把科学与价值截然割裂、排斥一切价值的客观主义、实证主义倾向，这使它在认识功能和价值功能统一的社会科学中成为不可能实际遵循的东西，也使它陷入了不可摆脱的自我矛盾；局部合理性是指它包含强调客观性和科学性的合理因素，但这种合理性是以推

---

① 郑杭生：《究竟如何看待“价值中立”？》，发表于《社会科学研究》2000年第1期。又见郑杭生：《中国特色社会学理论的探索》，中国人民大学出版社2005年版，第172—173页。

向极端的形式存在的。

在20世纪80年代的中国，“价值中立”不仅被看做是普遍的方法论原则，而且被用来规定整个社会学的性质，于是社会学被说成是一门“价值中立”的学问。其实，世界上本来就找不出来所谓“价值中立”的社会学。早在20世纪60年代，美国米尔斯就在《社会学的想象力》一书中批判了以帕森斯为代表的“价值中立社会学”。在70年代初，《西方社会学即将来临的危机》一书的作者美国社会学家古尔德纳甚至把“价值中立”的社会学称为一种神话。吉登斯则在1982年指出：“社会学不可能是一种中性的知识活动，它不能不关心对其研究对象可能产生的实际影响。”[①] 笔者在1989年也指出：“有一种意见认为，凡科学不能涉及价值，凡涉及价值就不能是科学。因此持这种意见的人把韦伯所说的‘价值无涉’当作不言而喻的真理接受下来，并把科学精神归结为‘价值无涉’的精神。我认为这是不确切的、似是而非的。”[②] 稍后在1990年，笔者还指出：“社会学定义是客观性、科学性同价值性的统一”，“企图建立的‘价值中立’的社会学是不可能的，根本做不到的”。[③] 同样，就

① 吉登斯：《批判的社会学导论〈序言〉》，上海世纪出版社2007年版，第1页。

② 郑杭生：《中国社会学年鉴：1979—1989》，中国大百科全书出版社1989年版，第25—26页。

③ 郑杭生：《我的社会学定义》，此文写作于1990年11月，发表于《社会科学研究》1991年第4期，《社会学研究》1991年第5期。又见郑杭生：《中国特色社会学理论的探索》，中国人民大学出版社2005年版，第148—149页。

我国的情况来说，中国社会学也从来不是“价值中立”的社会学。正如笔者在总结中国社会学百年轨迹时指出的：“中国社会学是应中国社会的现实需要而产生、而发展，目的都是以不同形式为现实服务，这是中国社会学的优良传统。在中国，从来没有那种单纯的‘为学术而学术’的社会学。这对两大系社会学来说均是这样。”①

“价值中立”和“价值中立社会学”的衰落，除了它们在理论上站不住脚，解释力越来越弱，还与60年代以来社会学思潮的变化有关，这就是实证主义思潮的魅力不再，人文主义思潮的逐步增强，因此，作为实证主义思潮产物的“价值中立”和“价值中立社会学”不能不面对越来越强烈的批判。60年代，除了美国的米尔斯，欧洲法兰克福学派马尔库塞等人在1964年召开的纪念韦伯诞辰100周年大会上发动关于“价值中立”的论战；在20世纪七八十年代，继古尔德纳之后，曾任美国社会学会会长的M. 英格在《论反文化》一书的前言中直截了当地申明，他“不能‘放逐价值’，在作出自己的分析和评论时，也不佯装骑墙”。② 到90年代，对“价值中立”的批评不仅没有减弱，反而扩展到相邻学科。一些权威人士，如诺贝尔经济学奖获得者缪尔达尔指出：“研究的客观性不能仅仅通过试图排除价值观念来解决。相反，社会问题

① 郑杭生：《中国社会学百年的轨迹》，发表于《东南学术》1999年第5期。又见郑杭生《中国特色社会学理论的探索》，中国人民大学出版社2005年版，第350页。

② Milton Yinger: Countercultures: *the promise and peril of a world turned upside down*, New York, The Free Press, 1984.

的每项研究，无论范围多么有限，都是且一定是由价值观念决定的。‘无偏见的’社会科学从来就不存在，将来也不会有。努力逃避价值观念是错误的，并且注定是徒劳的和破坏性的，价值观念和我们在一起，即使把它打入地下，它们仍然指导我们的工作。”① 社会政策的资深学者蒂特姆斯也指出：“以中立的价值立场讨论社会政策是没有意义的事情。”②

由于受到持续的批判，“价值中立”的影响在国外受到不小的削弱。正如有的学者指出：“事实上，近 20 年来，从事社会科学理论或哲学研究的学者，很少会再认同实证论的观点了。社会研究必然会有价值介入这个论点几乎成为他们的共识。”③ 中国社会学在“价值中立”问题上的成熟度的提高，总的来说，与国际社会学界的趋势是一致的。

（二）社会学与意识形态性

“文化大革命”的一个消极后果是，人们由于厌恶那时的过度政治化和极端意识形态化，而导致较为普遍地对一切政治和意识形态的厌烦和远离。西方社会学的“价值中立”正好给了这种较为普遍的情绪以学理的支撑。这是“价值中立”20 世纪 80 年代在中国社会学界以及其他学界盛行的社会原因。

---

① 缪尔达尔：《亚洲的戏剧》，经济学院出版社 1992 年版，第 13 页。
② 蒂特姆斯：《社会制裁十讲》，香港商务印书馆 1991 年版，第 15 页。
③ 阮新邦：《批判诠释论与社会研究》，上海人民出版社 1998 年版，第 3 页序。

其结果是人们“有学理根据”地把社会学与政治、与意识形态分离开来，甚至对立起来，形成了这样一种影响广泛的“惯性思维定势”：似乎一涉及政治、一涉及意识形态，就不再是社会学，不再是学术。所以，“这不过是政治”，“这不过是意识形态”，成为杀伤力很大的话语，用来否定不合自己口味的观点和理论，用来认同符合自己口味的东西，甚至用来判定谁是真正的社会学家，用来造成一种排他性的不正常学术氛围，名之为“社会认可”。这种惯性思维定势、这种充满贬义的话语，至今还影响着一些教师和青年学子。

但是，事实一再表明，主张价值中立的人，价值性往往是非常强的，字里行间时时露出他自己坚决反对和深恶痛绝所谓种种价值，给我们提供了提倡价值中立的人价值并不中立、甚至很不中立的例子。

为什么这样？道理并不复杂。这是因为，一个生活在现实社会中的人，不可能摆脱一切价值、一切政治、一切意识形态。因此，结果总是自觉不自觉地在选择、奉行符合自己胃口的价值、政治、意识形态。这里选择是一种价值，不选择也是一种价值。声称没有价值似乎显得很“清高”，很有“良心”，实际上，清高就是一种价值，良心同样是一种价值。所以主张摆脱一切价值、一切政治，一切意识形态的人，一定要在逻辑上、在实践上陷入悖论或自相矛盾。逻辑上的矛盾是主张摆脱一切价值，却选择某种价值，结论与前提矛盾；实践上的矛盾是主张价值中立，实际价值并不中立，言行矛盾。

吉登斯于2007年底中国广州讲学之行应该给那些认为社会学能够摆脱价值、摆脱政治、摆脱意识形态的人一些启发。据网上报道，吉登斯自称经历过学术上的两个阶段，第一阶段是“只想语出惊人、在学界出头”，此后，他开始意识到写别人看不懂的书“不靠谱”，社会学家“不该只待在大学这个象牙塔里埋头苦干”，更重要的是要走出象牙塔，用理论去启发大众。因此在过去的15年间，吉登斯开始介入政治，他建议中国的社会学家也应该走到“广阔的天地”中去，将理论付诸实践中，否则，经不起实践考验的理论，也不可能有多大的说服力。“社会学家不仅需要理解世界，更需要改变世界。”[①] 难道能说由于吉登斯介入政治——在我看来应该说是深度地介入政治，他就不是、不再是社会学家了吗？

在社会主义低潮的背景下，摆脱一切价值、一切政治、一切意识形态，其实际结果往往是摆脱社会主义价值、社会主义政治、社会主义意识形态，往往是西方价值、西方政治、西方意识形态的乘虚而入。所谓的“非价值化”、“非政治化”、“非意识形态化”，正是西方推行他们那一套价值、政治、意识形态的遮眼布和挡箭牌，他们要“非”的是社会主义价值、政治、意识形态，让你的社会陷入根本目标的失范，价值观的失范，意识形态的

---

① 何莉君：《著名社会学家吉登斯广州访问记》、《“吉登斯与现代社会理论”学术研讨会在中山大学举行》，http：//www. sociologyol. org/shehuixuedongtai/xinwengonggao/xinwengonggaoliebiao/2007 - 12 - 09/4041. html.

失范，抽掉你社会的精神支柱，让你的社会成为一个没有脊梁骨的社会。他们这一套在苏联、东欧得手过，但是在中国不那么容易。在这里我们也可以体会到党的十七大强调中国特色社会主义道路、社会主义理论体系、社会主义核心价值体系的深远意义。

中国社会学以“增促社会进步，减缩社会代价”为自己的深层理念，继承先辈服务现实、服务社会的优良传统，表明它不可能成为“价值中立”的社会学。中国社会学要研究、推进社会主义和谐社会、和谐社区的建设，要研究改善民生的社会政策，表明它不可能脱离社会主义政治。中国社会学要研究探索把社会公平正义落实到社会制度和社区制度的方方面面，表明它不可能脱离社会主义意识形态。

现在该是结束那种认为社会学能够摆脱价值、摆脱政治、摆脱意识形态的幼稚病的时候了，该是澄清那种贬低社会主义价值、政治、意识形态的种种错误观点的时候了。

（三）社会学与人文性

在费孝通先生看来，中国社会学尚未充分成熟，根本的一点在于过分重视科学性，而忽略人文性或没有扩展到人文性。科学性和人文性的统一，并真正达到人文性这一层次，是中国社会学成熟的必经之路。

这是费孝通先生在其“社会学传统界限扩展论”中提出来的，是他逝世前对中国社会学发展和拓展所作的又一重大贡献。他在肯定“社会学是具有‘科学’和

‘人文’双重性格的科学”的大前提下指出：社会学的价值，不仅仅在于由科学性决定的“工具性”，“社会学的人文性，决定了社会学应该投放一定的精力，研究一些关于‘人’、‘群体’、‘社会’、‘文化’、‘历史’等基本问题，为社会学的学科建设奠定一个更为坚实的认识基础”。费老认为：“‘人’和‘自然’、‘人’和‘人’、‘我’和‘我’、‘心’和‘心’等等，很多都是我们社会学至今还难以直接研究的东西，但这些因素，常常是我们真正理解中国社会的关键，也蕴含着建立一个美好的、优质的现代社会的人文价值。社会学的研究，应该达到这一个层次，不达到这个层次，不是一个成熟的‘学’（science）。”①

这一理论的提出，可以看作是费老对世界社会学反思、重建的潮流所做的一种具有鲜明中国特色的回应，它的意义丝毫不亚于他以前提出的“差序格局论”、小城镇理论、中华民族的多元一体论等有中国特色社会学理论。可以这样说，为了国强民富，孜孜不倦地探讨中国风格的社会学理论，是费老学术生涯的追求，也是他学术生命的实质。② 费老达到的这一境界，毫无疑问应该看做是中国社会学日趋成熟的一种标志。

---

① 费孝通：《试谈扩展社会学的传统界限》，发表于《北京大学学报·哲学社会科学版》2003年第3期，第5—16页。

② 郑杭生：《费孝通对中国社会学的巨大贡献》，发表于《江苏社会科学》2006年第1期。又见郑杭生：《减缩代价与增促进步》，北京师范大学出版社2007年版，第33—41页。

费老的观点，在把社会学当作经验科学、以某种新面目出现的实证社会学实际上占主流地位的中国社会学界，具有振聋发聩的作用。一些人不了解，过去费老针对当时的情况强调科学性和实证风格，是有时代理由的，而把费老误解为仅仅是科学主义、实证风格。现在他又针对新的情况强调了社会学的人文性，更是有的放矢。费老提出的观点正在迫使许多人重新进行思考。随着和谐社会和科学发展观的提出，费老的观点会越来越显示出它的重要性。

二、经验性和理论性

社会学的实证主义思潮，不仅把科学性和价值性割裂开来，片面地强调科学性，否认价值性，而且也把经验性和理论性对立起来，只认经验性，否认理论性。实证主义的著名口号“拒斥形而上学”，就把价值性和理论性都当作“形而上学”拒斥掉了。

这一点，最明显地表现在著名美国社会学理论评论家乔纳森·特纳所著的《社会学理论的结构》一书中。该书提出了一个包含“三个拒斥”的思想，这就是拒斥哲学、拒斥元理论、拒斥社会学理论，他说：

“思辨理论的框架本身并非是解释具体事件的理论，而是解释一个理论必须提出的基本问题。”“我认为思辨理论通常沉陷于重大的哲学问题，而使理论的建立停滞不前。我想，旷日持久的哲学问题将存在下去，因为它们是无法解决的。”“更重要的结论是：大量的社会学理论事实上是思辨理论的活动。”①

从这些评论中，可以归结出特纳的基本观点是：第一，思辨理论是对“理论必须提出的基本问题”进行解释的理论，也就是说，思辨理论是元性质的理论；第二，这类元理论通常陷于“无法解决的”哲学问题，理论的研究因而也就“停滞不前”；第三，“大量的”社会学理论是这种元理论即哲学“思辨理论的活动”，不是社会学理论。根据特纳的逻辑，不仅对哲学的思辨理论予以拒斥，而且将阐释社会学基本问题的理论（即元理论）当作了哲学的思辨理论予以拒斥，进而将“大量的”“社会学理论”归结为了哲学的思辨活动，予以拒斥。这三个拒斥是特纳社会学实证主义立场的表现。这本早在20世纪80年代翻译成中文的书，在普及西方社会学理论方面起积极作用的同时，也把他主张的拒斥理论性的实证主义思潮带给了读者。

事实上，正如笔者指出的：任何有价值的社会学理论或社会理论，包括宏观的、中观的、微观的，都是这样那样从大量的现实经验事实材料中概括出来的，否则只能是苍白的。反过来说，经验研究尽管是基础，但仅仅停留在经验上，还不是理论。所以，轻视理论、理论研究同轻视经验、经验研究一样，都是片面的、错误的；经验研究和理论研究必须保持平衡，相互促进，相互得益。两者的关

① 乔纳森·特纳：《社会学理论的结构》，浙江人民出版社1987年版，第11、第12、第13页。

系是“合则双美、离则两伤”。[①] 正确处理经验性与理论性的关系，也是对中国社会学真正成熟的一种考验。

必须注意的是，实证主义社会学思潮对中国社会学的影响不能低估。中国社会学理论研究与经验研究失衡的根子，就在于这种思潮的负面影响。正如有学者正确指出的，中国社会学在快速发展中出现了明显的理论滞后现象。其表现是：一方面，大量的经验研究缺乏深入的理论思考或明确的理论前提，以致许多课题重复开展，缺乏学术的积累性和递进性；另一方面，简单运用西方实证社会学理论，很多经验研究往往是对某些西方实证社会学理论的粗浅证明，对处于深刻变迁中的中国社会生活的解释常常流于表层。[②]

轻视理论思维或理论建设的原因，首先是从中国社会学恢复重建开始，受美国社会学的影响太大。长期以来，美国社会学陷入了我称之为“强势社会学中实证主义困境”这样一种不利态势。这种强势社会学中的弱势，突出地表现在理论研究和实证研究失去了平衡，这与美国的实用主义“有用即真理”传统有着密切的关系，形成对实证主义思潮的追求和癖好。可以认为，理论与实证的失衡是世界社会学中心开始重新向欧洲转移的根本原因。美国人自己也很早意识到这个困境，甚至说得更严重，叫做

① 郑杭生：《当代中国理论社会学面临的创新任务》，发表于《社会科学战线》2007年第1期。

② 参见刘少杰：《中国社会调查的理论前提》，发表于《社会学研究》2000年第4期。

“危机”。米尔斯、古尔德纳的一些著作，可以说都是在批判这种困境。默顿“中程理论”对美国社会学具有两重性。一方面，它进一步推进了美国社会学的实证研究。另一方面，进一步造成了理论和实证研究的失衡，制约美国大社会学家的产生。所以，应当对美国社会学采取分析的态度，正确认识它的优势和弱点。实证研究或经验研究当然是必要的，美国社会学在实证研究的方法方面、在学科的规范化方面等等是有优势的，应该学习和借鉴的。但是实证过度、理论和实证失衡是不可取的。正确认识美国社会学，接受它的教训，减少盲目性，增加科学性，在任何意义上都不是要否定美国社会学。当前，中国社会学中的实证主义范式虽然还没有发展到美国社会学那样“危机”的程度，但如不未雨绸缪，后果也将是十分严重的。

当然，我们也必须注意到，美国社会学也发生了意想不到的深刻变化，不仅在实证传统中发展出一些内容和形式都十分新颖的新学科，如新经济社会学、网络社会学、新制度主义社会学、组织社会学、新理性选择理论等等，而且还形成了一些反对美国实证主义传统的具有强烈人文主义倾向的新学科，如加芬克尔的常人方法学、詹明信的文化社会学、罗蒂的新实用主义社群理论、福山的社会信任理论等等。更不用说欧洲社会学了。自 20 世纪六七十年代以来，国外社会学已经发生了令人耳目一新的变化。在欧洲出现了一大批像福柯、布迪厄、哈贝马斯、布希亚、鲍曼和吉登斯等人一样具有强烈人文主义倾向的社会学家，他们的思想观念已经远远地突破了传统社会学的界限，他们给出的理论概括是在传统社会学构架中无法理解的理论创新。①

美国社会学当前所面临的危机和中国社会学所可能面临的危机，提出了这么一个问题：即在当前形势下，社会学知识如何创新的问题。笔者认为，个人与社会的关系问题是社会学知识演进的轴心和根本线索，是社会学发展的基本问题和元问题。在当前社会学面临危机的条件下，要实现社会学知识的创新，必须抓住这个既是根本的前沿问题、又是我国社会快速转型中的焦点问题，进行理论和实证结合的研究，走出一条既不同于美国社会学又不同于欧洲社会学，但又吸取欧美社会学各自强势的学术路子来。

三、建设性与批判性

建设性和批判性的关系，涉及中国社会学和社会学者对待中国社会、社会现象的取向问题、态度问题，涉及中国社会学正确发挥自己的社会功能、实现自己崇高使命的问题。建设性和批判性是互补的、相互促进的，在这两方面都是不能走极端的。这个问题也同样考验着中国社会学的成熟性。笔者在2007年中国社会学长沙年会上所做的主题报告，提出了"建设性的反思批判精神"这一命题，正是为了把这两者结合起来。

---

① 郑杭生：《当代中国理论社会学面临的创新任务》，发表于《社会科学战线》2007年第1期。

所谓“建设性反思批判精神”，是指我们社会学对社会现象的分析研究要有这样一种精神或态度，即通过反思批判这样一种理性思维活动，实事求是地肯定该肯定的东西，否定该否定的东西，并根据这种分析提出积极的建设性的改进意见和方案，以增促社会进步，减少社会代价。这种建设性的反思批判精神，是肯定和否定的辩证统一，它既不赞同“否定一切”的颠覆性或毁灭性的变味批判，又不赞同“肯定一切”的无反思批判的盲从态度。这里，反思和批判并用，是想强调两者的某种相对区别，反思主要是对我们人和人类自己的反思、检讨；批判主要是对社会现实的批判、审视。人和人类，社会现实，既有真善美的一面，又有假恶丑的一面，需要通过反思批判，来发扬光大前者，抑制减缩后者。①

提出这个命题，主要原因有：第一，这是由作为马克思主义社会学的中国社会学或以马克思主义为指导的中国社会学的基本性质决定的。它是一种处在社会主义社会中的社会学，总体上属于建设维护型的社会学，这与它处在资本主义社会中的情况不一样，那时它总体上属于一种革命批判型的社会学。早在 1985 年，笔者在英国留学进修社会学和现代西方哲学回国后发表的第一篇社会学文章②就提出马克思主义社会学有两种形态的观点，即马克思主

① 郑杭生：《建设性反思批判精神与中国社会学美好明天》。这一篇主题讲演在《华中师范大学学报》2008 年第 1 期发表时，改名为《论建设性反思批判精神》。

② 郑杭生：《论马克思主义社会学的两种形态》，发表于《光明日报》1985 年 7 月 29 日。

义社会学对资本主义社会是革命批判型的社会学，对我们自己建立起来的社会主义社会是维护建设型社会学。我国以马克思主义为指导的中国社会学，作为维护建设性的社会学，建设性反思批判精神是社会学的本性使然，是理所当然的。

第二，这是由中国社会学实际情况决定的。在后现代解构思潮否定性、极端性的影响下，我国社会科学各个学界都有一些学者着重破坏而拒绝维护、强调摧毁而失于创建，使得批判性精神发生了严重的倾斜，褪变为了一种抨击性的仪式，进而固化了非理性的思维方式，酿成了一种影响极深的消极的社会习性。这些情况告诉我们，我们学者对社会、对青年学子是负有重大责任的。笔者认为，学者的学术责任是理性地思考，而不是感情用事。学者的根本责任是增促社会进步，减缩社会代价，而不是相反。学者的社会责任之一，是推进健康的社会心态和思潮，引导不甚健康的社会心态和思潮，而不是去迎合不甚健康的东西。这样的迎合，可以取得廉价的赞美，可以热闹一阵，但是经不起时间和历史的考验。笔者的一位朋友说得好：学者不能只解构不建构，只务虚不务实，只求异不求真。这些情况也提醒我们的青年学子——他们是中国社会学的未来的希望，只有增强建设性的反思批判精神，他们才能茁壮成长为对国家对社会对中国社会学有所贡献的社会学者和社会工作者，成就自己的事业，前途无量。

第三，这是总结前两个世纪的经验教训决定的。最近，我们从四个维度研究了19、20世纪的学术思潮。这四个维度就是作为主体和历史型塑者的“大写的人”，作为现代知识体系的成型标志的“大写的理性”，作为普遍历史模型的确立象征的“大写的历史”，以及作为不同政治主张升华的“大写的意识形态”。我们的分析研究表明，19 世纪“大写建构”具有片面性，而 20 世纪“大写解构”则具有极端性，当进入 21 世纪的时候，人类的思维正处在一个历史的大弯道上。我们提出的问题是：在 21 世纪应该如何站在新的起点上，如何超越上两个世纪。我们认为，建设性反思批判精神是避免 19 世纪“大写建构”片面性和 20 世纪“大写解构”极端性的康庄大道。[①] 现在，转型中的中国社会，越是接近这个新起点的时候，越要承接从上游奔腾而下的各种思潮的冲击力。当代中国成为各种思潮的汇集点。这是我们现在就感受到的。只有坚持建设性反思批判精神，才能正确对待我们必须面对的各种思潮。

四、传统性与现代性

“传统和现代”与社会学结下了不解之缘。从历史看，在古典时期，对传统和现代关系的理解，是社会学创始人和实际奠基人创建社会学立论的重大根据之一，在现

---

① 杨敏、郑杭生：《依然在路上：穿越历史大弯道的个人与社会》，发表于《中国社会科学内刊》2007 年第 3 期；又发表于《中国人民大学学报》2007 年第 6 期。又参见郑杭生：《论建设性反思批判精神》，发表于《华中师范大学学报》2008 年第 1 期。

代和当代，它们仍然是没有哪位社会学家能够避开的重大课题之一。从理论看，传统和现代、传统社会和现代社会成为社会学分析的两种理想类型，具有很强的方法论意义。传统和现代，又是广义社会转型论的核心概念。类似地，要理解现代化和现代性的含义，也离不开这两个基本概念。同时，“传统和现代”，又是一个充满歧见的领域，对何谓传统、何谓现代、如何理解两者的关系都有不同观点，并连带产生出一系列其他问题的分歧。所有这些，也使正确把握传统与现代的关系成为考验中国社会学成熟性的重要标志。

现在，对传统和现代的认识已经达到了一个新的阶段，这就是认识到现代或现代性是成长的，而传统是被发明的，简要地说，就是“现代的成长”与“传统的（被）发明”，以及两者的不可分割性。这只要看看传统与过去、与现在、与将来的关系就清楚了。第一，传统是保留在现代人的记忆中、话语中、行动中的那一部分过去，因而是对现在仍然起着作用的那一部分过去；第二，传统是被现代人从过去之中精选出来的，由于现代人的选择这部分过去才得以留存下来，因而它同样是现代生活的一部分；第三，由于现代人的反复实践和应用，这些留存的过去获得了传统的意义，影响、制约某一地区、某一群体的社会成员及其家庭的行为和生活。这种传统往往以该群体的亚文化的方式、习俗的方式出现；第四，现代人通过对过去“重构”或“新构”的方式生产出传统，而这是一个集体的和社会的行动过程。这种“重构”或“新构”

可以有不同的指向，不同的指向会对现在，甚至未来产生不同的影响。所以，传统源于过去，是“活着的过去”，是能够“活到”现在的那一部分过去。而作为活着的过去，传统也是“现在”，甚至会是“未来”，因为它们往往会蕴生出更为长久的社会趋势。

从上述观点可以知道，所谓社会转型，广义地说就是社会不断从传统走向现代，走向更加现代和更新现代的变迁过程，而在走向更加现代和更新现代的变迁过程中又不断产生自己相应的新传统和更新的传统；也可以了解，现代性的基本含义之一，就是“现代的成长”与“传统的（被）发明”的有机统一。

新布达佩斯学派伊亚尔、塞勒尼、唐恩斯利等人主张的狭义转型论或所谓“新古典社会学”，把传统向现代转变的研究视为已经过时而一笔勾销，代之以从现代向现代的转变这个新议题。这种对传统与现代的割裂，在理论上和现实上都是说不过去的。这也正是我们主张的广义转型论与他们的重大理论分歧之一，也是他们的重大理论缺陷之一。这一点也迫使我们探讨现代性进程中的传统与现代的关系，应对这种学术挑战，对他们进行学术剖析。

五、本土性与国际性

中国社会学界自 1979 年恢复和重建以来，就有一个共同的体会，这就是：学术发展也和整个国家的发展一样，不能闭关自守，一定要走本土性和国际性相结合，或者说，本土化和与国际化相结合的道路，否则，学术就要永远落后，中国社会学在世界的社会学格局中的弱势地位也难以改变。本土性与国际性相结合，同样是中国社会学走向成熟不可回避的课题。

（一）本土性与国际性相结合

所谓本土性或本土化，主要是指中国社会学首先必须立足于中国的社会实际，特别是抓住当前中国社会急剧变化的机遇，去调查、去研究、去概括、去总结，并要深入研究中国社会思想史和中国社会学史，从中国丰富的社会思想资料中，从中国悠久的优秀学术传统中吸取养料。这就是中国社会学的本土性或本土化的主要含义。这样的中国社会学才能真正具有自己的中国特色。

所谓国际性或国际化，主要是指中国社会学要自觉学习、借鉴欧美强势社会学的精华，使自己能够用世界的眼光，从整个人类实践的高度来解释中国社会和建构中国的社会学理论，从而使自己真正成为世界社会学不可缺少的一支，逐步培养和提高同国际社会学界平等对话的能力和实力，并在改变学科和学术的话语权一直由西方垄断的局面方面作出中国社会学家自己的贡献。这就是中国社会学国际化的主要含义。这样的中国社会学也才能真正具有得到公认的国际性，能够为世界社会学贡献自己独有的一份力量。

无论是社会学的本土化还是国际化，都离不开本国学者主体意识不断增强。这也是我们前辈社会学家给我们提供的一条基本经验：没有主体意识，就既没有社会学中国化，也更谈不上国际化。现在的问题是，确实存在一种与主体意识相对立的“边陲思维”，即那种对欧美社会学照抄照搬、亦步亦趋还自以为站在学术前沿，而对本国社会学及其历史则采取看不起甚至虚无主义态度的思维。这种“边陲思维”是不成熟的表现，也是阻碍社会学中国化和国际化结合的，更是与中国正在从地区性大国走向全球性大国的背景不适应的。

只有沿着本土性和国际性相结合的方向进行艰苦的探索，理论创新才有可能，某种具有原创意义的新进展也才会出现。

（二）中国社会学百年轨迹的继续

中国社会学在自己一百多年的历史中走过了曲折的道路。在这曲折的过程中，它无时无刻、自觉不自觉地在处理着与中国社会现实、与中国学术传统特别是中国历来的社会思想、与外国社会学和社会思想的关系，并且正是在这种处理中实现了并且还在实现着自己的创新作用和具有自己的中国特色的。从这一方面来看，中国社会学百年的发展轨迹，可以简明地概括为四句话，这就是“立足现实，开发传统，借鉴国外，创造特色”。[①] 所谓立足现实，就是中国社会学把现实的中国社会作为自己的立足点、出发点和归宿点。所谓开发传统，就是中国社会学注意吸取几千年历史上丰富的社会思想，特别是关于社会治乱兴衰的思

① “立足现实，开发传统，借鉴国外，创造特色”这一提法，在拙著《中国社会学百年轨迹》于《东南学术》1999年第5期发表时，曾表述为“立足现实，弘扬传统，借鉴国外，创造特色”，后来将其中的“弘扬传统”改为“开发传统”。

想，以此来观察现实的中国社会，并对西方传入的社会学给以带有中国特色的解释。社会学的中国化，首先当然是立足现实，同时也是与开发传统分不开的。所谓借鉴外国，就是中国社会学界注意借鉴国外社会学，其中包括欧洲、美国和日本的一些理论和方法。所谓创造特色，就是在立足现实、开发传统和借鉴外国的基础上，中国社会学进行自己的创造。这里，“立足现实，开发传统，借鉴国外，创造特色”，是统一的整体，不能相互分割。缺少其中之一，就会这样那样影响中国社会学的健康发展和成熟。

本土性和国际性相结合，其实就是中国社会学百年轨迹在新的历史条件下的继续和继承。这里，本土化着重说的是“立足现实，开发传统”，国际化着重说的是“借鉴国外”。本土性和国际性相结合着重说的是“创造特色”。因此，本土性和国际性相结合，不仅有历史的导向，而且有现实的走向，还有未来的取向。

（三）顶天立地与两维视野

本土性和国际性相结合可以有多种表达，如本土特质与世界眼光相结合，如“建构本土特色”与“超越本土特色”相结合等等。

本土性和国际性相结合，通俗地说，还可体现为一种精神境界，这就是顶天立地精神。笔者曾指出：中国社会学要取得实质性的进展，有两条特别重要：第一是站在国际社会学的前沿，把握社会学理论、方法、历史研究方面的新成果、新趋势；第二是深入到我国社会快速转型的实践，特别是在社会重心下移的今天，深入到基层的社区建设的实际，把握住制度创新的脉络。这就是说，当代中国社会学要取得实质性的发展必须有一种“顶天立地”的精神。这里“顶天”，就是要追求前沿，要有世界眼光；“立地”，就是要深入基层，要有草根精神。顶天立地，就是要把追求前沿与深入基层结合起来，把世界眼光与草根精神结合起来。这里，无论“顶天”和“立地”，都要以马克思主义的观点，特别是马克思主义中国化的成果来指导。[①]顶天立地把本土性和国际性相结合，具体化和通俗化了。

本土性和国际性相结合，学理地说，更可体现为一种有方法论意义的视野，这就是两维视野或双侧分析。在“实践结构论”中我们曾指出，社会实践的结构性变化包含着两种力量，具有两个维度，这就是第一，现代性全球化的长波进程所代表的力量和维度，第二，本土社会转型的特殊脉动所代表的力量和维度。我们曾经指出，当今世界的每一项重大的动态变化之中，都包含着这两个维度也即这两个方面的共同作用。可以说，那些左右着社会生活的重要动态变化，那些影响我们个人生活的复杂症候，都离不开这两股力量，是这两股力量相互扭合所产生的一系列现实效果。这两个维度所发生的作用、所产生的效果，我们称之为“二维效应”。对于上述客观的两种力量、两个维度、“二维效应”展开社会学分析，我们称之为“双侧分析”，而它们作为社会学视野或视角，我们称之为

---

① 郑杭生：《社会公平正义与和谐社区建设——对社区建设的一种社会学分析》，发表于《中国特色社会主义研究》2007 年第 6 期。

“二维视野”或“二维视角”。[①]

用这种两维视野来分析中国经验，我们就能知道，“中国经验”或“本土经验”，只有用世界眼光加以总结，才有价值和意义；只有用世界眼光加以提炼，才能运用和推广。“只有本土化，才能国际化”，其前提是有世界眼光。不能超越本土的本土化是狭隘的、单极思维的本土化，是没有前途的，只有立足本土、又超越本土的本土化，才是真正的、两维视野的本土化，是有广阔前景的。而世界眼光也只有不断用本土经验加以丰富、充实，不断对本土经验进行概括、提炼，才能成为不断激活本土经验的新的灵感，不断提供分析本土经验的新的视角。[②]

总之，中国社会学要不断增强自己的主体意识，把本土性与国际性、本土特质和世界眼光结合起来，沿着前辈开辟的“立足现实，开发传统，借鉴国外，创造特色”的轨迹，以顶天立地的精神，创造自己更加美好的明天。

小　结

上述对科学性与价值性、经验性与理论性、建设性与批判性、传统性与现代性、本土性与国际性的正确把握，是一个没有止境的过程。因此，我们对中国社会学成熟性

---

① 郑杭生、杨敏：《社会实践结构性巨变对理论创新的积极作用》，发表于《中国人民大学学报》2006年第6期。

② 郑杭生、杨敏：《社会实践结构性巨变对理论创新的积极作用》，发表于《中国人民大学学报》2006年第6期。

的追求也不会停止。因为停止追求，意味着正确把握会让位于片面把握、错误把握。

要正确把握上述这些关系，要避免走极端，片面强调一个方面，错误就不可避免。它们既有“非此即彼”的一面，又有“亦此亦彼”的一面，这就是这些成对范畴的辩证性。忽视这些成对范畴的辩证本性，中国社会学就不可能健康成长，不断走向成熟。同样，我们在处理社会学的基本问题和元问题——个人和社会关系问题时，在处理这一问题的丰富多彩的展开形式（即社会基本问题的设问形式）——个人自由和社会秩序、个人行动与社会结构、权益自主与权力规范、个人私欲与社会公益、个人个性与社会准则、自主行动与公共制导，以及这些设问形式在当代的丰富表现。如意义与支配（吉登斯）、生活世界与系统（哈贝马斯）、惯习与场域（布迪厄）、肉体与权力（福柯）等等，都不能忽视它们的辩证性。

马克思、恩格斯在黑格尔那里挽救了那种打破二元对立的辩证法的“合理内核”。恩格斯在《费尔巴哈论》中指出：“这样一来，黑格尔哲学的革命方面就恢复了。”恩格斯把黑格尔“认为世界不是既成事物的集合体，而是过程的集合体”称为“一个伟大的基本思想”。按照这一伟大的基本思想，“人们对于还在不断流行的旧形而上学所不能克服的对立，即真理和谬误、善和恶、必然和偶然之间的对立也不再敬畏了”①。

① 《马克思恩格斯选集》第4卷，人民出版社1995年版，第244页。

让我们以上述伟大的基本思想为指导，力求正确把握科学性与价值性、经验性与理论性、建设性与批判性、传统性与现代性、本土性与国际性之间的辩证关系，推进中国社会学不断从不成熟走向成熟，从成熟走向更加成熟，力求避免各种幼稚病。

社会学视野下的“中国经验”*

随着中国的和平崛起、作用的日益发挥，谈论“中国经验”的学者和人士也日渐增多。如果说30年前国际上研究中国的多半还限于媒体记者、一般学者，那么现在，世界著名学者也越来越把自己的目光和注意力转向、甚至集中到当代中国研究和“中国经验”上。

讨论“中国经验”首先离不开正确处理新中国成立以来两个30年的关系。如果实事求是地、具体分析地看待这两个30年的关系，必须承认：前30年既为后30年打下基础，又为后30年留下了问题。① 因此，既不能用后

---

* 本文是2009年10月24日在国家图书馆主办的系列公益性讲座“文津读书沙龙”上所作的讲演稿，原题为《“中国经验”的几点社会学解读——纪念中华人民共和国60华诞》，《光明日报》2009年12月3日发表时改成现在的题目，并对内容做了个别修改。这个讲演稿开始是为2009年3月27日在中央民族大学召开的主题为“中国研究的可能与课题——新社会的构想”的“中日社会学国际研讨会”准备的主题发言。收入本书时，又删去或简化了一些与其他文章重复的段落。

① 郑杭生：《改革开放30年：社会发展理论和社会转型理论》，发表于《中国社会科学》2009年第2期。

30年来否定前30年，也不能用前30年来否定后30年。用后30年来否定前30年，就是无视前30年为后30年打下基础的一面，就是无视前30年本身取得的伟大的基础性成就的一面；而用前30年来否定后30年，则是无视前30年为后30年留下的问题的一面，就是无视后30年本身取得的伟大的发展性成就的一面。本文主要涉及后30年，前30年笔者将有专文表达。

同时，“中国经验”是一个争议很多的领域。当代中国是各种思潮的交会点，不同的思潮对“中国经验”的看法和理解也不同。在这种背景下，笔者也愿意把这些年对有关中国研究、“中国经验”的一些思考和探索，较为集中系统地简述出来，求得大家的帮助和指正。有些论点以前发表过。

那么，什么是“中国经验”呢？所谓“中国经验”，简要地说，是当代中国在社会经济发展方面比较突出的特点和过程所构成的特定类型。在笔者看来，“中国经验”可以从本质内容、实际轨迹、推进形式、实现途径、前景展望等五个方面来加以考察分析，详细一点说，就是下述五个题目：

“中国经验”的本质内容：新型社会主义的不断成长壮大。

“中国经验”的实际轨迹：从初级发展到科学发展的进程。

“中国经验”的推进形式：自上而下和自下而上共同探索。

“中国经验”的实现途径：体制转轨与结构转型齐头并进。

“中国经验”的前景展望：人类困境与特殊挑战双重应对。

一、“中国经验”的本质内容:新型社会主义的不断成长壮大

中国社会改革开放30年的发展和转型，具有自己鲜明的特色和特点，在全球是独一无二的，用世界上任何现有的发展模式都难以完全解释得通，因而形成独特的“中国经验”、“中国模式”。这种经验和模式，既不同于众多的资本主义发展模式和经验，但是利用了它们一切先进的东西，也不同于过去那些失败的社会主义模式，但是汲取了它们的经验教训。因此它是一种新型的社会主义发展模式和经验，也即中国特色社会主义的发展模式和经验。

“中国经验”的本质内容不是别的，正是这种新型社会主义的不断成长壮大；我们要建立的新社会，正是这种新型的、和谐的社会主义社会。那么，这种新型社会主义“新”在哪里？笔者曾经指出，概括地说，主要表现在两个方面：第一，它是一种利用资本主义一切可以利用的东西、逐步取得对于资本主义的相对优势的社会主义。第二，它又是一种在自己的实践中不断探索社会正义、不断追求社会和谐、不断进行制度创新，并不断致力于逐步把公平正义贯彻到社会结构和社会制度各个方面的社会主

义。尽管这种处在成长壮大过程中的新型社会主义还很年轻，还有很长的路要走，但它在新中国成立60年特别是改革开放30年取得的引人注目的巨大成绩，表明它是一种生气勃勃、前途无量的社会主义。2009年国庆阅兵、游行的盛典，向全世界证明了这一点。

现在，越来越多的发达国家一流学者都在程度不同地研究“中国经验”、“中国模式”；越来越多的发展中国家也正在思考和参考“中国经验”、“中国模式”。2008年起源于美国的世界金融危机更加促进了这一趋势。当前，包括中国在内的世界媒体、学界、政界，以至商界都在传递三种思考：一是对资本主义制度及其自由市场体制的反思，二是对人为的现代风险的极端严重性及其应对的探讨，三是对“中国经验”的重新评估和进一步研究。如果说，差不多20年前，随着苏联、东欧解体而来的是世界性的思潮“向右转”，仿佛此后真是资本主义作为一种“终结历史”的社会制度而傲视全球。那么，伴随作为资本主义本质衍生物的金融危机的展开和灾难性后果的暴露，我们又看到了一种国际性的思潮“向左转”的景观。一些过去很右的人，说出了带有明显左的甚至很左的观点。中国在应对金融危机方面所采取的措施，所表现出的自信心和动员力，也更推动了对“中国经验”的重新评估和进一步研究。

当然，我们清醒地认识到这种新型社会主义成长过程的长期性和艰巨性，正如邓小平指出的：“中国社会主义是处在一个什么阶段，就是处在初级阶段，是初级阶段的社会主义”。“初级阶段就是不发达阶段。”他还说：“我们搞社会主义才几十年，还处在初级阶段。巩固和发展社会主义制度，还需要很长的历史阶段，需要我们几代人，十几代人，甚至几十代人坚持不懈地努力奋斗，绝不能掉以轻心。”确实，这种社会主义的成长是与很多不发达因素联系在一起的，每前进一步都需要走曲折的道路，作出艰巨的努力。很长的时期内，不少人还习惯于把取得的成绩归之于资本主义而把产生的问题归之于社会主义。那时，坚持这样的社会主义在“社会主义低潮综合征”存在的大背景下，无论在理论上还是实际上都是需要勇气的。这种情况，只是在金融危机之后，才开始有所改变。

作为一种新型社会主义的中国特色社会主义是中国社会的根本目标。关于根本目标的重要性，从社会学的视角看，在于它是广大社会成员对整个社会规范的信任和遵从的基础，是公民对整个社会规范和社会秩序的信心的来源。一个有坚定正确根本目标的社会是一个前景光明的社会。而一个根本目标失范的社会，即多数社会成员对根本目标模糊不清，动摇不定，失去信心，甚至失望逆反等，这离整个社会的恶性运行和畸形发展也就不远了。一个社会可以容忍一定程度的手段方式的失范——这是失范的第一阶段，因为这种失范还不足以危及社会生存和发展的基础；但绝不能听任手段方式失范的恶性膨胀，因为这会严重侵蚀广大社会成员对整个社会规范的信任和遵从，动摇公民对整个社会规范和社会秩序的信心，进而演变为社会失范的第二阶段——根本目标失范。因为这意味着一个社会的根基动摇了。所以根本目标的问题绝不是一个小问题。

二、“中国经验”的实际轨迹:从初级发展到科学发展的进程

“发展轨迹”是一个动态的概念，它把从起点到结果的发展动态过程显示出来。要真正理解中国30年来形成的科学发展模式，具体地把握“中国经验”，就要了解它的初始起点、实际轨迹和理论提炼。

中国30年来的发展实际上显示出一条从初级发展到科学发展的轨迹。其中差不多有20年的时间是沿着初级发展的路径前进的。这种发展的初级性从多方面显示出来:

第一，发展目标是初级的。1978年改革开放初期，中国社会最直接的发展目标是解放和发展生产力，摆脱贫困状态。这是因为，那时国家经济社会发展的状况和人民生活水平状况都集中地表现为贫穷。国门一打开，与富裕国家一比，贫穷这一中国社会最大的特点，更成了压在每个中国人心上的石头，脱贫的渴望成为一股不可抑止的潮流。邓小平非常理解这一客观现实和社会心理，他联系社会主义的本质，对这个问题进行了深入反思，提出了一个引起强烈共鸣的观点“贫穷不是社会主义”。他给中国发展生产力制定了三步走的目标，第一步是脱贫，第二步是小康，第三步是达到中等发达国家的水平，这差不多已经到了21世纪中叶了。脱贫、小康的目标的提出，是符合当时中国国情实际和反映人民意愿的，但很显然是与不发

达状态联系在一起的，因而是初级的。

第二，发展的手段是初级的。按照一个中心，即以经济建设为中心，经济因素成为国家社会生活中的核心驱动因素，经济的思路和办法，也成为解决其他政治问题、社会问题的手段。在1979年10月4日《关于经济工作的几点意见》中，邓小平明确地指出了这一点。这种以经济办法解决政治问题和社会问题的思路在特定的历史条件下为推动经济社会改革提供了出路，是当时的一种最佳选择，曾经起过巨大的历史作用。但是也应该看到，由于过分强调经济因素和经济办法，在实践中就形成了追求GDP增长的政策取向，在一定程度上造成了经济与社会失调，效率与公平失衡，付出了过大的环境资源代价。采取这样的手段和办法来发展经济，归根到底也是与不发达状况相联系的，因而不能不是初级的。

第三，用于发展的资源是初级的。在过去30年中，我们用于发展的主要资源，一是土地，用它来实现城市化、现代化；二是廉价劳动力，用它来降低成本，增加对外出口的竞争力；三是自然资源的过度开采和使用，出现不少资源枯竭型的城市；四是生态环境的代价：空气污染、水污染、沙漠化等已经非常严重。土地、廉价劳动力、自然资源、生态环境，这些都是发展的初级资源，它们不是无限的，而是有限的。这样使用初级资源，向自然界过度索取，是不可持续的，终有一天无以为继。

第四，参与发展的各主要方面的关系是初级的。实施发展的社会三大部门——政府组织、市场组织、社会组织的关系仍然失衡。政府往往错位，过分使用自己的主导作用，管了许多不该管、管不了、管不好的事情，结果是吃力不讨好，反而使自己成为社会矛盾的焦点。市场往往越位，一些不该市场化的公共领域，如教育、医疗、廉价房等往往被市场化甚至过度市场化，造成很多的社会问题。社会则往往缺位，它既没有政府那样的权威，又缺乏市场那样的力量，本身又很弱小，还不能有效弥补政府失灵和市场失灵，也不能有效起到降低政府管理成本的作用，因而还没有真正成为合格的社会发展的重要主体之一。这样的三大部门之间的关系，不能不是初级的、迫切需要提升的。

第五，发展的结果也是初级的。我国发展的结果之一是形成了诸多的“类发展困境”，如：差距困境、环境困境、公平困境、腐败困境、弱势群体困境，等等。所谓“类发展困境”，是指总体发展起来了，但不少方面发展的实际结果与发展的预定目标正好相反，这是属于总体发展顺境中的“发展困境”①。本来，发展的预定目标是减缩差距、改善环境、提高公平度、减少腐败现象、缩小弱势群体，但是发展的实际结果却是差距的增大、环境的恶化、公平度的降低、腐败现象的蔓延、弱势群体的扩大。这种“类发展困境”与那种发展的实际结果与发展的预定目标完全相反的情况，即很想发展、就是发展不起来或

① 郑杭生：《警惕“类发展困境”——社会学视野下我国社会稳定面临的新形势》，发表于《中国特色社会主义研究》2002 年第 3 期。

很难发展起来的情况，即典型的“发展困境”，是不同的。但“类发展困境”毕竟是一种困境，说明发展的结果仍然是初级的，有待于进一步提升的。

应当指出的是，对于我国这样一个不发达的大国来说，发展的初级性是无法跳过的，代价是无法完全避免的。中国的幅员是如此之广，地区差别是如此之大，发展初始条件是如此之低，只能实事求是地确定适合自己情况的发展目标、发展手段、发展可利用的资源。我们只能要求经过努力把代价减少到最低限度，把初级发展的时限缩短到最小期限。在这方面，用比较研究的眼光来看一些初始条件与中国差不多、甚至比中国好的国家，应该客观地说，中国是做得很不错的。

但是，初级发展的无可避免性，并不给就此止步提供根据，相反，它表明对初级发展的建设性反思的必要。在理论上看，初级发展是与旧式现代性相联的。所谓“旧式现代性”，是指那种以征服自然、控制资源为中心，社会与自然不协调，个人与社会不和谐，自然和社会付出双重代价的现代性。随着在 20 世纪与 21 世纪的交替期间，旧式现代性已经进入明显的危机时期，全球社会生活景观因此呈现出重大转折的种种迹象。在世界，在中国，探索新型现代性便成为一种势在必行的潮流和趋向。同时，30 年发展本身，也酝酿着这种积极的转变。人们必须对发展目标、发展手段、发展利用的资源、发展主体之间的关系、发展的后果，用新的观点来重新加以审视和定位。

科学发展是对初级发展进入更高一级发展的概括，是对我国以往初级发展实践的深刻总结和提高。科学发展观的内容，按照党的十七大报告系统总结的，第一要义是发展，核心是以人为本，基本要求是全面协调可持续，根本方法是统筹兼顾。科学发展与初级发展，既有继承的一面，又有提高的一面，形成了一个从初级发展到科学发展的历史轨迹。

首先，科学发展肯定了初级发展中的最主要的精华之点。我们都记得邓小平的名句“发展才是硬道理”。正是发展创造了“中国奇迹”。科学发展把发展确定为第一要义，正是肯定了这一精华之点，就是说，科学发展同初级发展在把发展放在第一位上，是没有不同的。

其次，科学发展适应新的发展要求适时地提出一系列创新之点。

——科学发展把“以人为本”作为自己的核心。这就是把人的全面发展作为自己的根本目标，特别是包含着要让社会弱势群体共享发展成果的深意，从而开始纠正过去的种种发展，多多少少都把弱势群体当作发展代价、甚至当作发展牺牲品的弊病，当然这种纠正的过程还有很长的路要走。

——科学发展把全面协调可持续作为自己的基本要求。所谓全面，就是双赢互利或共赢互利，就是使构成我们社会的各方、参与我们社会发展的各方，特别是强势和弱势各方，都能获得共赢互利，而不是通过牺牲一方来使另一方得益获利。所谓协调，就是社会方方面面的关系良性互动和协调发展，就是全体人民各尽其能、各得其所而又和谐相处。所谓可持续，就是既满足当代，又不伤害后代。这实际上指出了：那种通过牺牲一方来使另一方得益获利的“零和游戏”式的发展，是片面的、不协调的、不可持续发展的旧式发展观的集中体现。

——科学发展把统筹兼顾作为自己的根本方法。统筹兼顾，就是经济和社会、城市和乡村、东中西部不同区域、人和自然、国内发展和对外开放等这些主要关系各方，都获得自己应有的发展，而不是片面重视一方、轻视一方，甚至损害一方。这对纠正过去的种种发展，一般重经济轻社会、重城市轻农村、重东部轻中西部、重人的短期需要轻自然的长期保护的倾向，是很重要的。

从初级发展到科学发展的轨迹表明，科学发展源于初级发展，又高于初级发展，既继承，又提高。从理论上说，正如初级发展是一种与旧式现代性相联系的发展一样，科学发展则是一种与新型现代性相联系的发展。所谓“新型现代性”，是指那种以人为本，人和自然双盛、人和社会双赢，两者关系协调和谐，并把自然代价和社会代价减少到最低限度的现代性。[①] 从中国社会转型加速期取得的巨大社会进步和付出的种种社会代价中，我们都能从正反两方面，亲身体会到新型现代性的深刻意涵。科学发展和新型现代性两者是非常吻合的：两者都主张“以人

---

① 郑杭生、杨敏：《社会互构论的提出》，发表于《中国人民大学学报》2003 年第 4 期。又参见郑杭生：《新型现代性与中国社会学》，发表于《宁波市委党校学报》2004 年第 5 期。

为本”，都主张双赢互利，都主张协调和谐，都主张减缩代价。只是两者的表述不同：科学发展在表述上更注重对实践的指导；新型现代性则更注重学术的提炼和感悟。

科学发展观产生于对初级发展到科学发展实际轨迹的理论提炼，同时又是发展理论和发展模式的新的探索。

首先它是发展理论的巨大进步。概括地说，自第二次世界大战以来，发展观的演变大体经历了经济增长观、综合发展观、可持续发展观、人的发展和科学发展观。这些理论大体上反映了从重视单纯经济增长，到横向重视经济社会文化综合发展，再到纵向重视本代与后代的可持续发展，再到全面重视人的发展的曲折过程。科学发展观汲取了所有这些发展理论的积极因素，根据中国的发展经验加以理论创新，并作为国家发展战略回过来指导发展实践。

其次，它又形成了一种中国特色的发展模式即“科学发展模式”，它是继当今文献中出现频率较高的“北欧模式”、“拉美模式”、“东亚模式”之后，对发展模式的某种创新。它认真研究自己的国情和自己的经验，认真研究别人成功的经验和失败的教训，认真汲取对自己有益的经验，在此基础上创造适合自己国情的模式，开辟可行的发展道路。这是比较成功的做法。

三、“中国经验”的推进形式：自上而下和自下而上共同探索

自中国卓越领导人邓小平1982年在十二大提出“把

马克思主义的普遍真理同我国的具体实际结合起来，走自己的道路，建设有中国特色的社会主义”① 的著名论断以来，中国特色社会主义这一新型的社会主义，一直是中国社会坚定不移的根本目标，也是中国社会研究的最重要的课题。“中国经验”、“中国模式”是中国社会上下结合、共同探索、互动创新的结果。

在“自上而下”方面，中国特色社会主义是一种前所未有的创新性的社会主义。党的十六大以来，特别是以胡锦涛为总书记的党中央掌舵以来，一直到他所做的十七大报告，都越来越明显地表现出这种趋势。以人为本，全面、协调、可持续发展的科学发展观的提出，构建民主法治、公平正义、诚信友爱、充满活力、安定有序、人与自然和谐相处的社会主义和谐社会的问世，社会和谐被确定为社会主义的本质，改善民生问题被确定为社会建设的重点，公平正义被确定为社会建设的目标，就是几个标志性里程碑。党的十七大报告进一步指出：“改革开放以来我们取得一切成绩和进步的根本原因，归结起来就是：开辟了中国特色社会主义道路，形成了中国特色社会主义理论体系。高举中国特色社会主义伟大旗帜，最根本的就是要坚持这条道路和这个理论体系。”这里“开辟了”、“形成了”都表明了马克思主义中国化在中国特色社会主义方面的理论创新和制度创新。十七大报告，深刻明确无误地向全世界阐释了中国特色社会主义从哪里来，又到哪里

① 《邓小平文选》第三卷，人民出版社 1993 年版，第 3 页。

去，有力地坚持了社会主义方向。

同时，中国特色社会主义又是一种与资本主义有着复杂关系——一种利用资本主义，但又与资本主义有本质区别的社会主义。这样的社会主义有市场经济，有证券交易，有劳资关系等等资本主义社会同样存在的东西，不仅如此，中国还有企业主共产党员——红色资本家、“两新组织”——新经济组织、新社会组织，“两新人员”即两新组织的人员等等。这种你中有我、我中有你的情况，一方面使我们体会到，中国特色社会主义具有的开放性和包容性——这也不用奇怪：资本主义也汲取了社会主义的许多因素；另一方面，也使我们亲身体会到，如果不清醒地自觉到这是利用资本主义，那就很容易与资本主义相混淆。因此，这里特别体现出社会主义坚定目标的重要性，树立共同理想的必要性。同样上述情况也告诉我们，如果不去利用，那就是缺乏智慧；但是如果在利用时，忘记了自己的社会主义目标，那就是没有头脑。中国执政党和政府最高层，把目标的坚定性与策略的灵活性结合起来，不断把这种新型的社会主义推向前进。

在“自下而上”的方面，随着中国社会重心日益下移，全国范围的社区建设和社会主义新农村建设，正在蓬勃开展。我们在全国各地的调查和考察表明，中国城乡基层社会，正在用建设性的反思批判精神，通过制度创新，把社会公平正义落实到我国微观制度的方方面面。无论在制度安排的公平方面，还是百姓认可的公平方面，无论在合理配置社会资源和社会机会、重点解决民生问题上，还是在解决突出社会问题、社会矛盾和社会风险上，无论在使全体人民受益方面，还是在让弱势群体共享社会发展成果方面，无论在减少居委会的行政性、增加自治性，还是在培育和健康发展社区组织与建立社区服务体系方面，都在逐步取得进展。我们的调查和考察也表明，总的来说，各地是在利用资本主义一切可以利用的东西，而不是在“自下而上”走资本主义道路。我们的调查和考察还表明，在中国社会快速转型期，确实是社会优化与社会弊病并生、社会进步和社会代价共存，社会协调与社会失衡同在，但基本方面、基本趋势是社会优化、社会进步、社会协调，而社会弊病、社会代价、社会失衡则是非基本方面、非基本趋势。尽管如此，各地对后一方面并没有忽视，也正在逐步解决。

这里还要强调各种“地方经验”对“中国经验”的贡献。他们可以说是“自上而下”和“自下而上”的各个连接点。我国30年来的改革开放和思想解放，在很大程度上可以说，是一个制度创新的持续过程。这一过程通过各种地方性创新的亮丽景观，汇成了现代化进程“中国经验”的创作。在对当今中国城市社会建设展开的实地考察中，我们先后领略了“武汉经验”、“广州经验”、“深圳经验”、“郑州经验”等，2008年又有幸与“杭州经验”相遇。杭州根据第一轮发展主要用土地、廉价劳动力、矿物资源、环境代价等初级资源的局限和缺陷，提出了“复合社会创业主体”这一新概念和新模式，并在实践中取得了很多成功。2009年，又一次与“郑州经验”

相遇，他们提出的把郑州建设成“三化两型”的国际大都市，标志着我国中部的崛起。

以笔者为总主编的两套丛书——中国特色和谐社区建设系列调查研究报告丛书和当代中国城市社会发展实地调查研究系列丛书，其创意就在于表达第三个层次社区建设经验和第二个层次城市发展经验在中国经验中的基础性和重要地位。

在三个层次中，中央经验是中国经验的核心、灵魂和指导。地方经验、基层经验的重要性则在于它们共同构成了“中国经验”一个个亮点、一个个支点，共同标志着中国特色社会主义这种新型社会主义历程的一个个轨迹点、成长点。

总之，“中国经验”是由中央、各地、基层共同探索、着眼创新加以推进的。

四、“中国经验”的实现途径:体制转轨与结构转型齐头并进

中国社会30年的发展，是通过社会结构转型和经济体制转轨的方式实现的。因此，这一角度也是我们分析“中国经验”不可忽视的。

从1978年以来，中国的社会转型进入了一个新的阶段，具有了以往不曾具有的特点。其中一个最明显的特点，就是在经济体制改革的带动下，社会结构转型和经济体制转轨两者同时并进、相互交叉，形成相互推动的趋

势。用世界的眼光看，这在其他发展中国家的现代化过程中是很少见的。

这里，社会结构，主要是指一个社会中社会地位及其相互关系的制度化和模式化的体系。社会结构转型就是不同的地位体系从传统型向现代型的转型；经济体制转轨则指的是从高度集中的计划经济体制向市场经济体制转换。无论是社会结构转型和经济体制转轨，都是广义的社会转型的内容。

但是，两个转换包含着不尽相同的传统和现代关系的内容，不能把它们完全等同起来。它们至少有三方面不同[①]：

第一，由于种种条件的限制，社会结构从传统型向现代型的转型不可能在一个短时期内完成，而是一项贯穿于整个现代化过程的长期任务。而体制转轨并不是社会结构转型的全部内容，与整体的现代化过程相比较，体制转轨应当在一个相对来说不是太长的时距中完成，这是降低改革成本所必需的。

第二，中国的社会结构确实是从一种传统型结构向现代型结构的转型，而相对于结构转型来说，中国的体制转轨并非是从一种传统体制向另一种现代体制的过渡，而是从一种缺乏效率的现代体制向另一种更有效率的现代体制

---

① 参见笔者为《从传统向现代快速转型中的中国社会（1994—1995）——中国人民大学社会发展报告》写的前言，这本 40 万字的系列学术报告由笔者主编，1996 年 4 月由中国人民大学出版社出版。

转变。把这种有弱点的现代体制也叫做传统体制，是不符合事实的，至少是不确切的，这里的“传统”已不是与“现代”相对的那种有确切含义的“传统”了，而只是与“现在”相对的通常所说的“过去”或“原有”两字的含义了。

第三，两个转换的同时并进，一方面形成相互推动的趋势，另一方面也相互制约，造成结构冲突和体制摩擦交织在一起，增加了改革和发展的难度。

社会结构转型和经济体制转轨两者同时并进一个最显著的后果是与“行政制”密切结合的“单位制”的弱化，“单位人”向“社会人”、“社区人”的转变。

改革开放前，中国社会管理体制的最大特色是那种与“行政制”紧密结合、什么都管的“单位制”——国家按照行政级别，把各种资源分配给作为自己延伸的不同单位，各单位然后按照行政级别把资源和机会再分配给对自己有极强依赖性的本单位成员个人。改革开放后，原有的单位逐步转变为功能单一的利益主体，工厂就是工厂，学校就是学校，不再承担更多的社会事务；大量新形成的单位，也越来越采取“非单位”的管理体制，它们仅仅是工作场所，不再是什么都管的“单位”，相应地，越来越多的社会成员也从对本单位有极强依赖性的“单位人”变成自主性越来越强的“社会人”、“社区人”。

从“单位”到“社区”的转变，表明社会管理的重心从“工作场所”向“居住场所”的转移。这种转变和转移，意味着社会管理的基础单元的转换，意味着社会日常生活的支持网络的转换，意味着社会资源和社会机会配置机制的转换。这是中国社会极其深刻的变化之一。

社会管理体制从“单位”到“社区”、从“工作场所”向“居住场所”的转变，是为了适应社会结构从传统型向现代型转型的需要，适应经济体制从计划经济向市场经济转轨的需要，是为了应对社会结构转型和经济体制转轨二者犬牙交叉、既相互推进又彼此摩擦所引发的种种社会问题的需要。

社会结构转型不可避免地造成社会流动加快、社会分化加剧，经济体制转轨则不可阻挡地引发人际关系疏松，传统联系减弱——所有这些都从各个方面促进市场经济下陌生人世界的形成。“熟人社会”的分量渐次减少，“生人世界”的成分快速增长。于是，新的社会整合的需要，新的社会团结的要求，新的人际和谐的期待，越来越摆在社会和人们面前，这是因为社会分化不能无限加剧，人际关系也不能恶性疏松，陌生人的世界需要新的连接和整合，否则社会将成为畸形的社会。

社会建设、社区建设，正是为了在一个市场经济的陌生人世界里，构筑人际关系和谐的、互助合作的新的社会共同体，这个社会共同体，在宏观上叫做和谐社会，在微观上叫做和谐社区。微观的社区建设是宏观的和谐社会构建的切入点和抓手，是构建社会主义和谐社会的一项基础性工程。通过社区建设的不断探索和日益成熟，探索出一条与社会主义市场经济和民主政治相适应的社会建设、社会管理的新路子来。

中国社会结构的优化与大量问题并存，正是与这种两个转换同时并进的大背景分不开的，广义地说，也是与传统和现代这种对立统一的复杂交叉关系分不开的。但总的说来，中国社会结构转型和经济体制转轨是平稳有序的，成绩是显著的，通过这一过程，正在实现着一个新型社会的培育、成长。

五、“中国经验”的前景展望：人类困境与特殊挑战双重应对

在某种程度上说，“中国经验”的前景、吸引力，决定于它能否有效地应对两类挑战，并在这种应对中继续推进、成长，变得更加成熟。这两类挑战，从社会学视角看，就是世界性的“人类困境”与本土性的特有矛盾。

“人类困境”这个术语见之于鲍曼《流动的现代性》一书，意指“当代到处存在的不稳定性”，也就是现代风险[①]。如像非典、甲型 H1N1 流感那样的新型疾病、不知何时到来的恐怖威胁等等。世界性的认同危机，同样也是一种人类困境。2008 年年底去世的美国学者塞缪尔·亨廷顿，其 1996 年出版的《文明的冲突与世界秩序的重建》一书，实际上就是在探讨世界性的文明认同危机及其应对。这次由美国次贷危机引发的、祸及全球的金融危

① 参见齐格蒙特·鲍曼：《流动的现代性》，上海三联书店 2002 年版，第 250 页。

机，使我们又一次见证了这种人为造成的“人类困境”给人类自身社会生活带来的巨大威胁。迄今为止，中国特色社会主义这一新型社会主义，在应对像非典、恐怖主义、民族认同问题、文化认同困难等这类新型风险中的表现是上乘的。在应对发源于美国的金融危机中，与别的国家相比，也是很有特点和充满信心的。今后中国特色社会主义将在应对形形色色现在还未可预料的“人类困境”的挑战中，变得愈来愈成熟，从而表明自己的成长性。

中国的社会发展和转型，不仅要有效应对世界性的“人类困境”，而且必须有效处理种种特有的挑战，这后一方面无疑是更经常、更具有基础意义的。从社会学视角看，与社会建设紧密相连的特殊挑战，我曾把它归纳为六个方面，这里只能稍加解释，不能详细展开。

第一，在市场经济陌生人的世界建立社会共同体的挑战。关于这一挑战出现的原因，上面已经做了解释，不再重复。在一个市场经济的陌生人世界里，构筑人际关系和谐的、互助合作的新的社会共同体，这是时代提出的新课题，通过制度创新破解这个难题，是我们必须面对的挑战。

第二，在价值观开放多元的时代促进意义共同性的挑战。社会建设、社区建设，不仅要在市场经济的陌生人世界里，构筑人际关系和谐的、互助合作的新的社会共同体，而且要在价值观开放多元的时代促进意义共同性；不仅要进行制度创新，而且要进行价值重塑。因为一个社会、一个社区能够成为一个共同体，除了有形的物质的组织联系外，还必须有无形的价值性的精神纽带，那就是意义共同性，也即共同的社会认同。

意义共同性或价值共同性，是社会成员、社会群体或社会阶层对自己在社会中所获利益、所处地位，自我赋予相似或相同的认知。因此意义共同性以利益共同性为基础，但又不等于利益共同性。因为利益共同性并不能必然保证产生意义共同性，社会成员、社会群体或社会阶层有可能对相同的利益赋予不同的意义，甚至相反的意义。因此，培育、提高社会成员将利益共同性转化为价值共同性的实际能力是很重要的。在这个快速变迁和明显分化的时期，社会越来越凸显出对于意义共同性的要求。

正如社会共同体的构建，主要是与合理配置和培育以物质利益为主的有形的“硬”社会资源，从而是与增强和培育硬实力联系在一起的，而意义共同性的构建，则主要是与合理配置和培育以文化力量为主的无形的“软”社会资源，从而是与增强和培育软实力联系在一起的，进一步又是与将软实力转化为硬财富联系在一起的。社会成员在观念和价值观方面的共同性，其意义绝不亚于社会在利益结构方面的共同性。它触及到了在一个急剧变迁和分化的时代，“我们何以能够共同生活”这样一个核心难题，不能不是一个严峻的挑战。随着物质生活的提高，社会认同问题会越来越突出。

第三，在社会分化加剧的情势下落实公平正义的挑战。笔者曾在理论上综合马克思、恩格斯和罗尔斯等人的观点，现实上根据新中国成立以来特别是改革开放以来的实践，给社会正义下一个更为广泛的社会学定义：社会正义就是社会资源和社会机会配置的公平性和平等性。这里，公平和平等都能表达正义，但又是不同程度的正义，正好能够表达社会正义也是有阶段性的。这里所谓“公平”就是合理的差别。笔者还提出，社会公平正义有两个维度，即制度安排与百姓认可。

社会公平首先指的是一种客观的制度安排的合理性问题。这里，作为制度安排合理性的社会公平，主要体现在社会资源分配和获得的差别是合理的；社会机会对每个社会成员都是自由开放的，可竞争的。社会学上以职业为主要标志的阶层或分层则要求这样来安排：使上层永不松懈，中层永不满足，下层永不绝望，从而使作为绝望的派生物的种种消极后果，如自杀、“人肉炸弹”等概率大大降低。每个阶层的成员都可以根据自己的情况、通过自己的努力，找到改变自己地位和命运的机会。

社会公平还在主观上体现为百姓的共同认可、认同。这就是社会公平度、公平感的高低问题。这种社会公平度、公平感，在社会学上是可以通过社会指标体系来加以衡量的。同时，我们也可以从经验上体会到，多数老百姓不认可、不认同的东西，是不公平的。如果老百姓的不认同感、不公平感发展到相对剥夺感，就会对社会稳定和社会和谐产生极不利的影响。老百姓认可度低的种种制度，肯定是有毛病的。这是推动制度创新的最直接、最重要的动力。百姓认可的公平正义，是上述意义共同性的最主要部分。

如何在社会发展中，在制度安排公平的基础上，促进百姓认可的公平，提高满意度、幸福感，同样是一个尖锐的挑战。

第四，在社会重心下移的情况下大力改善民生的挑战。所谓民生问题，用社会学的术语说，就是一个社会的成员，如何从政府、市场和社会获得自己生存和发展的社会资源和社会机会，来支撑自己的物质生活和精神生活的问题。

在我国社会快速转型期，随着工业化、城市化、信息化、市场化的推进，社会分化加剧，出现了新的贫困问题，形成了生活困难的社会群体——社会学称之为社会弱势群体。他们为我国的社会进步付出了主要代价，但是他们的生活改善不多，甚至更加困难。他们是上学难、看病难、住房难等民生困难的主要承受者。当前我国社会成员特别是弱势群体的不安全感，主要产生于两个方面：“现实困境”即个人生活中已经遇到的实际困难或问题，和“未来威胁”即可能对个人生活造成的威胁或风险。这两方面都与社会成员的切身利益有关，都与民生问题有关。前者导致“现实性的烦躁”，后者引发“预期性的焦虑”。它们都会构成人们的后顾之忧，严重影响社会成员的安全感，降低社会安全指数。

民生问题不仅是个人安全和整体社会安全的连接点，而且是和谐社会建设最基础的必要条件，是社会矛盾多发凸显最基本的根源，是对共产党执政能力的考验，对它合法性基础的培育。

能否大力改善民生问题，是中国社会发展和社会转型最切实而严峻的挑战。

第五，在生态恶化情况下实现环境友好、资源节约的挑战。我们已经指出，以往初级发展的生态环境的代价：空气污染、水污染、沙漠化等已经非常严重。在这样的情况下建立环境友好型、资源节约型社会，不能不是一个持续的挑战。这一挑战涉及自然系统与社会系统的和谐、生态环境系统与居住环境系统的协调，实现城市建设与生态建设的统一，城市快速发展与生活质量提高的统一，还涉及经济发展模式的转变。

广义的社会建设是社会主义经济建设、政治建设、文化建设、社会建设四位一体的总体的社会建设。应当强调的是，生态环境是社会建设的十分重要和不可或缺的组成部分，经济建设、政治建设、文化建设、社会建设都离不开生态环境这一前提条件，同时，生态环境也是衡量四位一体的社会建设的一个重要尺度。所以，广义的社会建设包括五大子系统——经济建设、政治建设、文化建设、社会建设和生态环境建设。

社区环境是社区建设的重要内容。把全国社区都建成环境优美的小区，这是对环境友好型社会的极大贡献。

第六，在发展主体总体布局上理顺三大部门关系的挑战。现代社会日益分化为三个既相互关联又彼此独立的领域，即政府组织、企业组织和社会组织。社会三大部门是社会发展主体，三大部门的构成状况及其相互关系，对社会发展、社会建设和社会管理具有结构性前提的意义，影响极大。当前中国三个领域联动的社会结构和整合机制还没有很好形成。主要表现在：（1）三个领域或三个部门的比例、力量大小还严重失衡。（2）三大部门越位、缺位、错位的情况还很普遍。（3）经济上交往原则被错误地引进到公共权力领域和公共领域的现象也很普遍。（4）由于社会缺位，第三部门还没有发挥自己应有的功能，还不能有效地弥补市场失灵、政府失灵、减轻社会管理成本的作用。

现在，面对多发和活跃的社会矛盾，中央政府、地方政府的日子都不好过。如果不从体制上、部门结构上解决问题，那么，政府“引火烧身”，把矛盾集中在自己身上的状况，疲于奔命、被动应对的状况，就很难从根本上加以改变。

应该说建立服务型政府是三大部门建立良性关系的关键。但真正做到难度是很大的。服务型政府的行政职能的本质是服务，关键是实现政企、政事、政社分开，政府不越位、不错位、不缺位。凡是公民、法人和其他组织能够自主解决的，市场竞争机制能够调节的，行业组织或者中介组织通过自律能够解决的事项，除法律、法规另有规定外，不再实施行政管理。

只有逐步消除上述结构性和功能性的障碍，三大部门各自才能成为良性的社会发展主体，才能有效地发挥自己的各自作用，并且这种作用才能相互配合、相互促进，而不是相互摩擦、相互抵消，才能为科学发展、和谐社会建设提供结构和功能协调的部门结构。这不能不是一个任重而道远的挑战。

上述两类挑战，给中国社会学提出了更高的要求，也给了社会学新的发展机遇。中国社会学不仅要努力在理论上再现中国社会发展和转型的轨迹，而且要努力推进科学发展和良性转型，促成制度创新和价值重塑，作出自己应有的贡献。

中国社会学由于自己学科的特点，必须在构建中国社会发展和社会转型的伟大事业中，起到自己独特的作用。这是一种有建设性反思批判能力的社会学，是能够正确处理价值性和科学性、理论性和经验性、建设性和反思性、传统性和现代性、本土性和国际性关系的社会学，是能够把握全球现代性进程和本土社会转型两者脉动的社会学，是既站在国际社会学前沿，又深入本国城乡制度创新第一线，从而把追求前沿与深入基层结合起来、把世界眼光与草根精神结合起来的社会学，即一种“顶天立地”的社会学！只有这样的社会学，才能有原创性，才能有学术的话语权，才能真正有中国特色。

如何研究“中国经验”：二维视野还是单极思维？*

——从现代性全球化与本土社会转型的关系进行分析

我们意识到，我们时代的社会实践发生了结构性巨变。在论文《社会实践结构性巨变的若干新趋势》一文中，我们分析了社会生产的信息化、符码化、数字化和网络化的影响，“去集体化”和“去组织化”的继续，劳动与资本传统关系的变化，有形劳动社会地位的改变，以及经济活动与社会安全、财富分配与风险分配、生活世界与系统世界的不平衡、多种因素的复合效应，等等。但这些仅只是社会实践结构性变化中的一些较为明显的趋势。

我们也越来越体会到，社会实践的结构性变化包含着

* 这是郑杭生2006年9月21日在上海社科院世界中国学论坛上的发言稿。后收在《中国特色社会学理论的深化》（上卷）一书中，中国人民大学出版社2010年版，第705—708页。

两种力量，具有两个维度，这就是第一，现代性全球化的长波进程所代表的力量和维度，第二，本土社会转型的特殊脉动所代表的力量和维度。我们曾经指出，当今世界的每一项重大的动态变化之中，都包含着这两个维度也即这两个方面的共同作用。可以说，那些左右着社会生活的重要动态变化，那些影响我们个人生活的复杂症候，都离不开这两股力量，是这两股力量相互扭合所产生的一系列现实效果。这两个维度所发生的作用、所产生的效果，我们称之为“二维效应”。对于上述客观的两种力量、两个维度、“二维效应”展开社会学分析，我们称之为“双侧分析”，而它们作为社会学视野或视角，我们称之为“二维视野”或“二维视角”。

我们非常赞同要研究“中国经验”。因为研究“中国经验”本来就是中国社会学诞生以来的优良传统。哪有自称为中国社会学家的人，不这样那样地在研究“中国经验”？不研究“中国经验”，有什么资格被称为中国社会学家？这是不应该成为问题的问题。现在真正成为问题的，除什么是“中国经验”（在不同学术倾向和立场的人那里，完全可以有两种不同的甚至相反的“中国经验”，这个问题我们将作专门的探讨）外，还有如何看待“中国经验”，用什么视野来研究“中国经验”。譬如，我们看到，有的学者强调基于对本土经验的研究，提出纯粹的本土理论概念、范畴和构架，形成所谓“原汁原味”的中国社会学理论。这就是在“中国经验”问题上的单极思维。

我们一贯主张“通过使外来社会学的合理成分与本土

社会的实际的多形式结合，以增进社会学对本土社会的认识和在本土社会的应用，形成具有本土社会特色的社会学理论和方法”，并认为中国社会学百年的发展轨迹，可以简明地概括为四句话，就是“立足现实，开发传统，借鉴国外，创造特色”。其他，我们还提过：中国社会学要本土化与国际化相结合，“本土特质与世界眼光”相结合。现在我们提出的“二维视野”、“双侧分析”，即把现代性全球化的长波推进以及本土社会转型的特殊脉动两者结合起来加以考察和分析，正是上述一贯主张的延伸和发挥。

用“二维视野”、“双侧分析”来看待“中国经验”或“本土经验”，我们就能了解：

第一，在全球社会普遍从传统走向现代和更现代的今天，本土经验总是与现代性全球化联系在一起的，是这一过程的复杂效应的组成部分，脱离现代性全球化过程的本土经验已经不可能了。“本土”本身就是一个相对于“世界”和“全球”的概念，纯粹的本土经验是不存在的，除非在一个与现代隔绝、全封闭的传统世界之中，但这本身就是一种理想化的、幼稚的假定。我们越是深入地观察社会现实就越会感受到：现代性全球化过程激活了本土经验，使之获得了新的生命力和表现力，同时也启发了新的学术想象和话语；反过来，本土社会也构成了现代性全球化过程的扩张和渗透条件，使之在各个具体社会中得到展现，离开本土社会的现代性全球化过程是没有意义的，也是不可能的。第二，将现代性全球化与本土社会实践割裂开来、对立起来的思路，是有悖于社会实践的生动事实的，这种思路的狭隘性容易导致中国社会学理论和经验研究实现创新的障碍。今天的中国社会，即使是最边远的地区，也遇到了传统与现代、全球与本土、世界与中国的关系，处于旧现代性与新现代性、习惯法则与人为法规的不同程度的相互撞击和交融的环境中。所以，很难想象一种脱离现代性全球化过程的本土经验可以成为中国社会学理论的经验研究创新的基础。实际上，“本土”唯有与“现代”、“全球”相对应、相比较，才真正获得了意义，任何失去了“现代”、“全球”前提的“本土”，都是不可能的。第三，主张纯粹以中国概念、范畴、话语来构成中国社会学理论，是学术上的封闭性、保守性、国粹主义的一种新表现或新形式。历史经验和当今现实都表明了，在世界各国的文化相互交流、撞击和互构的条件下，传统上的本土概念、范畴、话语和理论在不断借鉴和汲取其他文化中的成分，即使是旧的形式也已经添进了新的内涵，这实际上是本土文化和理论实现自我进步的一种方式。所以，如果一种中国的概念、范畴、话语和理论能够绝对保持自己的“纯粹”，没有融入国外文化思潮的影响，没有增添任何现代的内容，这本身是不可理解的，也是不可能的。

对本土经验的片面理解反映了对一般和特殊两者辩证关系的人为割裂。本土经验无疑是特殊的，但是这种特殊，不是纯粹的特殊，而是包含一般的特殊，这样才使它有推广的价值，如果真的特殊到毫无共同之处，与一般没有丝毫关系，那就无从比较，从而别人也无法借鉴、无法吸收。例如作为中国经验重要部分的中国改革的经验——

渐进式、从经济体制开始、由农村到城市、由易到难、正确处理“改革、发展、稳定”的关系等，既反映了中国的特色，又有某种普遍意义。把这样的中国经验说成是纯粹的中国经验，事实上忽视了它具有的普遍意义，降低了它巨大的应有价值。

对本土经验的片面理解也反映了对待学术传统资源的虚无主义，表现了研究视野的单极化和封闭性，这种狭隘的本土思维取向实际上早已被丢弃了。当现代性之全球化已经成为世界潮流，在把握战略机遇期、完成民族振兴任务的今天，这种思想和理论上的“新闭关自守”，显得更加不合时宜。这实际上还是一个如何对待学科与现实、传统与现代、中国与外国的关系问题，只不过是旧话语在新的背景下再度被复活，老问题以新的形式又一次被提出。我们主张吸取现实社会的新养料，中国古代和国外一切精华的、适合中国国情的东西，进行综合创新，既不同意全盘西化、也不同意国粹主义，既不同意中体西用、也不同意西体中用。我们主张的“中国经验”就是这种综合创新的成果。

社会学的发展是理论构建与经验研究的一体化过程。理论构建的途径可以是多种多样的，但都离不开一个核心：自觉地继承和发掘各种优秀的学术传统、运用各种有价值的学术资源，构建有中国特色的社会学理论和方法。在经验研究方面，则既要关注现代性之全球化的发展趋势，也要投身于本土社会转型变迁的经验研究，这能够为理论构建提供持久的现实资源。社会学就是这样的双向发展过程，通过经验研究来推进理论的构建，并将所获得的理论成果重新引入到经验观察和分析之中，再通过这种在实践中展开的研究进行新的概括和总结，使之上升为更新的理论形态——这一路径体现了社会学研究的一种传统，曾经并继续产生出许多光彩夺目的学术成果，譬如，迪尔凯姆、韦伯、帕森斯，以及当代的沃勒斯坦、贝克、吉登斯、布迪厄等的研究，都显露出这一具有经典特征的学术风格。这也可以说是我国社会学学科更为长远的发展趋势。

简要地说，"中国经验"或"本土经验"，只有用世界眼光加以总结，才有价值和意义；只有用世界眼光加以提炼，才能运用和推广。"只有本土化，才能国际化"，其前提是有世界眼光。不能超越本土的本土化是狭隘的、单极思维的本土化，是没有前途的，只有立足本土、又超越本土的本土化；才是真正的、两维视野的本土化，是有广阔前景的。而世界眼光也只有不断用本土经验加以丰富、充实，不断对本土经验进行概括、提炼，才能成为不断激活本土经验的新的灵感，不断提供分析本土经验的新的视角。

社会建设与
社会管理

SHEHUI JIANSHE YU
SHEHUI GUANLI

提高社会管理科学化水平的社会学解读*

“不断提高社会管理科学化水平”，是胡锦涛同志2011年2月19日在省部级主要领导干部社会管理及其创新专题研讨班开班式上所强调的重要问题之一。这个富有新意、极为关键的命题，值得我们深入领会、努力落实。这里着重从社会学的视角做一些力所能及的解读。

一、什么是“社会管理科学化”？

要深入领会和真正落实“不断提高社会管理科学化水平”这个命题，其前提是要正确把握“科学化”、“社会管理”的含义，并把两者联系起来加以分析和运用。

---

* 本文发表于《思想战线》2011年第4期，与高霖宇合作。发表时做了一些删节，这次发表的是原稿。该文的压缩版《不断提高社会管理科学化水平》，发表在《人民日报》2011年4月21日第七版，是为教育部中国特色社会主义理论体系研究中心执笔撰写的。

（一）什么是科学化、科学化水平？

科学的本质是实事求是。“实事求是”的基本含义是：我们的理性必须从客观实际出发，探寻自然现象和社会现象固有的而不是虚构的规律性。科学活动就是实事求是的活动；科学精神就是实事求是的精神；科学态度就是实事求是的态度。这里要注意的是，实事求是涉及两类规律性：自然的和社会的。社会规律性因为涉及社会成员及其群体有意识、有意义的活动，涉及各种各样复杂的社会关系，因而与自然规律性不完全相同。例如，在现代社会，“以人为本”越来越从过去的理想变成现今的社会共识，沉淀为社会成员的集体意识，成为人们必须遵守的金科玉律，也就是成为一种社会学所说的“社会事实”。因此，在社会领域实事求是，也包括从这样的社会实际出发。

科学化中的“化”，按毛主席《反对党八股》一文所说，就是“彻头彻尾彻里彻外之谓也”，也就是从头到尾、从里到外、完完全全、彻彻底底的意思。这种完完全全的科学化、彻彻底底的实事求是，是一个理想的目标，只能无限接近，而不能完全达到。完全达到了意味着不能再前进了，这是荒唐的。科学化既是这样一个没有止境的过程，因而在社会发展的不同阶段，有不同的科学化水平，人们只能追求本阶段能够达到的最佳目标。这决定了我们必须不断努力，与时俱进，才能达到更高的最佳水平。这说的是科学化水平的相对性。

（二）什么是社会管理？

这是一个争议很多的复杂问题。国外并没有相应的

“社会管理”（social management）这个短语，通常是用意义相近的“社会治理”（social governance）。在笔者看来，社会管理，在中国的情况下，是指执政党和政府与其他社会主体，运用法律、法规、政策、道德、价值等社会规范体系，直接地或间接地对社会不同领域和各个环节进行服务、协调、组织、监控的过程和活动。通过这样的过程和活动，维系社会秩序、规范社会行为、协调社会关系、维护社会治安、促进社会公正、增进社会认同、推进社会和谐；化解社会矛盾、解决社会问题、应对社会风险、减少社会内耗、控制社会冲突、弥合社会分歧，从而推动社会资源和社会机会更加公平合理地配置和分配，为构建和谐社会、促进社会生存和发展创造既有秩序又有活力的基础运行条件和社会环境。

这个定义指出了社会管理的内涵和外延，它的主体、手段、目标和任务以及作用。

社会管理的内涵或本质属性指的是一种服务、协调、组织、监控的过程和活动。这里把服务放在前面，是强调了我们的政府必须是服务型政府，现在正在向服务型政府转变。在不同的阶段，社会管理的目标和任务是能够变更的，各个阶段有各个阶段的目标和任务，但是社会管理的内涵和本质属性是保持稳定的。把社会管理界定为一种服务、协调、组织、监控的过程和活动，是与胡锦涛在开班式上重要讲话中强调的“社会管理是人类社会必不可少的一项管理活动”是一致的。

社会管理的外延，也就是它的范围和所指，是社会的不同领域和各个环节，既指现实社会领域，也指虚拟社会领域；既指社会组织等社会实体，又指社会关系等社会软体；既涉及各个层次的社会群体，也涉及不同地域的基层社区等。

现代社会管理不可避免地要涉及社会管理的主体的多元性问题，“执政党和政府与其他社会主体”的提法，明确指出了管理主体不仅是执政党和起着主导作用的政府一家，还存在其他的社会主体。这符合“党委领导，政府负责，社会协同，公众参与”的管理格局的精神，这也是社会治理与社会统治的基本区别。

社会管理的基本手段是社会规范体系。社会规范包括硬规范——法律、法规、政策等，也包括软规范——道德、价值等。社会管理不能忽视软规范的作用。今后，软规范的作用会越来越重要。

社会管理的目标和任务，从正向讲是：维系社会秩序、规范社会行为、协调社会关系、维护社会治安、促进社会公正、增进社会认同、推进社会和谐。这里“维系社会秩序”是总体目标和任务，其他是它的细化或展开。现在，社会认同的问题越来越突出。促进社会认同，是社会管理的深层目标和任务。从逆向讲是：化解社会矛盾、解决社会问题、应对社会风险、减少社会内耗、控制社会冲突、弥合社会分歧。其中化解社会矛盾也是逆向的总体目标和任务，其余是它的细化和展开。

社会管理的作用，定义强调了两点，第一，社会管理，归根结底是为了通过社会管理的活动和过程推动社会资源和社会机会更加公平合理地配置和分配。正如经济学的核心命题是经济资源和经济机会的有效配置和分配问题一样，社会资源和社会机会公平合理的配置则是社会学的核心命题；第二，为构建和谐社会、促进社会生存和发展创造既有秩序又有活力的基础运行条件和社会环境。这里既有秩序又有活力其实指出了社会秩序和个人自由的关系：社会秩序保护、促进符合社会规范的个人自由，但是限制、制约实际的和可能越轨的个人自由。这是社会管理的两重性之一。

上述所说，与胡锦涛重要讲话所指出的“我们加强和创新社会管理，根本目的是维护社会秩序、促进社会和谐、保障人民安居乐业，为党和国家事业发展营造良好社会环境。社会管理的基本任务包括协调社会关系、规范社会行为、解决社会问题、化解社会矛盾、促进社会公正、应对社会风险、保持社会稳定等方面”是很一致的。

（三）什么是社会管理科学化？

根据以上所述，“社会管理科学化”主要就是使我国的社会管理更加实事求是，更加符合社会管理的规律性，更加体现以人为本，并使它们转化为有可操作性的社会管理体制和机制，落实为有可行性的社会政策，从而保证我国社会发展成果真正惠及全体社会成员。

强调不断提高社会管理科学化，可以从中国社会发展和人的需求两个关键方面来加以审视。一方面是要在重新审视我们社会发展的新情况新趋势，正确把握国内外形势的新变化新特点。这样才能有针对性地使我们的社会管理符合新的变化着的实际，符合新的情况、趋势、变化和特点，从而才有可能使社会管理在发展着社会实际的基础上，增添新的时代内容，创造新的相应形式，真正保持与时俱进。另一方面是要在重新审视新的社会环境下社会成员的种种需求，主要是生存和发展的需求，特别是其中安居乐业的基本需求。正如胡锦涛同志指出的，社会管理，说到底是对人的管理和服务。创新社会管理，归根结底也是为了更好地服务群众、维护群众利益，在条件许可的范围内尽可能满足他们的需求，真正落实以人为本。总之，不断提高社会管理科学化的水平，才能最大限度激发社会活力、最大限度增加和谐因素、最大限度减少不和谐因素，解决影响社会和谐稳定的突出问题，确保社会既充满活力又和谐稳定。

与此相联系，社会管理科学化，还要反对和避免形形色色在社会管理上不实事求是、不符合社会管理规律的观念、做法和倾向。例如，停留在过去的“整治命令”思维，习惯于“政府包打天下”，跳不出充当“灭火队”的角色，只看重硬性行政手段的功效等。这样的观念、做法和倾向，既不能保持与时俱进，也不能落实以人为本，都是不符合实事求是的，是不科学的，因而是要避免的。

二、如何提高社会管理科学化水平？

总书记的重要讲话特别是抓好社会管理的八点意见向我们表明，要“提高社会管理科学化水平”，应当注意六个结合：治标管理与治本管理相结合；刚性管理与柔性管理相结合；社会服务与社会管理相结合；社区管理与社会管理相结合；政府主导与多方参与相结合；科学精神与人文关怀相结合。

（一）治标管理与治本管理相结合

突出源头治理，强调治本管理，把治标管理与治本管理有机结合起来，是胡锦涛重要讲话的一个特点和重点。胡锦涛指出，社会管理要搞好，必须加快推进以保障和改善民生为重点的社会建设，完善保障和改善民生的制度安排，使发展成果更好惠及全体人民。这很好地指出了源头治理、治本管理的三个要点：要以改善民生为重点、要注重制度安排的公平正义、要让发展成果惠及全体人民。努力实现这三条，才能从源头上预防、化解和减少社会矛盾。很显然，这样的治本管理，包含着一种“大管理”的视野，有利于我们跳出过去对社会管理的狭隘眼界。所谓治标管理，就是我们过去习惯的应急性、“灭火式”的管理，无疑地，应对的及时有效也是十分重要的，否则要误大事。问题是我们过去对源头治理重视不够，甚至忽视，没有把治标管理与治本管理有机结合起来。

这种标本兼治的社会管理战略，首先是在 2010 年 10 月份举行的十七届五中全会上得到了系统论证。五中全会通过的《中共中央关于制定国民经济和社会发展第十二个五年规划的建议》第八节，从就业、分配、保障、医疗、人口、社会管理六个方面（从第 31 条到 36 条），分别对以改善民生为重点的社会建设进行了全面系统阐述。

前五个方面都直接涉及改善民生的问题，涉及老百姓安居乐业的问题，涉及让社会弱势群体共享发展成果的问题，涉及社会资源和社会机会公平配置和分配的问题。它们对维护社会和谐稳定带有基础的、根本的性质。这主要是从治本的角度来讲切实维护社会和谐稳定的问题。第六条，即“加强和创新社会管理”这一条，主要是从途径、手段、运作等方面来讲切实维护社会和谐稳定。它比起上述以治本为主的社会管理和治理，更多地表现出应急、应对当前社会矛盾、社会问题、社会风险的性质，因此也可以说是以治标为主的。在这个意义上，我们完全可以把总书记的重要讲话看作是对十七届五中全会系统论证的标本兼治社会管理战略的重申和强调。

在实践上，这种标本兼治的社会管理，体现为关口前移，从源头上预防和减少社会矛盾，也就是总书记指出的“加强社会矛盾源头治理”，而不是停留在应急性、“灭火式”的管理上。从现在多发凸显的社会矛盾看，从燃点多、燃点低的社会问题看，最主要的根源就在经济发展的成果落实不到老百姓的民生福利上，应该说，这是最大的脱离群众。执政党和政府的社会政策如果不给老百姓实惠或少给老百姓实惠，社会就不可能和谐稳定。现在确实有些干部舍不得把钱花在普通百姓身上。这已经发展为政治问题。单靠刚性的强力手段来维稳，成本很高，收效甚微，甚至造成越维稳群发事件越多的困境。这是因为没有从根本上解决问题，只是治标。必须有新的治本的思路，这就是增加民生福利，特别是增加老百姓的收入，尤其是低收入群体、弱势群体的收入。这是有效得多的办法。这当然不是平分，平均分配是另外一个极端，我们吃过亏，也要避免。这是为什么五中全会这样强调以民生为重的社会建设，强调“努力提高居民收入在国民收入分配中的比重，提高劳动报酬在初次分配中的比重”的道理。确实，我们的劳动报酬只占 GDP 的 37.2%，还不到 40%，发达国家占 60% 以上，差距太大了，与 1985 年我们自己比，也下降差不多 20%。这种情况已经引起党和国家的高度重视，在十二五规划的主要指标当中，明确了经济增长速度是年均 7%，同时也明确了城乡居民收入增长速度要在 7% 以上。把 GDP 的增长与居民收入增长明确挂起钩来，使居民收入增长与 GDP 保持一致，在中国社会，其意义是非常深远的。它雄辩地表明，中国正在大踏步走向以民生为重的社会，也从一个最重要的方面显示，中国社会管理的科学化水平的稳步提高：改善民生确实正在一步一步转化为有可操作性的社会管理体制和机制，落实为有可行性的社会政策。

这种治标管理与治本管理相结合，是有中国特色的，是立足本土的实际和问题提炼出来的；同时又是有世界眼光的，借鉴了世界各国的经验教训。因为尽管说法各有不同、表达各有特点，它们其实也是世界上发达国家实际上在做的。

（二）刚性管理与柔性管理相结合

社会管理作为一种服务、协调、组织、监控的过程和活动，本来就应该是刚性管理与柔性管理相结合的。其中除了监控以刚性管理为主外，服务、协调、组织都是以柔性为主的。标本兼治的社会管理，则更应该在实行方式上体现刚性管理与柔性管理的有机结合。治本的管理本身就是以柔性管理为主的。柔性管理主要包括三方面的内容：加大财政投入、德治法治并重、突出社会服务。第三点将放在下一个题目说。

柔性管理的一个基础方面是加大对民生的财政投入。近来我们承担了北京市大民政的一个课题，题目叫《“大民政”的理论和实践与适度普惠民生之路——夯实世界城市基础的“北京经验”》，随着我们对“大民政”理念和实践特别是它对北京市城乡居民带来的众多民生实惠之理解的日益深入，笔者的学术团队受到了很大教育。北京市“大民政”近两年来出台200多项惠民政策，都需要投入。例如，就北京市65岁以上城乡居民享受公交免费、公园免费这一项就要支出82亿元。后来我们想明白了，财政的钱是留不住的，不是花在这，就是花在那，而最值得的是花在普通百姓身上，减少或推迟那些与民生无关或关系不大的开支。今年财政部已经表示，财政支出2/3要用于民生，就是向前进了很大的一步。当然，这也要实事求是、量力而行，并且把有限的钱用好。现在的问题，不是不能做，而是没有想到做或不想做。想做，就会根据自己的实际情况，制定适合当地实际情况的标准。北京“大民政”两年多来的实践已取得的效果证明了这一点。有很多例子很感动人。我们体会到，“大民政”实际上是一种大管理，是一种治本维稳的社会管理，同时也是一种柔性的社会管理。加大民生投入是对社会管理从“以刚性管理为主”向柔性管理为主推进的一种强有力的支撑。

柔性管理的一个深层方面就是像总书记指出的，进一步加强和完善思想道德建设，持之以恒地加强社会主义精神文明建设，加强社会主义核心价值体系建设，增强全社会的法制意识，深入开展精神文明创建活动，增强社会诚信。这就是前文说的社会管理在重视法律等硬规范时，不能忽视软规范——道德、价值的作用。今后，软规范的作用会越来越重要。

（三）社会服务与社会管理相结合

标本兼治的社会管理战略，也使我们认识到过去社会管理与社会服务结合不够，把服务寓于管理之中、把管理寓于服务之中太少。实际上，社会管理既是治理更是服务。柔性管理的最贴近群众方面，老百姓最能切身感受到的，不是别的，正是社会服务。

我们看到，总书记重要讲话围绕民生问题，在谈社会管理时离不开讲社会服务，而在谈社会服务时又处处在讲社会管理。例如他说：加快发展各项社会事业，坚持优先发展教育，着力抓好就业这个民生之本，合理调整收入分配关系，加快推进覆盖城乡居民的社会保障体系建设，加快医疗卫生事业改革发展，加快推进住房保障体系建设，继续推进扶贫开发，发展妇女儿童事业，培育壮大老龄服务事业和产业，健全残疾人服务体系，使发展成果更好惠及全体人民。这既是在讲社会管理，更是在讲社会服务，体现出社会服务和社会管理是有机地结合在一起的。

从五中全会通过的《建议》第36条看也是这样。这一条主要是抓两个方面：上抓加强社会管理法律、体制、能力的建设；下抓基层管理和服务体系的建设，形成社会管理和社会服务的合力，把各种不稳定因素化解在基层和萌芽状态，加大社会管理薄弱环节整治力度等。这一条强调了好几个服务与管理，如做好流动人口服务管理，加强特殊人群帮教管理和服务工作等，贯穿了社会服务与社会管理相结合的观念和政策。

现在各地、各个部门针对当前出现的新问题、新矛盾，对社会服务和管理的结合进行了许多创造性的探索，如不少地方创造了“零距离服务”方式，通过它增强了社区归属感、社会认同感。

（四）社区管理与社会管理相结合

社区管理对社会管理的作用主要体现在三个方面：一是社区管理是社会管理的基础。总书记的重要讲话正是在这一意义上强调了基层社会管理的重要性，提出要进一步加强和完善基层社会管理和服务体系，把人力、财力、物力更多投到基层，努力夯实基层组织、壮大基层力量、整合基层资源、强化基础工作，强化城乡社区自治和服务功能。二是社区管理又是社会管理的抓手和切入点。社区的社会管理和社会服务结合好了，对整个社会管理和服务的结合是一种极大的推动和促进。胡锦涛同志强调要“健全新型社区管理和服务体制”，将对整个新型的社会管理和服务体制产生深远的影响。三是基层社区管理的实践创新，为整个社会管理的高端制度设计提供富有生命力的经验素材。跟整个中国经验由中央经验、地方和部门经验、基层社区经验构成一样，中国社会管理经验，也是由这三个层次构成的。

总结众多社区管理和服务体制创新而提炼的高端社会管理设计，反过来又指导、推进基层社区的进一步实践。在总书记关于抓好社会管理的八点意见中，事实上是将标本兼治的社会管理战略，具体化为社会管理的体制和机制，提出了八方面的主要管理机制：党和政府主导的维护群众权益机制、实有人口动态管理机制、基层社会管理和服务体系、网上舆论引导机制、公共安全体系、食品药品安全监管机制、安全生产监管体制社会治安防控体系、应急管理体制等等。这些都具体地体现了中央关于社会管理的一个总体性的政策思路，全方位地拓展了社会管理制度建设的视野，也勾勒出了中国特色社会主义这种新型社会主义的社会管理体系的框架。这就是说，社区管理与社会管理相结合，集中体现在高端的社会管理设计与基层的制度创新实践相互促进之中。

（五）政府主导与多方参与相结合

在西方的文化和社会语境中“国家—社会”的紧张关系既是一种历史的常态，也是一个现实的困境。[①] 与此不同，在中国文化和社会语境下，国家与社会是一种上下联通、融合一体的关系。“政府—企业—社会”的合作三

① 杨敏：《“国家—社会”的中国理念与“中国经验”的成长——社会资源的优化配置与创新公共服务和更好社会治理》，发表于《河北学刊》2011 年第 2 期。

维将是中国“国家—社会”关系新型形态。笔者认为，胡锦涛总书记正是从这样的观点来论述政府主导与多方参与相结合的，强调了贯穿其中的“国家—社会”两维或“政府—企业—社会”三维的有机统一。他说：“切实加强党的领导，强化政府社会管理职能，强化各类企事业单位社会管理和服务职责，引导各类社会组织加强自身建设、增强服务社会能力，支持人民团体参与社会管理和公共服务，发挥群众参与社会管理的基础作用。”这里，党的领导、强化政府社会管理职能，说的是政府一块；强化各类企业单位社会管理和服务职责，说的是企业一块；而各类事业单位、各类社会组织、各人民团体、不同阶层的群众参与，则是社会一块。这三块的社会管理和社会服务作用都要加强或强化。它们之间不是一块压一块的关系。

这样强调各类社会组织参与社会管理和社会服务，在最高领导人的论述中是不多见的。这表达了多方参与、共同治理的理念，既坚持党委领导、政府主导，又发挥好社会力量在社会管理中的协同、自治、自律、他律、互律作用，充分调动人民群众的积极性、主动性、创造性，形成社会管理合力，从而使“党委领导，政府负责，社会协同,公众参与”的管理格局更加具体化，进一步得到落实。

（六）科学精神与人文关怀相结合

社会管理可以说既是科学，又是艺术。作为科学，社会管理要有科学态度，探索客观规律，作为艺术，又要有人文关怀，强调以人为本。缺少哪一个方面，都不是实事求是的。胡锦涛的重要讲话，一方面强调“深刻认识和准确把握社会管理规律”，一方面强调“以人为本”，并把两者结合起来，很好体现了这一点。在实践中，几年前武汉市把这归结为八个字——“依法行政，有情操作”，很有代表性。

武汉市按照“依法行政，有情操作”的理念，在2003年一个月内取缔3万多辆“麻木”，而没有引起任何社会震荡，特别鲜明地表明了他们关注弱势群体、维护社会弱者正当权益的立场、观点和方法，给人留下了深刻印象。一方面，“麻木”是影响武汉交通发展、污染城区环境的最大因素，市民反对意见越来越大。调查结果显示，830万市民绝大多数赞成取缔“麻木”。据此，“禁麻”得到湖北省武汉市两级人大常委会的通过，因此必须“依法行政”。但另一方面，决策者们又知道，3万多辆“麻木”的车主多是伤残人员、下岗人员等弱势群体，取缔“麻木”等于切断了他们的生计。虽然他们的数量不到830万市民的1%，但不能因为他们是少数，就可以忽视他们的利益，就可以简单粗暴地从事。因此又需要“有情操作”，即充分考虑补偿这部分人员的利益，采取合情合理的做法。第一，5月19日武汉市决定由财政提供1.5亿元左右回收被称为“麻木”的三轮车，并为一时找不到工作的“麻木”车主提供最低生活保障。第二，还决定在规定期限内交出“麻木”的，可以得到市区两级政府的奖金。第三，社区干群全力配合有关部门，不分昼夜，为3万多名“麻木”车主办理低保、登记就业、发放车辆回收证。第四，6月初，武汉市还出台了方便群众出行的措施：把出租车起步价调低到3元，延伸了公交路线。这样从2003年5月22日到6月24日这样差不多一个月中，武汉市回收了全部37000辆“麻木”，而没有引起任何社会震荡。可以说“依法行政，有情操作”这种关注弱势群体的社会政策创造了奇迹，是他们把社会管理与社会服务紧密结合、科学精神和人文关怀紧密结合创造的奇迹。

总之，只有在调查研究的基础上，努力做到“标本兼治”、“刚柔相济”、社会服务与社会管理相结合、社区管理与社会管理相结合、政府主导与多方参与相结合、科学精神与人文关怀相结合，并把他们贯彻到社会政策中，落实到工作任务中，才能不断提高社会管理科学化水平。正如总书记总结的：把社会管理工作摆在更加突出的位置，深刻认识和准确把握社会管理规律，加强调查研究，加强政策制定，加强工作部署，加强任务落实，不断提高社会管理科学化水平。

社会建设社会管理研究与中国社会学使命*

用世界的眼光，对社会建设和社会管理进行系统深入的调查研究，回答它们包含的热点、焦点、疑点、难点，把分散的经验素材形式转化为较为系统的理论观点形态，为社会建设和社会管理的伟大实践提供必要的学理支撑，这是中国社会学义不容辞的使命。反过来，中国社会学也只有这样做，才能源源不断地获得对学科自身发展极其重要的新鲜实践经验，切实抓住中国社会转型赋予我们的理论创新机遇和挑战，真正实现自身的“理论自觉”，进一步把握学术话语权，从而使自己学科的理论之树保持常绿常青，为我们的时代作出自己相应的学科和学术贡献。

探索社会建设和社会管理，有一个研究路径选择的问题。根据中国社会学一百多年发展的轨迹，根据中国社会学前辈艰辛探索学科本土化和努力把握学术话语权的启

* 此文发表于《社会学研究》2011 年第 4 期。

示，在笔者看来，研究社会建设和社会管理的正确路径是：立足现实，提炼现实；开发传统，超越传统；借鉴国外，跳出国外；从而正确总结“中国理念”，建构“中国道路”。当代中国社会是各种各样思潮的汇集点，遵循这一研究路径，尤为重要。

一、立足现实，提炼现实

在我国社会建设和社会管理领域，立足现实的“现实”指的是什么呢？这就是近十年和近五年以来，也就是党的十六大、十七大以来，社会建设和社区建设、社会管理和社区管理创新实践和探索在全国范围铺开，深入发展；近两年来，这一波澜壮阔的创新实践和探索，又呈现出强化加速之势。中央高层在这样做，地方和部门中层在这样做，城乡基层也都在这样做。这三个层次的实践创新和探索，为包括社会学在内的中国社会科学理论地概括和提炼现实，贡献了数之不尽、用之不完的活生生的实践经验材料。研究中国的社会建设社会管理，如果离开中国社会三个层次相互促进的实践创新和探索，无疑会成为“无本之木，无源之水”。

多年来，特别是近年来，中国社会学界对社会建设和社会管理实践做了多方面的理论提炼，发表了不少成果，对推进社会建设社会管理的研究，做出了自己的努力。笔者和笔者的学术团队也做了其中一小部分理论提炼工作。

（一）对社会建设新的时代内容做了揭示

“社会建设”并不是一个现在提出的新概念，它曾是一个历史概念。在政治上，孙中山在民国六年即1917年，曾为《建国方略》之三“民权初步社会建设”一书作序。《建国方略》包括《心理建设》、《物质建设》、《社会建设》以及《国家建设》等书。在这篇序言中，孙中山强调要把四万万一盘散沙的民众团结起来，行使民权，应从学习集会开始。他说道：“会议通则为教我国人民行使民权第一步之方法也，倘此第一步能进，行之能稳，则逐步前进，民本之发达必有登峰造极之一日。”① 在孙中山那里，社会建设是他总的政治设计的基础部分。在社会学上，孙本文在1935年出版的《社会学原理》对这一概念作了规定：“依社会环境的需要与人民的愿望而从事的各种社会事业，谓之社会建设。”② 此后他还曾创办过名为《社会建设》的杂志。

现在强调的“社会建设”，尽管在字面上一样，但并不是对过去社会建设的单纯重复，而是具有了新的时代内容，因此它又成为一个鲜活的、对实际社会生活起越来越重要作用的现实概念。新的时代内容主要包括：新的时代提出了新的任务和新的挑战；较之于20世纪前期的社会建设，现在社会建设影响力的无可比拟；社会建设的本质内涵得到了明确揭示；它与民生为重、为民谋利、落实公

① 《孙中山全集》第6卷，中华书局2006年版，第414页。

② 孙本文：《社会学原理》（下），商务印书馆1935年版，第244页。

平正义的联系得到清楚宣示；它与社会管理、社会服务的关系得到系统展开，等等。

（二）对社会建设和社会管理的内涵做了新的概括

对社会建设的内涵和本质，过去没有得到明确的揭示。一些文章往往用它的外延来代替它的内涵。在我们看来，社会建设的内涵，或者说，社会建设的定义，可以抓住“社会资源和社会机会合理配置”这一核心，从正向和逆向两个方面来加以把握。

从正向说，所谓社会建设，就是要在社会领域不断建立和完善各种能够合理配置社会资源和社会机会的社会结构和社会机制，并相应地形成各种能够良性调节社会关系的社会组织和社会力量；从逆向说，社会建设就是根据社会矛盾、社会问题和社会风险的新表现、新特点和新趋势，不断创造和完善正确处理社会矛盾、社会问题和社会风险的新机制、新实体和新主体，通过这样的新机制、新实体和新主体，更好地弥合分歧，化解矛盾，控制冲突，降低风险，增加安全，增进团结，改善民生。①

同样，对于社会管理来说，可以从内涵、外延、主

---

① 关于社会建设的这一内涵或定义，在《中国社会学的重大历史责任》（中国社会学会2007年长沙年会的开幕辞）中第一次正式发表，后来发表在《中国社会科学院院报》以及《广东社会科学》。——参见郑杭生：《中国社会学的重大历史责任》（中国社会学会2007年长沙年会的开幕辞），2007年7月17日，http：//www. sociology. cass. cn/zgshxs/nh2007/zxxx/t20070720_ 12825. htm；郑杭生：《社会建设：改善民生与公平正义》，发表于《中国社会科学院院报》2007年11月15日；郑杭生：《抓住改善民生不放，推进和谐社会构建》，发表于《广东社会科学》2008年第1期。这次发表，做了个别字句调整和修改。

体、手段、目标、任务、作用等角度来理解。从内涵上看，社会管理是一种服务、协调、组织、监控的过程和活动。在不同发展阶段，社会管理的目标和任务有所不同，但社会管理的内涵和本质属性是不变的。从外延上看，社会管理涉及社会不同领域和各个环节，既包括现实社会领域，也包括虚拟社会领域；既包括社会组织等社会实体，又包括社会关系等社会软体；既涉及各个层次的社会群体，也涉及不同地域的基层组织。从主体上看，社会管理的主体具有多样性，不仅包括执政党和政府，而且包括其他社会主体，这是社会管理与社会统治的基本区别。从手段上看，社会管理的基本手段是社会规范体系。社会规范既包括法律、法规、政策等硬规范，也包括道德、价值等软规范。随着经济社会的发展，软规范在社会管理中的地位和作用将越来越突出。从目标和任务上看，社会管理是为了维系社会秩序、规范社会行为、协调社会关系、维护社会治安、促进社会公正、增进社会认同、推进社会和谐以及化解社会矛盾、解决社会问题、应对社会风险、减少社会内耗、控制社会冲突、弥合社会分歧等。其中，维系社会秩序和化解社会矛盾是社会管理的总体目标和任务。从作用上看，社会管理可以推动社会资源和社会机会更加公平合理地配置，并为促进经济社会发展创造既有秩序又有活力的基础运行条件和社会环境。①

① 郑杭生：《不断提高社会管理科学化水平》，发表于《人民日报》2011 年 4 月 21 日第七版。

同时对社会建设和社会管理的外延也做了新的梳理。社会学以整体社会系统与各子系统的关系为根据，对社会建设的外延或所指做了新的提炼。整体社会系统与各子系统的关系，可以有多种表述，最常见的是四分法、三分法、二分法。所谓“四分法”，即是社会与它的政治、经济、文化和社会生活各子系统的关系；所谓“三分法”，指社会及其三大部门（政府组织、企业组织和社会组织）或三大领域或三大板块的基本划分等；所谓“二分法”，指国家与社会的关系。正是从这些关系中，引申出了范围不同、大小有异的“社会”：“小社会”或“狭义社会”，“中社会”或“中义社会”，“大社会”或“广义社会”。

（三）对社会建设社会管理第二第三层次做了实地调查

在三个层次的实践创新和探索中，中央经验是“中国经验”的核心、灵魂和指导。地方经验、基层经验的重要性则在于它们共同构成了“中国经验”一个个亮点、一个个支点，共同标志着中国特色社会主义这种新型社会主义历程的一个个轨迹点、成长点。

在地方和部门为主的第二个层次的探索中，我们学术团队比较系统地实地调查了杭州“复合创业主体”或“复合治理”的经验、郑州推进城市现代化“三化两型”以及北京的“大民政”理念和实践。在城乡基层为主的第三个层次中，我们比较系统地实地调查了郑州、广州和深圳、杭州的社区建设、社区管理和社区服务的经验。正是以这两个层次为依据，笔者分别设计了两套丛书，即“当代中国城市社会发展实地调查研究系列丛书”和“中国特色和谐社区建设系列实地调查研究报告”丛书。现在，前一系列的丛书已经出版了三卷：杭州城市卷（2010年）和郑州城市卷（2010年）、北京部门卷（2011年），主要内容是总结和提炼北京市“大民政”的理念和实践，是城市和部门经验的结合，但侧重于部门经验。后一系列丛书已经出版了前三卷：郑州社区卷（2008年）、广州深圳社区卷（2009年）和杭州上城社区卷（2010年）。

正是在实地调查中，我们深深感悟到并且概括出，我们的社会建设和社会管理、社区建设和社区管理，都是为了应对国内与社会转型和社会发展有关的六大挑战：第一，在市场经济陌生人的世界建立社会共同体的挑战；第二，在价值观开放多元的时代促进意义共同性的挑战；第三，在社会分化加剧的情势下落实公平正义的挑战；第四，在社会重心下移的情况下大力改善民生的挑战；第五，在生态环境恶化情况下对环境友好、资源节约的挑战；第六，在发展主体总体布局上理顺三大部门关系的挑战。

笔者和笔者的学术团队坚持对这两个层次进行实地调查，一是为了在剖析这一个一个案例中，把握各个基层、各个地方和部门各有特点的探索，并对之进行相互比较，从而具体深切了解我们的社会建设和社区建设究竟进展到何种程度，存在何种需要进一步研究的问题。二是为了发扬光大基层社区、地方和部门对社会建设社区建设付出的创新努力、为民谋福祉的艰辛劳动，为解决“燃点多”、“燃点低”的社会矛盾而付出的日夜操劳，使越来越多的人理解，没有他们的创新努力、艰辛劳动，我国社会不可能有现在这样安定的局面，同时也从学理上肯定他们对整个中国经验作出的巨大贡献。三是为了在向地方和基层学习的同时，丰富和验证我们多年来提出的一些中国特色社会学理论：社会运行论、社会转型论、社会互构论、实践结构论以及学科本土论，践行我们自己提出的主张：既要有学科发展的前沿意识，又要有深入实际的草根情怀，进一步培养把前沿意识和草根情怀相结合的顶天立地精神。

（四）对如何提高社会管理科学化水平做了探讨

所谓社会管理科学化主要就是使我国的社会管理更加实事求是，更加符合社会管理的规律性，更加体现以人为本，并使它们转化为有可操作性的社会管理体制和机制，落实为有可行性的社会政策，从而保证我国社会发展成果真正惠及全体社会成员。

要“提高社会管理科学化水平”，应当注意六个结合：治标管理与治本管理相结合；刚性管理与柔性管理相结合；社会服务与社会管理相结合；社区管理与社会管理相结合；政府主导与多方参与相结合；科学精神与人文关怀相结合。[①]

这些年来，我们学术团队得益于“立足现实、提炼现实”这一路径良多，今后我们还要继续这样做。

---

① 郑杭生：《不断提高社会管理科学化水平（加强和创新社会管理专论）》，发表于《人民日报》2011年4月21日第七版。

二、开发传统，超越传统

在中国的学术传统中，社会管理的思想极为丰富。我们在编写《中国社会思想史新编》[①] 的过程中深深体会到这一点。这是我们宝贵的学术资源。

（一）我国历史上丰富的社会管理思想亟待开发

就社会管理思想来说，笔者认为，下列几点是尤其值得注意的。

第一，“求治去乱”是中国传统管理思想的核心观念。正如治乱兴衰是“中国社会思想的主导观念”，是“中国社会思想史和中国社会学的主导思想”一样，“求治去乱”则是中国传统管理思想的核心观念。笔者在多年前就曾提出，“在中国社会思想史上，我们的前辈思想家们或论述社会变迁的轨迹——治乱兴衰，或探讨治世的社会条件及运行机制、达到治世的途径与手段，或表达自己对治世的理想模式的看法，或研究乱世的社会根源、乱世的治理与控制，或说明乱世给人民带来的苦难和危害。”[②] 由于中国学术的“经世致用”传统，中国社会思想史在某种程度上，就是中国社会管理思想史。我们看

① 郑杭生、江立华主编：《中国社会思想史新编》，中国人民大学出版社 2010 年版。

② 郑杭生：《中国社会学百年轨迹》，发表于《东南学术》1999 年第 5 期。此文后来收在拙著《中国特色社会学理论的探索——社会运行论、社会转型论、学科本土论和社会互构论》《郑杭生社会学学术历程》（上），中国人民大学出版社 2005 年版，第 253、第 254 页。

到，严复把社会学看作一门“研究社会治和乱、兴和衰的原因，揭示社会所以达到治的方法或规律的学问”，事实上也是从社会管理的角度来给社会学下定义的，以致我们也有理由说，严复这个有中国风格的社会学定义，同时也是有中国气派的社会管理学的定义。也就是说社会学和社会管理学一样，都是一门求治去乱的学问。

第二，持续探讨“治乱之由”是中国传统管理思想的突出特点。在中国学术传统中，有影响的学者都非常强调探寻“治乱之由”，即研究治和乱、兴和衰的原因。北宋程颐说过“看史必观治乱之由”[①]，告诉人们特别是他的弟子，研读历史、观察社会一定要研究治乱之由。用现在的话来说，强调“治乱之由”，也就是突出源头治理，强调治本管理。我们的先贤已经有这样质朴的管理思想，并从多方面做了展开。这就造成了在中国社会思想史上有十分丰富的对治乱原因的探讨。有强调“以民为本”的，如《尚书》指出：“民为邦本，本固则国宁”。有强调治理的物质基础的，如管仲说“仓廪实而知礼节，衣食足而知荣辱”[②]。有强调“兼爱”的，如墨子说：“若使天下兼相爱，国与国不相攻，家与家不相乱，盗贼无有，君臣父子皆能孝慈。若此则天下治。”[③] 有强调孝治天下的，《孝经》认为人行孝不仅家顺，而且国亦将昌平。“五刑

① 程颐：《遗书》卷二十四，收录于《二程集》。

② 司马迁在写《史记·货殖列传》时，引用了管子这句话。

③ 参见《墨子·兼爱上》。

之属三千，而罪莫大于不孝。非孝者无亲，此大乱之道也。”这种微观的家庭伦理准则可以延伸到宏观的君臣关系和臣民关系上，“所谓治国必先齐其家者，其家不可教而能教人者，无之。故君子不出家，而成教于国。孝者，所以事君也；弟者，所以事长也；慈者，所以使众也。”[①]变“孝”为“忠”，个人只有孝于家、忠于国才能带来社会的和谐和安宁。

第三，强调社会规范在“求治去乱”中所起的重大作用。孔子强调遵守伦理规范：“非礼勿视，非礼勿听，非礼勿言，非礼勿动。”[②] 韩非子则强调法律规范的作用：“故当今之时，能去私曲就公法者，民安而国治；能去私行行公法者，则兵强而敌弱。”[③] 在中国传统社会，官方和民间都十分重视道德教化和道德修养，形成了礼义廉耻、仁和诚信的风尚和传统，形成了“格物、致知、诚意、正心、修身、齐家、治国、平天下”[④] 的社会成员成长路径。

第四，突出社会公平在“求治去乱”中所具的深层功能。孔子就说过：“丘也闻有国有家者，不患寡而患不均，不患贫而患不安。盖均无贫，和无寡，安无倾。”[⑤]为政者的威信，取决于是否公平；治理国家的绩效，取决

① 参见《大学》。
② 参见《论语·颜渊》。
③ 参见《韩非子·有度》。
④ 参见《礼记·大学》。
⑤ 参见《论语·季氏》。

于是否出于公心。没有公平，不出于公心，为政者个人没有威信；国家也治理不好。“不患寡而患不均”长期以来成为中国的思想传统，一直影响到现在。

中国传统的社会治理思想，当然不只这些，还有“顺道”，即社会管理要符合客观规律，在公私关系上更看重公，在义利关系上更强调义，主张人际和谐，把“中”视为“天下至理”，等等。

（二）以“现代的成长和传统的被发明”来超越传统

对待传统的管理思想，一方面，我们要进行开发，汲取其精华；一方面又要超越它，不能停留在传统上。这样的路径，用我们社会学术语来说，是通过“现代的成长和传统的被发明”来实现的。这里，传统的被发明，一般是通过“重构”（对传统进行某种改造）和“新构”（对传统进行重新建构）来实现的。

第一，对公平正义的重构新构。例如，就公平正义来说，古代的公平观“不患寡而患不均，不患贫而患不安”，只是一种描述，并没有揭示公平正义的实质，这就需要重构和新构。笔者曾在理论上综合马克思、恩格斯和罗尔斯等人的观点，现实上根据新中国成立以来特别是改革开放以来的实践，给社会正义下了一个更为广泛的社会学定义：社会正义就是社会资源和社会机会配置的公平性和平等性。这里，公平和平等都能表达正义，但它们又是不同程度的正义，正好能够表达社会正义也是有阶段性的。公平就是一种合理的差异，这与平等以同一尺度来衡量形成反差。笔者还提出，社会公平正义有两个维度，即制度安排与百姓认可。社会公平首先指的是一种客观的制度安排的合理性问题。这里，作为制度安排合理性的社会公平，主要体现在社会资源分配和获得的差别是合理的；社会机会对每个社会成员都是自由开放的，可竞争的。社会学上以职业为主要标志的阶层或分层则要求这样来安排：使上层永不松懈，中层永不满足，下层永不绝望，从而使作为绝望的派生物的种种消极后果，如自杀、“人肉炸弹”等概率大大降低。每个阶层的成员都可以根据自己的情况、通过自己的努力，找到改变自己地位和命运的机会。社会公平还在主观上体现为百姓的共同认可、认同。这就是社会公平度、公平感的高低问题。这种社会公平度、公平感，在社会学上是可以通过社会指标体系来加以衡量的。同时，我们也可以从经验上体会到，多数老百姓不认可、不认同的东西，是不公平的。如果老百姓的不认同感、不公平感发展到相对剥夺感，就会对社会稳定和社会和谐产生极不利的影响。老百姓认可度低的种种制度，肯定是有毛病的。这是推动制度创新的最直接、最重要的动力。百姓认可的公平正义，是上述意义共同性的最主要部分。

第二，对“求治去乱”的系统理论形态的探讨。又如，古代思想家求治去乱的思想，总体上说，还是一种片段的、零散的、素朴的感悟，极需要整合在社会协调与和谐运行的理论框架之中，通过思路的梳理和理念的阐释，构建起中国传统社会管理思想关于社会动态平衡与秩序稳定的概念性图景。也即是说，借助社会运行理论的知识视角，来分析诠释有关治乱盛衰的内容，通过意义的发现、阐明、转换，使有关治乱盛衰的内容有机镶嵌在社会运行和社会管理的理论框架中，进而使涵盖中国传统思想文化的混沌空间，在结构上清晰起来——建构起与社会运行和社会管理理论同一的知识框架和话语体系；在内容上具体起来——展示出历代思想家关于传统社会治乱盛衰以及由此延伸出来的管理思想的思考和实践。最终，社会运行和社会管理理论与有关治乱盛衰内容的有机融汇，在结构与内容上产生了质的飞跃，呈现出中国社会思想和社会管理的新视野。

三、借鉴国外,跳出国外

西方发达国家在社会管理的现代性转型中，建立了与他们国情相适应的社会管理体制机制和社会政策体系，在这方面积累了丰富的社会管理经验，值得我们认真借鉴。

（一）西方发达国家社会管理的基本经验及其借鉴

最近，有关的课题组把国外社会管理的基本经验概括为如下八个方面：一是重视制度建设，改善社会治理；二是强调人文关怀，突出公民参与；三是提倡政府与民间的合作互动；四是法律与道德并重；五是致力于效率与公平的平衡；六是强调政府投入和社会参与的结合；七是重视管理的专业化和精细化；八是重视应用现代科技手段。例如，在第一方面，包括了注意源头治理的经验，即通过确立社会规范、提高社会诚信、建立社会保障，从这些源头上来进行治理。

这些无疑值得我们借鉴。由于借鉴的复杂性，在借鉴时，要以我为主，注意区分相同和不同、精华与糟粕、适用和不适用、具体做法与贯穿其中的理念。上述经验中有许多国内外是相同的，有些是不同的，即使是相同的，也有同中不同，如程度的不同、具体做法不同等。明确同与不同是为了比较分析，有一个比较的参照系。无疑，我们要汲取外国经验中的精华，但也不是一切精华都能原封不动地汲取的，还要看适合不适合我国的情况；即使是适合我国情况的，还要看是具体做法适合，还是理念适合，或是两者都适合，这些都要做具体分析。借鉴要反对的是两个极端：完全照搬和全盘拒斥。不能完全照搬，是因为各国社会政治制度、历史文化传统和经济社会发展水平不同，社会管理的法律、规则、方式和做法也各不相同。而不能全盘拒斥，则是因为这样做就会忽视世界上社会管理先进的东西，丧失世界眼光，失去参照系，陷入孤陋寡闻。这在全球化和本土化并存的背景下，是万万不行的。

（二）以“理论自觉”来跳出西方的理论框架

社会建设、社会管理都涉及国家与社会的关系，涉及政府（组织）、市场（组织）、社会（组织）三大部门的关系。社会建设、社会管理，从深层次说是为了理顺两者或三者的关系。

必须指出，东西方在理论上对“国家—社会”关系的观点不同。这是由于：不同的文化和社会，对于“国家—社会”的关系有明显不同的思考，因而有明显不同的回答。弄清楚这个问题，特别是东西方的不同观点，对保持社会建设、社会管理研究的正确方向和健康发展是十分重要的。

在西方的文化和社会语境中可以看出，“国家—社会”的紧张关系既是一种历史的常态也是一个现实的困境。[①] 在社会学理论中，一些代表人物，如哈贝马斯、布洛维，一些理论流派，如后现代主义者，都在将国家和社会对立起来的前提下，理论地描述了两者那种尖锐的对立关系。这些观点也许适合或部分适合西方的情况，但它们既不符合中国的传统，也不符合中国的现实，不能照搬。

在社会学理论中，哈贝马斯的研究是具有代表性的，他对生活世界与系统之间关系所作的分析，也是对“国家—市场—社会”的冲突和对立关系的理论表达。在他看来，生活世界是亲属内部与非亲属内部的活动领域，正直、诚实、相互支持的责任行动得到确立，形成了社会成员的交往与沟通，因而和睦必然是普遍的。伴随生活世界的分化，产生了系统（市场、国家），系统进而与生活世界脱节并对其进行侵夺和殖民化，至使生活世界日渐萎缩。[②] 他认为，这导致了“生活世界与系统之间的整合与平衡问题。

① 这一部分的思想，参见杨敏：《“国家—社会”的中国理念与“中国经验”的成长——社会资源的优化配置与创新公共服务和更好社会治理》，发表于《河北学刊》2011 年第 2 期。

② 于尔根·哈贝马斯：《交往行动理论》（第二卷），重庆出版社 1994 年版，第 158—258 页。

正是在这些问题中存在着现代社会的难题与危机”。①

美国社会学家布洛维把社会与市场、国家截然对立起来，提出所谓“公共社会学拒绝与市场和国家的共谋”②。这种主张，通俗地说，就是让国家（政府）走开，也让市场走开，剩下他那个万能的“社会”，即他的“公民社会”、“能动社会”。按照这种理论，行动的选择只能是：要么为市场化张目、为国家立言、对社会侵夺，要么成为创立社会、保卫社会、解放社会的斗士。这样，一个独立于国家并具有抗争和制衡力量的社会，完全能够自主、自治、能动的社会，是解决现代社会一切问题的一剂良药。这种主张很激进，但是根本做不到。“社会”无时无刻不是在处理与政府、与市场的关系中实际运行着。上述观点根本不适合中国的社会建设和社区建设。但是现在有人提出要用布洛维的观点来引导中国的社会建设和社区建设。这种观点笔者把它叫做“无根的观点”，因为它在中国社会毫无根基，既没有历史的根基，也没有现实的根基。

后现代的一些代表人物，强调社会自身的差异性、多元性、裂变性以及无序、冲突和对抗。他们认为国家以全面性制度生产出强大的行政力量，对社会实施严密的监控、干预和训诫，对社会生活、公共领域和个人事务不断进行侵入和压抑，造成了社会领域的销蚀和颓败。他们认为这

① 乔纳森·特纳：《社会学理论的结构》，浙江人民出版社 1987 年版，第 247、第 248 页。

② 布洛维：《社会学和社会的命运》，《公共社会学》，社会科学文献出版社 2007 年版，第 59 页。

激发了社会的对抗性行动，他们主张社会应当采取动员、抗争、博弈等各种能动性的行动诉求。上述观点中同样内含了解释的排斥性：国家、市场为一边，社会则为另一边。

这里，我们也看到了在西方社会理论与实践的矛盾。在实践上，他们是按“政府与民间的合作互动”走的，他们也不能不这样做，因为别无选择。但在理论上，则呈现出另外一幅图景：国家与社会的尖锐对立。很显然，这种在西方也不被完全实行的框架，我们更需要以“理论自觉”的精神，加以批判反思，尽快地跳出来，避免在西方理论框架的笼中跳舞。

四、总结“中国理念”，建构“中国模式”

在中国的社会和文化语境中，“国家—社会”的关系呈现出不同于西方社会的另一种图景。

（一）历史的维度

从历史的维度看，钱穆先生的国史研究、费孝通先生的“双轨政治”，刻画了中国传统社会“国家—社会”的关系。

钱穆认为，对于“社会”的重视是中国的一个悠久传统：“社会一词，亦是外来的新名词，中国古人称社会为‘乡’。乡的观念，在中国一向极受重视。所谓观于乡而知王道之易，就十足透露中国古人对于社会重要性之认识。”[①] 对

---

① 钱穆：《中国历史研究法》，读书·生活·新知三联书店2001年版，第38、第39页。

于“国家—社会”关系，钱穆指出，“政治与社会常是融合为一的。上下之间，并无大隔阂”，因为“士”正是“结合政治社会使之成为上下一体之核心”。[①]

费孝通认为，任何政治决不能只在自上而下的单轨上运行，“在一个健全的、能持久的政治必须是上通下达的，来往自如的双轨形式”。指出中国乡村社会存在着“地方自治的民主体制”，非政府的事务是由人民自理的，他将在地方社区里人民因公共需要而自动组成的团体称为“自治单位”，其中，地方代表——乡绅——是“中国政治中极重要的人物”，他们代表民间与官方协商，这一过程形成了由下而上的另一条政治轨道。[②]

当代中外人类学家亦通过中国政治权力机制的研究，指出了地方精英在国家权力与地方社会之间的双向作用，认为在对中国的国家与地方社会进行的研究中，将两者对立起来的二分法思维方式，都有自身的局限性。[③] 在关于文化的大传统与小传统的关系方面，当代中国的人类学研究者强调：“在中国的乡村社会研究中，‘国家’的存在是研究者无法回避的核心问题之一。”并认为，乡村庙宇、民间信仰等揭示了“如何在漫长的历史过程中，通过士大夫阶层的关键性中介，‘国家’与‘民间’的长期互动中得

① 钱穆：《中国历史研究法》，读书·生活·新知三联书店2001年版．第44页。

② 费孝通：《乡土中国与乡土重建》，风云时代出版公司1993年版，第149—155页。

③ 杜赞奇、罗红光：《在国家与地方社会之间》，发表于《社会学研究》2001年第1期。

以形成和发生变化”。如果只是强调从乡民的感情和立场出发去体验乡村的生活，忘记了与来自大的文化传统的影响的互动，是无从洞察中国乡村社会的实质的。[①]

杨敏教授把中国历史上国家与社会融合一体、上下整合的政治理想，概括为“国家—社会”关系的中国理念。指出，作为一笔珍贵遗产和深厚资源，这一理念继续启迪我们的智慧，应对来自实际的各种挑战。这一过程促成了“中国经验”的持续成长。在“中国经验”以及更多的地方与基层经验中，构建“国家—社会”的新型关系是一个贯穿性的内核。[②] 它同样也是我们构建社会管理中国模式的一个贯穿性的内核。

（二）现实的维度

从现实的维度看，不可否认，在国家和社会关系上，新中国也走过弯路，走向了与西方理论把国家与社会相对立的另外一个极端，即国家与社会合一。大家知道，新中国前30年实行的是高度集中的计划经济体制，即由国家集中计划分配、管理各种社会资源和社会机会。那时，资源配置的主体就是国家—政府一家，与国家相对独立的市场和社会几乎是不存在的。那时不仅是政府主导，而且是垄断。在实际生活中，就表现为“政企不分”、“政社不分”、“政事不分”。

---

① 陈春声：《乡村的故事与国家的历史——以樟林为例兼论传统乡村社会研究的方法问题》，收录黄宗智主编：《中国乡村研究》第二辑，商务印书馆2003年版。

② 杨敏：《“国家—社会”的中国理念与“中国经验”的成长——社会资源的优化配置与创新公共服务和更好社会治理》，发表于《河北学刊》2011年第2期。

在现代社会经济制度体系中，政府组织、市场组织、社会组织是三种基本的制度安排。改革开放以来，随着社会主义市场经济逐步成为配置社会资源的基本手段，政企、政事、政社逐步区分，三大部门的社会格局逐步形成。

“政府—企业—社会”的合作三维是“国家—社会”新型关系的基本形态。这里所说的“基本形态”包括组织构架、作用模式和运行机制。首先，政府、企业、社会的各种组织、群体及个人之间能够产生某种框架，使得“国家—社会”的上下联通、融合一体具备结构性条件。其次，政府、企业、社会三大部门应促成制度化的行动方式，使其组织、群体及个人的互动过程能够形成相互促进、制约和规范，以达到预期的合作愿景。再次，政府、企业、社会各个组成部分能够根据能力优势的原则，各自扬长避短，以彼之所长弥补己之所短，这种有效的联动将使良好的合作产生出现实的结果。

在这方面，杭州的复合创业主体和北京的“大民政”提供了特别有说服力的典型经验。限于篇幅，我们只简要地说说杭州经验。我们在实地调查中深深体会到，杭州“社会复合主体”的实践探索，促成了“政府—企业—社会”三大部门在结构上互动、功能上互补、机制上互联。从结构上说，复合主体的构成容纳了党政界、知识界、行业企业界、媒体界以及社会组织、市民等；从功能上说，则是使不同部门、组织、群体和个人具有的优势得到协调、整合、偕同和提升，在经济发展、政治民主、文化繁荣、改善民生、环境友好等方方面面发挥作用；从机制上看，是将社会三大部门各自机制的联动，使行政机制、市场机制、社会机制成为一个综合整体，形成了行政性与自发性、市场性与社会性、竞争性与公益性、营利性与非营利性等不同机制之间的相互促进。

更具体地说，杭州的复合创业主体或复合治理，包括“政府—企业—社会”四类合作方式，这就是架构式合作、联盟式合作、项目式合作和网群式合作。为了简明，我们把它们列表如下①：

杭州复合主体各主体间的合作方式

序号	合作模式	内容解释	现实特征	优势	适用性	举例
1	架构式合作	政企社融合式的实体型复合体	实体式	推动力强	较适用于大战略、大投入、大品牌项目	杭州京杭大运河复合体、西冷印社复合体、西湖综合保护工程复合体、西溪湿地复合体
2	联盟式合作	政学合作虚拟性复合体	虚拟式	宏观把握	适用于确立宏观性、全局性指导	杭州浙大战略合作联盟复合体

① 郑杭生、杨敏、奂平清等：《“中国经验”的亮丽篇章——社会学视野下的“杭州经验”的理论和实践》，中国人民大学出版社2010年版，第353页。

续表

序号	合作模式	内容解释	现实特征	优势	适用性	举例
3	项目式合作	政企结合以项目为中心的平台型复合体	平台式	灵活性高	适用于选定需要推动扶持的项目	杭州丝绸女装复合主体、茶战略复合体
4	网群式合作	产学研相结合的网络化复合体	焦点式	成本不大	适用于扩展关联性产业	杭州生活网群复合体

总之，无论从“政府—企业—社会”的结构互动、功能互补、机制互联看，还是从它们的架构式合作、联盟式合作、项目式合作和网群式合作看，都可以观察到贯穿于其中的“政府—企业—社会”合作三维所表达的“国家—社会”关系新型形式，看到我国地方和基层是如何通过他们的不懈努力，来破解和理顺在发展主体、管理主体上三大部门之间的关系这一时代挑战的，来构建国家与社会关系上带有自己特点的地方经验和地方模式的，从而也为构建这方面的“中国经验”、“中国模式”作出了自己的独特贡献。

我国社会建设社会管理的参照系及其启示*

——一种中西比较的视角

用世界的眼光看，主要是用中西比较的视角看，可以作为我国社会建设社会管理参照系的，主要是美国的自由主义模式、欧洲的福利主义模式，以及参照这两种模式，根据中国历史和现实，正在形成的中国特色社会建设社会管理道路。

一、美国的自由主义模式

在美国，自由主义或多元主义是占据主导地位的意识形态。在他们看来，社会与国家应该是分立的、保持距离的、甚至是对立的。很多美国学者表达了这种观点，其中最激烈的是布洛维。布洛维把社会与市场、国家截然对立

* 本文发表于《国家行政学院学报》2011 年第 6 期。

起来，提出“公共社会学拒绝与市场和国家的共谋”①。这种主张，通俗地说，就是让国家（政府）走开，也让市场走开，剩下它那个作用被极度夸大的“社会”，即它的“公民社会”、“能动社会”。按照这种理论，那么行动的选择只能是：要么为市场化张目、为国家立言、对社会侵夺，要么成为创立社会、保卫社会、解放社会的斗士。这样，一个独立于国家并具有抗争和制衡力量的社会，完全能够自主、自治、能动的社会，是解决现代社会一切问题的一剂良药。这种观点通常也被称为“社会中心论”。这种主张很激进，但是根本做不到。“社会”无时无刻不是在处理与政府、与市场的关系中实际运行着。近年来，上述观点在中国社会学界产生了一定影响。在我们看来，这种观点根本不适合中国的社会建设和社区建设，是一种无根的观点，既没有中国学术传统的“根”，也没有中国现实社会的“根”。

美国的自由主义模式，在社会领域，可以说集中表现为“公民社会”模式，而这种模式的主要内容则涉及三个概念：“公民社会”本身、个人自由、公民参与。

关于“公民社会”（civil society），事实表明，公民社会是一个本身模糊且饱受争议的概念。翻译就有两种：马克思、恩格斯著作中，一般译为“市民社会”；当代政治学的文献中大多译为“公民社会”。“公民”的概念，本身就是政治生活的概念，它是与国家和政府不可分割地联系在一起的，是与一系列公民的权利和义务紧密相关

① 布洛维：《公共社会学》，社会科学文献出版社 2007 年版，第 59 页。

的。没有国家、政府，哪有公民？而黑格尔、马克思等所用的“市民社会”中的“市民”，则主要是与社会生活联系在一起的。没有“公民”那样强的政治色彩。因此，说“公民国家”和“市民社会”是更为确切的。“公民国家”和“市民社会”的提法是青年学者张康之提出来的。不过这里，我们暂且随俗，还用“公民社会”。

一段时间以来，一些人把西方公民社会描述得非常完美、美妙，这不符合事实，以至于一位在美国学习、生活、工作多年的学者王绍光，写文章提出要对“公民社会”祛魅。[①] 他在调查研究的基础上指出：公民社会可以是国家、家庭以及市场组织以外的任何组织，其中很小很小一部分是近年来人们熟知的所谓“非政府组织”（如环保团体、人权团体等具有倡导性功能的组织）；更大的一部分是“非营利组织”（如非营利的学校、医院、养老院等社会服务组织，医师协会、律师协会、工程师协会之类的专业团体）；还有更大一块是“草根组织”（如读书会、足球俱乐部、气功协会、观鸟协会、集邮协会、钓鱼协会等休闲群体）。这些正式或非正式的组织在家庭、国家、市场以外占据的空间就是“公民社会”。从这个定义，我们可以发现近年来被一些人吹得神乎其神的“公民社会”实际上是个无所不包的大杂烩[②]。王绍光还指出了公民社会与自由主义的关系：“对时髦的公民社会理论，笔者一

---

① 王绍光：2009 年《绿叶》第 7 期。

② 王绍光：2009 年《绿叶》第 7 期。

直持批评态度，早在1991年就写过一篇题为《关于“市民社会”的几点思考》的文章。笔者对这种理论的批评集中在两个方面：第一，它把公民社会当成一个整体，好像完全不存在阶级差别，各种社团是在完全平等的基础上竞争，这当然是虚妄的假设。第二，它把公民社会看作一块净土，与污泥浊水的国家相对立，似乎好事都是公民社会干的，坏事都是国家干的，这当然也是虚妄的假设。仅仅从这两个假设就可以清楚地看出，公民社会理论的意识形态基因是‘自由主义’”①。此外，王绍光还从公民社会组织是否有完全的自主性、独立性，从公民社会组织的内部效应和外部效应的关系、从公民社会与民主的关系等方面，破除了一些流行的有关“公民社会”的神话。②

在笔者看来，使用“民间社会”这个术语来表达狭义社会和中义社会是更加确切和符合中国传统的。根据社会与其子系统的关系，我们对“社会”的外延作了新的提炼：整体社会系统与各子系统的关系，可以有多种表述，最常见的是四分框架或四分法、三分框架或三分法、二分框架或二分法。所谓“四分法”，即是社会与它的政治、经济、文化和社会生活各子系统的关系；所谓“三分法”，指社会及其三大部门（政府组织、企业组织和社会组织）的基本划分等；所谓“二分法”，指国家与社会的关系。正是从这些关系中，引申出了范围不同、大小有

① 王绍光：2009年《绿叶》第7期。

② 王绍光：2009年《绿叶》第7期。

异的“社会”：即“小社会”或“狭义社会”、“中社会”或“中义社会”（狭义社会+市场）、“大社会”或“广义社会”或整体社会。

说“民间社会”更加确切，是因为国家和社会的关系主要就是“官民关系”。这里，国家和政府属于“官”的范畴；狭义社会（第三部门）和中义社会（第二部门和第三部门，或者说狭义社会加市场）则属于“民”的范畴。我听到的对“民间社会”的异议主要是两个方面，一是“带有封建遗毒”，二是“学术含量不高”。在笔者看来，这都是似是而非的，都是这些年来受西方的影响太深。不错，在中国封建社会，在民为本和官为本的关系上，事实上是以官为本，“官贵民贱”是通例。尽管这种现象当今还这样那样地存在着，但是整个社会的主导观念正在逐步从传统向现代转变，即官民平等观念更进一步，官是民的公仆的观念正在逐步普及。这些年来，在西方政治学大力宣扬公民社会的情况下，也逐渐形成一种思维定式，似乎只有公民社会是学术术语有学术含量，而“民间社会”、“民间组织”则是本土的土话，似乎没有学术含量。其实可以仔细思考一下，“民间社会”为什么不能成为学术语言，它在哪点上比“公民社会”差。

“民间社会”主要由各种“民间组织”构成。“民间组织”一词，已经在中国社会生活中流行。无论日常语言、正式文件语言，还是部分学术语言，都有使用“民间组织”的。特别是社会组织的管理机关，迄今为止叫“民政部民间组织管理局”，它的职责功能是四个方面：第一，拟订社会团体、基金会、民办非企业单位登记管理办法，并按照管辖权限进行登记管理和执法监察；第二，承担境外非政府组织在华机构的登记管理和执法监察工作；第三，承担民间组织信息管理工作；第四，指导和监督地方对社会团体、基金会、民办非企业单位的登记管理工作。笔者认为，“民间组织管理局”这个名称并无什么不妥，而且“民间组织”既能包括“新社会组织”也能包括“新经济组织”，在包容性、与时俱进性方面也并无问题。

关于“个人自由”。在美国，个人自由和个人成功被无条件地肯定。起初，自由意味着政府不干预。这种自由被称为“消极的自由”，好像摆脱政府就是自由（freedom from government）。后来人们认识到，自由是在法律的范围内活动，这就意味着，自由也是离不开政府和国家的。美国的“个人自由”是美国作为移民国家特殊条件下形成的，是我们不能照搬的。因为，既然个人自由和个人成功被无条件地肯定，于是，一切妨害个人自由的事或人就都是敌对方，甚至所有与美国不同的社会和文化都被看作是对自由的潜在威胁。[①] 这种意识形态，体现在经济上，就是利用美元的世界货币地位，剥削剥夺全世界，尤其是发展中国家；体现在政治上、军事上、文化上，则形成政治霸权、军事霸权、文化霸权等，成为世界不太平的根源。中国的价值观，体现在经济上、政治上、军事上、文

① 赵汀阳：《十字路口的国家路径选择：美国梦？欧洲梦？还是中国梦?》，“人民论坛”政论双周刊（总第341期）。

化上，表现出中国对和平发展、双赢共赢的追求。现在，美国巨额债务在身，包括“9·11”事件和金融危机等历史过程表明，美国是一个处在衰落过程中的大国，美国模式现在面临着是否可持续的危机。

关于公民参与，这是我们可以借鉴的。在我们的社会管理格局中，也强调了“公众参与”。美国的公民参与有较长的历史，他们在参与意识的培养、参与方式的更新、参与条件的创造等方面，都有我们可以借鉴的地方。

关键是，在当代中国，美国式的公民社会，能不能成为中国社会建设、社区建设的目标。对这个至关重要的问题，由于这些年来受自由主义宣传的影响，不少人包括我们的一些学者和干部也不是都清楚的。在笔者看来，答案是明确的。这就是美国式的公民社会，绝不能成为中国社会建设、社区建设的目标。也就是说，不能把我国三个层次对社会建设、社会管理的探索创新，纳入西方“公民社会”理论框架，不能在西方的理论框架中，特别是美国的理论框架中跳舞。因为，美国的公民社会理论和实践，在中国的情况下，是要在“公民社会”名义下培育发展一个与政府抗争的对立的社会，特别是要把作为执政党的领导驱逐出社区，把执政党对社会、社区的领导称之为“一党独裁”、“一党专制”，这是最大的陷阱，一定要警惕和看清这一逻辑。

现在，根据中国的实际情况，在社区等自治组织的治理和自我管理中，表现出一种新的转变，这就是：政府退一步，党委进一步。所谓政府退一步，是指过去社区承担了许多政府职能，现在，社区要依法自治，政府要依法行政，那些不该社区承担的政府职能将由社区工作站或社区服务中心来承担，这表现为“政府退一步”。所谓“党委进一步”，是指执政党的基层组织和党员进一步深入社区，更好地发挥核心作用、领导作用、服务群众的作用。这本来是执政党的应有之义，也是我国的最佳选择。西方的公民社会理论，恰恰是反其道而行，把党委领导驱逐出社区，如果把美国式、西方式“公民社会”作为我们社会建设、社区建设的目标，应该说正是上了他们那一套理论的当。我们绝不能把自己优势当做弱势来抛弃。

这里还涉及对“社区自治”的理解。笔者曾多次强调：自治不是有些人理解的“让政府走开”。自治是一种关系、一种分工、一个过程。[①] 就像“自由”不是可以为所欲为，而是在法律的范围内活动，超出法律范围，就要失去自由。

杭州经验表明，中国基层社会绝不是按照美国式的公民社会那一套在运行。譬如，他们把社区党建与居民参与结合起来。一方面，在加强党委领导上，上城区区委、区政府将和谐社区建设纳入重要议事日程，成立由区委书记领头的区社区建设指导委员会，切实加强对和谐社区建设工作的领导和指导；区人大、区政协充分发挥监督、智囊

---

① 郑杭生：《社区节：一种有效的“社会黏合剂”——宜城街道新探索的社会学解读》，收录于《中国特色社会学理论的深化——当代中国社会与中国社会学》，《郑杭生社会学学术历程（四）》（上册），中国人民大学出版社 2010 年版。

作用，为和谐社区建设出谋划策。建立区领导、部门与社区的挂钩联系制度，切实做到重心下移、服务下沉。各街道成立相应的领导机构，形成了主要领导负总责、分管领导具体抓、相关领导配合抓的工作合力。而在发挥基层党员的作用上，他们健全党员会客厅、功能性党小组等党建工作模式；另一方面，他们同时搭建社区居民参与的平台，提高自助互助服务水平。通过以网上论坛、网上事务听证、民情恳谈、楼道自治等为主要形式的民主决策实践，拓宽民主渠道，保障居民的知情权和监督权。通过推广“邻里值班室”、“湖滨晴雨”、“和事佬协会”等民主自治复合主体实践经验，推进了“社区主导、多元参与、功能融合、四界互动、共建共享”的社区自治复合主体建设。这是他们自己在创新探索。

这就是说，我们的社会建设、社会管理的探索创新，以我为主，有我们自己的理念、思路，该干什么就干什么，不在西方的理论框架中跳舞。识破西方“公民社会”的陷阱，跳出西方理论框架，是为了更好地进行社会建设、社会管理，而不是要放慢社会建设的步伐，该发展社会组织还是要积极发展，该购买服务还是要积极购买，政府该依法行政还是要依法行政，基层党组织、党员个人的作用该加强的还是要加强。

二、欧洲的福利主义模式

总体来说，欧洲的历史状况，特别是工业革命中无产阶级和资产阶级的尖锐矛盾和斗争及其后果，使资产阶级代表人物，采取两条主要措施，对内采取普遍福利，安抚工人，对外加强对过去的殖民地、现在的发展中国家的掠夺，把负担转嫁给它们。这就形成了欧洲的福利主义模式。这种模式起源老牌的德英法这些国家，后来在斯堪的纳维亚国家表现得最为典型。

这一模式包含三大政策体系：普遍福利、混合经济和阶级合作。这些政策体系反映出，在欧洲国家和社会的关系由于政策的调整，经历了从紧张到相对缓和的过程。这种相对缓和趋势，与美国公民社会那种国家与社会分离的趋势，形成一定程度的对比。

但是，相对缓和，并不是国家与社会的关系就不紧张了。挪威发生的恐怖杀人事件、英国发生的大规模群体事件，均为他们本国的中产阶级成员带头所为，这引起我们对中产阶级社会作用以往观点的反思。同时，相对缓和，也不妨碍在理论上，不少欧洲学者还是或多或少体现了国家与社会关系的紧张关系。例如，哈贝马斯对生活世界与系统世界的分析，福柯把社会比做大监狱等。这不奇怪，因为在欧洲，在西方的文化和社会语境中，“国家—社会”的紧张关系既是一种历史的常态也是一个现实的困境。①

正如美国模式现在面临着是否可持续的危机一样，欧

① 杨敏：《“国家—社会”的中国理念与“中国经验”的成长——社会资源的优化配置与创新公共服务和更好社会治理》，发表于《河北学刊》2011 年第 2 期。

洲福利主义模式也面临着难以持续的困境。

福利国家一度曾经功勋卓著：这项具有创新性的制度设置在不平等的雇佣结构中添加了调和剂，使社会阶级阶层的紧张关系得到了极大的缓冲，从而稳定了西方资本主义世界的经济和政治体制。与此同时，福利国家在控制社会张力、稳定社会秩序的同时，保证了生产活力和市场繁荣的持续。

然而，20 世纪第二次世界大战后的西方在经济发展、科技创新、社会结构等方面出现了许多新变化。特别是 20 世纪中期以后，经济衰退、贫富分化、社会风险化等等趋势，福利国家曾经有过的盛景已然不再。针对这种情况，吉登斯等人提出了第三条道路，认为必须超越左派与右派——既不能像前者“认国家为答案”，也不能像后者“把国家当敌人”，调整国家与社会的关系。

更重要的是，欧洲福利主义模式本身包含的许多不可避免的内在矛盾也日益暴露。其中一个矛盾就是“所享与所得”的矛盾，也就是“福利的普惠承诺和国家的有限能力”的矛盾。[①] 尽管欧洲（尤其是北欧诸国）的福利制度受到赞许，有时被称为“全民福利”、“人民福利”，在现实中，几乎无限的普惠式共享福利并未真正实现过。因为，即便是在经济繁荣的状况下，社会福利支出受到的

① 关于福利制度的详细分析，参见郑杭生和杨敏的新著《“大民政”的理论和实践与“中国经验”的成长——夯实中国特色世界城市基础的“北京经验”》，中国社会出版社 2011 年版。

制约也是刚性的，国家的实际能力总是使福利的真正变现不得不大打折扣，“所享”与“所得”的实际距离难以抹去，这使得“全民福利”、“人民福利”相当程度上还是一个期待。相关研究指出，在任何国家包括英国和北欧国家，全民福利模式也没有完全实现。英国的“全民低保”从来就没有真正地实现过，其相当的非缴费型给付都是针对一定的目标群体进行的。即使在北欧三国，许多非缴费型补贴也是家计调查式的。由此可见，在福利政策的实施过程中，有关目标的定位、对象的遴选、福利的给付底线等，不外是必需的程序。这也折射出了福利体制总会伴随着某种理想性特征：期待的“所享”与现实的“所得”总是有区别的，而且，即使是“所得”也并非是均等化的。事实上，如果对福利国家的改革进行简化的概括，那么，筛选福利目标群体，收缩福利支出，降低财政压力，进而缓解福利国家的危机，是这一过程脱离不了的题中之义。因此，“权利是有的，但救济却经常跟不上”①，也是一种提醒——“所享”的承诺基于形式化的社会权利，是不可剥夺的；“所得”作为实质性的变现，其有限性也是难以超越的。

不能不提到的是，现在欧洲的高福利制度已难以回头，并与他们的选举民主形成恶性循环，更加剧了上述“福利的普惠承诺和国家的有限能力”的矛盾，进而发展

① T. H. 马歇尔、安东尼·吉登斯等：《公民身份与社会阶级》，江苏人民出版社2008年版，第27页。

成政治问题，造成治理危机。有学者指出："对于政治家来说，由于其政治生命基本上来自选民的投票，所以在选举年，一般都会迎合选民的短期需要，许诺给公民更多的福利，更少的税收。结果民情偏左的国家，一般都很容易导致财政赤字"。[①] 例如，希腊这个国家，55 岁就可以退休并享受很好的退休金。于是，希腊的政治家提出了节约计划，推迟退休年龄，但却遭遇各方面的抵制。法国和英国也是如此。法国实施节约计划，遭遇了罢工。英国实施节约计划，最近遭遇了骚乱。[②]

欧洲福利主义模式难以持续的再一个原因是新经济体发展中国家兴起。这使得欧洲福利主义模式不能像过去那样掠夺发展中国家，把负担转嫁给它们。

我国现阶段在建设有中国特色的社会福利制度过程中，既要改变补缺型社会福利的"小福利"现状，又要吸取福利国家的教训，谨防走福利国家普遍高福利的老路。根据我们的研究，对福利制度一定要有全面的认识和把握。用得好，它是解决社会问题的办法，但如果用得不好，它也会变成引起社会问题的根源。

我国现在正在从补缺型福利模式向适度普惠型转变。原有补缺型福利模式，是非常典型的、传统的"小福利"制度，它强调的是社会补救功能：在对象上仅限于特殊困

① 毛寿龙：《西方治理危机》，"人民论坛"政论双周刊，2011 年 9 月（总第 341 期）。

② 毛寿龙：《西方治理危机》，"人民论坛"政论双周刊，2011 年 9 月（总第 341 期）。

难群体；在内容上仅限于满足基本生活；在供给主体上仅限于政府；在供给方式上，将社会福利与社会救助和社会保险并列，排除了后两者的福利属性。这种局限性导致大多数社会成员不在享受社会福利之列。

适度普惠型社会福利是由政府和社会基于本国的经济和社会状况，向全体国民提供的、涵盖其基本生活主要方面的社会福利。适度普惠型福利模式是现阶段推进我国社会福利事业发展的必然选择。从非普惠的补缺型的福利模式到适度普惠型，表示了这一领域现代性、合理性、公平性的不断增加、增强的过程。

从欧洲经验中，我们体会到，福利制度可持续性的原则和机理：适度的永恒性与普惠的适度性。

民生保障和福利关系到社会矛盾的源头治理，是创新社会管理的根本所在。杭州上城区一向重视民生保障和福利事业的发展。2011 年，上城区相关部门和单位再次加大了对民生保障和福利的投入。一是上城区民政局提出了“居家养老服务全覆盖工程”，他们以社会化为导向，信息化为支撑，整合社会养老服务资源，搭建居家养老对象全覆盖平台，为 60 岁以上老人提供个性化、规范化的居家养老上门服务。通过该项目，实现服务对象、服务内容、服务时间、服务途径全覆盖，满足老人个性化的居家养老需求。二是区民政局还实施了“‘333 + X’社区大服务体系建设”项目，整合政府、社区、社会三方力量，依托社区公共服务工作站、居民活动和生活服务设施三类载体，健全公共服务、自助互助服务、便民利民服务三个体系，创新社区服务方式，构建社区大服务格局。三是上城区劳动和社会保障局则以“‘居家就业’工程”为重点，加快居家就业工作的规范化、规模化建设，以实现深化促进就业工作，促进就业政策与产业发展政策的统筹协调，大力扶持网络运营、手工编制、维修、电子商务、文化创意和家庭服务等民生产业，提升居民生活品质，营造与建设“具有国际水准的高品质中心城区”相适应的就业创业环境。他们在这样做时，都注意到了福利的适度普惠性。在有13亿人口的中国，不注意这一点，是更不行的。

应当指出，在美国的自由主义模式中也并非没有福利主义的成分，如美国多年来在财政上给购房行为免税，在金融上给没有还贷能力的人购买住房提供政府担保，并通过金融工具把风险转移到金融市场，结果引起了次贷危机，就非常典型。同样，欧洲的福利主义模式也并非没有公民社会的背景。只是，在美国模式中，自由主义、公民社会更突出，更能代表美国的特点；而在欧洲模式中，福利主义、调和主义更突出，更能代表欧洲的特点。因此，不能把这两种模式看作是完全不同的。

这两种模式，对中国都有影响，当然，美国模式的影响要大得多。明确了这两种模式的历史作用和根本缺陷，我们才能对正在形成的中国特色道路更有信心。

破解在陌生人世界中建设和谐社区*

——从社会学视角看社区建设的一些基本问题

当前正在全国范围内展开的社区建设，提供了许多新鲜的经验，从社会学的视角加以提炼，非常必要。这里主要分析和谐社区建设和基层制度创新所涉及的一些基本问题。

一、新问题:在陌生人世界中建设和谐社区

改革开放前，中国社会管理体制的最大特色是那种与

* 本文是2008年6月21—22日笔者在中国人民大学召开的“中国社会体制改革三十年”学术研讨会上的发言，后发表在《学习与实践》2008年第7期。以这篇文章为基础改写的《中国大陆社区建设的一些基本问题——对北京广州郑州武汉实地调查的社会学分析》一文，成为笔者应邀参加2008年11月7—9日在康奈尔大学举行的、主题为“全球化时代现实的挑战”的美国华人社科人文教授协会（ASPSS）第14次国际年会的主题报告稿。该文被收入由康奈尔大学出版社正式出版的这次会议的论文集。

“行政制”紧密结合、什么都管的“单位制”——国家按照行政级别，把各种资源分配给作为自己延伸的不同单位，各单位然后按照行政级别把资源和机会再分配给对自己有极强依赖性的本单位成员个人。改革开放后，原有的单位逐步转变为功能单一的利益主体，工厂就是工厂，学校就是学校，不再承担更多的社会事务；大量新形成的单位，也越来越采取“非单位”的管理体制，它们仅仅是工作场所，不再是什么都管的“单位”，相应地，越来越多的社会成员也从对本单位有极强依赖性的“单位人”变成自主性越来越强的“社会人”、“社区人”。

从“单位”到“社区”的转变，表明社会管理的重心从“工作场所”向“居住场所”的转移。这种转变和转移，意味着社会管理的基础单元的转换，意味着社会日常生活的支持网络的转换，意味着社会资源和社会机会配置机制的转换。这是中国社会极其深刻的变化之一。

社会管理体制从“单位”到“社区”、从“工作场所”向“居住场所”的转变，是为了适应社会结构从传统型向现代型转型的需要，适应经济体制从计划经济向市场经济转轨的需要，是为了应对社会结构转型和经济体制转轨二者犬牙交叉、既相互推进又彼此摩擦所引发的种种社会问题的需要。

社会结构转型不可避免地造成社会流动加快、社会分化加剧，经济体制转轨则不可阻挡地引发人际关系疏松，传统联系减弱——所有这些都从各个方面促进市场经济下陌生人世界的形成。“熟人社会”的分量渐次减少，“生人世界”的成分快速增长。于是，新的社会整合的需要，新的社会团结的要求，新的人际和谐的期待，越来越摆在社会和人们面前，这是因为社会分化不能无限加剧，人际关系也不能恶性疏松，陌生人的世界需要新的连接和整合，否则社会将成为畸形的社会。

社会建设、社区建设，正是为了在一个市场经济的陌生人世界里，构筑人际关系和谐的、互助合作的新的社会共同体，这个社会共同体，在宏观上叫做和谐社会，在微观上叫做和谐社区。微观的社区建设是宏观的和谐社会构建的切入点和抓手，是构建社会主义和谐社会的一项基础性工程。通过社区建设的不断探索和日益成熟，探索出一条与社会主义市场经济和民主政治相适应的社会建设、社会管理的新路子来。

在一个市场经济的陌生人世界里构筑人际关系和谐的新社区，这是时代提出的新问题。根据我们的调查，全国各地都在为破解这个难题而做出各自的努力。

二、社区凝聚的核心:以党建带动社建

要在陌生的世界中建设和谐社区，关键是要找到能够整合社区各种陌生人的主导力量，找到社区凝聚的核心力量。从各地的经验看，这个力量主要是社区共产党员组成的基层党组织（党支部或党总支或基层党委）。正是他们的工作，把陌生人世界重新连接起来，整合起来，无论在“熟人社会”占优势的社区中，还是在“生人世界”占优

势的社区中，增加了、创造了一种新型的联系纽带，从而极大地增强了以社区党组织和党员为核心力量的社区凝聚力。

各地的实践表明，在中国研究社区建设如果看不到以党建带社建，以基层党组织为整合陌生人世界的主导力量，创造新的连接这个基本经验，就不可能理解中国社区建设的过去、现在和未来，也不可能真正理解中国社区建设最大的特色。在中国，没有任何社会力量能在基层起到这样的整合作用。

（一）越是陌生人的世界越需要有社区党组织的支撑

这一点在发展充分的陌生人社区中，就更明显。例如，位处北京商务中心区核心区的北京建外街道核心区的北京建外街道，是个新建小区非常集中的地方，可以说是一个最典型的陌生人的世界。这里有 4 万余常住人口生活在辖区 4. 4 平方公里的面积上。不仅有 16 个像建外SOHO、蓝堡国际公寓等新建小区、81 幢高档公寓楼，而且有近 30 家外国驻华使领馆。更有特点的是，这里作为北京市经济发展最具活力的地区之一，还有近 40 家包括国际俱乐部、中国大饭店等五星级酒店在内的宾馆饭店，有超过 60 多栋像国贸中心、万达广场等写字楼，更有 6000 多家各类规模的公司企业。随着新建小区的出现，66 家物业管理公司应运而生，同时作为维权性质的民间组织业主委员会，也有九家先后成立。其中南郎家园社区由两个新建高档住宅小区和三个老小区以及九座写字楼、四个星级饭店组成，面积 0. 8 平方公里。有居民 4611 户，1. 2 万余人，其中来自全国各地的流动人口占60%以上；有各类公司1500多家。南郎家园社区5个居住小区和写字楼全部实行了物业管理，现有物业管理企业13个，其中居住小区物业管理企业有六个，有四个小区成立了业主委员会。

可想而知，要在这样一个市场经济的陌生人世界里，构筑人际关系和谐的、互助合作的新社区其难度是可想而知的。在南郎家园社区现代城小区，几年前刚入住时有一些业主认为，业主投资买的房子，小区就是业主们的"私人领地"，必须实行绝对封闭管理，任何人都不能插手。在一段时间里，不仅居委会的工作进不去，政府的工作也进不去。街道和社区是通过以党建促社建，在新建高档小区建立了由居民党员、流动党员和物业在职党员组成的联合党支部，成为凝聚小区各种力量、保证社区各项工作在小区得到落实的组织保证，打开了新建高档小区的工作局面。他们因此创造了"1+3"的模式，就是在社区党委的统一领导下，社区党组织、居民委员会、业主委员会和物业企业这4个社会管理主体共同承担责任，发挥作用。他们把这"1+3"模式概括为"四位一体"的共建机制。

（二）全国社区运转模式都离不开作为领导核心的基层党组织

在中国，社区运转模式通常有"1+1"（社区党组织+社区居委会）、"1+2"（社区党组织+①）、"1+2+1"

① 社区居委会+社区工作站

(社区党组织+[1]+社区志愿者大联盟)、"1+3"(社区党组织+[2])、甚至还有"1+4"的，即在"1+3"中再加上商会。但不管是哪种模式，都有"1"，它就是作为领导核心的基层党组织。同时，社区建设的方方面面，不论是社区资源动员、社区文化建设、社区服务，等等都离不开基层组织。《民政部关于在全国推进城市社区建设的意见》规定："社区党组织是社区组织的领导核心。"党的十七大报告中重申：要"着力加强基层党的建设"，"以党的基层组织建设带动其他各类基层组织建设"，"充分发挥基层党组织推动发展、服务群众、凝聚人心、促进和谐的作用"。社区党组织的建设，既是社区建设的重要内容，也是社区建设的组织保证。

（三）支部领导与居民自治相结合——中国特色社区建设取得进展的关键

如果说，在新民主主义革命中，支部建在连上，是保证革命胜利的基层军事基础，那么现在，支部建在社区，则是保证社区建设成功的基层社会基础。支部领导与居民自治相结合，这是中国特色社区建设取得进展的关键之一。各地以党建带社建，为这一点提供了新的例证。当然，支部领导与居民自治相结合，如何结合得好，仍有许多问题要探索，例如，支部领导如何改进，居民自治如何推进，两者的结合方式如何创新等，不是都解决了，各地

---

① 社区居委会+社区工作站

② 居民委员会、业主委员会+物业企业

的实践本身也提出了这些问题。

三、社区建设的实质:逐步落实公平正义

笔者曾多次指出，和谐社区建设，跟和谐社会建设一样，从实质上说，涉及把社会正义的概念落实到社会主义具体制度的方方面面。就社区建设来说，就是落实到社区制度的各个方面。社会正义概念落实到具体制度，社会和谐也就有了制度保证。这一点从逆向来说，也就是按照正义的概念和原则来处理社会矛盾，创造正确处理社会矛盾的新机制，以此来弥合分歧、化解矛盾、控制冲突，增进团结，改善民生，促进和谐。只有把社会正义在正向逆向两方面都落实了，才能把陌生人的世界真正和谐地连接起来。

（一）社会公平正义及其两个维度

无论是把社会正义落实到社会主义具体制度的方方面面的制度创新，还是按照社会正义原则创造正确处理社会矛盾的新机制，都是中国特色社会主义这一新型社会主义制度创新实践的焦点。这是因为社会正义与社会主义有着内在的血肉联系，可以说，没有社会正义的社会主义不是真正的社会主义，缺乏社会公正的社会主义是不完善的社会主义，只有按照时代的要求，从实际出发，坚持通过制度创新，逐步把社会正义落实到具体制度方方面面的社会主义，才是名副其实的社会主义。中国特色社会主义作为一种新型社会主义，主要就“新”

在这个创新性上[①]。

把社会公平正义落实到社区制度方方面面，涉及社会正义及其维度问题。

1．社会公平正义及其两个维度的含义。所谓社会正义，在我看来，就是社会资源和社会机会配置的公平性和平等性。[②] 这里，公平与平等都能表达正义，但又是不同程度的正义，正好能够表达社会正义也是有阶段性的。在初级阶段，正义概念主要与公平概念，即是与“合理的差别”联系在一起的。而在高级阶段则是与平等的概念，特别是“事实上”平等或实质性的平等（即社会经济平等和满足需要的平等）联系在一起的。新中国建立以来的一个经验教训是我们过早地以平等观念为主导观念，而不知道在社会主义初级阶段，我们只能遵循公平的正义概念而不能实际奉行平等的正义观念。违背这一点，超越了初级阶段，也不能很好坚持和发展中国特色社会主义这种新型的社会主义。

社会公平主要有两个维度：制度安排与百姓认可。在

---

① 关于中国特色社会主义作为一种新型社会主义，“新”在哪里？笔者曾经指出，“概括地说，主要表现在两个方面：第一，它是一种利用资本主义一切可以利用的东西、逐步取得对于资本主义的相对优势、并最后战胜资本主义的社会主义。第二，它又是一种在自己的实践中不断探索社会正义、不断追求社会和谐、不断进行制度创新、并不断致力于逐步把公平正义贯彻到社会结构和社会制度各个方面的社会主义。”（郑杭生：《坚持和发展共同理想的几个问题——从社会学视角看新型社会主义》，发表于《中共中央党校学报》2007 年第 2 期）简要地说，第一方面强调的是它的开放性，第二方面强调的是它的创新性。

② 郑杭生：《坚持和发展共同理想的几个问题》，发表于《中共中央党校学报》2007 年第 2 期。

当前，把握了这两个维度，在我看来，也就较好地把握了社会公平。

社会公平首先指的是一种客观的制度安排的合理性问题。这主要体现在社会资源分配和获得的差别是合理的；社会机会对每个社会成员都是自由开放的，可竞争的。社会学上以职业为主要标志的阶层或分层则要求这样来安排：各阶层之间的差别是合理的，各阶层的地位是开放的。这样的安排，使上层永不松懈，中层永不满足，下层永不绝望，从而使作为绝望的派生物的种种消极后果，如自杀、“人肉炸弹”等概率大大降低。

社会公平还在主观上体现为百姓的共同认可、认同。这就是社会公平度、公平感的高低问题。这种社会公平度、公平感，在社会学上是可以通过社会指标体系来加以衡量的。同时，我们也可以从经验上体会到，多数老百姓不认可、不认同的东西，是不公平的。所谓老百姓心里有杆秤，归根结底是有一台认可公平的天平。

2. 作为分析框架的社会公平正义及其两个维度。社会公平及其两个维度，可以作为一个分析框架，来研究我国社区制度的创新。

随着中国社会重心日益下移，全国范围的城市社区建设和社会主义新农村建设日益显示出它们的重要性。我们在全国各地的调查和考察表明，中国城乡基层社会正在用建设性的反思批判精神，通过制度创新，把社会公平正义落实到我国微观制度的方方面面。无论在制度安排的公平方面，还是百姓认可的公平方面，都是如此。

社区制度建设实际上有两大块，一块是宏观制度在社区的延伸，如社会保障制度，劳动就业制度，这种宏观制度全国必须统一，各地不能另搞一套，这里的创新，主要是探讨更加适合当地情况的方式方法，针对过于一般的条文制定实施细则，等等。另一块是社区制度本身，如居委会组织、社区其他组织、社区服务体系及其相互关系，这里的创新，主要是探讨不同的社区建设和发展的模式与运转机制。笔者曾经用社会公平正义这两个维度，作为社区分析的框架，对全国各地多个社区制度本身做过分析。

（二）社会公平正义两个侧面的关系

关于社会公正两个侧面的关系，需要强调公平正义两个维度的转化和互构：一方面，公正的利益结构和制度安排是社会公正的客观基础，因此，社会的利益结构必须能够尽可能容纳和满足社会成员的利益要求，社会的制度安排必须为社会成员特别是弱势群体的利益提供保障。另一方面，社会成员对公正的感受和认知也要不断发展和成熟，从而具有使社会生活合理化的能力，形成对社会生活积极的解释、认可和接受。随着社区建设的深入，社会公正的两个侧面仍需要继续向基层社会下沉，进社区、进楼院、进家庭、进日常生活、进居民心里，在这个过程中不断推进制度安排的公平与百姓认可的公平的转化与互构。

我也说过，在制度安排和百姓认可两个维度中，尽管两者是不可截然分开的，但是宏观微观的制度安排无疑是基础性的，百姓认可是制度安排合理性的反映和体现。就是说，在制度公平与认可公平中，制度公平是更为基本的，但是一点也不能忽略认可公平。老百姓认可度低的种种制度，肯定是有毛病的。这是推动制度创新的最直接、最重要的动力。

胡锦涛同志在党的十七大报告中提出的加快推进以改善民生为重点的社会建设的六大任务，实际上既是六大方面的惠民决定，又是六大领域的社会公平。这六大公平就是教育公平、就业公平、分配公平、保障公平、医疗公平、参与公平。上述六大社会公平，主要涉及的是制度安排的公平。但是随着这些惠民决定和措施的贯彻落实，定会大大地拉近党和政府与人民群众的距离，定会使人民群众在得到实惠的同时增加安全感、信任感、公平感，从而极大地增强百姓认可的公平。①

四、社区建设的途径:探索社区制度创新

社区制度本身的建设，即把制度安排的公平落实到社区制度本身上，也是一个非常重要的问题。这里主要涉及居委会成为名副其实的自治组织的问题，涉及社区民间组织健康发展的问题，还涉及社区服务体系有效成长的问题（这一点放在下一个问题分析）。这些问题同样关系到增进陌生人世界的整合和连接的问题。

① 郑杭生：《抓住改善民生不放，推进和谐社会构建》，发表于《广东社会科学》2008 年第 1 期。

（一）探索社区居委会成为名实相符的自治组织之路

这里，应该顺便提到：既然谈论自治组织的问题，必须要对自治有正确的理解。在我看来，“‘自治’是指一种关系，是正确处理与政府的关系，两者分工明确，而不是彻底摆脱政府，就像‘自由’是在法律的范围内活动，而不是想干什么就干什么”①。

1. 逐步减少行政性，自觉增加自治性。从各地的做法看，逐步减少行政性，自觉增加自治性，是使社区居委会真正成为自治组织、实现社区制度安排公平的实际途径。

大家知道，现在全国各地逐步形成了社区“议行分设”的思路。但各地对议行分设的理解和做法很不一样。民政部在总结全国各地经验的基础上，在《全国社区建设试验区工作实施方案》中指出，要“按照社区自治、议行分设的原则，以社区居委会或社区委员会作为主体组织，探索社区内议事层和执行层分开的社区建设组织形式”。我们做过调查的广州、深圳、武汉、郑州，我们到过的南京、苏州、上海等，我们居住的北京等城市的试点，已经取得了很大的进展。但是我们在调查中，一些居委会主任，对议行分设还有某种顾虑，他们怕被架空，真正实行他们会产生某种失落感。

---

① 郑杭生：《社会公平正义与和谐社区建设——对社区建设的一种社会学分析》，发表于《中国特色社会主义研究》2007 年第 6 期。这一点在 2007 年 9 月 18 日在郑州市社科联作同名讲演时也提到。

2. 关于“议行分设”。所谓“议行分设”，“议”就是居委会进行议事、讨论，代表社区居民意见和利益，实质是表达与决策的民主过程，成员不坐班可兼职，不领取报酬只有适当生活补贴，是没有固定工资的公益岗位，每届任期3年。“行”有两方面的含义，一是社区事务工作站执行居委会的某些决议，二是社区事务工作站从居委会中剥离，执行街道交办的政府行政工作。这样，居委会就不再是政府的“腿”，而真正成为居民的“头”；以前居委会的“腿”的功能就由社区事务工作站来承担。但不要忘记，在我国，这种“议行分设”或“居站分设”，实际上是“1+2”的模式，即在居站这两个议事层和执行层之上，还有社区党组织（党支部或党委）。社区党组织是领导层，负责统领、协调居委会和工作站这两支“桨”的工作，是社区这条大船的“舵手”，是平衡完成政府的事务性工作和实现居民自治两者之间的杠杆。

“议行分设”的创新和意义，在我们的调查中，主要体会到以下几个方面：

其一，“议行分设”有利于给居委会减负。“居站分设”的模式，把那些不属于居委会职责范围内的行政工作分离出来，转移到社区事务工作站，从而让社区管理工作者有能力和精力进行社区建设管理工作。实行议事层和执行层分离，居委会不再对应政府工作，实现从政府的“腿”向社区居民的“头”的转变，这样就解决了长期以来困扰基层的社区居委会行政化倾向的问题。通过社区管理模式的创新，以新的思路解决长期以来困扰居委会的

“上面千条线，下面一根针”的超负荷工作和难以提高管理水平的问题，改变了以前居委会干部80%以上的精力忙于应付上级各种检查和政府交办的各项任务的情况。

给居委会减负，说说好说，做起来很不容易。有的地方如南京的做法很实在。这就是对原来政府部门委派或转移到居委会身上的行政性工作进行持续不断的清理回收。与此同时，他们还有两个配套措施，第一，建立职业化和专业化的社会工作机构，使得政府清理回收的工作有合适的机构来做。第二，他们建立“准入制度”，充分发挥社区建设领导小组和社区工作自治协会在审核进社区工作上的作用，防止旧病复发，把已经清理回收的政府工作，又这样那样地变相地放回到社区去。可以看得出，南京在切实减少行政性、自觉增加自治性方面，态度坚决，措施得力。

其二，“议行分设”有利于进一步扩大基层民主。推行议行分设，既可以使政府各项工作得到较好落实，工作重心真正实现下移，社区工作队伍可以逐步走向专业化、职业化和知识化，社区工作的水平也将得到提高。同时，通过职能归位，理顺了内外关系。强化了基层民主自治功能，社区事务工作站从居委会剥离后，居委会就有更多的时间和精力去从事自治方面的事情，开展自我教育、自我服务、自我管理、自我监督。“议行分设”的社区管理事务决策模式，是城市基层管理体制由行政化管理系统向法制保障下的社区居民自治体系的转变，是实现社区的民主决策，保证市民参与管理决策的可持续发展决策模式。

“议行分设”的具体制度设计是通过设立“一个大会，两个机构”的方式实现的，社区成员代表大会，是社区的权力机构，其主要职责是选举产生社区议事协商委员会成员和社区管理委员会成员，讨论和决定社区事务；下设的社区议事协商委员会（简称议事会）和社区管理委员会（简称管委会)，分别体现“议行分设”。

其三，“议行分设”有利于推进社区服务工作专业化、产业化、规范化。由选举产生的社区居委会作为社区的议事机构，对社区的公益事业和公共事务进行调研决策，其下设的社区工作站作为社区的执行机构，来完成社区居委会决策的任务和区有关职能部门需要社区居委会协助完成的工作。社区工作站主要完成社会福利和便民利民服务工作，使社区服务工作产业化。同时，完成社区环境、社区治安、社区文化、社区卫生、社区计生等工作，使社区工作规范化。社区居委会的成员由选举产生的委员组成，社区工作站的工作人员是面向社会公开招聘的，由专业化、职业化的人员组成。通过组建社区工作站，使有关职能部门的职能、任务、经费、人员进社区，使社区建设工作得到全面的启动和推进。

3. *发展不平衡*。探索社区居委会成为名实相符的自治组织之路，发展是不平衡的。在我国社区建设与社区发展过程中，有些地方社区组织行政化的倾向仍然严重存在，有的甚至还在发展。社区组织行政化主要表现在：（1）组织设置功能行政化；（2）自治章程、工作制度及人事决定行政化；（3）经费收支行政化；（4）运行方式、考核机制行政化。造成社区居委会行政化的原因，可以从政府、社区组织自身以及居民的参与几个方面去找。但是政府干预过多是其中的主要原因。因为，政府对社区干预过多促使居民对政府产生很强的依赖心理，社区居民的自治意识、参与意识因而比较淡薄。因此，各地应参照这方面走在前面的地方，加快社区组织“去行政化”进程，加强社区自治能力建设。[①]

（二）探索社区民间组织健康发展之路

在努力形成社区民间组织发展与和谐社区建设良性互动的新格局方面，各地也都形成了相似的“大力培育发展社区民间组织、推进社区建设”的思路。2005 年以来，社区民间组织得到极大的发展。

在各地的探索中，逐步形成了一条有各地特色的社区民间组织的健康发展之路，这主要包括：（1）为社区民间组织正名，提高社区民间组织的认知度。（2）实行分类管理，努力使社区民间组织的培育走向制度化。（3）提供发展平台，努力使社区民间组织发展壮大，发挥作用走向制度化。（4）进一步做了几项配套的制度建设工作：如探索建立委托授权机制，对照行政许可法，明确政府事务移交的内容、程序和方式；建立合作联动机制，使基层民间组织与社区其他组织平等沟通、协商合作，推进社区治理多元化；建立对基层民间组织的评估监管体系，明确

---

① 向德平：《社区组织行政化：表现、原因及对策分析》，发表于《学海》2006 年第 3 期。

谁来监管，解决监管的主体问题；明确监管什么，建立民间组织的评估指标；明确怎么监管，完善监管的方式和监管渠道。总之，社区建设搞得好的地方，社区民间组织进入了有规可循、有制度可依、各方重视、实质性壮大发展、发挥作用的阶段。这无疑是从一个重要方面，推进了社会建设，因为民间组织的健康发展本来就是社会建设的应有之义。

（三）探索社区建设细化深化之路

把和谐社区建设引向细化、深化和具体化，这是各地制度创新的一个新的趋势。和谐社区构建自下而上的路径大体有：高素质个人、和谐家庭、睦邻关系、祥和楼门和特色楼栋。天津市和平区南市街道党工委、办事处，把创建楼门文化，建设有文化特色的楼门作为社区建设的切入点和着力点，从而把和谐社区建设引向细化、深化和具体化，就是很有新意的。[①]

在这方面，郑州市在把和谐社区建设引向细化、深化和具体化方面做得十分系统。郑州市落实了由居民代表、院长、楼长、门栋长组成的“三长一户”网络体系，初步形成了纵到底横到边的社区工作构架。

但是，调查表明，在邻里关系和家庭关系中仍有大量的问题需要引起重视，同时，在人际互动较多的情况下，

---

① 郑杭生：《和谐社区建设的细化和深化——从社会学视角看天津南市街道特色门楼建设》，2007年9月29日在天津南市街道楼门建设论证会上的发言，后刊登在民政部《城市街区通讯》2007年第11期上。

积极行为有所增多，消极行为也会同时增加。消极行为数量的增加会使消极反应率同步上升，从而加大家庭内、邻里间的人际摩擦，这方面控制互动的节奏、加强行为的引导也非常重要。

五、社区发展的重点:建立完善服务体系

最能直接体现把社会公平正义落实到社区制度方方面面的是社区服务体系的完善和创新。社区服务也是把陌生人世界连接起来的重要纽带。

各地从基本原则、服务内容、服务性质、运行机制、发展方向、操作层次、服务方式等方面探索了有本地特色的社区服务体系的有效成长之路。

1. 就基本原则而言，强调以人为本，把不断满足社区成员的物质文化需求作为社区服务的出发点和归宿，把解决社区居民尤其是困难人群的基本物质文化需求作为社区服务的首要任务，把满足绝大多数社区成员普遍而又迫切的需要作为拓展社区服务的工作重点，把促进社区成员的全面发展作为社区服务的重要目标，把社区群众的受益率、参与率和满意率作为衡量社区服务发展水平的重要指标。

2. 就服务内容而言，强调“四个面向”。面向各类困难群体和优抚对象开展福利服务；面向普通居民开展便民生活服务；面向企事业单位和机关团体开展“后勤保障”服务；面向下岗失业人员开展就业再就业和社会保

障服务。

3．就服务性质而言，强调福利服务与经营性服务相结合，无偿、低偿和有偿服务相结合。有的地方 90% 以上社区服务中心和老人公寓引入了市场化运行机制，在服务项目的选择上，把福利、微利和经营性服务有机结合起来，能够做到自收自支，走上良性循环的轨道。

4．就运行机制而言，强调政府主导、社会广泛参与。政府主导作用体现为推进、管理社区服务业健康发展，增加社区服务投入，兴办基础性、示范性的社区福利服务设施和服务项目，资助社会力量兴办社区福利事业。有的地方对社会力量兴办福利机构，分别给予每张床位 4000 元、3000 元、2000 元不等的资助，每收一名户籍老人，给予 600 元的补贴，号召和动员社会各方面广泛参与。与此同时，还普遍以社会化养老模式的推广为契机，推行政府买单、项目管理的有效形式。

5．就发展方向而言，强调社会化、产业化。在社区服务设施建设上，创造了新区开发带动一批，旧城改造扩建一批，社区与单位联建一批，重点项目列入规划兴建一批等方法，形成了国家、集体、企业、个人都参加的社会化投入机制。

6．就操作层次而言，强调以社区为单元，构建多层次一体化的操作格局。各地加大投入依托本地网站开辟各地的社区网，整合分散在各部委办局网站上、与居民息息相关的政策、法规等资源，为社区居民提供较全面的信息服务。有的地方还依托社区网成立社区服务中心等民间组织，整合服务资源，形成了网络、电话、服务实体相结合的立体平台，进一步提升服务手段和服务水平。这些措施也有利于减少信息不对称，增进信息公平度。

7. 就服务方式而言，强调多样化基础上的志愿服务，邻里互助服务。各地建立“爱心超市”和社区互助社，以经常性社区捐助点为依托，就近、就地、就便解决居民的生活困难，取得了良好的社会效应。

六、社区发展的目标:共享共建和谐社区

共建共享既是构建和谐社会、又是建设和谐社区的必由之路。共建为了共享，共享需要共建，共享是和谐社会构建、和谐社区建设的目标，共建是实现这一目标的手段。和谐社区的建设，要力求做到在共建中共享、在共享中共建，实现共建与共享的良性互动。

共建共享可以从多个角度来考察。笔者曾从制度性保障的角度多次指出：“为了推进社会建设这一系统工程，为了真正解决民生问题，还必须通过制度创新逐步建立五个体系，这就是：第一，逐步建成能够适应促进社会发展和解决民生问题的服务型政府体系。第二，逐步形成惠及全民的、能够提供基本公共产品的基本公共服务体系。第三，逐步建立能够广泛容纳社会成员的现代职业体系。第四，逐步重建能够推动社会整合的社会信任体系。第五，逐步建立保障保护社会成员个人生存和发展的社会安全体系。这些有关民生大事的体系建成了，共建共享和谐社会

也就有了制度性的保障。”① 共建共享还可以从资源开发和动员的角度来分析。这是因为共享共建和谐社区，离不开社会资源的动员和开发。

从上述几个基本方面可以看到，在社区建设的历史性进程中，各地社区已经发生了、并且还正在发生着巨大变化。社区行动过程由单一主体分化出多元主体，运行机制由以往的行政化管理逐步转变为社会化治理，社区服务的内涵也日趋丰富，不仅更为有效地整合社区的资源，而且聚合了社区的民心，使制度创新与百姓认可紧密地结合在一起，通过社区工程打造出民心工程。在此过程中，各地的社会建设不断向基层社会“着陆”，进入到社区里，扎根在居民中，在日常平凡琐细的工作中逐渐积累起了于微见著的效果。今天，各地社区建设仍在垒起基层平安的一块块基石，锻铸和谐社会的一根根支柱。

在这一历史性过程中，无论是各地取得的进展，碰到的问题，也无论是他们获得的领悟，产生的困惑，都预示着在一个市场经济的陌生人世界里构筑人际关系和谐的新社区的难题，正在程度不同地在基层破解着。种种新的社会连接和整合方式，正在这样那样地在基层创造着。社会公平的两个维度——制度安排的公平正义和百姓认可的公平正义，正逐步地在基层落实着。与社会矛盾多发期活跃

① 参见郑杭生：《社会建设：改善民生与公平正义》，发表于《中国社会科学院院报》2007 年 11 月 15 日第五版；郑杭生：《在共建中共享　在共享中共建》，发表于《求是》2007 年第 10 期。

期相关的各类社会问题，也通过种种方式在基层化解着。这些破解、创造、落实、化解都有各地的特色。可以预期，只要坚持下去，各地的社区建设和社区发展将会取得更大的进展。

民族团结与和谐社会建设*

我国是一个多民族国家，民族团结是社会和谐的基础。和谐的民族关系是构建社会主义和谐社会的重要内容和重要保证。没有民族之间的和谐，就不可能有全体人民的安定团结，构建社会主义和谐社会也就无从谈起。

一、民族团结的内涵和构成

“民族团结”是一个广泛使用、经常提到的重要概念。但是，究竟什么是民族团结，它的内涵、外延是什么，它如何构成，并不是每个人都十分清楚的。这里着重从社会学的视角加以分析。

“团结”在社会学上叫“整合”。社会团结或社会整合的意思是，把分散的个人和群体联合成为一个具有相互依存的良性互动关系的更大社会整体的过程和状态。所谓

* 本文发表于《创新》2009 年第 12 期。

“民族团结”，就是把分散的不同的民族联合起来，使之成为彼此具有相互依存的良性互动关系、并形成更大民族共同体的过程和状态。

就中国的情况说，“民族团结”，就是把我国56个不同民族联合起来，使之成为彼此具有相互依存的良性互动关系、并形成更大民族共同体——中华民族的过程和状态。

与上述中国民族团结的内涵相对应，民族团结的外延包括汉族和少数民族之间的团结，各少数民族之间的团结，以及同一少数民族内部成员之间的团结。

在中国民族团结的内涵中，关键性的“相互依存的良性互动关系”，可以分解为两个主要方面，或者说，由两个主要方面构成：一是各个民族之间互助合作的平等关系，简要地说，就是平等的民族互利；二是它们之间相互依存的共同意识，简要地说，就是广泛的民族认同。民族互利涉及社会资源和社会机会合理配置、分配的问题；而民族认同则涉及各民族之内、之间、各民族与中华民族之间那种谁也不能离开谁的休戚相关的民族感情。对民族团结来说，民族互利和民族认同这两者缺一不可。民族互利如果没有民族认同，是不牢固的；而民族认同如果没有民族互利，则是不实在的。所以，也可简要地说，民族团结就是民族互利与民族认同的有机统一、相互促进。

应当注意，这样的民族团结，既是一个复杂的过程，又是一种现实的状态。

说它是一个复杂的过程，主要是指我们中华民族的形成和发展就是这样一个通向民族团结的复杂过程。学术研究表明，中华民族是我国56个民族相互依存、共同发展、凝聚而成的。关于中华民族的形成过程，现在有两种重点不同的阐释，一种是我国著名社会学家费孝通先生的“多元一体”，其中“多元”指出中国存在多个民族，“一体”则强调中华民族这个一体是由多个民族凝聚而成的。一种是世界著名华裔人类学家、美国科学院院士张光直先生的“一元多体”，其中“一元”强调中华民族有共同的起源，然后繁衍出“多体”，即多个民族共存。因此，这两种重点不同的阐释，都是符合历史发展的实际的。在这个意义上，“中华民族”形成本身就标志着我国形成最大的民族团结。

说民族团结是一种现实的状态，是指我国56个民族之间实际存在着由民族互利与民族认同表现出来的民族团结这样的实际状况，这一点在2009年新中国成立60周年的盛大庆典上，通过全国56个民族的大联欢，展示得特别明显。在国庆前夕由新华社授权发表的题目为《中国的民族政策与各民族共同繁荣发展》的白皮书，更是对我国实际存在和发展着的民族团结，做了理论和实际相结合的全面论述。

还应当注意，这样的民族团结，不是自然而然地到来的，而是要我们努力争取、倍加珍惜，像爱护自己眼睛那样爱护才能达到的。这是因为，国内外民族分裂的势力还存在，支持他们以达到自己目的的国际敌对势力还存在，它们相互勾结，利用一切可以利用的机会，挑拨民族关系，进行民族分裂活动。同时，因为历史等种种原因，民族之间的发展还不平衡，还存在事实上的不平等。因此，民族团结并不意味着没有矛盾和问题，相反，民族团结正是在妥善解决各种民族矛盾中达到的。对于实际生活中不可避免出现的种种民族矛盾，党和政府正在采取有效措施努力加以解决。客观地说，应当如实承认，中国在解决民族团结问题上取得了前所未有的成功、举世瞩目的成绩，与世界各国相比，是做得非常不错的。

二、平等的民族互利

在我国，民族团结并不是泛泛而论的口号，而是通过法律、政策明确规定加以设置的社会制度、社会机制。构成民族团结的两个方面——平等的民族互利、广泛的民族认同，都是有制度保障的。通过分析这两个方面，我们就能进一步理解民族团结的深刻含义。这里先分析第一个方面。

民族平等原则是我国宪法的一项重要原则，也是党和国家在民族关系上实行的基本原则。我国各民族的多赢互利、共同繁荣都是建立在民族平等的基础之上的。我国宪法对民族平等原则的规定包括以下几个方面，这些规定都体现了民族互利：

第一，民族平等首先体现在平等的政治地位和法律地位上，这是政治上、法律上的民族互利。在中国，各民族一律平等意味着各民族不论人口多少，经济社会发展程度高低，风俗习惯和宗教信仰异同，都是中华民族的一部分，在国家生活中都享有平等的政治地位和法律地位以及相应的权利和义务。

宪法第四条第一款规定：“中华人民共和国各民族一律平等。国家保障各少数民族的合法的权利和利益，维护和发展各民族的平等、团结、互助关系。禁止对任何民族的歧视和压迫。”在现实生活中，我国各族人民广泛地享有宪法和法律赋予公民的各项平等权利，中国政府采取各种政策和措施，努力实现宪法和法律规定的民族平等。例如，各少数民族与汉族都以平等的地位参与国家大事和各级地方事务的管理，少数民族参与国家管理的权利还受到特殊保障。例如，选举法规定，在选举全国人民代表大会代表时，人口特别少的民族，即使达不到产生一名代表的法定人数，至少也应有一名代表。从 1954 年第一届全国人民代表大会至今，少数民族代表在历届全国人民代表大会代表中所占名额的比例，均高于同期在全国人口中所占的比例。

宪法第一百一十三条第二款、第一百一十四条还规定，自治区、自治州、自治县的人大常委会中应当有实行区域自治的民族的公民担任主任或者副主任；自治区主席、自治州州长、自治县县长由实行区域自治的民族的公民担任。此外，宪法第一百二十二条第二款规定，国家帮助民族自治地方从当地民族中大量培养各级干部、各种专业人才和技术工人。据此，国家大力培养使用少数民族干部，截至 2008 年，少数民族干部已达 290 多万人，比 1978 年增长了三倍多。全国公务员队伍中，少数民族占

9.6%，其中县处级以上的少数民族干部占同级干部总数的7.7%。在中央和地方国家权力机关、行政机关、审判机关和检察机关都有相当数量的少数民族干部。目前，在13位现任全国人大常委会副委员长中，有少数民族2名；在9位现任国务院副总理、国务委员中，有少数民族2名；在25位现任全国政协副主席中，有少数民族5名。

我国法律还规定，严禁在新闻出版和文艺作品中出现煽动民族仇视和歧视、损害民族团结的内容。

第二，民族平等还体现在努力促进各民族事实上的平等,帮助少数民族发展，这是经济上文化上的民族互利。实现各民族事实上的平等，是民族平等的重要体现。我国共有55个少数民族，由于历史原因，他们一般人口较少，经济、文化相对落后。为了尽快改变少数民族地区经济和文化发展相对落后的现象，逐步消除历史上遗留下来的民族间事实上的不平等，我国宪法作了相应的规定。宪法第四条第二款规定，国家根据各少数民族的特点和需要，帮助各少数民族地区加速经济和文化的发展。宪法第一百二十二条第一款规定："国家从财政、物资、技术等方面帮助各少数民族加速发展经济建设和文化建设事业。"

国家据此采取各种有效措施，帮助各少数民族地区加速经济和文化的发展。比如，2001年修改后的民族区域自治法在财政、金融、贸易、教育、科技、文化等方面规定了国家扶持民族地区发展的一系列特殊政策。此外，国家财政从1955年起就设立"民族地区补助费"，1964年设立“民族地区机动金”，采取提高民族地区财政预备费的比例等优惠财政政策。据统计，1978 年至 2008 年，中央财政向民族地区的财政转移支付累计达 20889.40 亿元，年均增长 15.6%。其中，2008 年为 4253 亿元，占全国转移支付总额的 23.8%。

第三，民族区域自治是实现民族平等、正确处理我国民族问题的重要制度，这是制度上的民族互利。民族区域自治，就是在统一的祖国大家庭内，在国家的统一领导下，在少数民族聚居的地区设立自治机关，管理本民族内部事务和地方性事务。宪法在“国家机构”一章中专设一节，规定民族自治地方的自治机关和自治权。根据宪法的规定，民族自治机关有权制定自治条例和单行条例，自主管理民族自治地方的财政、经济建设、教育、科学、文化等事业。为了把宪法的规定具体化，1984 年我国制定了民族区域自治法，2001 年又对这部法律进行了修正，既保障了各少数民族人民当家作主的权利，又有利于从实际出发，发挥各民族地区的优势，推动各民族地区经济、社会和文化的发展。

第四，语言平等是民族平等的一项重要内容，这是语言上的民族互利。宪法第四条第四款规定：“各民族都有使用和发展自己的语言文字的自由，都有保持或者改革自己的风俗习惯的自由。”各民族人民有权自由地使用和发展本民族的语言文字，以更好地发展自己的教育文化事业。尊重少数民族在日常生活、生产劳动以及社会交往中使用本民族语言文字的权利，有利于促进各民族之间的正常交流。目前，我国55个少数民族中，除回族和满族通用汉语外，其余53个民族都有自己的民族语言，其中壮、布依、苗、纳西、傈僳、哈尼、佤、侗、景颇（载佤文系）、土等10多个民族使用的13种文字是由政府帮助创制或者改进的。在国家政治生活中，全国人大、全国政协召开的重要会议和全国或者地区性的重大活动，都提供蒙古、藏、维吾尔、哈萨克、朝鲜、彝、壮等民族语言文字的文件或者语言翻译。民族自治地方的自治机关在执行职务时，使用当地通用的一种或者几种文字。少数民族为主的学校和其他教育机构，使用本民族或者当地通用的语言文字进行教学。此外，尊重少数民族保持或者改革自己的风俗习惯的自由，就是尊重少数民族保持和发展本民族特性的权利，就是尊重少数民族的民族感情。只有尊重少数民族的语言文字和风俗习惯，才能形成融洽的、健康的民族关系。

由上可见，受到宪法和法律保障的平等的民族互利，既是民族团结的基本内容，又是促进民族团结的有效途径，从而构成一种长效的民族团结的社会制度和机制。

三、广泛的民族认同

从社会学的视角看，所谓民族认同，简要地说，就是我国各个民族对其社会身份和社会角色的认定。

第一，民族认同的两个层次：高层和基层。在我国，民族认同由高层、基层两个层次构成。这两个层次紧密相连，彼此促进，不可分割。

第一个层次，即高一级层次的民族认同，就是对中华民族的认同。我国宪法规定的《中华人民共和国国歌》中，就有“中华民族到了最危险的时候”的歌词，至今还鼓舞着全国各族人民，直面任何挑战。同时，包括党的十七大在内的多次全国代表大会，都反复强调把“实现中华民族的伟大复兴”作为我国各民族的奋斗目标之一。

对中华民族的认同，就是56个民族中的每一个民族及其成员，认定自己归属于中华民族这个统一体，确认自己是“炎黄子孙”，具有中华民族的归属感、向心感、自豪感，并为自己能够作为中华民族的一员、能够捍卫中华民族的利益而感到无比骄傲。

第二个层次，即基层的民族认同，就是对56个民族各自社会身份和社会角色的认同，即认可自己在这个共同体中具有与其他民族平等的地位，扮演自己相应的社会角色，作出自己相应的社会贡献，具有作为中华民族大家庭平等一员参与社会生活、管理社会事务的光荣感、主人翁感。第二个层次的认同，还包含56个民族的彼此认同，即通过长期的交流、沟通、互助，自然而然地形成一种兄弟姐妹的情谊、一种谁也离不开谁的亲切感、亲近感。第一个层次的民族认同，正是建筑在第二个层次的基础之上的。

上述两个层次民族认同的思想是费孝通先生在其《中华民族多元一体格局》这篇著名论文中就已经包含

的。该文认为，中华民族是包括中国境内56个民族的民族实体。这56个民族已结合成相互依存的、统一而不能分割的整体，在这个民族实体里所有归属的成分都已具有高一层次的民族认同意识，即共休戚、共存亡、共荣辱、共命运的感情和道义。这个论点后被引申为民族认同意识的多层次论。多元一体格局中，56个民族是基层，中华民族是高层。该文解释了两个层次的关系，认为高层次的认同并不一定取代或排斥低层次的认同，不同层次可以并存不悖。中华民族是既一体又多元的复合体，其间存在着相对立的内部矛盾，是差异的一致，通过消长变化以适应于多变不息的内外条件，而获得这个共同体的生存和发展。

第二，"强化'四个认同'"：民族认同与其他三个认同的关系。在当代中国，民族认同并不是单纯民族认同的问题，而是与祖国认同、中华文化认同、中国特色社会主义道路认同紧密联系在一起的。从各地的实践来看，上述四个认同，是中国社会在很长一段时间内应该特别加以重视的，人们把它们叫做"强化'四个认同'"。现在各个民族地区正在展开以"强化'四个认同'"为重要内容的民族教育，这是有深远意义的。要真正有效地增强民族认同，离不开后面"三个认同"；反过来说也一样，要真正有效地增强其他"三个认同"，同样离不开民族认同。所以，"四个认同"需要同步强化。

首先，"强化民族认同"离不开"强化祖国的认同"。所谓"强化祖国的认同"，就是要深刻认识我们伟大的祖国自古以来就是一个统一的多民族国家，各民族共同缔造了伟大的祖国，共同捍卫了祖国的统一。对祖国的认同，表现为各个民族及其每个成员确认自己是“中国人”，以此为自豪，并用自己的实际行动为提高中国人的地位、扮演好中国人的角色而努力、作贡献。其中最主要的是要捍卫祖国的国家利益，不做损害国家利益的事情。捍卫祖国的利益，也就是捍卫56个民族中每一个民族的利益。祖国的国家利益与每一个民族的民族利益，密切相关，密不可分，真正是一荣俱荣、一损俱损的关系。

其次，“强化民族认同”离不开“强化中华文化的认同”。所谓“强化中华文化的认同”，就是要深刻认识我们伟大的祖国是世界上历史悠久的文明古国，在历史发展的长河中，智慧、勤劳、勇敢的中华民族创造了千古流芳的中华文化，各民族都为创造和发展中华文化作出了贡献。中华文化，包括物质文化和精神文化，是中华民族发展繁衍各个阶段的历史见证，是中华民族深沉底蕴的具体表现，是现代化进程中可资开发的宝贵财富，是自立于世界民族之林值得自豪的精神支撑。对中华文化的认同，表现为各个民族及其每个成员为自己身上流着中华文化的血液、为能够继承、推广天人协调、人伦和谐的优秀传统文化而自豪。认同中华文化，就是认同中华民族，也在很大程度上认同了祖国。我们在世界各地看到的“China Town”（“中国城”、“唐人街”等），就是世界各地华裔、华侨对中华文化的认同的生动体现。在中国走向世界的进程中，中华文化是能够最先走向世界的；在中国由地区性大国走向世界性大国的历程中，中华文化是能够承担使命的“软实力”。扩大中华文化的影响，让外界了解中华文化，是让世界了解中国的最好途径之一。我们各个民族及其每个成员都担负着扩大中华文化影响的光荣使命。

再次，“强化民族认同”离不开“强化中国特色社会主义道路的认同”。所谓“强化中国特色社会主义道路的认同”，就是要深刻认识，坚持社会主义道路，是中国共产党人的坚定信念，是中国历史发展的必然趋势，也是中国各族人民的必然选择。对中国特色社会主义道路的认同，表现为各个民族及其每个成员认同这种社会主义道路的中国特色，即它的新型性、探索性和成长性。所谓新型性，是指中国特色社会主义道路是一种新型的社会主义道路，既不同于众多的资本主义道路和发展模式，但利用了它们一切可利用的先进东西，也不同于过去一切失败的社会主义模式，但也汲取了它们的经验教训。所谓探索性，是指中国特色社会主义道路是一种在自己的实践中不断探索社会正义、不断追求社会和谐、不断进行制度创新、并不断致力于逐步把公平正义贯彻到社会结构和社会制度各个方面的社会主义道路。所谓成长性，是指中国特色社会主义作为一种处在成长壮大过程中的新型社会主义，还很年轻、还有很长的不平坦道路要走，但它已取得巨大成绩，例如在30年的时间内发展的社会生产力，几乎超过中国多少世代的生产力的总和，表明它是一种前途无量的社会主义。对于它成长过程的长期性、曲折性和艰巨性，必须有充分的估计，正如邓小平指出的，需要我们几代人、十几代人，甚至几十代人坚持不懈地努力奋斗，决不能掉以轻心。[①] 中国特色社会主义道路，在中国社会改革开放30多年中，已经表明了自己的独一无二性，用世界上任何现有的发展模式都难以完全解释得通。现在发达国家越来越多的一流学者都在程度不同地研究“中国道路”、“中国经验”、“中国模式”；越来越多的发展中国家正在思考和参考“中国道路”、“中国经验”、“中国模式”。

上述“四个认同”，表现出认同广泛性不尽相同的几个层次。中华民族和中华文化的认同，属于最广泛认同的层次，中国人、华裔外国人、外国人都可以认同；其次是祖国的认同，与前者相比，范围要小一点。再次是中国特色社会主义道路的认同，与前两者相比，范围还要更小一点。

上述“四个认同”，彼此之间是相互促进、彼此推动的。从中可以看到民族认同，特别是高一层次的中华民族认同在其中所占的重要地位。

四、民族团结与社会和谐

我们要建立的社会主义民族关系，是“平等、团结、互助、和谐”的新型民族关系。平等、团结、互助、和谐是相互促进、相互实现的。民族团结与民族平等、民族互助的关系，已经在上面作了简要的分析，下面，我们着重分析民族团结与社会和谐的关系。

① 《邓小平选集》第3卷，人民出版社1993年版，第379—380页。

（一）和谐社会建设的双重任务

和谐社会是全体人民各尽其能、各得其所而又和谐相处的社会，是民主法治、公平正义、诚信友爱、充满活力、安定有序、人与自然和谐相处的社会，用社会学的术语来表达，就是良性运行和协调发展的社会。对于当代中国来说，和谐社会就是经济和社会、城市和乡村、东中西部不同区域、人和自然、国内发展和对外开放等关系良性互动和协调发展的社会，其中也包括民族关系的良性互动和协调发展。

和谐社会的建设，包含有双重的任务，解决两个方面的问题：第一，就是如何在一个市场经济的陌生人世界里构筑人际关系和谐、互助合作的新的社会共同体，这个社会共同体，在宏观上叫做和谐社会，在微观上叫做和谐社区。微观的社区建设是宏观的和谐社会构建的切入点和抓手，是构建社会主义和谐社会的一项基础性工程。在广大的民族地区，也要建设各自民族的和谐社会和和谐社区，它们是我国整个和谐社会的重要组成部分。第二，就是如何在价值观开放多元的环境中构建认同度高、归属感强的意义共同性，这种意义共同性，在宏观上叫做社会归属感，在微观上叫做社区归属感，对各个民族来说就是民族归属感。第二方面之所以必要，是因为一个社会、一个民族能够成为一个共同体，除了有形的物质的组织联系外，还必须有无形的价值性的精神纽带，那就是意义共同性，也即共同的社会认同。因此，和谐社会的建设不仅要进行制度创新，而且要进行价值重塑。

这里，意义共同性是社会成员、社会群体或社会阶层、各个民族对自己在社会中所获利益、所处地位自我赋予相似或相同的认知。因此意义共同性以利益共同性为基础，但又不等于利益共同性。因为利益共同性并不能必然保证产生意义共同性，社会成员、社会群体或社会阶层有可能对相同的利益赋予不同的意义，甚至相反的意义。这就是说，即使一个社会中的成员在实际上有着较高程度的利益共同性，但如果他们不善于将这种外在的、客观的共同性转化为内在的、主观的共同性，那么断言这个社会具有意义共同性还缺乏充足的理由。罗尔斯曾引述黑格尔的一句名言："当我们合理地看这个世界的时候，反过来这个世界看起来就是合理的。"他主张"我们应当积极地接受和认可我们的社会世界"。[①] 显然，"合理地看这个世界"、"积极地接受和认可我们的社会世界"，离不开我们所说的社会成员、民族成员将利益共同性转化为意义共同性的实际能力。在当前这个快速变迁和明显分化的时期，整个社会、各个民族越来越凸显出对于意义共同性的要求。必须说，社会成员、民族成员在观念和价值观方面的共同性，其意义绝不亚于社会在利益结构方面的共同性。它触及了在一个急剧变迁和分化的时代"我们何以能够共同生活"这样一个核心难题，不能不是一个严峻的挑战。

---

① 约翰·罗尔斯：《作为公平的正义——正义新论》，上海三联书店 2002 年版，第 6 页。

如何在一个市场经济的陌生人世界里构筑人际关系和谐、互助合作的新的社会共同体，如何在价值观开放多元的环境中构建认同度高、归属感强的意义共同性，这两类问题都是我们时代提出的新问题。和谐社会的这两大方面、双重任务，正好与民族团结的两大构成相契合、相对应。在一个市场经济的陌生人世界里构筑人际关系和谐、互助合作的新的社会共同体，相应于建立平等的互利的民族共同体；在价值观开放多元的环境中构建认同度高、归属感强的意义共同性，则相应于建立广泛的民族认同。

上述理论分析表明，民族团结本身就具备和谐社会的两大构成要素。促进民族团结的实现，就是推动和谐社会的建设。这一点，联系民族团结的实际，就会更加清楚。

（二）民族团结本身就是社会和谐不可或缺的重要内容

以平等的民族互利和广泛的民族共识为内涵的民族团结，在实际的社会生活中具体表现为：在统一的祖国大家庭里，在一律平等的基础上，各民族互相尊重、互相信任、互相学习、互助合作，彼此和睦相处、和衷共济、和谐发展，同呼吸、共命运、心连心，逐步形成这样一种社会气氛：讲任务，是56个民族共同的任务；讲成绩，是56个民族共同的成绩；讲困难，是56个民族共同的困难；讲前途，是56个民族共同的前途。56个兄弟民族情同手足，休戚与共，一荣俱荣，一损俱损，共同致力于社会主义现代化建设，实现国家富强、民族振兴、人民幸福。

在实际的社会生活中，民族团结还表现为：努力消除一切不利于民族团结的因素，既反对大民族主义，主要是大汉族主义，也反对地方民族主义，坚定不移地维护民族团结。

随着经济社会的发展，中国的少数民族人口流动更加频繁，城市化、散居化趋势日益明显。为保障城市和散居地区少数民族的合法权益，国家制定实施《城市民族工作条例》等法律法规，切实加强服务与管理，重点帮助他们发展生产、改善生活，满足他们在节庆、饮食、丧葬等方面的特殊需要。

在维护民族团结的实践中，中国政府还多次开展全国范围的民族政策执行情况大检查，推动民族政策的全面贯彻落实。

所有这些都是各民族之间的社会主义新型民族关系的生动体现，很显然，这样的民族团结其实就是民族和谐，就是社会和谐在民族关系上的体现，因此构成我国和谐社会不可或缺的重要内容。

（三）民族团结对社会和谐的重要性越来越突出

在我国这个多民族的大家庭里，少数民族有 1 亿多人口，占全国总人口 8.41%，分布在全国各地。民族自治地方占国土总面积的 64%，蕴藏着支撑中华民族可持续发展不可缺少的丰富的自然资源和丰富多彩的社会人文资源。西部和边疆绝大部分地区都是少数民族聚居区，有 30 多个少数民族与境外的同一民族毗邻而居。同时，随着中国经济社会的发展，少数民族人口分布范围进一步扩大，目前全国散居地区少数民族人口已超过 3000 万，形成中国各民族的人口分布呈现大杂居、小聚居、交错杂居的特点。这一基本国情，决定了民族问题始终是我们建设中国特色社会主义和谐社会必须认真处理好的一个重大问题。

同时，我们现在还面临一种新的形势，即影响民族团结从而影响社会和谐的因素将长期存在，这使民族团结的重要性越来越突出。出现这种新形势的大背景是：我国正处于并将长期处于社会主义初级阶段，随着工业化、信息化、城镇化、市场化、国际化趋势深入发展，我国的社会流动加速，社会分化加剧，市场经济下陌生人世界形成，价值观开放多元格局呈现，不能不给民族团结，从而也给社会和谐，带来或积极、正向的影响，或消极、负向的影响。我们必须全面地看到这两种因素：

一方面，各民族在社会主义制度下享有政治平等和当家作主地位；另一方面，历史上民族歧视和民族隔阂所遗留的一些影响并没有彻底消除，在一定情况下还会表现出来；

一方面，各民族的根本利益是一致的；另一方面，在经济文化发展水平上存在较大差距，民族之间仍会发生一些矛盾和摩擦；

一方面，各民族相互关爱、情同手足，共同性不断增多；另一方面，由于在风俗习惯、语言文字、宗教信仰等方面的差异，加上地区、城乡、民族之间人员流动加快，误会和纠纷不时出现；

一方面，民族法制建设不断加强；另一方面，由于有些人法制观念淡薄、执行政策片面偏颇等原因，伤害民族感情、损害民族团结的事情时有发生；

一方面，和平、发展、合作是当今世界的主题；另一方面，国际敌对势力对我国实行西化和分化的政治图谋一刻也没有放松，与国内民族分裂势力相互勾结，处心积虑地利用所谓“民族”、“宗教”、“人权”等问题，加紧对我进行渗透、分裂、破坏和颠覆活动。民族问题的特点是，它涉及国家的核心利益，一出现就不是小问题。

由此可见，切实维护民族团结、促进社会和谐的任务十分繁重、非常艰巨，不能有丝毫放松。

（四）用科学发展来促进民族团结和社会和谐

现阶段我国的民族问题，集中和突出地表现为少数民族和民族地区经济和社会发展落后，迫切要求加快经济和社会的协调发展。当前，民族地区的各种问题，包括差距拉大、吃饭难、上学难、看病难等，都与贫困问题相联系。这些问题如果长期得不到解决，就很难构建社会主义和谐社会，就会带来很多负面影响。一是会影响全面建设小康社会奋斗目标的实现，没有民族地区的全面小康和现代化，就不能说实现了全国的全面小康和现代化；二是容易引发少数民族干部群众心理上的不平衡；三是可能被国内外敌对势力和分裂分子利用。

对此，我们必须站在国家统一、民族团结这一最高利益的高度，采取特殊政策措施，下大力气解决：在发展战略和总体布局中，把加快少数民族和民族聚居地区发展，摆到更加突出、更加重要、更加紧迫的位置上来。既要投入更多的资金，又要给予更优惠的政策；既要帮助他们把经济搞上去，又要帮助他们发展各项社会事业；既要继续发挥中央政府的作用，又要坚持抓好各地的对口支持工作。切实加大感情投入、政策投入、人才投入、资金投入和科技投入。充分调动民族聚居地区内外两个积极性，使民族聚居地区的发展实现新的跨越。

在全面落实科学发展观中，要以提高少数民族群众的生活水平为基本出发点和归宿。在加快民族聚居地区发展中，坚持一切以人为本、投资于民、造福于民，切实加快少数民族的自身发展。在缩小地区发展差距中，努力缩小民族间发展差距，促进各地区共同富裕和共同繁荣。

总之，民族团结是社会和谐和科学发展的应有之义。没有民族团结的社会和谐不可能是真正的社会和谐；不促进民族团结的发展，不可能是真正的科学发展。民族团结与社会和谐是相互促进的。

基层社区调查中应当坚持的准则*

一、要有与前沿眼光结合的草根精神

近年来，社区建设成为不少学者非常关注的研究领域之一，它也成为我们重点研究基地人大社会学理论和方法研究中心的主要方向之一。这是因为中国社会学要取得实质性的进展，有两条特别重要：第一是站在国际社会学的前沿，把握社会学理论、方法、历史研究方面的新成果、新趋势；第二是深入到我国社会快速转型的实践，特别是在社会重心下移的今天，深入到基层的社区建设的实际，把握住制度创新的脉络。这就是说，当代中国社会学要取得实质性的发展必须有一种“顶天立地”的精神。这里“顶天”，就是要追求前沿，要有世界眼光；“立地”，就

* 这是本文作者2008年9月13日在兰州大学召开的“新形势下城市社区建设与制度创新”学术研讨会开幕式上的讲话。后刊登于《甘肃社会科学》2009年第1期，原题目是《基层调查的几点体会》。

是要深入基层，要有草根精神。顶天立地，就是要把追求前沿与深入基层结合起来，把世界眼光与草根精神结合起来。这里，无论“顶天”和“立地”，都要以马克思主义的观点特别是马克思主义中国化的成果来指导。

在郑州、广州和深圳的实地调查中，我们对这一点的体会更深了。社区研究，实际上是一种比较研究，一种“特色分析”。这种研究，一方面并不是、也不能是单纯就郑州论郑州，就广东论广东，就深圳和广州论深圳和广州，而是从全国的眼光，同其他各地进行比较中来分析这些地方，没有这种全国眼光，无法进行“特色分析”，无法显示各自的特色。毫无疑问，在这一过程中，也一点离不开作为参照意义的世界眼光。同时，另一方面，又要深入到社区建设的实际中，具体考察郑州、深圳和广州已经做过的和正在做的事情，分析他们取得的进展，他们碰到的问题，他们获得的领悟，他们产生的困惑，为进行比较提供事实基础，没有这种深入基层的草根精神，也无从进行“特色分析”。特色不是一种纯粹的文字演绎，而是一种根据事实的理论反映。我们对社区建设的河南特色、广东特色的分析，就是以郑州市为代表，以深圳和广州两市为代表的全国眼光与草根精神相结合的、又以世界眼光为参照的分析研究。

二、要有建设性反思批判的基本方法

建设性和批判性的关系，涉及中国社会学和社会学者对待中国社会、社会现象的取向问题、态度问题，涉及中国社会学正确发挥自己的社会功能、实现自己崇高使命的问题。建设性和批判性是互补的、相互促进的，在这两方面都是不能走极端的。

所谓“建设性反思批判精神”，是指我们社会学对社会现象的分析研究要有这样一种精神或态度，即通过反思批判这样一种理性思维活动，实事求是地肯定该肯定的东西，否定该否定的东西，并根据这种分析提出积极的建设性的改进意见和方案，以增促社会进步，减少社会代价。这种建设性的反思批判精神，是肯定和否定的辩证统一，它既不赞同“否定一切”的颠覆性或毁灭性的变味批判，又不赞同“肯定一切”的无反思批判的盲从态度。

提出建设性的反思批判精神，笔者曾做过系统论证。联系社区建设来说，外国的经验可供我们参考借鉴，但绝不能照搬。同样已有的模式可供我们参考借鉴，但绝不能照搬。中国各地的社区建设，只能从自己的实际出发，进行适合自己情况的探索。而不能从概念出发，从“应该如何”出发，如果不符合，就说这不对那不对。关键是要拿出适合中国情况的社区建设的积极的建设性的意见来。

近年来，我们除了考察调查研究郑州、广州、深圳的社区建设，也还陆续考察参观访问过南京、济南、镇海、苏州、北京、上海等地社区建设情况。各地的做法，探索的深度、广度，探索的自觉性都有差别，但他们都在探索和创新。在这个过程中，笔者接触了不少领导、社区工作者、城乡社区居民，与他们共享制度创新成功的喜悦，共同梳理其中的问题和教训，受到了极为深刻的教育，也为自己的社会学研究汲取了许多新鲜的养料。

三、要有与应对智慧联系的清醒头脑

中国特色社会主义是一种新型的社会主义。说中国特色社会主义是一种新型社会主义，“新”在哪里？概括地说，主要表现在：一方面，它是一种利用资本主义一切可以利用的东西、逐步取得对于资本主义的相对优势、并最后战胜资本主义的社会主义，另一方面，它又是一种在自己的实践中不断探索社会正义、不断追求社会和谐、不断进行制度创新、并不断致力于逐步把公平正义贯彻到社会结构和社会制度各个方面的社会主义。

这种新型的社会主义，是一种处在成长壮大过程中的，还很年轻，还有很长路要走，但已取得巨大成绩、前途无量的社会主义。关于成长过程的长期性和艰巨性，正如邓小平指出的：“我们搞社会主义才几十年，还处在初级阶段。巩固和发展社会主义制度，还需要一个很长的历史阶段，需要我们几代人、十几代人，甚至几十代人坚持不懈地努力奋斗，决不能掉以轻心。”[①] 确实，这种社会主义的成长是与很多不发达因素联系在一起的，也是与世界各国普遍存在的“人类困境”相联系的。[②] 每前进一步

① 《邓小平选集》第3卷，人民出版社1993年版，第379—380页。

② 齐格蒙特·鲍曼：《流动的现代性》，上海三联书店2002年版，第250页。

都需要走曲折的道路、作出艰巨的努力，而且都会有人把取得的成绩归之于资本主义而把产生的问题归之于社会主义。因此坚持这样的社会主义在“社会主义低潮综合征”存在的大背景下，无论在理论上还是实际上都是需要有勇气的。

在当前，要坚持和发展这种新型的社会主义，其中一个重要方面，就是要搞清楚目标和手段的联系和区别，这里不去利用资本主义的东西是没有智慧，但是只知道利用，而忘记了自己的社会主义目标，那就是没有头脑。所以，我们需要有善于利用的应对智慧，更需要有坚持自己目标的清醒头脑。

随着中国社会重心日益下移，全国范围的城市社区建设和社会主义新农村建设正在蓬勃开展。和谐社区建设是新型社会主义的基础。通过对社区建设的调查，我们越来越体会到那样一种观点是站不住脚的，即中国在“自下而上”地通向资本主义。大家都知道，这是新布达佩斯学派的著名论断。

我们在全国各地的调查和考察表明，中国城乡基层社会正在用建设性的反思批判精神，通过制度创新，把社会公平正义落实到我国微观制度的方方面面。无论在制度安排的公平方面，还是百姓认可的公平方面，无论在合理配置社会资源和社会机会、重点解决民生问题上，还是在解决突出社会问题、社会矛盾和社会风险上，无论在使全体人民受益方面，还是在让弱势群体共享社会发展成果方面，无论在减少居委会的行政性、增加自治性，还是在培育和健康发展社区组织与建立社区服务体系方面，都在逐步取得进展。我们的调查和考察也表明，总的来说，各地是在利用资本主义一切可以利用的东西，而不是在“自下而上”地走资本主义道路。我们的调查和考察还表明，在中国社会快速转型期，确实是社会优化与社会弊病并生、社会进步和社会代价共存，社会协调与社会失衡同在，但基本方面、基本趋势是社会优化、社会进步、社会协调，而社会弊病、社会代价、社会失衡则是非基本方面、非基本趋势。尽管如此，各地对后一方面并没有忽视，也正在逐步解决。所有这些“自下而上”的趋势，也不能不使新布达佩斯学派失望和失落了。

和笔者一起到基层调查研究的学生都很有收获，他们切身体会到，下不下基层，了解不了解社区建设的真实情况，掌握不掌握第一手材料，确实与单纯坐在书斋中不一样。深入基层，接触实际，对那些极端的言论和思潮就有识别能力了。

四、要有不“左”不右行路的学术准则

一个成熟的社会主义民主社会，需要有成熟的左派和成熟的右派的争鸣，这种争鸣有助于整个民主社会的成熟。所谓成熟，主要方面之一是不走极端。遗憾的是，从我国“左”右倾向的网站看，两派在主要方面都很极端，都不成熟。

在这种情况下，做学问、提建议很不容易。笔者自己

感到，坚持马克思主义、毛泽东思想、邓小平理论的根本观点，有一个敢于坚持和善于坚持的问题。在当今，敢于坚持不易，善于坚持就更难。善于坚持的一个重要方面就是善于把科学性和价值性结合起来。善于坚持的另一个重要方面是既不附和右，也不附和“左”，在理论上力求不走极端、不搞片面性，尽可能实事求是地坚持我认为正确的东西。这样做的一个实际后果是：在右的人看来，笔者好像很“左”；而在“左”的人看来，笔者又好像很右。这也没有办法，笔者的态度只能是，上联：是“左”是右任人说，下联：不“左”不右行我路；横批：我还是我。当今的中国社会是中外古今思潮的汇集点。笔者觉得在社会政策问题上，包括在社区建设的问题上，都有这样的问题。

在这里，我要特别强调，不“左”不右行我路，并不是“价值中立”，因为“不‘左’不右”本身就是一种价值。把“不‘左’不右行我路”这种价值，说成是“价值中立”，是一种误解，是不合逻辑的。众所周知，我一向是对“价值中立”采取分析批判态度的，最近，笔者在一篇文章中还分析了这个问题：

“价值中立”作为一种来源于实证主义的科学观，是一个在总体上包含根本缺陷但又有局部合理性的西方社会学方法论原则，是一个在国外学术界有严重分歧、毁誉参半、仍难一致的争论问题，是一个在本质上与马克思主义相左但又有部分一致的理论命题，因此，对它极有必要采取具体分析的态度，既不能全盘肯定，把它夸大为我国社会科学的普遍的方法论原则，也不能全盘否定，将它说得一无是处，连它包含的合理因素也否认了。[①] “价值中立”总体上的根本缺陷是指它把科学与价值截然割裂、排斥一切价值的客观主义、实证主义倾向，这使它在认识功能和价值功能统一的社会科学中成为不可能实际遵循的东西，也使它陷入了不可摆脱的自我矛盾；局部合理性是指它包含强调客观性和科学性的合理因素，但这种合理性是以推向极端的形式存在的。[②]

在社会调查中，我们同样要坚持科学性与价值性的统一。

① 郑杭生：《究竟如何看待“价值中立”?》，发表于《社会科学研究》2000 年第 1 期。又见郑杭生《中国特色社会学理论的探索》，中国人民大学出版社 2005 年版，第 172、第 173 页。

② 郑杭生：《改革开放 30 年：日趋成熟的中国社会学——有关中国社会学发展全局的几个重大问题》，发表于《江苏社会科学》2008 年第 3 期。

理论自觉与学术话语权

LILUN ZIJUE YU XUESHU HUAYUQUAN

论建设性反思批判精神*

所谓“建设性反思批判精神”，是指我们社会学对社会现象的分析研究要有这样一种精神或态度，即通过反思批判这样一种理性思维活动，实事求是地肯定该肯定的东西，否定该否定的东西，并根据这种分析提出积极的建设性的改进意见和方案，以增促社会进步，减少社会代价。这种建设性的反思批判精神，是肯定和否定的辩证统一，它既不赞同“否定一切”的颠覆性或毁灭性的变味批判，又不赞同“肯定一切”的无反思批判的盲从态度。这里，反思和批判并用，是想强调两者的某种相对区别，反思主要是对我们人和人类自己的反思、检讨；批判主要是对社会现实的批判、审视。人和人类，社会现实，既有真善美的一面，又有假恶丑的一面，需要通过反思批判，来发扬

---

* 本文是根据作者在2007年7月20—22日举行的中国社会学会2007年长沙年会上的主题发言《建设性反思批判精神与中国社会学美好明天》略作修改而成的，发表于《华中师大学报》（人文社会科学版）2008年第1期上。

光大前者，抑制减缩后者。

事实越来越证明，我们也越来越认识到，建设性反思批判精神，对全面正确地认识和把握复杂的中国社会的重要性，对推进中国社会学自身健康发展的重要性，对缺乏人生经验和社会经验的青年社会学子茁壮成长和成就事业的重要性。同时，建设性反思批判精神，也是19、20世纪和21世纪的学术趋势给我们的一种启示。我们就从这里着手进行分析。

一、建设性反思批判精神与三个世纪学术趋势启示

三个世纪学术趋势的启示，概括地说就是：建设性反思批判精神是避免19世纪“大写建构”片面性和20世纪“大写解构”极端性的康庄大道。

19世纪和20世纪是两个具有独特个性的百年：前者以建构“大写时代”为己任，后者则以解构这类“大写”为标志。有关人、理性、历史、意识形态的思考，构成了“大写”系列的几个主要维度。这两幅截然不同的画页展示着现代性本身的矛盾性：一方面，社会生产不断发展、生活水平不断提高、人类不断从自然获得自由；另一方面，经济市场化、利润和绩效至上、技术理性侵夺生活世界，人不断被工具化和手段化了。这一过程颠覆了人们对社会进步、美好生活的向往，也揭示了现代性的辩证性——原本充满希望的目标却转向了自己的反面，使起于

正题的憧憬走进了反题的绝境。

（一）19世纪“大写建构”的片面性

19世纪是一个伟大的世纪。它构建了作为主体和历史型塑者的“大写的人”，作为现代知识体系的成型标志的“大写的理性”，作为普遍历史模型的确立象征的“大写的历史”，以及作为不同政治主张升华的“大写的意识形态”，即三大意识形态：保守主义、自由主义和社会主义（沃勒斯坦[①]）。这些主题性思想的形成、建构或登场，意味着现代性已驰入了自己的成熟期，也使得19世纪成了一个怎样也绕不开的永久记忆。

但是，19世纪这些“大写建构”含有明显的片面性，包含种种矛盾和分裂。拿“大写的人”来说，现代人远远没有使“大写的人”成为普遍的和共享的，而是把自己区分成了两个不同部分——主体的、大写的人与非主体的、非大写的人。在现实中，具有主体身份的人是大写的人，他们是行动的先知，是具有完美理性的立法者，代表着人类的普遍利益，能够决定社会的制度安排、进行正确的决策，许诺人的自由和解放及民主、平等、进步等。而非主体的、非大写的人在文明进程中没有显著的地位，他们的行动是由“大写的人”来决定的，他们常常处在现代社会的边缘，等待着被支配和被型塑，他们的存在意义仿佛只是印证大写的人的主体性。可见，这种“大写的人”不能不是片面的人。

---

① 沃勒斯坦：《自由主义的终结》，第231、第232页。

不仅如此，这种“大写的人”还表征了现代社会体系的不平等，譬如主体与客体、强势与弱势、上层与下层、中心与边缘，以及尊卑、贵贱等等这些区分，反映了现代社会的秩序、规则、制度及社会基本结构和利益关系中的不公正。19世纪资本主义工业制度中的两大阶级间的对立，正是这种矛盾的经典而具体的缩影。马克思曾以阶级和异化理论的深入分析，揭示了劳动的分裂和人的本质的分裂，劳动者的非人化和劳动过程的异己性，使人丧失了作为人的尊严。正因如此，在现代性过程中促进“大写的人”的大众化和社会化，使之成为社会成员的共享权利，始终有着深沉的意涵。其实，促进“大写的人”的大众化和社会化，也是和谐社会建构所必不可少的。

19世纪这些“大写建构”所含有的片面性和种种矛盾和分裂，如果在理论上更上升一步，那就是自由的悖论。在上述系列“大写”中，自由、公平和正义始终是基本的追求。关键的是，如果自由离不开强弱的区分、利益的博弈、强者的对决或纵横捭阖，那么自由无非是市场、竞争、利润、效益及最大化的另一表达。这样一来，“自由”的原意——自发的、自足的、绝对无条件的行动前提——也就不复成立。正因如此，康德这位“大写”系列的重要理论奠基者，看透了“自由”概念中的二律背反：自由既是自足的也是非自足的，既是合理的也是不合理的，同时意味着既是成立的也是不成立的。正是“大写时代”包含的这种深刻悖论，为下一个百年的极端性思潮播下了种子。

（二）20世纪“大写解构”的极端性

20世纪的思想领域与前一世纪反向而行，特别是最后的20年，对“大写时代”的反叛完全走向了极端。历尽艰辛得来的真知和成就显得荒谬了，已有的答案再度被画上了问号，严肃性的事物及意义笼罩着浓重的疑云，既有的一切似乎都成了问题。这意味着，无论在实践上还是在理论上，我们都面对着一个空前巨型的历史弯道。

我们在福柯关于理智人与疯狂人的寓言中看到了“人”的终结。他断言，人是近期的发明，并且正接近其终点；人将被抹去，如同大海边沙地上的一张脸[①]。他认为：法律永远由非法行为所建构，法律允许某些非法行为并使之成为特权，容忍一些非法行为作为补偿或为统治服务，而禁止、隔离另一些非法行为[②]。所以，法律本身即是非法的，是战争的替代物；现代社会的权力、秩序、法律以及道德戒律都是缺乏理由的；意识、精神、文化现象都不过是一些偏见。福柯的逻辑把批判引向了极端，为了将现代以来的全部是与非彻底颠倒过来，他永远站在一切现行权力、体制、秩序、规范甚至法律的对立面，永远对现有主导性的思想、判断和话语采取否定的姿态。

我们也在利奥塔关于“元叙事”已经过时[③]的断言中

---

① 米歇尔·福柯：《词与物——人文科学考古学〈前言〉》，上海三联书店2001年版，第506页。

② 吉尔·德勒兹：《德勒兹论福柯》，江苏教育出版社2006年版，第30、第31页。

③ 史蒂文·塞德曼编：《后现代转向：社会理论的新视角》，辽宁出版社2001年版，第6、第35页。

看到了理性，即知识和真理的“终结”。利奥塔解构出思辨叙事、解放叙事、科学叙事、技术叙事等一组“现代叙事”，并通过科学的批判、技术的批判、知识的批判、真理的批判，加以全盘否定。例如，他认为所谓真理就是一种白色恐怖和专制统治，以貌似客观的话语来体现权力主体的意志，使社会群体区分为不同的“话语共同体”，制造出“我们”、“你们”、“他们”之间的鸿沟。利奥塔的论点对知识和真理造成了重创，对现代性的价值信念形成了深度震撼。然而，对任何可能的行动标准或准则的否定，使他的批判显示出极端的破坏性。在对现代性造成连续打击的同时，他的批判也褪变成一堆持续而混乱的反复发作。所以，当他把现代性送上终点之时，也断送了自己论点的合理性。

我们还在福山等人的观点中，看到“历史的终结”的明确宣告。福山强调，历史必然走向终结，这是从基督教开始的所有世界普遍史中的“题中之义”①。与基督教不同的是，福山把最后审判日的超度定为自由民主原则和制度的普遍实现。同时，后现代主义对贯穿着西方文化中心主义的“世界普遍史”提出了挑战。后现代主义者的批判极为激进，他们对世界普遍史中的基本预设给予了全面的“解构”。他们认为，以往的历史聚焦在统治者、决策者身上，充满了贵族式的偏见，把平民大众推到了史学的边

① 弗朗西斯·福山：《历史的终结及最后之人》，中国社会科学出版社 2003 年版，第 62、第 63 页。

缘。应当重新审度历史，重视作为生活史、大众史、文化史的历史，运用多元认识框架来叙述日益分化和多样化的人与社会。后现代主义者把现代性视为话语精英编制的宏大叙事，他们主张“碎化的历史观”，拒绝连续、一致、有序的历史图景，强调历史过程表现出的差异、断裂、混乱。

我们还可以从“主义终结”中看到两种不同的含义。20 世纪是一个“为主义而战”的世纪，从世纪初俄国十月革命的胜利，二战及战后世界社会主义运动高涨，到世纪末社会主义运动跌入低谷，形成了政治意识形态的三次剧烈摆动：左—左—右。两条主线的来回拉锯：自由主义的波动与社会主义的起伏，构成了基本的政治景观，并留下了“主义终结”的悬念。对于不同的学者，主义终结却有着相反的含义。

福山主张，自由民主制度也许是“人类意识形态发展的终点”和“人类最后一种统治形式”，当历史走到尽头时，自由民主便不会有任何意识形态上的强劲对手[①]。在他看来，“历史的终结”即是“社会主义的终结”，1989 年便是自由主义胜利的历史标志。但近年来，福山本人已从“历史终结”的极端立场步步退却，认为美国社会信任和社群生活的衰败从社会的大量变化中得到证实，美国人缺乏与周围人共享价值观和群体的观念[②]。他

① 弗朗西斯·福山：《历史的终结及最后之人》，中国社会科学出版社 2003 年版，第 1、第 239—240 页。

② 弗朗西斯·福山：《信任：社会美德与创造经济繁荣》，海南出版社 2001 年版，第 13 页。

还看到，美国社会不受约束的个人主义文化存在着严重的问题，在这种文化里，违反成了唯一保留下来的规则，必然导致“大分裂”[①]。

沃勒斯坦的“自由主义终结论”是西方意识形态中的“另类”代表。他主张，1789—1989 年的两个世纪是自由主义这一全球意识形态从胜利走向衰微、从兴起走向最终衰亡的时期。在他看来，柏林墙的倒塌、苏联的解体等事件表明了自由主义的式微，当今时代已进入了“自由主义之后”。“1989 年标志的不是自由主义的胜利以及资本主义的永恒。而正相反，是自由主义的垮台和那些力图保持资本主义世界经济体系的人们的巨大政治失败”。他提醒那些继续固守已经过时的自由主义立场的人，“两百年来我们徘徊在错误的道路上。我们误导了别人，但是首先我们误导了我们自己”。如果想对改变世界有所帮助就必须改弦易辙，“我们必须首先降低我们自己的高傲调门”[②]。

总之，在 20 世纪晚期，现代性滑入了一个巨型的历史弯道，在这个百年终点上它引出了各种末世之感和灰色幻像，并在我们今天的生活中搅动起阵阵逆潮。理解这一点不仅有助于我们解释各种“终结论”，而且也有助于我们获得思想的某种穿透力。

---

① 弗朗西斯·福山：《大分裂——人类本性与社会秩序的重建》，中国社会科学出版社 2002 年版，第 115 页。

② 伊曼努尔·沃勒斯坦：《所知世界的终结——20 世纪的社会科学》，社会科学文献出版社 2002 年版，第 170 页。

（三）跳出历史弯道，进入康庄大道

上述两个百年中几个基本维度的论争有助于我们解释以往、穿越弯道。与此同时，越是在逼近这个历史弯道的尾端的时刻，越是要承接从上游奔腾而下的各种思潮的冲击力。但是，越过这个历史大弯道的经历，终将使我们与既往时代区别开来。这里，建设性反思批判精神是跳出这个历史弯道进入康庄大道的最佳途径。

第一，只有这种建设性的反思批判精神，才能在真正认识19世纪伟大贡献的同时，理解其建构的缺点在于它的片面性，而20世纪解构的合理方面是它多方面地揭示了旧式现代性弊端，但它自己的毛病在于它的极端性，这就给我们明示了摆脱这两端的出路。

第二，只有这种建设性的反思批判精神，才能定位我们是处在同前两个世纪不同的新世纪、新起点上。尽管不能割断历史，也不能否认其中的继承，但我们必须探索新路，而不能再重复19世纪建构的片面性和20世纪解构的极端性，特别是后者，还很有市场。但是，如果重复20世纪解构的极端性，自以为很激进、很超前，其实是落后了。

第三，只有这种建设性的反思批判精神，才能真正区分上述影响在中国学术界的正面效果和负面效应。毋庸否认，上述两个百年中几个基本维度的建构和解构所表达的种种观点，对中国学界，包括对中国社会学界，都不可避免地产生了影响。梳理正面效果和负面效应是一件必须做的工作。在这个意义上，建设性的反思批判精神也是中国

社会学的自主精神。

那么，我们用建设性的反思批判精神来看待上述人、理性、历史、意识形态四个主维，会有什么结果呢?

第一，用这种建设性的反思批判精神来看待人，就会知道，现在的人，既不是19世纪片面的人，也不是20世纪正在消失中的人，而是正在走向新的崛起的当代个人。从主体身份仅仅为一部分人拥有，到日益趋向为大众普遍拥有，既是现代性的一个基本内容，也是社会进步的一个指示器。使每一个人都获得充分的主体性有着深远的价值意义。这里，面对人的主体性进程的具体矛盾和冲突，盲目超越的乐观主义或者无所作为的悲观主义，都是缺乏现实依据的。抓住正在走向新的崛起的当代个人，我们就能理解我们过去的一些社会学原理必须有所改变，例如人的社会化必须有人的个人化来补充。这样才全面，才能在理论上自圆其说。

第二，用这种建设性的反思批判精神来看待理性，就会懂得，现在的理性，既不是19世纪片面的理性，也不是20世纪被解构成荒谬的理性，而是一种常绿常新的理性。现代性不是知识和理性的墓地，而是其不断创新的源泉。社会生活常绿常新，不断培育着理性的常青之树。

第三，用这种建设性的反思批判精神来看待历史，就会发现，“历史终结”的话语并没有阻断生活的巨流。它只是表明现代性的一种转折，即旧式现代性的终结与新型现代性的开始。

第四，用这种建设性的反思批判精神来看待意识形态，就会感悟到，意识形态之争并没有终结，而是采取了新的形式。中国特色社会主义作为新型社会主义的成长和崛起，既智慧地把利用资本主义作为手段，又有头脑地不忘记逐步取得对资本主义的相对优势的目标，并通过制度创新把社会公平正义落实到社会主义制度的方方面面，使得处于低潮的社会主义看到了希望。意识形态之争事实上也没有淡化，只是采取更隐蔽的方式。真以为意识形态之争现在就能消失，那是天真的；而真以为自己能够摆脱任何意识形态，自命清高，那更是幼稚的。历史的经验表明，我们必须坚持一种科学性与价值性统一于一身的意识形态。

总之，用这种建设性的反思批判精神来看待问题，我们就能在上两个世纪的四大维度上，站在更高的新起点上，得出更加符合实际的看法。

二、建设性反思批判精神与全面把握中国现实社会

在当代中国，社会改革不断推动着社会转型的提速，生活本身、社会实践活动的方方面面——活动方式、交往方式等，都经历了急剧变迁，目前也走进了一个新的转折期。这个伟大的、充满生机的、既取得前所未有社会进步又付出沉重社会代价的过程，使我们能够从经验上更直接地体验到“社会实践的结构性巨变”和它具有的两种力量，体验到社会矛盾多发期活跃期的必然性、体验到构建

和谐社会的艰巨性。面对这样一个快速转型的中国当代社会，中国社会学必须以建设性反思批判精神，全面认识和把握中国社会正负两面，正确引导社会心态和社会思潮，积极地参与社会各个层次各个层面的制度创新，从而在改革发展和稳定中最大限度地推进社会进步，并把社会代价减少到最低限度。

（一）用建设性反思批判精神全面把握中国社会的正反两面，分清主次

社会快速转型期的一个鲜明特点，就是社会优化与社会弊病并生、社会进步和社会代价共存、社会协调与社会失衡同在。近30年来，以社会转型形式出现的社会巨大变化，不管是利益格局、社会关系、次级制度的变化，还是价值观念、生活方式、文化模式、社会控制机制、社会承受能力等等的变化，都表明，一方面，上述各个社会领域都得到不同程度的优化，另一方面，又引发了、出现了大量问题，有些问题还十分严重。一方面，近30年的进步和成就，可以毫不夸张地说，是举世瞩目、全球公认的，与此同时，也付出了种种代价，一些代价还非常沉重。一方面，在社会三大部门间、人际关系、城乡关系间的协调性在不同程度增加；另一方面，这些方面的失衡也屡见不鲜，有的还非常突出。当代中国社会的进步是如此巨大，而代价又是如此沉重，正反两个方面的对比是如此鲜明。这就有一个如何正确对待的问题。

用建设性反思批判精神来看待，主要是把握两点：第一，两面都看，这是全面性。任何把这两方面说成只有一方面，是片面的。肯定一切，否定一切，都是容易的，特别是否定一切，还是解气的。但它们都是不符合实际的，因而是不科学的。第二，分清主次，这是重点性。我们可以理直气壮地说，我们社会的基本方面、基本趋势是社会优化、社会进步、社会协调，而社会弊病、社会代价、社会失衡则是非基本方面、非基本趋势。否则我们如何解释这些年来我国综合国力的增强、国际地位的提高、多数老百姓生活质量和生活水平上升这些基本事实？

这里关键是如何看待负面现象。这里，笔者考虑有三个问题需要特别加以明确。

第一，社会学当然要研究社会弊病、社会代价、社会失衡等社会问题，但社会学研究社会问题，是为了找出社会机体上毛病的原因，除去、减轻这些毛病及其后果，使社会机体更健康，而不是用这些毛病来论证这个机体如何不健康，如何不可救药。如果这样做，显然不是社会学应有的善意的建设性态度。

第二，能否用这些非基本方面、非基本趋势来定位中国、来代表中国？不能。如果这样，结果只有一个，就是把我们中国社会说得漆黑一团、一无是处。我们社会学不能做这种以偏概全、歪曲事实的事情。这不是建设性的反思批判精神。在当前复杂的国际环境下，在某些势力妖魔化中国的情况下，尤其要提高警惕。

第三，对社会问题、社会矛盾，是人为地把它引向扩大、激化，还是引向缩小、缓解。我们的社区工作、社会工作，都是围绕缩小、缓解社会矛盾的框架中，来处理社会问题的。调解、投诉、沟通，在法律范围内解决问题等都是常用的手段。这是建设性的态度，是要创造按社会公平原则正确处理社会矛盾的新机制。人为地扩大激化社会矛盾，绝不是建设性的反思批判精神。

（二）用建设性反思批判精神正确引导社会心态社会思潮，意义共同

现在，社会心态和社会思潮十分复杂。在一些人们特别是年轻人中，也包括一些社会学的青年学子中，存在一种情绪：喜欢听问题、代价、失衡等方面的言辞，似乎言辞愈激烈愈合胃口，不喜欢听优化、进步、协调等方面的分析，好像这是在用意识形态语言为现实辩护。

之所以造成这种状况，主要原因大体有：第一，现在民生问题相当突出、切身利益受损比较普遍，不公平感广泛存在，社会信任严重缺失，腐败现象久治不愈。这些客观的情况，特别是与自己切身利益密切相关的问题，往往导致人们特别是年轻人的情绪化，不能用建设性的批判态度来看待问题。第二，互联网的一些动不动就骂人的消极影响。这连某位自由主义经济学家都不能容忍了，他叫板说：愤青们，你们除了骂还有什么本事？第三，后现代主义某些代表人物的著作所具有的反体制倾向，否定一切的解构倾向，潜移默化地对缺乏识别力和鉴别力的年轻人造成的消极影响，这比起互联网来，是更为深远的。第四，我们社会科学各个学界都有一些学者着重破坏而拒绝维护、强调摧毁而失于创建，使得批判性精神发生了严重的倾斜，褪变为一种抨击性的仪式，进而固化了非理性的思维方式，酿成了一种影响极深的消极的社会习性。

这些情况告诉我们，我们学者对社会、对青年学子是负有重大责任的。笔者认为，学者的学术责任是理性地思考，而不是感情用事。学者的根本责任是增促社会进步，减缩社会代价，而不是相反。学者的社会责任之一，是推进健康的社会心态和思潮，引导不甚健康的社会心态和思潮，而不是去迎合不甚健康的东西。这样的迎合，可以取得廉价的赞美，可以热闹一阵，但是经不起时间和历史的考验。笔者的一位朋友说得好：学者不能只解构不建构，只务虚不务实，只求异不求真。

这些情况也提醒我们的青年学子——你们是中国社会学未来的希望，只有增强建设性的反思批判精神，你们才能茁壮成长为对国家对社会对中国社会学有所贡献的社会学者和社会工作者，成就自己的事业，前途无量；如果自觉不自觉地倾向做一个愤青式的学者，那么就会处处碰壁，做不成什么事业。

作为社会学者，我们必须明白，在个人、群体、阶级阶层趋向差异化和多元化的同时，社会对共同性的要求也在不断增强，制度创新和意义创新能够推进利益的共同性和意义的共同性。利益共同性和意义共同性存在着直接联系，但两者既可能正相关也可能负相关。意义创新可以创造珍贵的意义资源，它提供社会共同生活的新意义，引导对于社会事实的积极解释。这使社会成员的正义感受力不断发展和成熟，从而对公平的利益结构更容易认知、认可和接受。中国社会学既可以在制度创新中，也可以在意义创新中发挥自己的作用。

（三）用建设性反思批判精神积极参与各层次的制度创新，标本兼治

中国特色社会主义作为新型社会主义，它的一个重要本质特征，就是通过不断的制度创新，逐步把社会正义落实到具体制度的方方面面。自科学发展观与和谐社会提出以来，我国社会各个层面都有很多创造，为中国特色社会主义这种新型社会主义增加了许多新鲜的内容。这种创新具有标本兼治的作用。

就基层而言，和谐社区制度的创新是它最耀眼的亮点，它也是和谐社会建设的抓手和基础工作。笔者本人有幸对广州、武汉的社区建设做过比较系统的调查，也带领指导自己的学生做这方面的调查研究，有的学生的博士论文就是以研究社区建设为题目的，笔者还陆续考察参观访问过深圳、济南、镇海、南京等地社区建设情况，接触了不少领导、社区工作者、城乡社区居民，受到了极为深刻的教育、也为自己的社会学研究汲取了许多新鲜的养料。各地在社区制度创新中，有几点是共同的，例如，它们都在努力探索社区组织真正成为名实相符的自治组织之路，社区民间组织健康发展之路，社区服务体系有效成长之路,等等。他们通过自己的探索为基层增强制度安排公平、百姓认可公平方面作出了并且正在作出自己应有的贡献。

就市一级的地方政府而言，近来最突出的事件是2007年5月8日《广州日报》刊登了广州市委市政府

《关于切实解决涉及人民群众切身利益若干问题的决定》——它被群众称为广州“惠民66条”。读了这个包括11个大方面66条非常系统的惠民决定，深深感到这是广州市委市政府所做的在制度创新中落实社会公平正义的最新努力。

对于基层和地方政府的制度创新，建设性的反思批判精神主要表现在：第一，尊重他们的创造，与他们共享制度创新成功的喜悦；第二，对其中出现的问题不是指手画脚，责怪指责，而是满腔热情地共同梳理其中的问题和教训；第三，预测和指出可能出现的问题，防患于未然。其实社会学界这方面做得好的很多，例如清华大学李强教授的关于深圳爱心活动的系统调查，就做得很好。笔者本人也努力这样做。例如，在解读广州“惠民66条”时，笔者一方面指出：通过“惠民66条”，我们看到了一个能够真正把民生问题放在应有地位的服务型政府的新形象，一个致力于让社会弱势群体也共享社会发展成果的公共权力的新面貌，一个把促进社会公平为己任的社会第一部门的新风气。随着这个惠民决定贯彻落实，定会大大地拉近党和政府与人民群众的距离，定会使人民群众在得到实惠的同时增加安全感、信任感、公平感，这些都是当前我国社会比较缺失的社会心理和社会风气。同时也指出：我们必须事先估计到，社会的运行是非常复杂的。利民、惠民的政策在层层贯彻中，打折扣，走形变样，个别甚至变为反面,变为扰民害民的情况，我们也常常看到。所以，惠民的政策制定了只是第一步，如何执行，防止七折八扣，也是丝毫不能忽视的。惠民的政策必须惠民地执行，必须产生惠民的结果。这样才能真正提升信任度。[①]这不是说，我做得很好了，而只是说，应该朝这样的方向努力。

总之，对基层，对各级地方政府，我们要发挥社会学的长处，提供力所能及的智力支持，不能停留在单纯指责，甚至幼稚地以有反体制倾向为荣。

三、建设性反思批判精神与中国社会学的健康发展

本来，建设性的反思批判精神，对于当代中国社会学来说，是不言而喻的事情。早在 22 年前，笔者在英国留学进修社会学和现代西方哲学回国后发表的第一篇社会学文章[②]就提出马克思主义社会学有两种形态的观点，即马克思主义社会学对资本主义社会是革命批判型的社会学，对我们自己建立起来的社会主义社会是维护建设型的社会学。我国以马克思主义为指导的中国社会学，作为维护建设性的社会学，建设性反思批判精神是社会学的本性使然，是理所当然的。

建设性的反思批判精神，也是社会学者的成事之道。

① 郑杭生：《在制度创新中落实公平正义——解读广州市委市政府〈惠民 66 条〉》，《广州日报》2007 年 7 月 9 日，头版转 11 版。

② 郑杭生：《论马克思主义社会学的两种形态》，发表于《光明日报》1985 年 7 月 29 日。

这是因为没有建设性精神，做不成事，只破不立，结果是成事不足，败事有余；没有批判精神，就不能发现旧事物的缺点，不能知道新事物的强点，同样做不成事，至少做不成大事。建设性反思批判精神所包含的上述两个方面，对我们完成中国社会学所担负的重大历史使命都是不可或缺的。

笔者在2007年学术年会的开幕致辞中曾经指出，通过推进社会建设来促进和谐社会的构建，是中国社会学所承担的重大历史责任之一。社会建设，从正向说，就是要在社会领域或社会发展领域建立起各种能够合理配置社会资源和社会机会的社会结构和社会机制，并相应地形成各种能够良性调节社会关系的社会组织和社会力量。社会建设，从逆向说，就是不断地研究社会矛盾、社会问题和社会风险的新表现、新特点和新趋势，创造正确处理社会矛盾、社会问题和社会风险的新机制、新实体和新主体，通过这样的新机制、新实体和新主体，更好地弥合分歧，化解矛盾，控制冲突，降低风险，增加安全，增进团结。中国的和谐社会正是通过上述两个方向的社会建设和制度创新逐步构建起来的。中国社会学在这两个方向都能在理论上和实践上作出自己的贡献。但前提是要有建设性的反思批判精神。

回顾中国社会学自恢复重建以来的历史，我们的学科是靠建设性反思批判精神稳固地站住脚的，也是靠建设性反思批判精神获得长足的发展的，同样是靠建设性反思批判精神获得自己越来越好的声誉、提高自己的学科地位的。今后我们仍要靠建设性反思批判精神，促进中国社会学的健康发展，争取中国社会学更加美好的明天！

让我们牢牢把握建设性反思批判精神这一当代中国的重要的时代精神！

促进中国社会学的“理论自觉”*

——我们需要什么样的中国社会学？

1979 年恢复和重建的中国社会学，30 年来经过几代社会学者的努力，取得了骄人的成绩，特别是形成了或初步形成了一些中国特色的社会学理论，产生了一批中国特色的经验研究的成果，写出了一批有分量的、自成体系的社会学基本教材。30 年来中国社会学已经在一些非常基本的问题上，诸如科学性与价值性、经验性与理论性、建设性与批判性、传统性与现代性、本土性与国际性等问题上，从不成熟、不甚成熟到日趋成熟、更加成熟；同时我们也清醒地看到，上述的成熟过程还在继续，不会终结，而且新老问题交织、各种挑战并存，有待于我们去应对，不能松懈。这两个方面，在 2008 年出版的几本总结和纪念中国社会学 30 年的著作中，都有程度不同的展示和说明。这些著作中

* 本文是 2009 年 7 月 20 日笔者在中国社会学会 2009 年西安学术年会上的主题报告的全文。发表于《江苏社会科学》2009 年第五期，发表时做了一些修改。

有代表性的是：郑杭生主编的《中国社会学30年》[①]；李强主编的《中国高校哲学社会科学发展报告（1978—2008）社会学》[②]。有兴趣的读者，可以参阅，这里不再重复。

在此，需要强调的是：对中国社会学来说，总结过去是重要的，但更重要的是把握现在、规划将来，以便更好地为当前和今后我国社会发展、社会建设、社会转型服务，为增进我国人民的福祉服务，为健康发展社会学学科服务。这也是我们中国社会学者庆祝中华人民共和国成立60周年的一种形式。而要正确把握现在、规划将来，我认为"理论自觉"很重要，是一个不可避免的问题。要谈"理论自觉"，离不开费孝通先生的"文化自觉"，离不开理论自觉和文化自觉之间一般和特殊的关系：既有共同性又有差异性、既有一般性又有特殊性。本文就从这里切入。

一、"理论自觉"与"文化自觉"

与"文化"这个大概念相比，"理论"是一个小概念、次级概念。理论从属于文化，同时又是对文化的某种提炼提升。因此，"理论自觉"是"文化自觉"的一种形式，特别是一种与各门学科及其成熟度有关的形式。社会学的"理论自觉"，则是"文化自觉"在社会学这一门学

① 郑杭生主编：《中国社会学30年》，中国社会科学出版社2008年版。

② 李强主编：《中国高校哲学社会科学发展报告（1978—2008）社会学》，广西人民出版社2008年版。

科中的特殊表现。如果承认这一点，那么就得承认费先生对“文化自觉”的论述，在一般意义上讲，对说明“理论自觉”也是适用的、是有很强启示意义的。

“文化自觉”是费先生在1997年正式提出的。此后费先生多次论述“文化自觉”，不断强调“文化自觉”。可以说，“文化自觉”是费老在最后差不多十年时间中所念念不忘的论题。在费老《对文化的历史性和社会性的思考》、《关于“文化自觉”的一些自白》、《重建社会学与人类学的回顾和体会》等文章中，有一段关于“文化自觉”总结性的、多次提到的话，特别值得好好领会：

> “文化自觉”指生活在一定文化中的人对其文化有“自知之明”，明白它的来历、形成过程、所具有的特色和它的发展趋向，不带任何“文化回归”的意思，不是要“复旧”，同时也不主张“全盘西化”或“全盘他化”。自知之明是为了加强对文化转型的自主能力，取得决定适应新环境、新时代对文化选择的自主地位。文化自觉是一个艰巨的过程，首先要认识自己的文化，理解所接触到的多种文化，才有条件在这个正在形成中的多元文化的世界里确立自己的位置，经过自主的适应，和其他文化一起，取长补短，建立一个有共同认可的基本秩序和一套与各种文化能和平共处、各抒所长、联手发展的共处

条件。[①]

费老对“文化自觉”的论述，为把握社会学的“理论自觉”提供了多重启发：

第一，关于“文化自觉”的定义和含义。费老的定义是：“文化自觉”指生活在一定文化中的人对其文化有“自知之明”。又说：“文化自觉”的含义应该包括对自身文明和他人文明的反思，对自身的反思往往有助于理解不同文明之间的关系[②]。据此，我们也可以说，中国社会学的“理论自觉”指从事社会学教学研究的人对其所教学和研究的社会学理论有“自知之明”，即要明白它们的来历、形成过程、所具有的特色和它的发展趋向，分清楚哪些是我们创造的，哪些是汲取西方的。也就是说，中国社会学“理论自觉”的含义也应该包括对自身理论和他人理论的反思，对自身的反思往往有助于理解中外不同理论之间的关系。

第二，关于“文化自觉”的使命。费老提出了“文化自觉”的双重使命：一是要创造自己的文化，二是要处理好与其他文化的关系。他说：我们一方面要承认我们中国文化里边有好东西，进一步用现代科学的方法研究我们的历史，以完成我们“文化自觉”的使命，努力创造现代的中华文化。另一方面了解和认识这世界上其他人的

① 费孝通：《对文化的历史性和社会性的思考》，发表于《思想战线》2004年第2期。

② 费孝通：《“美美与共”和人类文明》，发表于《群言》2005年第1期。

文化，学会解决处理文化接触的问题，为全人类的明天作出贡献。[①] 据此，中国社会学的“理论自觉”也具有自己的双重使命，即一要努力创造自己的有中国风格的理论，二要正确地对待其他各种理论，特别是外来的理论。对文化自觉或理论自觉来说，这两方面缺一不可，否则就是文化自觉和理论自觉的不够或者缺乏。

第三，关于“文化自觉”的目标。费老提出“文化自觉”要达到的两个目标，即自主能力的加强和自主地位的取得。他说：自知之明是为了加强对文化转型的自主能力，取得决定适应新环境、新时代对文化选择的自主地位。据此，中国社会学的“理论自觉”同样也要把握这两个自主，加强自己在理论转型中的自主能力，并取得社会学学科为适应新情况而进行的理论选择、理论创造的自主地位。这两个自主所要求的自主性，对文化自觉和理论自觉来说，都是具有根本性质的。

第四，关于“文化自觉”的艰巨性。为什么费老说“文化自觉是一个艰巨的过程”？我体会，这主要是指要做到上述“自知之明”，完成双重使命，实现两个目标，是很不容易的，特别是近代以来西方文化是强势文化，要与它平等对话，不能不是一个思想解放的过程。在这个意义上，“文化自觉”不是一个平坦的、风平浪静的过程，而是一个从西方强势文化中解放出来、正确地定位自己的艰巨过程。我们看到，费老在讲“文化自觉”时，用很

① 费孝通：《关于“文化自觉”的一些自白》，发表于《群言》2003年第4期。

大篇幅回顾了中西文化的不同，特别是出发点的不同：西方文化是“天人对立”；中国传统文化是“天人合一”，以及先辈们面对强势文化为保存中华文化而作的种种努力。据此，中国社会学的“理论自觉”也不能不是一个思想解放的过程，即从西方强势社会学理论和社会理论中解放出来、正确定位自己的过程。只有从历史造成的西方强势文化和强势社会学理论解放出来，以我为主，学会对它们的借鉴，即学习它们的精华之处和精华之处中的适合中国之处，而不是对它们照抄照搬、亦步亦趋，才有可能真正做到费老的“各美其美、美人之美、美美与共、天下大同”①。如果没有自主性，只有边陲性，没有自己可美的东西，只有别人可美的东西，那就做不到“各美其美”，那就只剩下单纯的“美人之美”，为他人作嫁衣裳了。

第五，关于“文化自觉”的重要性以及达到“文化自觉”的途径。费老这样说明“文化自觉”的重要性：我感到“文化自觉”是当今世界共同的时代要求，并不是哪一个个人的主观空想。有志于研究社会和文化的学者对当前形势提出的急迫问题自然会特别关注，所以我到了耄耋之年，还要呼吁“文化自觉”，希望能引起大家的重视。这些语重心长、饱含紧迫感的话，可以说是费老在总结毕生经验基础上而发出的呼吁。而费老说的“用实证的态度，实事求是的精神来认识我们有悠久历史的文

---

① 费孝通：《重建社会学与人类学的回顾和体会》，发表于《中国社会科学》2000 年第 1 期。

化”，则是达到“文化自觉”的途径。这里所谓“实证的态度，实事求是的精神”，就是费老自己说的，既不是要“复旧”，也不主张“全盘西化”或“全盘他化”①，即既要避免对自己文化的国粹主义，也要避免虚无主义，这两个极端，都不符合实事求是的精神。同样，中国社会学的“理论自觉”也是当今时代的要求，是当前形势提出的急迫问题，也只有遵循“实证的态度，实事求是的精神”才能达到，既不能看轻自己，抬高他人，也不能反过来，看高自己，看轻别人，特别不能只承认外国人的理论是理论，不认可中国人的理论也是理论。

从上述几个方面看，在一般意义上说，费先生对“文化自觉”的论述，对说明“理论自觉”也是适用的。这是一方面，但同时，理论自觉与文化自觉相比，又有自己的特殊性，因为理论是文化的系统化形态，是对文化现象提炼、概括，理论自觉不能不有自己的特殊内容、特殊表现和特殊要求。我们必须着重说明这个特殊性，特别是中国社会学“理论自觉”的特殊性。

二、“理论自觉”的主要内容

着眼于现在和未来，我们必须清醒地看到中国社会学发展面临的一系列课题、挑战和选择。其中的一个根本问

① 费孝通:《对文化的历史性和社会性的思考》，发表于《思想战线》2004 年第 2 期。

题是，我们究竟需要什么样的中国社会学，或者说，中国社会学把什么样的社会学作为自己追求的目标：是世界眼光中国气派兼具的中国社会学，还是西方社会学某种理论的中国版？自觉到我们的目标是世界眼光中国气派兼具的中国社会学，而不是西方社会学某种理论的中国版，是中国社会学界对自己的理论的反思，也是对别人的理论的反思的结果，是对自己所教学所研究的社会学理论和社会理论的自知之明。这是“理论自觉”的主要内容，是“理论自觉”的首要自觉。这就是说，中国社会学需要的是对西方社会学的借鉴，并主要根据中国社会发展和社会转型的实际，结合中国社会历史悠久的丰富传统学术资源，进行原创性的或有原创意义的理论创新，而不是在西方社会学理论或社会理论的笼子里跳舞，使自己的理论研究或经验研究成为西方社会学理论或社会理论的一个案例、一个验证。

把中国社会学定位为世界眼光中国气派兼具的社会学，并把它作为首要的理论自觉，是因为：

第一，它的影响极其深远，它不能不影响到如何办社会学系、如何办社会学研究所、如何办社会学杂志、如何进行社会学的学科建设、如何培养社会学的学生、如何总结“中国经验”、如何形成中国社会学派、如何进行社会学的学术争鸣等，按照世界眼光中国气派兼具的社会学的目标，那么结果是积极的；而追求西方社会学某种理论的中国版的目标，那么结果就会是消极的，我们已经实际地看到了消极后果的种种表现。

第二，它的意义十分重大，它是全球化时代和快速社会转型的双重迫切需要，与中国从地区性大国向世界性强国发展的趋势相符合，与中国社会学从世界学术的边陲走向学术中心之一的前景相一致。中国和平崛起之势不可阻挡，相应地，包括社会学在内的中国社会科学的兴起也是势所必然。同时，它也是中国社会学增强自己的主体性、减缩依附性的客观要求，是逐步消除那种对外国理论照抄照搬、亦步亦趋、拔高甚至神化，还自以为站在社会学的前沿的边陲思维的有效良方。所谓主体性，在笔者看来，主要是指社会学的学术研究所体现的反思性、责任性、竞争性等。只有增强主体性才能消除对西方社会学的依赖性以及由此产生的自卑心理。

第三，把中国社会学定位为世界眼光中国气派兼具的社会学，还是继承和发展我国社会学前辈宝贵遗产和珍贵精神的一个重要方面。中国社会学界的前辈们，在社会学本土化的历史上，在使中国社会学立足于世界之林中，做了卓有成效的工作，功不可没，我们不能忘记。但是他们只是为后来的社会学开了路、铺了桥，创立和不断完善世界眼光中国气派兼具的社会学任务还没有完成，需要我们继续努力。

第四，把中国社会学定位为世界眼光中国气派兼具的社会学，也才有可能形成、发展那种博采中外古今之长而加以创新的真正中国学派，而不是那种移植性的在中国这块土地上的西方学派。不同中国学派之间当然也会有学术问题上的分歧、争论，这是正常的。真正中国学派的形成和发展，他们之间正常的学术争鸣的开展，将大大缩小西方社会学某种理论的中国版的空间。

中国社会学正确认识自己、正确认识别人、正确处理和国外社会学、主要是欧美社会学的关系的“理论自觉”，现在是正当其时，而且前景看好，尽管它是一个非常艰巨的从欧美强势社会学理论和社会理论解放出来的艰难过程。

三、实现“理论自觉”的途径

中国社会学“理论自觉”的目标和主要内容确定之后，需要着重讨论的便是实现“理论自觉”的途径。笔者试图结合实际，对几条主要的途径做一些简要的探讨。

（一）对“两类挑战”做出自己的理论概括

这里所说的“两类挑战”指世界性的“人类困境”和本土性“六大挑战”。

世界性的“人类困境”主要指“当代到处存在的不稳定性”①，也就是现代风险。“人类困境”有多种表现形式，例如，像非典、甲型H1N1流感那样的新型疾病，不知何时到来的恐怖威胁，全球性的文明认同危机，由美国次贷危机引发的、祸及全球的金融危机，全球变暖引起的生态危机等。2008年年底去世的美国学者塞缪尔·亨廷顿（Samuel Huntington）于1996年出版的《文明的冲突与世界秩序的重建》一书，实际上就是在探讨世界性的文明认同危机及其应对。由美国次贷危机引发的席卷全球的金融风暴，使我们又一次见证了这种人为造成的“人类困境”

① 齐格蒙特·鲍曼：《流动的现代性》，上海三联书店2002年版，第250页。

给人类自身社会生活带来的巨大威胁。今后，还会出现人们如今尚难以想象的、形形色色的新“人类困境”。

本土性“六大挑战”主要指与中国社会建设、社会发展、社会转型紧密相连的特殊挑战：第一，在市场经济陌生人的世界建立社会共同体的挑战；第二，在价值观开放多元的时代促进意义共同性的挑战；第三，在社会分化加剧的情势下落实公平正义的挑战；第四，在社会重心下移的情况下大力改善民生的挑战；第五，在发展主体总体布局上理顺三大部门关系的挑战；第六，在生态环境恶化情况下建设“两型社会”的挑战。这些挑战无疑是更经常、更具有基础意义的。所有这些挑战，归根到底都与社会资源——包括硬资源和“软”资源——是否合理配置和分配有关。现在各种各样的社会矛盾、社会问题、社会风险，都这样那样与上述六大挑战有关，或者说是某一或某几种挑战的表现。

理论自觉的根本途径是立足现实，在当前要立足国内外的现实，就要直面影响国际社会和中国社会生活最大的上述世界性的“人类困境”和本土性“六大挑战”，用正确的立场观点方法去调查、去研究、去概括、去总结，这样才会形成有新意、甚至有原创意义的社会学理论和社会理论，才能避免种种“无根”的理论，才能真正做到“理论自觉”。

（二）对“传统资源”做出自己的理论开发

我国的传统学术资源源远流长，十分丰富。从社会学学科的角度出发，笔者把我国的传统学术资源分为前后相连的两大类：一类是中国社会学产生前的，属于中国社会思想史的范围；一类是中国社会学产生后的，属于中国社会学史的范围。因此写好中国社会思想史、中国社会学史这两本史，把中国历史上不同于欧美的社会学思想、社会学理论等理论内容真正开发出来，非常重要。笔者历来主张，我国社会学系的学生必须要学这两门史，否则，对自己这方面可资开发的宝贵资源都一无所知，或者知之甚少，一味学欧美的东西，这样的学生很难期待他有什么“理论自觉”，而这样的学生当了老师，就会对他的学生进行误导。

在中国社会思想史上，先秦的社会思想非常重要，其中春秋战国时期诸子百家的社会思想尤其重要。这是因为一方面，中国此后两千年的各种思想无一不受诸子百家思想这样那样、或大或小、正面负面的影响，诸子百家成为我国社会思想发展的直接源头，奠定了中国社会思想的基本面貌。这两年，我们通过对先秦社会思想的系统研究，连续发了八篇系列文章①，我们愈益深信这一点。另一方

① 郑杭生、胡翼鹏：《天道左旋，地道右周：社会运行的溯源和依据——若干考古发现成果的社会学开发》，发表于《浙江师大学报》2007年第2期；郑杭生、胡翼鹏：《敬天明德，设官分职：社会运行的理念和实践——西周时期的社会思想研究》，发表于《社会科学战线》2008年第2期；郑杭生、胡翼鹏：《礼序人伦，乐移风俗：社会运行的外在规范——两周时期的社会思想研究》，发表于《学习与实践》2007年第10期；郑杭生、胡翼鹏：《天道兼爱，尚同节用：社会运行的一体化理论——春秋战国时期墨者的社会思想研究》，发表于《社会科学》2008年第1期；郑杭生、胡翼鹏：《道之以德，齐之以礼：社会运行的理性规范——春秋战国时期儒家社会思想研究》，发表于《文史哲》2009年第2期；郑杭生、胡翼鹏：《道法自然，静默无为：社会运行的另类思路——春秋战国时期道家社会思想研究》，发表于《河北学刊》2007年第2期；郑杭生、胡翼鹏：《严刑峻法，因情而施：社会运行的强制规范——春秋战国时期法家社会思想研究》，发表于《学习与实践》2009年第3期；郑杭生、胡翼鹏：《社会运行、社会秩序与历代王朝的治乱盛衰——中国社会思想史研究的新视野》，发表于《学海》2008年第4期。

面，中国的诸子百家作为中国的思想源头，与作为西方思想源头的古希腊思想处在大致相同的历史时期。只要进行认真的比较研究，我们就能从源头上理解和把握，中国社会为什么与西方社会不同，例如，西方社会传统更讲天人对立、更讲神圣性、更讲契约、更讲竞争，而中国社会传统则更讲天人合一、更讲世俗性、更讲伦理、更讲和谐等，因而对社会治乱兴衰及其原因的解释也不同，从而也从源头上理解和把握我们为什么不能复制西方的社会，不能照搬西方的社会思想。

在中国社会学史上，我们的先辈社会思想家、社会学家们提出、创造了不少社会学理论，如，康有为的变法维新论、严复的合群进化论、梁启超的化育新民论，潘光旦的位育中和论、梁漱溟的中西文化论、费孝通的差序格局论，以及孙本文、吴景超、陈序经等人的思想观点，同时，李大钊、李达和毛泽东等人阐述的历史发展理论、阶级斗争和社会革命理论等。这些理论为社会学中国化作出了贡献，包含着不同于西方的理论成分，我们应当实事求是地对这些理论作出梳理，把其中包含的属于中国的理论内容开发出来，完成理论自觉的使命。

（三）对“西方学说”做出自己的理论借鉴

对“西方学说”做出自己的理论借鉴，主要是指中国社会学要自觉学习、借鉴欧美强势社会学的精华和适用之处，使自己能够用世界的眼光，从整个人类实践的高度来解释中国社会和建构中国的社会学理论，从而使自己真正成为世界社会学不可缺少的一支，逐步培养和提高同国际社会学界平等对话的能力和实力，并在改变学科和学术的话语权一直由西方垄断的局面方面作出中国社会学家自己的贡献。

在当前，对“西方学说”做出自己的理论借鉴，笔者认为主要要注意四点。

第一，对西方理论的普适性要有正确的理解。世界上没有纯粹的普适性或普遍性，只有与特殊性相联系的普适性或普遍性。西方理论是概括西方社会实际、适合西方社会产生的。因此，它同样是普适性与特殊性的统一。这一点是社会学需要本土化、中国化的理论根据，也是正确的理论借鉴的依据。任何把统一双方截然对立起来，一方坚持纯粹的普适性，一方坚持纯粹的特殊性，这样的争论，不会有任何积极的结果，只能是愈争论，愈走火入魔。

第二，要进一步强化社会学的本土化。第二次世界大战后欧美社会学尤其是美国社会学一直居于社会学世界格局的中心，成为强势社会学，垄断着世界社会学的学术圈，且具有文化霸权的倾向。要打破这种学术垄断和文化霸权状态，中国社会学界必须强化社会学的本土化，形成具有本土特色的社会学理论方法或流派，提高在世界社会学界的地位，改变学术上对欧美社会学的依赖关系。这是一个思想解放的过程。没有这样的思想解放，正确的理论借鉴也不可能实现。

第三，对西方理论要有分析、识别的能力。例如对布洛维的“社会学马克思主义”是不是真正的马克思主义，就需要做实事求是的分析、识别的工作。我们正在做这样的工作。又如，对后现代提倡“个人述说”、反对“宏大叙事”这样极端的观点，我们有些学者、学生受此影响，就盲目以为所谓“个人述说”不言而喻的“正确”、而所谓“宏大叙事”则百分之百的“错误”。他们看到一些必要的宏观分析，往往以不屑的神情说出一句口头禅：“这不过是宏大叙事而已！”意在表明那种宏观分析是多么落后于时代，多么不合时宜，岂不知他们自己身在错中不知错，十分可悲地把谬误当做了真理！事实上不能把微观与宏观、宏观理论与微观理论，也就是“个人述说”与“宏大叙事”人为地截然对立起来。“个人述说”只要涉及背景，就不能不涉及“宏大叙事”，如“在全球化时代”，“在社会转型期”等，就是最典型的“宏大叙事”。同样，“个人述说”只要运用了概念，就不能不涉及“宏大叙事”，因为概念本身就是“宏大”的、“宏观”的。像“人”这个概念，它不仅涉及现在的人，还涉及过去的人、将来的人，其他星球上可能有的人，它不可能是纯粹的“个人述说”，而是与“宏大叙事”这样那样联系在一起的。当谁说“我是一个普通的人”时，他不能不涉及“我”、“普通”、“人”这三个“宏大”的概念。世界上找不到一个人能脱离各种背景、不使用概念而进行“个人述说”。如果有，那真是奇迹了。现在该是认清这种种盲目性、幼稚病的时候了。

第四，要打破西方的“学术话语”垄断权，就要创造自己的理论、自己的概念、自己的术语。中国社会学需要越来越多像“差序格局”、“社会运行”这样由中国社会学家提出、具有中国特色的术语。

（四）对“中国经验”做出自己的理论提升

中国社会改革开放30年的发展、转型和现代化进程，具有自己鲜明的特色和特点，可以说在全球是独一无二的，用世界上任何现有的发展模式都难以完全解释得通，因而形成了独特的“中国经验”、“中国模式”。

“中国经验”、“中国模式”是中国社会上下结合、共同探索、互动创新的结果，其中三个层次的相互推进十分明显：既有中央“自上而下”的推进，又有基层“自下而上”的推动，还有各个地方、各个部门连接上下的促进。这三个层次，通过理论创新、制度创新、价值重塑，共同创作、不断完善，融合成具有独特气派、独特风格，又有某种普遍意义的“中国经验”。

在“自上而下”方面，中国特色社会主义是一种前所未有的创新型的社会主义。党的十六大以来，特别是以胡锦涛为总书记的党中央掌舵以来，一直到他所做的十七大报告，都越来越明显地表现出这种趋势。以人为本，全面、协调、可持续发展的科学发展观的提出，构建民主法治、公平正义、诚信友爱、充满活力、安定有序、人与自然和谐相处的社会主义和谐社会的问世，社会和谐被确定为社会主义的本质，改善民生问题被确定为社会建设的重点，公平正义被确定为社会建设的目标，就是几个标志性里程碑。

在“自下而上”的方面，随着中国社会重心日益下移，全国范围的社区建设和社会主义新农村建设正在蓬勃开展。我们在全国各地的调查和考察表明，中国城乡基层社会正在用建设性的反思批判精神，通过制度创新，把社会公平正义落实到我国微观制度的方方面面。无论在制度安排的公平方面，还是百姓认可的公平方面，无论在合理配置社会资源和社会机会、重点解决民生问题上，还是在解决突出的社会问题、高发的社会矛盾和社会风险上，无论在使全体人民受益方面，还是在让弱势群体共享社会发展成果方面，无论在减少居委会的行政性、增加自治性，还是在培育和健康发展社区组织与建立社区服务体系方面，都在逐步取得进展。

连接“自上而下”和“自下而上”经验的，是各个“地方经验”。在对当今中国城市社会建设展开的实地考察中，我们先后领略了“武汉经验”、“广州经验”、“深圳经验”、“郑州经验”等，2008 年又有幸与“杭州经验”相遇①。杭州根据第一轮发展主要用土地、廉价劳动力、矿物资源、环境代价等初级资源的局限和缺陷，提出了“复合社会创业主体”这一新概念和新模式，并在实践中取得了很多成功。

---

① 受笔者故乡杭州市邀请，笔者主持2008 年8 月立项的《关于杭州市复合创业主体的理论与实践探索》课题。2008 年 9 月课题组来杭州开展调查研究，对西溪湿地、西泠印社、京杭大运河杭州段综合保护工程、西湖综合保护工程、杭州女装行业协会、杭州市生活品质行业点评等社会复合主体的典型案例做了较为深入地实地考察，并对杭州市与浙江大学战略同盟、杭州市与中国美院战略联盟、茶行业战略联盟、美食行业联盟、婴童行业联盟，以及西博会、休博会、动漫节、数字电视行业等社会复合主体的文献资料进行了研究和分析。在此基础上，笔者和杨敏教授合作集中写出了十余万字的核心调查研究报告：《“社会复合主体”的追求：生活中更高品质的创新和创业——“杭州经验”理论与实践的一种社会学分析》。

在三个层次中，中央经验是中国经验的核心、灵魂和指导。地方经验、基层经验的重要性则在于它们共同构成了“中国经验”一个个亮点、一个个支点，共同标志着中国特色社会主义这种新型社会主义历程的一个个轨迹点、成长点。我们在实地调查的基础上，出了两套丛书，即“中国特色和谐社区建设调查研究报告系列丛书”、“当代中国城市社会发展实地调查研究系列丛书”，意在表达第三个层次社区经验和第二个层次城市经验[①]在中国经验中的基础性和重要地位。

中国经验和模式，既不同于众多的资本主义发展模式和经验，但利用了他们一切先进的东西，也不同于过去一切失败的社会主义模式，但是汲取了它们的经验教训。因此它是一种新型的社会主义发展模式和经验，也即中国特色社会主义的发展模式和经验。

现在发达国家越来越多的一流学者都在程度不同地研究“中国经验”、“中国模式”；越来越多的发展中国家正在思考和参考“中国经验”、“中国模式”。他们正在做出

---

① 第一套丛书，已出了三本书，《和谐社区建设的理论与实践——以郑州市实地调查为例的河南特色分析》（郑杭生、杨敏主编），2008 年 8 月党建读物出版社；《和谐社区建设的理论与探索——以广州深圳实地调查为例的广东特色分析》（郑杭生主编，段华明、杨敏副主编），2009 年 7 月党建读物出版社；第三本书《中国社区建设史上的一颗灿烂明珠——杭州“上城模式”实地调查研究》（郑杭生、杨敏等著），2010 年 1 月世界图书出版社。第二套丛书，已完成和出版第一本书：《“中国经验”的亮丽篇章：——社会学视野下“杭州经验”的理论与实践》（郑杭生、杨敏等著），2010 年 1 月中国人民大学出版社；第二本书：《“三化两型”城市建设：科学发展与和谐社会建设的具体体现——以郑州实地调查为例的河南特色分析》（郑杭生总主编、赵君、杨敏等著），世界图书出版社 2010 年版。

自己的解释。中国社会学更有义务对整个中国经验、对不同层次的中国经验进行调查研究，做出自己的符合实际的理论概括，以提升自己的理论品质，在这一方面完成理论自觉的使命，使自己的理论成为与中国社会发展、中华民族复兴息息相关因而具有生命力的理论。

学术话语权与中国社会学发展*

学术话语权是中国社会学“理论自觉”深层要求之一。探讨学术话语权及其在中国社会学百余年发展历程中的体现，对进一步提高学术话语权意识，构建中国气派的社会学理论和方法，推动中国社会学从世界学术格局的边陲稳步走向中心，具有重要的理论意义和实践意义。

一、学术话语权的实质和类型

“学术话语权”，简而言之，就是在学术领域中，说话权利和说话权力的统一，话语资格和话语权威的统一，也就是“权”的主体方面与客体方面的统一。权利着重指行动者作为主体所具有的话语自由；权力则着重指主体作为权威话语者对客体的多方面影响。

作为“权利”的学术话语权有不同的形式和类型，

* 本文发表于《中国社会科学》2011 年第 2 期。

其中主要有创造更新权、意义赋予权和学术自主权。

第一，创造更新权。创造和更新被视为最能够体现人的自主性和能动性的一种不同寻常的能力。它们依赖于长期的知识积累、深入体验和反复实践，需要艰苦卓绝的探索。学术话语的创造和更新，要有特殊的学科专业基础，主要以学者和学术团体为主体。谁把握了这一权利，谁就有望使自己处在思想、知识和行动的引领地位上。

第二，意义赋予权。在学术话语权中，意义赋予权发挥着独特作用，是学术话语权的一个重要体现。人们所赋予的意义总是指向事物或现象的深层次，是蕴含其中而尚未展开的基础性、原则性的判断和解释。这类论断往往构成对事物或现象隐性特征的核心论断。因此，意义赋予对于思想、理论和行动不仅具有前提性意义，而且以隐性的、“形而上”的、“演绎的”方式引导了一个社会所倡导的价值体系和制度体系。

第三，学术自主权。可以将学术自主权理解为特定的学术主体在话语行动中的主体性、自主性、自决性和能动性等资格或能力。

首先，主体性及主体性意识是学术自主权的基本要素，它是自我作为利益主体的自觉化，从而使主体自我利益转变为自觉的利益意识并通过话语行动进行表达。其次，它保证了学术话语在社会行动的关系网络中的自主展开，并与不同主体互动，从而形成了话语行动的框架及制度安排。在很大程度上，“说什么”、“谁来说”、“怎样说”由这一框架来确定。再次，自抉性及自抉性意识亦是学术自主权不可或缺的构成。当今，话语资源的库存迅速增加，对各种话语进行甄别、选择和使用显得尤为重要。学术自主权作为一种以“学术方式”进行的话语实践，也体现为对话语的自决意识和驾驭能力。最后，能动性意识决定学术自主权的可持续性。学术自主权是与话语的生产、创新和传播能力相联系的，这不仅要求通晓既有的话语库存资源，也需要对之进行积极、能动的反思，调整和修正其中的不适、偏见或谬误，以更新旧的阐述和解释，提供新的话语文本和系统。

作为“权力”的学术话语权体现了权力的非强制性特征。其传递符号、思想、知识、信息，以柔性、无形的方式来弱化强制和压力，消解权力可能引发的反感和敌意。这一过程提升了权力的吸引力、降低了权力的代价和成本。作为权力的学术话语权主要有指引导向权、鉴定评判权、行动支配权等类型。

第一，指引导向权。指引导向权是指运用学术话语对思想和行动予以制约和规定，从而有效影响行动的取向及过程。其关键功能就是将思想付诸行动，使话语进入实践，将最初的假设、预言演变为符合话语主体意愿的行动取向，使学术话语的“自我实现”得以完成。

指引导向权的运用前提，在于建构起一个因果性的逻辑链条。这一过程至少包含两级建构：初级建构是通过学术的生产和制作，概念、命题、象征符号和系统阐述等，形成学术话语体系；次级建构也就是学术话语通过传播、复制以及再生产，使社会成员认可、接受之，并引发共鸣，由内在的思想外化为态度和行动等实践形态。两级建构的方向是相逆的：初级建构为由下至上的过程；次级建构为由上至下的过程。上述建构过程即使指引导向权获得了必要的前提，也使指引导向权的作用得以实现。在学术话语的指引导向权方面，西方经济学提供了一个典型。早在古典时期，经济学就通过对经济现象的理论构想来影响和建构现实的经济过程，这也就是将“述”（阐述）转变为“行”（行动），使“述”与“行”合为一体，也可称为“述行性”（performativity）。当代西方经济学理论对国家、市场、社会生活的“述行”和“嵌入”已大大超越了古典时期。事实上，整个西方社会科学都有很强的“述行”和“嵌入”能力。相对而言，中国文化和社会思想注重自然、自在和自足的品性，崇尚“贵无”，“以无为本”，因此侧重于初级建构，而失之于次级建构，思想被视为“在于”社会之中，而不是“嵌入”社会之中。这就弱化了学术话语的指引导向能力。

第二，鉴定评判权。鉴定评判权是指运用学术话语形式进行价值性判断，并将判断结果予以发布的权力。它表达了话语主体对实际影响的诉求。通过这一过程，话语主体确定了肯定与否定、赞成与反对、倡导或批评的判断，传递了“应当如此”或“必须如此”的信息，因而达成影响人们思想和行为的效果。

由于鉴定评判权涉及对被评判对象的优劣、是非、利害等作出评判，为使评判结果获得合法性和正当性，这一权力及其运用过程的权威性非常重要。主要体现在：主体权威性，即实施鉴定评判的主体具有权威身份；话语权威性，即鉴定评判过程应使用权威性的学术话语；机构权威性，即组织实施鉴定评判的机构应具有权威性的社会地位，等等。

第三，行动支配权。这里的行动支配权是指通过学术话语，对社会生活领域形成无形的渗透性影响，从而达到对社会行动过程支配和控制之效果。话语主体以学术的方式对行动作出概括和解释，区分了社会行动的合理类型与不合理类型，明确了哪些做法是“应当的”和“必须的”，哪些则是“不应当的”和“要避免的”，从而引导出了一种结果：“‘让’什么‘发生’，‘让’什么‘不发生’”。

同时，学术话语的行动支配权具有持续性特点。因为“让”什么“发生”和“让”什么“不发生”不是一次性完成的，是多次的、不断的过程。社会行动是一个“绵延的流”，源源不断的行动结果汇成社会现象的持续系列。也可以说，行动支配权的持续性能力正是来自社会行动的这种性质，对行动的可持续控制保证了行动的可预期结果。

这些话语权类型，也体现在中国社会学百余年的发展历程中。

二、中国社会学百余年争取学术话语权的历程

从严复最初译述斯宾塞的《社会学研究》开始，中国社会学已经走过一百多年曲折之路。在中国社会学前、后

两个发展时期，各派中的代表人物都曾大力推进社会学本土化，在创造学术话语、把握学术话语权方面，走过了从不自觉到自觉的长期探索之路，积累了许多经验和教训。

（一）中国社会学前期发展进程

中国社会学发展的前期以1919年五四运动为界，大体可以分为引进初创阶段和本土发展阶段。

在中国社会学引进初创阶段，严复和章太炎等在社会学本土化和学术话语创新方面，进行了初步尝试。以严复为例，他把斯宾塞《社会学研究》创造性地翻译为《群学肄言》，开创了以“群学”来命名社会学的历程，他将群学看成是一门研究社会治乱兴衰原因，揭示社会何以达到治的方法或规律的学问（学科）。严复对“群学”的命名具有以下特点：第一，充分体现了中国的“经世致用”学术传统。所谓“故学问之事，以群学为要归。唯群学明而后知治乱盛衰之故，而能有修齐治平之功”。第二，严复力图为社会学在中国的生长寻找思想基础，这个基础主要是中国传统文化中荀子关于群体的思想。第三，严复强调，斯宾塞的《社会学研究》与中国的《大学》、《中庸》有相通之处。严复将社会学视为对社会治乱兴衰的探讨，既兼顾了社会变迁问题又涉及了社会秩序问题，使之发挥了意义赋予、指引导向等作用。

然而，严复以“群学”一词代替“社会学”的做法在他之后并没有流行开来，他力图使社会学思想与儒家文化相融合的做法也未获得其后社会学者的普遍认可。19世纪末和20世纪初以后的中国社会，现代因素不断增加，白话文得到大力推崇，文言文表述方式日渐式微，从日文版翻译过来的以“社会学”命名的著作日益增多。“群学”一词因其古典味太浓，严复的译著又是以文言文写成的，加之中文中“群”一词与西方社会学所使用的“社会”一词含义上存在着一定差异，故“群学”一词难以流行开来。更重要的是，伴随着中国社会结构变迁及转型，千百年来对中国社会产生深刻影响的儒家文化不断暴露出其缺陷和不足，其主导地位开始动摇，尤其是五四运动后，儒家文化遭到了学术界的猛烈批评，严复的做法也就很难得到中国社会学界的认同。今天我们也看到，严复看重传统，开发传统，但未能真正超越传统；他力图站在时代前列，也曾引领时代潮流，但未能真正与时俱进。

在 1919 年后的本土发展阶段，中国社会学逐步形成了四个学派：以李大钊、毛泽东、陈翰笙等为代表的马克思主义学派；以梁漱溟、晏阳初为代表的乡村建设学派；以孙本文为集大成者的综合学派；以吴文藻、费孝通为代表的社区学派。他们对社会学本土化作出了各自的贡献，费孝通经历了中国社会学早期的发展阶段近 20 年(1930—1949)，又经历了后期 50 多年（1949—2005）的发展，其个人学术历程具有典型意义。

费孝通创作了影响深远的有关社会学中国化的成果：《江村经济》（1939 年）与《禄村农田》（1943 年），《生育制度》（1947 年）与《乡土中国》（1948 年）等。正是在这些著作中，他提出了一些有原创意义的学术话语——“乡土社会”、“差序格局”、“生育制度”等。这成为今日中国社会学界的学术资源和集体记忆。《江村经济》将社会人类学“文野之别”的界限相对化，把原来以“初民社会”、“野蛮社会”为对象的研究推广到对“农业社会”、“文明社会”的研究，受到马林诺斯基的肯定和赞扬。由于上述著作很早就有了英文版，其表达的学术话语也很早就有了国际影响。

当然，由于时代和个人学术背景等方面的局限，上述著作也存在一些缺陷。对中国社会近代以来所发生的变迁，《乡土中国》显然反映不足。同时，《乡土中国》采用功能学派的观点和方法对中国社会结构进行剖析，缺乏阶级分析的观点和方法，因而难以揭示乡土中国社会结构的本质。同时，由于中国社会的急剧变迁，现在中国早已不是20世纪三四十年代的“乡土社会”了。“乡”和“土”都发生了深刻变化。今天，我们应该关注的是费孝通观察问题的理念和方法，而不是他关于彼时社会现象的具体论断。

（二）中国社会学后期发展进程

费孝通在1949年后曾为呼吁恢复社会学学科而受到不公正的对待。在社会学学科被取消的27年中，他仍然在民族学和人类学的名义下，默默地为社会学工作着。在1979年社会学恢复重建之时，他作为领军人物，发挥了无人可以替代的历史作用。可以将费孝通之社会学恢复重建以来的历程，以1995—1997年间其正式提出“文化自觉”概念为界，分为前15年及后十年两个阶段。前15年是一种自发的“文化自觉”阶段，后十年则是自觉的

“文化自觉”阶段。

1. 自发的“文化自觉”阶段。第一，“小城镇理论”话语的意义赋予。社会学恢复重建后，费孝通身体力行他所倡导的调查研究。他四访江村时，特别看到了农村发展与小城镇建设的密切关系。1982 年他决定调查研究作为农村经济、政治、文化中心的集镇。在他的论证下，“江苏小城镇研究”被列入国家社会科学六·五重点课题。通过实地开展小城镇研究，费孝通写出了《小城镇大问题》、《小城镇　苏北初探》等一系列论文，形成了又一个有中国风格的社会学理论：小城镇理论。

第二，“中华民族多元一体”论的指引导向。1988 年秋，费孝通发表了《中华民族的多元一体格局》这一论文。关于此，费孝通把主要论点概括为三条，其中第一条是：中华民族是包括中国境内 56 个民族的民族实体，而不是把 56 个民族加在一起的总称。这个民族实体里所有归属成分都具有高一层次的民族认同意识，即具有共休戚、共存亡、共荣辱、共命运的感情和道义。这个观点被陈连开引申为民族认同意识的多层次论。在多元一体格局中，56 个民族是基层，中华民族是高层。这些内容可以看作是对“中华民族多元一体格局”理论的意义赋予，是费孝通“半个多世纪以来研究中华民族结构的一个高度概括”。这个理论至今仍然是我国民族工作的框架，具有指引导向作用及行动支配作用。

2. 自觉的“文化自觉”历程。第一，“文化自觉论”话语的多重作用。费孝通正式提出“文化自觉”是在

1997年。费孝通85岁后，写了大量回顾、反思文章。从这些文章看，费孝通事实上那时就已开始了自觉的“文化自觉”历程。这些文章是他一生经验的总结，对我们后学来说，具有很强的启发意义。此后，费孝通多次论述并不断强调“文化自觉”。他集中指出探讨“文化自觉”不可或缺的几个主要方面，即“文化自觉”的内涵、使命、目标，其艰巨性、重要性以及达致“文化自觉”的途径。这对中国社会学的“理论自觉”提供了多重启发。正是在文化自觉论的总题下，费孝通进一步提出了“社会学传统界限扩展论”、新型文化文明观等学术话语。

第二，“社会学传统界限扩展论”的震撼作用。费孝通在肯定“社会学是具有‘科学’和‘人文’双重性格的科学”的大前提下指出，社会学的价值，不仅仅在于其由科学性决定的“工具性”，“社会学的人文性，决定了社会学应该投放一定的精力，研究一些关于‘人’、‘群体’、‘社会’、‘文化’、‘历史’等基本问题，为社会学的学科建设奠定一个更为坚实的认识基础。”社会学传统界限扩展论，可以看作是费孝通回应世界社会学反思、重建的潮流，所作出的具有鲜明中国特色的贡献。保持“科学”与“人文”适当的平衡，相互借鉴，对一国社会学的发展是非常必要的。费孝通的观点，对于将社会学视作经验科学、以某种实证社会学为主流的中国社会学界，具有振聋发聩的作用。

第三，“新型文化文明观”的巨大活力。费孝通在《重建社会学与人类学的回顾和体会》等文章中谈道：

"各美其美、美人之美、美美与共、天下大同"，这提出了一种有中国气派、符合时代精神的文化文明观。它蕴涵了和谐对话、双赢互利之意，表达了不同于西方的文化文明观念。随着现代性全球化不可阻挡之势，随着我国综合实力之增强以及不断扩大的影响，它将会成为文化文明关系中的主导话语。

费孝通的学术历程表明，中国社会学在推进学术本土化、把握学术话语权方面是有作为的。

三、在理论自觉基础上达致学术话语制高点

历史和时代给学界提出了要求，即更好地掌握学术话语权，并在理论自觉基础上达致学术话语权的制高点。这是中国社会学从世界学术格局边陲走向中心的一条必由之路。为此需要进行建设性的反思和批判。

我们需要认真总结中国社会学百余年历程的重要启示。中国社会学百余年发展历程表明，凡是在学术话语权上有所创造更新的，大体有三方面：首先，有正确路径。这就是"立足现实、开发传统、借鉴国外、创造特色"。处理好其中包含的三种关系，即社会学与中国社会现实的关系、社会学与中国传统学术的关系、社会学与国外主要是欧美社会学的关系。其次，有广阔视野，即立足本土，超越本土；看重传统，超越传统；汲取西方，超越西方；把握时代潮流，坚持与时俱进。第三，有理论自觉：虽处边陲，不甘边陲；主动担当创新责任，而非被动地亦步亦

趋；力争成为理论创新者，而不甘只做西方理论的掮客。中国社会转型的广度、深度，是历史上前所未有的，这样的现实条件促使我们在新历史条件下承继并超越前辈社会学家的学术遗产。

另外，要充分认识学术话语权对社会生活的重要作用。学术话语权的实际作用是多方面的，如对社会发展的引领、社会现象的解释、社会实践的建构、判断标准的制定和学术规则的设置等，其具体表现在如下五个方面。

第一，对社会发展起引领作用。社会科学家以科学和理性语言阐述社会蓝图，并对社会现实进行批评和引导。自西方启蒙运动以来，依托于生产力、科学技术和社会科学的领先地位，一个新兴的社会群体——西方知识分子——勃然而起，迄今已历数百年。他们以明确的使命感生产和阐述西方的社会理想，发布和传播西方学术话语，论证其价值的创新性、进步性、“普适性”。这是西方学术话语能够对社会发展起引领作用的主要原因。这一过程确立了西方学术话语的强势地位，从而在学术话语方面逐渐形成了一种东西方间结构性的不均衡格局。对西方学术话语的崇尚也成为较为常见的心态。改革开放以来，我国加快了对西方先进科学技术学习、引进和移植的进程，社会科学也经历了类似过程。在学术话语方面出现了盲目“与国际接轨”的倾向，是否接受和使用西方学术的新话语是对一个学者学术能力进行评定的尺度，也成为对其学术观点是否正确、合理和具有权威性进行鉴别的尺度。这种倾向严重抑制了我们学术话语生产、创新和确信的能力。

第二，对社会现象予以解释。通过学术话语的解释，特定社会现象的意义、价值以及真伪等显露出来。这一过程可以产生不同的结果：它既可以使某一对象获得真实性、合理性和正当性，也可以揭示或说明另一对象的虚假性、不合理性和不正当性。不仅如此，学术话语也巩固了其本身的真实性或真理性地位。相对于自然科学，对社会现象的解释更为复杂。在社会现象方面，话语主体的学术能力和技巧，对概念、命题、方法的把握和运用，对专业信息和文献的掌握，对特定对象的研究和阐述等，都会影响到学术话语的使用效果。学术话语对社会现象的解释作用值得深入研究。

第三，对社会实践进行建构。社会实践可以有多种建构结果，既可以是对立、冲突的，也可以是和谐、合作的。学术话语权对社会实践的建构性表现在三个层面：社会层面、个体层面和心理层面。与此相应，学术话语权对社会实践的建构机制分别是制度化机制、社会化机制、心理偏好机制。从社会角度，学术话语通过对社会制度和规则的建构，形成社会行动的秩序体系，与此同时，学术话语通过对社会价值体系的合法化作用，推进思想导向与行动过程的反馈和互构，从而促成对社会生活的安排。从个体角度，学术话语向社会成员提供多种共通资源，如话语、符号、象征系统等，这些共有知识传递了共同行动的指令，这些无形的资源融入个人内心，成为人格系统的组成部分，使得遵循和服从成为自然的过程。从心理角度，学术话语在人们的内心偏好、心理定势、行为倾向方面的影响是无声的、渗透性的。借助话语、符号、象征系统等的广泛传播和复制，形成了社会性的内化过程，逐渐培育起习惯性的心理定势和行为倾向，这能增进人们对某类信息的偏好和亲和感，从而影响人们对知识和信息的选择和过滤。偏好机制是一种持续的心理机制，在特定的时空条件、社会情境和信息源的刺激下，偏好机制会自发启动，对特定的刺激源主动地作出选择或排斥。

第四，提供价值判断标准。学术话语权的影响力不仅体现在它所确定的学术研究和对话框架，也体现在它所提供的评判标准。可以说，学术话语权本身就内含了价值判断标准诉求。一方面，学术话语权必然表达肯定的意见，譬如对于某类话语或社会现象的肯定，确定其具有的真实性、合理性。另一方面，学术话语权也表达了否定的意见，即认定另一些话语或社会现象等的负面性质。这种否定性的价值判断将产生排斥后果——这意味着某些话语或社会现象是不符合价值尺度的，是不可以说或做的，因为它们不具有合理性和正当性，没有使自己得以成立的理由和依据。学术话语权的价值判断标准在内容和形式上很广泛，比如，对真与假、是与非、对与错、科学与非科学、先进与落后等的判断。在这方面，我们往往自觉不自觉地接受西方学术话语权导引出来的标准，而很少问“为什么”。

第五，制定学术活动规则。学术话语权实质上也关系到学术活动的规则以及体制、秩序等问题。学术活动是在一定的社会关系和社会网络中展开的，其体现了学术共同体作为集体性的活动规则。学术话语权对于学术活动规则的形成和制定有重要作用，是对学术活动进行“立法”。学术活动规则的功能和范围是很普遍的，还涉及对正常的与不正常的、规范的与失范的、健康的与病态的等的界限划分。在学术领域中会涉及这样一些判断，即所谓真问题与假问题，即哪些问题是真实的、有意义的，因而是可以成立的、可以研究的，哪些问题是虚假的、无意义的，是不成立的、没有必要研究的。这一讨论实际上设置了学术门槛，也是一种研究的可进入性，将影响到后续的学术活动——提出概念、划分类型、命题陈述、方法运用、理论阐述，以及话语和文本等能否被认可、被接受。所以，规则是一种十分特殊的软实力。奈认为，如果一国能够建立与其社会一致的国际规范，它就有可能更少改变自己，而且无须使用强制性的硬权力从而降低自己的代价。因此，规则本身十分重要，某种意义上甚至可以说是一种战略性资源。学术话语权涉及的学术活动规则，有着明确的现实含义。中国学界在制定学术规则上的影响还不是很大。

可以看到，学术话语权是一种无形的实力，是非常珍贵的社会资源。没有学术话语权的学术，注定是平庸的没有强大生命力的学术。

在把握学术话语权方面，还要深刻领会学术话语权与理论自觉的正相关性。理论自觉是学术话语权的前提。争取学术话语权的问题与提升理论自觉度的问题是正相关的，可以说，中国社会学的理论自觉提升到什么程度，中国社会学对学术话语权的把握和争取就会到什么程度。过去我们往往是自发的理论自觉，2009 年笔者正式提出自觉的"理论自觉"。现在，甚至可以说，中国社会学进入了"理论自觉"的新阶段，即自觉的"理论自觉"阶段。因为"理论自觉"范畴一经形成和提出，就有这样或那样的方法论意义，其中之一就是为回顾、展望、观察中国社会学的成熟度，提供新概念工具和理论视角。

理论自觉是将费孝通的文化自觉从一般的文化领域贯彻到特殊的社会学理论领域。它们之间既有联系又有区别，一方面，"理论自觉"同样也有自己的内涵、使命、目标、自身的艰巨性、重要性以及达成"文化自觉"的途径。正是在费孝通的启发下，笔者相应地对中国社会学的理论自觉做了一些说明；另一方面，与"文化自觉"相比，社会学理论自觉的内容、实现途径又不是完全相同的。首要的理论自觉是将我们的目标定位为世界眼光、中国气派兼具的中国社会学，而不是西方社会学理论的中国版。应该对"传统资源"做出自己的理论开发；对"西方学说"做出自己的理论借鉴；对"中国经验"做出自己的理论提升，等等。

学术话语权与理论自觉度的问题，在当代中国尤其重要。这是因为，包括社会学在内的现代社会科学及其教学机构，基本上都是"西学东渐"的结果。在从鸦片战争开始的中国社会的被动转型中，在西学中学的对阵中，主动进攻的西学越来越占优势；被动应战的中学，可以说是节节败退，地盘越来越小。在现代社会科学的世界格局中，欧美社会科学处在中心地位，垄断了学术话语权，中国则处在边陲地位和被支配地位。现在，越来越多的中国社会科学“专家”是学习西方社会科学出身的。20 世纪前半期的“专家”还有深厚的中学基础，留学归来后，他们中很多人成为学贯中西的大师级人物。现在出现了一代对中学知之甚少、处在文化断层边缘的社会科学专家。他们往往养成一种根深蒂固的“边陲思维”，即对国外理论照抄照搬、亦步亦趋，拔高甚至神化之，还自以为站在社会学前沿，习惯用西方概念来裁剪中国社会现实，而不擅用正确的立场、观点和方法分析快速转型中的中国社会。现在，确实到了该大声疾呼“争取学术话语权、提升理论自觉度”的时机了。

需要破除学术话语权长期被西方垄断的局面。中国社会学自恢复重建以来，一方面引进西方社会学，另一方面也积极推进社会学的中国化。这个调子是当年费孝通定下的。他在《建立我国社会学的一些意见》中，十分明确地指出：“恢复社会学这门学科在中国社会科学里的地位和重新在大学里设立社会学课程和社会学系，并不等于恢复这门学科旧有的内容。就这门学科的内容来说，还有待于努力、创建，使之成为一门以马列主义、毛泽东思想为指导，密切结合中国实际，为社会主义建设服务的社会学。这是在本质上有别于中国旧时代的社会学和西方各国的社会学的。”社会学的发展方向是中国社会学恢复之初就遇到的问题，这个问题也是中国社会学发展的基础。

不可否认，西方社会学学术话语权对中国社会学产生了很大影响。20 世纪 80 年代，“价值中立”被看做普遍的方法论原则，用来规定整个社会学的性质，社会学被说成一门“价值中立”的学问。20 世纪 90 年代到 21 世纪初，在后现代的解构性话语下，提倡“个人述说”、反对“宏大叙事”的极端观点，对有些学者影响颇深，有些人甚至盲目地以为所谓“个人述说”就是“正确”的。现在，上述情况已大为改观。在当代中国，各种思潮集聚，代表各自思潮的学术话语，都在顽强地表现自己，争夺话语权。对此，需要相应的学术话语加以破解。

中国社会学达致学术话语权制高点的进程，与打破西方学术话语权垄断局面的进程是连在一起的，它们是一个问题的两个方面，都不容忽视。

论“传统”的现代性变迁*

——一种社会学视野

“传统”的问题，是人文社会科学不可回避的问题，也是人文社会科学家不断探讨的课题，因而也是一个充满争议的领域。本文作者近年来也对“传统”进行了多视角、多层面的社会学探索，对一些争议的问题，表明了自己的看法。①

中华民族具有五千年以上不间断的文明史，是世界上拥

* 本文是为2011年10月28—29日在北京举行的“中国社会科学论坛（2011）——首届中美学术高层论坛·传统”准备的。该论坛由中国社会科学院中国社会科学杂志社、美国维思里安大学主办。

① 这些文章主要是：郑杭生：《现代性过程中的传统和现代》，发表于《学术研究》2007年第11期；郑杭生：《论现代的成长和传统的被发明》，发表于《天津社会科学》2008年第3期；郑杭生、费菲：《传统、理性及意识形态的多重变奏》，发表于《河北学刊》2009年第6期；郑杭生：《论社会建设与“软实力”的培育——一种“大传统”和“小传统”的社会学视野》，发表于《社会科学战线》2008年第10期；郑杭生：《我们时代的“大传统”》，此文为《走向更有共识的社会：社会认同的挑战及其应对2009——中国人民大学社会发展研究报告》的总论，该书在2009年5月由中国人民大学出版社出版。郑杭生：《原生态民族文化的一点思考——一种传统与现代关系的视角》，2010年6月23日在第九届人类学高级论坛暨“人类学与原生态文化”座谈会上的发言，发表在“社会视野网”、http://www.sociologyol.org/yanjiubankuai/tuijianyuedu/tuijianyueduliebiao/2010-08-10/10802.html.

有“传统”——现实的传统和潜在的传统——最多的载体。这些“传统”是当代中国可资开发的资源，十分宝贵的财富，因而不能片面笼统地、不加分析地认为它们是“历史的包袱”。同时，我们也必须注意，这些传统已经经历了和正在经历着前所未有的现代性变迁，而这种变迁是有轨迹可循的，在这个意义上是有某些规律性的。本文试图对此做些梳理。

一、作为动态性概念的“传统”：本体论意义和方法论意义的统一

（一）传统的含义及其内涵的动态性

笔者曾指出，从实际情形来看，“传统”一词主要存在两种含义、两种用法，一种是本体论意义上的，一种是方法论意义上的。本体论意义上的，也可叫做“实体性意义”上的传统；方法论意义上的，也可叫做“关系性意义”上的传统。这两种含义都告诉我们，“传统”本身就是动态性的，不能用静止的观点来看待。

所谓本体论意义上的“传统”，可以简要地概括为“世代相传的文化”。这里，就字面来理解，“传”即相传延续，“统”为统一，传统的本义就是世代相传的统一之物。[①] 同

① 唐代陆德明《经典释文》曰：“传者，相传继续也。”又曰：“延也。”犹指前人传后人，代代相传之意。“统”本义为茧的头绪。《淮南子·泰族训》记载，女工在缫丝时，从众多蚕茧中抽出头绪，才能缫出一束丝。段玉裁《说文解字注》：“众丝皆得其首，是为统。”引申为万丝总束为一个根本，名一统。传统合在一起使用在古义中曾有皇位的相传和世袭，后引申为代代相传的一个根本的模式或准则。（张立文《传统学引论》，第3页）

时，传统，作为人类为适应环境和满足自身需要而从事实践活动所创造的物质财富和精神财富之结晶，表明它就是一种“文化”，一种“世代相传”的文化，从而亦充分表明了作为本体论意义的传统的动态性，并在该种动态性中表现出自己的相传和延续。

所谓方法论意义上的“传统”，则可以简要地概括为“被现代发明的文化”，这里也包含着传统是“现代的前身”、“现代的同在”等含义。这是指在传统—现代二分框架中与现代相对而得以区分和界定的传统。在这一框架下，现代涉及多少个领域以及有多少种表现，传统也就相应会有多少种。由于现代性的不可遏制的活跃性、不能间断的变动性以及时时表现出来不安宁性，这种与现代相联系的传统，更加突出了自己的动态性，并在动态性中表现出自己的变异和革新。

“传统”的上述两种含义、两种用法，既有区别，又有联系。区别在于：本体论意义上的“传统”，侧重于历史脉络上表现出的延续与继承，方法论意义上的“传统”则突出了从过去到现在所发生的变化与革新。因此，前者为同，后者为异。前者属续，后者似断。联系则在于：文化世代传延形成传统，传统之“统”体现着古往今来人类文化的根脉与连续性，同时又在“传”中必然地历经各种变迁与考验，并与不断成长的现代性在相互借鉴中表现自身和熔铸新生。可见，虽然是两种用法和含义，在根本上还是相通的，在视野上也是互补的。

如果把上述两种含义的“传统”加以整合，在笔者看来，可以形成较为完整的“传统”范畴。这样的“传统”范畴，笔者认为可以表达如下：传统就是世代相传的文化的延续继承和变化革新，是现代性对世代相传的文化的扬弃式的建构和借鉴性的互构。所谓扬弃式的建构，就是去其糟粕，取其精华；所谓借鉴性的互构，就是现代性在改变传统中也促使自己不断成长。

（二）传统与“过去”与“原生态文化”

人们往往把“传统”等同于“过去”。不错，传统确实与过去有至关重要的联系，因为传统源于过去。但这并不意味着传统等于过去。“过去”所指的范围要比“传统”大，是上位概念；“传统”的范围小，是下位概念。关于传统和过去的关系，笔者经过梳理，强调下述几个观点。

这些观点，对于正确看待“原生态文化”也是适用的。在笔者看来，“原生态”的原本意义是未经人类加工、开发的东西；同时，“原生态”是相对于“次生态”来说的。现在在不少旅游点，特别是少数民族旅游点，往往用“原生态文化”，特别是“原生态民族文化”来吸引游客。其实，这样的“原生态”已经是非常非常“次生态”了，已经经过多少时代的加工开发了。因此，对原生态民族文化必须采取分析的态度。这里主要涉及两个问题。第一，这里的“原生态”只有相对的意义，而没有绝对的意义。第二，对“原生态民族文化”应该采取这样一种扬弃的态度：肯定其中应该肯定的东西，否定其中没有生命力的东西，也就是我所说的“建设性反思批判”的态度。

第一，传统是保留在现代人的记忆中、话语中、行动中的那一部分过去，因而是对现在仍然起着作用的那一部分过去。由此我们同样也可以说，作为一种传统的“原生态民族文化”，也是一种保留在现代人的记忆中、话语中、行动中的那一部分过去，因而是对现在仍然起着作用的那一部分过去。我们在从贵阳到凯里中巴车上听到的被标以原生态民族文化的苗乡侗寨的诸多民歌就是这样。

第二，传统是被现代人从过去之中精选出来的，由于现代人的选择，这部分过去才得以留存下来，因而它也是现代生活的一部分。同样，作为一种传统的“原生态民族文化”，也是被我们现代人从过去之中精选出来的，是现代人通过对过去“重构”或“新构”的方式构建起来的。因此这种原生态，是经过选择、经过加工、经过“重构”或“新构”的原生态，只有相对的意义，不可能有绝对的意义。在各个民族的民族文化中找不到那种纯粹的、完完全全的“原生态”。

第三，由于现代人的反复实践和应用，这些留存的过去成为现代社会或某个地区或某些群体的集体记忆，获得了传统的意义，影响、制约某一地区、某一群体的社会成员及其家庭的行为和生活。这种传统往往以该群体的亚文化的方式、习俗的方式出现。现在我们听到的以“原生态民族文化”面目出现的苗乡侗寨的诸多民歌，就是被现代人从过去无数对歌、号子之中精选出来的，以苗族、侗族民族亚文化的方式、民族习俗的方式影响着现代社会生活、并成为现代社会生活一部分，即我们现在称为“非物质文化遗产”的东西。在这个意义上，作为传统的

“原生态民族文化”，也是现代的一种发明。“原生态民族文化”作为一种被发明的传统，在现代社会生活中发挥着重要功能，如社会整合剂的功能等。

第四，现代人通过对过去的“扬弃式的建构”或“借鉴性的互构”生产出传统。这当然不仅仅是一个个人行为，而是一个集体的和社会的行动过程。“建构”和“互构”可以有不同的指向，不同的指向会对现在，甚至未来产生不同的影响。关于“原生态民族文化”，我们同样可以这样说。

第五，那种死去的过去，例如像妇女缠足这样的陋习，就是死去了的过去，它曾经是传统，但现在它已不是什么传统。因为它既没有现在，更没有将来。作为一种传统的“原生态民族文化”，也像一切传统一样，既包含有生命力的东西，又包含缺乏生命力或丧失生命力的东西。这样的例子在各个民族的历史上都有。例如，用活人祭神、猎头祭神，用活人殉葬、陪葬等等都是死去了的过去。它们曾经是相应时代的“原生态民族文化”，但是现在它们是野蛮、残忍的记录，是必须加以否定的。吉登斯也谈到了同样的论点：传统具有一种有机生物的特征，它们发展并成熟或者削弱和“死亡”。[①]

第六，那种不为人知的过去，例如还没有发掘的地下文物，只是潜在的传统，潜在的“原生态民族文化”，只有发掘出来，经过鉴定、考证，赋予了现代的意义，例如

① 吉登斯：《为社会学辩护》，第15页。

它对我们解开某一历史谜团有何种价值等，它才能成为名副其实的传统和具有原生态意义的民族文化。这也可以看作是“激活”原生态民族文化。

总之，传统源于过去，是“活着的过去”，是能够“活到”现在的那一部分过去。作为一种传统的“原生态民族文化”，同样也是如此。而作为活着的过去，传统也是“现在”，甚至会是“未来”，因为它们往往会蕴生出更为长久的社会趋势。正如吉登斯指出的：传统不仅代表一个社会“所做的”，而且体现“应该做的”。[①] 这就是说，作为传统的“原生态民族文化”，构成了现代开拓和成长的因素，构成了现代的资源。这也是作为传统的“原生态民族文化”的魅力和价值之所在。

二、“传统”动态性的纵向轨迹：现代的成长与传统的（被）发明

在传统—现代二分框架中与现代相对而得以区分和界定的传统，之所以被称为方法论含义的“传统”，是因为它要求我们在传统与现代的互构共变的辩证关系中来研究传统，孤立地研究传统，传统是研究不清楚的，其本质是很难揭示出来的。同样重要的，它还为我们指出了传统如何变化的一般轨迹：这就是“现代的成长和传统的（被）发明”。

---

① 吉登斯：《为社会学辩护》，第19页。

（一）现代化与现代性

在“现代的成长”这个命题中，“现代”一词也经历了自己的变化：开始时是指“现代化”，后来越来越指“现代性”。从而使我们的研究进入和达到了“现代性进程中的现代与传统”这样的视野和高度。这是与下述趋势相适应的，即从20世纪最后20年以来，社会学理论越来越面临从“本土现代化视野”向“全球现代性视野”的重大转变。那时，人们越来越认识到，现代化仅仅是现代性的表状和具象；而现代性则是现代化的深层趋势和持久进程，它使得各个本土的、地方的、分散的生活场景逐渐融入了世界性、全球性的社会实践过程，成为其中一系列充满意义的、多种多样的环节和部分。在新旧世纪交替期间现代性话语愈益强盛，基本确定了现代化话语在社会学理论中的淡出之局。这一点也许可以更好地解释为什么当代社会学家越来越普遍地倾向于以现代性作为理论范式，而曾经称雄一时的现代化范式却如昨日黄花，以往的盛景已然不再。应该说，现代性极大地扩展了对于传统和现代关系的理解，使我们对于传统和现代关系有了新的认识：现代性就是社会不断从传统走向现代，走向更加现代和更新现代的变迁过程，而在走向更加现代和更新现代的变迁过程中又不断产生自己相应的新传统和更新的传统。这实际上就是“现代的成长和传统的发明”的含义。

具体说来，这种新的认识表现在：作为现代“发明”的传统是现代的另一种表达，也是现代的一种最真实的印证。“传统”是相对于“现代”才体现出自身作为传统的意义，同样，“现代”是因为有相应的“传统”才显示出自身作为现代的蕴涵。正是有了“传统的发明”，也就有了“现代的成长”；正是有了“现代的成长”，现代性、社会转型研究也就始终会面对“传统与现代”的过渡。传统构成了现代开拓和成长的因素，构成了现代的资源。正是因为传统的更新与现代的拓展而使现代性能够不断获得新的动力。

同时，我们也曾指出，“传统的发明”和“现代的成长”还显示了一种学术智慧：并非在“传统”之后才有“现代”，恰恰相反，是因为有了“现代”而发生“传统”——现代人所说的“传统”是为“现代”而生的，因为唯有“现代”才能赋予“传统”的意义；“传统”只有通过“现代”才能获得自身的规定，而且唯有当“传统”与“现代”相联系和对应时，它才可以被我们思考和把握。

（二）重构与新构

那么，传统又是如何被现代发明的？我们从许多经验事实中，概括出两种方式：“重构”和“新构”。所谓重构，就是现代赋予传统不同于过去的新的含义，使原有传统变化为一种形式相同但意义很不相同的变了形的传统。新疆一些兄弟民族的男童“割礼”①，从原来宗教仪式到

---

① “割礼”指割去穆斯林男孩阴茎包皮的仪式，实施年龄一般在5—7岁。在维吾尔族男性礼仪体系中，割礼是继生礼、命名礼、摇床礼之后的第四个礼仪，也是由男童向男人、由不承担任何家庭或社会责任和义务向承担相应的家庭或社会责任和义务过渡的最重要的仪式。在人类学的研究中割礼属于“通过仪式”的一种，即“从一种生命阶段向另一种生命阶段的转变”，或说从一种身份向另一种身份的过渡。（迪丽拜尔·苏莱曼：《维吾尔族割礼仪式及其变迁——从乡村到都市的嬗变》，发表于《新疆社会科学》2007年第4期）

现在世俗的交易行为的演变，为“重构”提供了典型的事例[①]所谓新构就是现代创造出相应的新的传统。新疆一些兄弟民族为女童创造出与“割礼”相应的“花礼”，则是“新构”的典型例子。[②] 在现今市场经济条件下，我们可以观察到，大多数传统的重构和新构，都带有程度不同的功利色彩，不论是庙宇的重修和新建、传统旅游地的开发、婚礼的形式等，无一不是当做产业来开发。传统的重构、新构，不仅仅表现在日常生活的传统中，而且表现在大的学术传统和政治传统中。例如，新儒家，就是现代对儒家传统的一种重构和新构。现在已经经历了四代，方向有正也有负。

现代为什么要发明相应的传统，现代人为什么需要活着的过去？这是现代、现代人通过利用、改造、发明传统来为当代服务。被发明的传统通常可以发挥如下的社会功能：作为社会整合剂的传统（如传统节日被定为法定节

---

① 关于“割礼”的变迁，作者的结论是：“与传统的乡村‘割礼’仪式相比，都市里的‘割礼’仪式在很大程度上失去了本来应该具有的神圣氛围，仪式本身的文化意义淡化了”，“整个‘割礼’中原来具有的基本的文化意义完全被异化了”，“仪式的文化意义渐渐变成越来越明显的经济‘交易’”。（迪丽拜尔·苏莱曼：《维吾尔族割礼仪式及其变迁——从乡村到都市的嬗变》，发表于《新疆社会科学》2007 年第 4 期）。

② 由于男童的“割礼宴会”演变成展示该事主家庭社会资本的场合、获取一笔可观收入的平台，使社会发生了新的失衡：只有女孩的家庭怎么办？他们因为没有男孩而失去了展示自己社会资本的机会，失去得到相应收入的途径，这些家庭陷入只有给有男孩的家庭送“例钱”的困境。这种情况就迫使只有女孩的家庭想出应对的办法。“花礼”——一种与“割礼”相对应的女孩成人礼，就是这样催生和登台、这样被发明出来的：女孩 7 岁时，也发请帖，也举行“花礼”的仪式和庆祝宴会。这就是现代以“新构”的方式，创造出来的相应新传统。（郑杭生：《论现代的成长和传统的被发明》，发表于《天津社会科学》2008 年第 3 期）。

日)；作为合法性依据的传统（如前人的判例成为后来法官判案的依据)；作为应对面对问题手段的传统（如利用彝族“虎日”有效戒毒[1])；作为社会准则规范的传统(如子曰：“己所不欲，勿施于人”（《论语·颜渊第十二》))。英国历史学家从宽阔的视野分析了“传统”，指出，那些表面看来或者声称是古老的“传统”，其起源的时间往往是相当晚近的。“被发明的”传统与历史意义重大的过去存在着联系，其独特性在于它们与过去的这种连续性大多是人为的（factitious）——它们参照旧形式来回应新形势，通过近乎强制性的重复来建立自己的过去。英国历史学家们还认为，“传统”与现实的实践常常是反向相关的，比如，当没有马的时候，骑兵军官军礼服上的踢马刺才显得更为重要；律师的假发也只有在其他人都不戴假发后，才获得了它们的现代含义[2]。因此，被发明的传统能够告诉我们，现代人如何运用历史来生产出行动的合法性依据以及社会团体的黏合剂。

（三）对传统的不同态度

“现代的成长和传统的（被）发明”这一命题的重大意义之一是，它把人们从两个极端中解放出来，一个极端是彻底否定传统的激进主义态度，不加分析地敌视传统，片面地以为传统否定得越彻底，现代性似乎越多，殊不知

---

① 参见庄孔韶：《发现“虎日”》，http：//www. sociologyol. org/yanjiubankuai/ fenlei-suoyin/ fenzhishehuixue/shehuirenleixue/2007 -12 -27/4197. html.

② E. 霍布斯鲍姆、T. 兰格：《传统的发明》，译林出版社 2004 年版，第 1、第 2、第 4 页。

传统和现代是你中有我，我中有你，不能截然分开的。另一个极端是全盘肯定传统的保守主义态度，同样不加分析地维护传统，从而也保护了传统中的糟粕，成为现代性前进的障碍。

联系到历史来看，对于传统的态度，在现代化初期和现代化的高级阶段是不同的。现代化初始的社会激烈变革时期，传统多被特指为急欲推翻和摆脱的腐朽没落的旧社会之秩序与意识形态。而在现代化的高级以及当前阶段上，传统又被一致指向一种富有意义关怀的精神信仰传统。而这种富有意义的规范秩序曾经被认为是我们所推翻的旧秩序的一个特征与优点。在西方社会中这种传统多是指向曾经的宗教传统。在我国则多是指儒家传统。显然，当今时代对传统的呼唤是伴随现代性发展而产生的一个必然现象。现代性所带来的精神文化上的危机已是一种具有普遍性的发展中会遭遇的问题。传统的重塑成为不同民族都面临的共同课题。对此，各民族有着不同的传统资源及各自的优势与解决路径。相对来说，虽然西方宗教传统曾孕育了资本主义理性化与现代化的文明进步潮流，但文化世俗化的后果却注定打破和背离这种传统；而我国的儒家文化传统虽然曾被认为是阻碍现代资本主义发展的，但相对来说，其某种世俗化的理性与品格却意外地顺应了时代现实，甚至也可能契合了正在日益显现的追求和谐的某种普遍趋势。

三、“传统”动态性的横向轨迹：大传统发展与小传统改变

（一）大传统与小传统

“大传统”（great tradition）是作为与“小传统”（little tradition）相对的概念来使用的。我国学者有这样的界定：大传统是某种优势文明的文化形态，是与地方性社区的小传统相对而言。无论从文化形态的数量，还是质量上考察，大传统的文化系统都显示出一种稳定、成熟、恢弘的气势，使文化的代代传承不易被别的文化冲击所打断。①

在人类学和社会学中，美国人类学家雷德菲尔德（Robert Redfield）所著《农民社会与文化》（1956 年）一书，首先提出了大传统与小传统的概念。在他看来，拥有社会精英及其所掌握的有文字记载的文化传统的都市社区，跟保持有大量口传的、非正式记载的文化内涵的乡村社区，是很不相同的。雷德菲尔德以大传统和小传统来指称文明社会的两个方面，前者指都市文明，后者指地方性的社区文化。在这两种传统的关系上，尽管他主张两者是相互影响，相互补充的，但他强调大传统是一个社会中占优势的文化模式，为整个文化提供了规范性的要素，形成了整个文明的价值内核（尤其是体现为都市文明的文化

① 黄平等：《社会学、人类学新词典》，2002 年版。

模式)；而小传统的各种因素往往是由大传统进行解释的，大传统创造了文化，小传统只是简单地接受而已。[①]尽管学术界对此有很多批评，但雷氏的原初界定还是产生了很深的影响；因为此后人们研究这两种传统，没有脱离以下这些区别：空间维度—地域区别，时间维度—过程区别，影响覆盖力—宏大狭小的区别，遗传能力—稳定与易变、持续与中断的区别等。

对上述两种传统的研究，亦包括在其他相关术语之下展开的讨论。在社会学理论方面，精英的书面文化与民间的口承文化的讨论可以看成是大传统和小传统范畴的一种延伸。如吉登斯把“大传统”视为建立在书面文本基础上的、合理化的传统，其形式有宗教、民族国家的规范及意识形态等；“小传统”是存在于地方社区中的、表现为形形色色的小型口承文化（oral culture)，如魔术、巫术和当地的其他习惯、日常生活的惯例等。这些小传统与过滤下来的合理化的“伟大传统”“不是相去甚远便是直接冲突”。[②] 吉登斯关于伟大传统与小传统的讨论，应当说是其现代性思想的组成部分。在他看来，现代性过程的重要一面是民族国家的不断成长走向极盛，其间，地方社区的人民不断从地方性制约中解放出来，直接面对国家的全

---

① 覃光广等主编：《文化学辞典》，中央民族学院出版社 1988 年版，第 32、第 44 页；宣炳善：《“大传统”与“小传统”的学术意义》，发表于《社会科学报》1998 年 11 月 5 日；黄平等：《社会学、人类学新词典》，2002 年版。

② 安东尼·吉登斯：《现代性与后传统》，赵文书译，发表于《南京大学学报：哲学·人文·社科版》1999 年第 3 期。

民性规范、意识形态的影响和制约的过程[①]。有些学者认为这种过程是一种现代化的需要，隐含着大传统取代小传统的必然，强调国家的同质性，模糊了多样性的地方文化分野。其他社会学理论家如胡塞尔、舒茨、加芬克尔关于生活世界、常人社会学、本土方法论的研究，布迪厄、吉登斯有关专家知识与常人知识的论述，哈贝马斯、卢曼的系统与生活世界的理论，后现代主义的宏大叙事与小叙事，以及主文化与亚文化的研究（郑杭生）等，都以不同的方式与大传统和小传统的讨论相关联。

在分支社会学研究领域，亦有大量题材涉及大传统与小传统的问题。譬如，政治社会学中的国家与市民社会，法社会学中的国家法与民间法、成文法与习惯法、司法调解和行政调解与人民调解，社区研究中的社会时代与社区时代、法理社会与礼治社会、都市社会与乡土社会、陌生人世界与熟人社会，在我国文化人类学中则有士绅文化与乡民文化、官方文化与民间文化、精英文化与大众文化，等等。

大传统与小传统的区分，特别是对大传统的深入理解，为我们分析社会建设与“软实力”的培育，提供了一个有新意的视角。

（二）“大传统”作为文化价值观的结构性特征

在这里，我们所说的“大传统”首先是作为一个学

---

① 安东尼·吉登斯：《民族—国家与暴力》，生活·读书·新知三联书店 1998 年版，第 12、第 13 页。

术术语来使用的，就如人类学、社会学、文化学等学科领域所使用的那样，而并非仅仅只有或仅仅停留在政治或意识形态意义——当然要大传统一点也不涉及政治和意识形态也不可能，但必须说，它的意义远远超出它们。

在学术的视野中，一种作为“大传统”的文化价值观，其构建往往必须涵括文化价值的两端——上至终极实在的深究，下至生活实践的反思。从其一端向另一端的伸展，可以展开一个序列性的结构系统，可以大略分为终极实在、观念、制度和行动四个层面。

第一，关于终极实在的崇高趋向。“大传统”作为文化价值观，总要对终极实在、终极关怀等基本性质的问题进行深沉思考、深度探讨和深入研究。这使“大传统”获得了某种“崇高性”。这是因为“大传统”的文化价值观总是这样或那样地涉及一类恒久的主题——人与自然、社会与自然以及个人与社会的关系，涉及生与死的思考、人生价值的确定、生存意义的解释，从中产生出心灵慰藉、精神支柱，对人的行动形成“最高命令”。崇高性对于“大传统”而言是不可或缺的，正是崇高性使“大传统”具有了能够超越具体的地方性和族群性、跨越特定的时空限制的能力，也就是超越各种“小传统”的能力，从而表现为一种普遍的品性，即它无处不在，无时不在。我们每个人在日常生活中都可以感受到“大传统”的这种普遍品性。

第二，关于观念层面的价值共享。作为“大传统”的文化价值观包含了一个社会中共享性的观念体系，通过人们的思想、判断、行动等方面的价值倾向性表现出来，如人们对事物或现象的好与坏、善与恶、美与丑等评判，总是表现出一定的价值取向。随着现代性的推进，公平、正义、自由、民主等，越来越成为一些具有普遍意义的价值取向。社会的共享性观念体系提供了共同的意义基础，是塑造和确立共同理想、形成共同行动、共建共享的前提。

第三，关于制度层面的秩序导向。一定的制度是涉及个人、群体和组织的权利、义务、责任的规范体系，是稳定的社会行动模式，包括行动的准则、规范、法规等组成的社会的秩序体系，其实质在于一个社会的利益结构、资源和机会的配置方式与机制。应当说，文化价值观本身并不直接对制度和秩序进行具体的规定，但其观念体系中蕴涵了个人和集体行动的普遍原则，因而对社会制度和秩序的设计发挥着导向的作用。

第四，关于日常实践层面的策略解释。在“大传统”的文化价值观中，往往也蕴涵了社会微观生活的根据和理由，甚至是最后根据和充足理由，如有关生活世界的阐释、实践的依据和原则、行动选择的理由、手段和策略的合理性，等等。这类内涵涉及日常生活中的人际交往、沟通、理解、合作等行为所应遵循的伦理原则，如诚信、自律、友爱、互助等，使人们的实践和行动具有较清晰的因果关系，是日常生活的可预测性、可信赖性和安全保障的重要来源。

在一定意义上说，作为“大传统”的文化价值观，其关于终极实在的深度思考和探究——以及由此而来的“崇高性”，观念层面的价值取向——以及由此产生的“共享性”，制度层面的秩序导向——以及由此形成的“导向性”，日常实践层面的策略解释——以及由此便显现的“合理性”等，是对社会利益、社会关系的前提性假定。“大传统”成为一种事实性的行动原则体系，经历了历史和实践的“过滤”，客观上说这是在集体生活中的开放式的选择过程。这意味着，作为“伟大传统”的文化价值观既是历史的、实践的，也是社会的、民族的，因而对其进行阐释的书面文本会采取特定的内容和具体的形式。

总之，作为“伟大传统”的文化价值观可以看成是一系列前提性假定的构建，是有关终极实在、观念、制度和日常行动的原则体系，涉及信念与行动、信仰与实际、应然与实然、理想与现实、价值与实践，以及自由与秩序、自主与规制、目标与手段，等等。

（三）大传统和小传统相互转化

对于构建社会共同性来说，文化价值观的传统成分有着特殊的意义，如吉登斯所认为的：“传统是认同的一种载体，无论这种认同是个人的还是集体的，认同就意味着意义。”① 如果说一个社会中的“所有的群体都是制造意义的工厂”②，那么传统则是意义的集结点和重要源泉，也是民族智慧的库存、集体记忆的档案。借助这部巨大的“索引”，传统在我们与过去和未来之间形成链接，也成

① 安东尼·吉登斯：《为社会学辩护》，社会科学文献出版社2003年版，第35页。

② 齐格蒙特·鲍曼：《个体化社会》，上海三联书店2002年版，第2页。

了一种预见未来的工具，因而为社会成员提供了呵护和安全。显然，这正是社会认同、共识与整合的基础。

同时，传统往往带有一定的地方性含义，它是特定的人类族群或群体与其生存环境进行无数“对话”和交锋的记录，经过了反复的精炼提纯，这一过程最终凝结成个体的行动方式，定格为形式各异的社会程式。将这些不同传统置于社会学理论的宏阔视野中，可以探查到它们折射出的生动色泽和丰厚质地。其中，越是被注入更多的智慧和创造性的那类传统，越是对生活实践产生出深远的影响。当这类传统化生出更为久远的社会趋势之时，它们也使自己一次次从中获得新生。这类传统是真正的“伟大传统”，它们特有的深沉蕴力和恢弘气势是一般的传统所不能具有的。对于一个社会来说，“伟大传统”是至关重要的——它能够激发出社会共同性的重大理由。从上面的论述可以看到，大传统尽管重要，但它不是凭空产生的，大传统是从不同的小传统中反复过滤、提纯而转化形成的。

反过来说，已经形成的大传统也必须回到各种小传统中去，而且由于它源于小传统也能够以不同方式回到小传统中去，或通过家庭教育，或通过学校教育，或通过社会教育，特别是电视等大众媒体，使大传统潜移默化地渗透到小传统中去，为小传统所接受、所认可、并在不同程度上影响改变小传统，甚至内化为小传统的核心部分，从而形成和培育社会共同性。可以说，不能有效影响、转化，甚至内化成为小传统的大传统，是软弱无力的。

在推进社会和谐的过程中，塑造和确立社会的共同性，是共同理想、共同行动、共建共享的前提。社会共同性需要细心的呵护，使之成为集体的感受，并成为文化价值观的自觉性和潜意识而世代相承。在一个日益开放和多元的时代，文化价值观能够产生一种特殊的无形资源——观念和意义，其功能是物质的、有形的资源无可替代的。

21世纪社会科学的价值*

——浅论社会科学对自然科学的积极作用

本文使用的“社会科学”是一个广义的概念，它是“人文社会科学”或“哲学社会科学”的简称，也可以说是非自然科学的总称。

“21世纪社会科学的价值”，是个很重要的问题，可以从各个方面来考察。我们可以有把握地说，植根于中国本土社会、又吸取世界社科有价值东西的我国社会科学，首先是中国民族精神的集中表达，是中华文化传统的精华所在，是炎黄子孙凝聚力量的可贵结晶，是中华民族深厚底蕴的无尽源泉；同时还是国家综合国力的重要构成，是我国民族独立的文化标志，是我国发展轨迹的逻辑再现，是我国社会美好前景的有力展示。一句话，是我国过去、现在和将来一切值得珍视的东西的主要载体。我想，从上述社会科学与民族精神、社会科学与综合国力等方面来

---

* 发表于《中国高等教育》2001年第4期。发表时有删节，这里是全文。

看，还是比较容易达成共识的，这当然不是说在理论上就没有分歧，在实际上就不容易被忽视，而且真正懂得也并非易事，遑论真正做到？到 21 世纪，这些方面将会进一步显示出来。

但是，从社会科学与自然科学的关系上来考察社会科学的价值，则是另外一回事。人们往往只看到自然科学对社会科学的作用，而常常有意无意地忽视社会科学的作用和价值，在这方面，还存在一些观念上、体制上的实实在在的障碍。本文想着重从这一侧面作一些粗浅的考察。

社会科学与自然科学的关系本来是“合则双美，离则两伤”的关系。正如李鹏同志在庆祝中国人民大学命名 50 周年大会上所指出的，它们是“鸟之两翼”、“车之两轮”。我们同样也可以说，它们是电脑之两件——软件和硬件，等等。社会科学对自然科学的积极作用，总的来说，可以在“合则双美，离则两伤”这个框架下来加以说明。它们之间这种内在的关系，到 21 世纪，也将会越来越进一步显示出来。

具体说来，社会科学对自然科学的积极作用至少表现在这样几个方面。

第一，相互支撑作用。从构成上看，人类的全部知识是由自然科学和社会科学两个部分构成的。邓小平在提出“科学技术是第一生产力”的光辉命题时，曾强调：“我说的科学，当然包括社会科学在内。”这就是说，从构成上看，人类的知识大厦是由自然科学和社会科学这两根支柱支撑着的。两者必须保持平衡：如果两根支柱一短一长，知识大厦就会倾斜；如果抽掉其中一根，知识大厦就会倒塌。换言之，无论是缺少自然科学还是缺少社会科学，其消极后果必然是：第一，科学是不完整的，犹如两翼之鸟缺一翼、两轮之车缺一轮那样。这样，科学岂不是成了“残疾科学”？第二，造成对方也不能很好发挥作用，甚至根本不能发挥作用。知识大厦都倒塌了，自然科学这根支柱再结实，孤独地孑立在废墟之上还有什么可以骄傲的？在这个意义上，社会科学不仅支撑着整个知识大厦，而且也与自然科学相互支撑着。

从历史上看，自然科学是从哲学中分化出去的。在古希腊、古罗马，自然科学是包罗万象的哲学的一部分。这方面的遗迹现在还仍然存在。例如，我们现在所说的“博士”——Ph. D.，是“哲学博士”——Philosophical Doctor 的简称。所以，物理学博士、化学博士实际上分别是“物理学哲学博士”、“化学哲学博士”的简称。那时，自然科学家一般同时也是哲学家。这方面的传统也没有完全被割断。例如，爱因斯坦作为相对论的创始者，是一个伟大的科学家，同时也是一个有独到见解的哲学家，读读爱因斯坦的文集就很容易看到这一点。自然科学从哲学中分化出去，无疑是科学史上的一种进步，但自然科学与社会科学从一开始就是紧密联系在一起的，却是不可否认的事实。到欧洲的中世纪，哲学成了神学的婢女，从而自然科学也成为神学的婢女和牺牲品。这说明，自然科学与社会科学又有相同的命运。集自然科学家与哲学家于一身的布尔诺被当时的宗教裁判所判处火刑迫害致死，就是自然科学和社会科学共命运的一个历史见证。在十年动乱的“文化大革命”中，“四人帮”横行，社会科学家遭殃，自然科学家同样也没有好果子吃，所以，一个自然科学家，如果轻视、甚至蔑视社会科学，非但不能说明他的高明，只能说明他的狭隘和没有历史眼光，且有某种程度的忘本之嫌。

从思维方法看，在自然科学与哲学没有分化的古代，占统治地位的是一种混沌总体的原始综合思维方法，这种思维方法支配了对自然研究近两千年。到近代由于深入到一个又一个自然科学的领域，形成一门又一门分门别类的自然科学学科，这时，占统治地位的思维方法便从原始综合思维方法进到分析思维方法，在逻辑上表现为由亚里士多德的演绎逻辑为主进到以培根的归纳逻辑为主。近一二百年来，随着对自然界系统性研究的深入，占统治地位的思维方法又从分门别类的分析方法进到现代的辩证综合思维方法。这是自然科学影响哲学社会科学，反过来哲学社会科学又影响自然科学、或者说在思维方法上支撑自然科学的一个例证。

从科学工作者看，既没有纯粹自然科学家，也没有纯粹社会科学家。自然科学家总是在一定的社会环境下受到一定的社会科学正规的教育和潜移默化的熏陶，从而有一定的社会科学的素养，这种素养就会不知不觉地影响他作为自然科学家的思想观点和研究行为，同样社会科学家也会有一定的自然科学的素养，他的思想观点和研究行为也会受到这种素养的影响。在这里，自然科学和社会科学也是相互支撑的。

第二，相互补充作用。就自然科学和社会科学对社会进步发挥作用的角度看，两者的作用方式不同，功能不同，但各不能缺少，可以说是相互补充，殊途同归。这种关系更像电脑的硬件与软件的关系。

所谓两者的作用方式不同，是指自然科学对社会进步的作用是显性的、直接的、相对快速的、容易得到承认的。就科学技术作为第一生产力来说，自然科学作为硬科学具有更直接的“硬作用”。而社会科学对社会进步的作用则多半是隐性的、间接的、相对慢速的、不容易得到承认的。它要经过更多的环节转化为生产力。正是这些“软性”使社会科学成为软科学。再加上社会科学的大多数学科的原理，总是多少涉及不同社会群体的利益，这与自然科学的原理一般不涉及不同社会群体的利益大相径庭，更使得社会科学的成果容易产生分歧，不易被承认。这更增加了社会科学的“软性”。现在的问题是，同人们在日常生活中一般看重硬任务、轻视软任务一样，也非常看重硬科学和硬作用，而十分看轻软科学和软作用。有的竟把“软性”这种不同的作用方式，错误地理解为可有可无、可大可小，还有的甚至以“文化大革命”社会科学受到践踏时的情况为依据，把社会科学有意无意地贬低为“今天这么说说，明天又那么说说”的诡辩术。殊不知诡辩术是与社会科学不相容的。其实人们应该记得，粉碎“四人帮”之后不久，关于“实践是检验真理的唯一标准”的讨论，对中国社会进步的推动有多大，对创造良好的科学研究环境的促进有多大。而我国由于管理科学这样的软科学跟不上，每年不知道有多少钱白白扔进了太平洋！这一正一反，不是充分说明社会科学可以用与自然科学不同的方式，同样推动着社会进步、减少着社会代价吗？这种互补，就好像电脑没有硬件固然无法运行，没有软件，同样不能很好地运行一样。

所谓功能不同，是指自然科学着重通过自己的真理价值或真理精神作用于社会，而社会科学着重通过自己的人文价值或人文精神作用于社会，正是通过这两种不同功能的互补，把社会进步中的真善美统一起来，把假恶丑揭露出来。真理价值如果没有人文价值的引导，真理精神所获得的科学成果，就有可能不是造福于社会，而是造恶于人类。

所谓两者各不能缺少，是指时至今日，面对日益复杂的增进社会进步、减少社会代价的任务，社会科学与自然科学无论何者都不可能单独加以承担。它们对社会起作用的过程是综合性的。例如，要实现我国社会的可持续发展，经济社会的协调发展，以及人的全面发展，都要靠自然科学和社会科学的密切合作、共同繁荣才能做到，其中之一谁也不能单独完成任务。在这里，自然科学一花独放不是春，自然科学和社会科学共同繁荣才是春。只有自然科学和社会科学密切合作、共同繁荣，两者才能双赢。可见，合则双美，离则两伤，并不是一句空话。

妨碍从社会科学与自然科学关系上来认识社会科学价值的最大障碍，是根深蒂固的“重理轻文”的倾向，是文理严重失衡的社会心理。这种倾向和心理在当前可以说是积重难返。那种觉得自然科学似乎高人一等、社会科学好像矮人三分的偏见，不仅没有得到切实纠正，反而愈演愈烈。原因之一是重理轻文在某种程度上被一些次级制度固定下来了。例如，自然科学、工程技术有院士制、社会科学则没有，便是这样一种厚此薄彼、影响深远的次级制度。由于这种次级制度的安排，自然科学成为强势科学，而社会科学则成了弱势科学。这样的制度安排，在世界上是罕见的。本文并不反对自然科学的院士制，只是不赞成这种制度上的厚此薄彼，尤其是这种厚此薄彼所反映的片面的价值观及其所引起的负面的社会后果。

说“重理轻文”根深蒂固，是因为它既有长期的历史、理论原因，又有现实、实际原因。

重理轻文的历史、理论原因，是指曾经盛极一时、但从 20 世纪 60 年代开始走下坡路的科学主义思潮仍在我国有着强烈的影响。科学主义的错误不在于重视自然科学——这是应该的、必须的，而在于把自然科学强调到极端，抬高到不适当的地步，因而走向了自己的反面。同样，五四运动请进科学这位“赛先生”在任何时候都是对的——这是应该的、必须的，而当时和此后请来科学主义或唯科学主义则是有极大的后遗症的。

科学主义的出现并且产生如此巨大的影响无疑不是偶然的。自牛顿经典力学以来的数百年间，自然科学获得了突飞猛进的进展。与此相比，经历从古希腊、古中国到 20 世纪前后的大约 2500 年时间，哲学却似乎连一个问题都没有解决。这一鲜明的对比，促使人们思考其中的原因。从几个世纪前休谟的怀疑主义出现开始，到 20 世纪前后实证主义产生达到高潮，其间多多少少都与这样那样解释这个问题有关。按照 20 世纪上半叶一些科学哲学家的归纳，上述差距的主要原因在于：科学语言是具体精确的，哲学则是抽象模糊的；科学有一套计量方法，哲学则爱好思辨方式；科学是可以相互沟通的，哲学则是难以交流的。所以结论是当时包括社会科学在内的哲学，应该而且必须以自然科学为蓝本加以改造。从而形成了重视功利理性的科学主义思潮。有的极端的科学主义者，甚至还提出把社会科学统一于自然科学的“统一科学”的主张。应当说重理轻文在某些方面甚至比科学主义更极端。因为科学主义只是要求哲学社会科学以自然科学为蓝本加以改造，一般并不轻视哲学社会科学。

科学主义一开始就受到重视人文价值、人文精神的学者的批评。批评者指出科学主义只重视功利理性、而忽视人文价值的片面性，指出不能将社会科学与自然科学等量齐观，不能将自然科学的方法机械地搬到人文社会科学中去。两次世界大战的浩劫，特别是德日法西斯用先进的科学技术屠杀人类，以及原子弹等大规模杀伤武器的出现和使用，充分显示了科学技术社会作用的两面性；而人类付出的沉重的环境代价，也显示过度的功利理性，是可以有损甚至毁坏人类社会的可持续发展的。因此，到 20 世纪下半叶开始，对科学主义的批评逐渐加强，这在 60 年代、70 年代、80 年代直到 90 年代经久不衰。不少学术大家，如英国的吉登斯、德国的哈贝马斯正是在批评科学主义的实证主义科学观和社会观中发展起来的。而在我看来，后现代主义主要也是针对功利理性的负面社会后果而发的。

重理轻文的现实、实际原因，是我国这样的发展中国家科学技术发展“不足”。这与发达国家科学技术发展“过度”形成巨大的反差。在发展“不足”时，一般容易只看到科学技术对社会的正作用，忽视它的负作用，容易接受和奉行科学主义。而在发展“过度”时，通常则容易注意它的负作用，加强对科学主义或唯科学主义的批评。批评当然会有中肯的和过分的，甚至会很极端的。例如法兰克福学派从反实证主义立场出发，认为科学（包括技术）本身就是一种意识形态，科学技术在政治上并不清白，它创造了一个极权社会，造成了一个“单向度社会”，它的实用性、功利性和顺从性使它成为统治的工具，因此，他们的“批判理论”要对资本主义进行文化批判、理论批判、价值批判。法兰克福学派批判技术决定论和科学主义思潮无疑有其合理性，但是把科学技术也看成意识形态，却把科学推向了另一个极端。这就使法兰克福学派的批判没有切中要害，缺乏应有的说服力。在我国，由于痛感科学技术落后就要挨打，当然要在科学技术上赶超发达国家——这是正确的、应该的和必须的。根据邓小平提出的“科学技术是第一生产力”的命题，制定“科教兴国”的国策，同样是正确的、应该的和必须的。但是，如果把“科教兴国”片面理解为“科技兴国”，并且在科学中把社会科学排除在外，这又走向了另一种片面性、另一个极端。重理轻文不能不说就是这样的一种片面性，而且是一种很极端的片面性。

重理轻文可以产生严重的社会后果。自然科学和社会科学、人文价值与真理价值、人文精神与真理精神的失衡，小则误事，例如影响培养全面发展的人才，大则误国，例如导致社会的畸形发展，导致对美国处心积虑西化、分化我国的抵抗力的削弱。

重视社会科学的价值与重理轻文的倾向两者是一对现实的、不可回避的矛盾。要真正重视社会科学的价值，就要切实克服重理轻文的倾向；不切实克服重理轻文的倾向，就谈不上真正重视社会科学的价值。重理轻文的倾向在我国的原因，如上所述，既有历史形成的偏见或习惯势力方面的，更有把这种偏见体制化的次级制度方面的。要切实纠正，必须双管齐下。

把“理论自觉”全面落实到中国社会学的各个领域*

李长春同志在2012年6月2日举行的马克思主义理论研究和建设工程工作会议上代表党中央作了重要报告。该报告从马克思主义理论自觉和理论自信的高度总结了该工程八年来的巨大成绩，进一步要求我们“以高度的理论自觉和理论自信把马克思主义理论研究和建设工程不断引向深入”。该报告还批评了一些缺乏理论自觉和理论自信的现象，指出：“一些人仍然习惯于简单套用西方的范畴、理念和结论，用西方话语来解释中国丰富独特的发展实践，削中国实践之足，适西方理论之履。”党中央这样明确地强调理论自觉和理论自信，据笔者所知，还是第一次。

从已经发表的学术文献和论著看，作为中国社会科学

* 此为笔者2012年7月14日在中国社会学会2012年银川学术年会上的致辞，后在《宁夏党校学报》2012年第5期作为专文刊发。

重要一员的中国社会学，较早开始了对理论自觉的探索和运用。其中一个重要原因是中国社会学有这方面的学术资源，这就是前辈社会学家费孝通先生关于“文化自觉”长达十年（1995—2005）即他学术生涯最后十年的深刻思考。

正是在费孝通先生的启发下，中国社会学界在理论自觉方面做了一些工作，笔者把它简要地归结为六个方面：

第一，在“文化自觉”的基础上提出了中国社会学“理论自觉”的概念，正式出版了代表作。其中论文的代表作是笔者在中国社会学会2009年西安学术年会上题为《促进中国社会学的“理论自觉”——我们需要什么样的中国社会学?》的主题报告（《江苏社会科学》2009年第五期。《光明日报》2009年10月20日以《中国社会学的“理论自觉”》为题，发表了该文的详细摘要。《新华文摘》2009年第24期全文加以转载）。著作的代表作是笔者2010年出版的两本书《中国特色社会学的深化——“实践结构论”提出与“理论自觉”轨迹》和《社会转型与中国社会学的理论自觉》（中国人民大学出版社）。

第二，探索了中国社会学理论自觉的主要含义，说明了它与费孝通先生“文化自觉”的关系。它既是对费孝通先生关于“文化自觉”观点的继承，又是对它的发展，既有与“文化自觉”共同的一面，又有与“文化自觉”不完全相同的特殊性。这是因为理论是文化的提升和凝练。

第三，探索了中国社会学理论自觉的基本目标。中国社会学理论自觉的目标是世界眼光中国气派兼具的中国社会学，而不是西方社会学某种理论的中国版。这是“理论自觉”中的首要自觉。

第四，探索了中国社会学理论自觉的研究路径。笔者曾把这个路径概括为“立足现实，提炼现实；开发传统，超越传统；借鉴国外，跳出国外；创新话语，创造特色”。

第五，探索了中国社会学理论自觉的实现手段。途径主要是四条：这就是对“两类挑战”做出自己的理论概括；对“传统资源”做出自己的理论开发；对“西方学说”做出自己的理论借鉴；对“中国经验”做出自己的理论提升。

第六，把中国社会学的理论自觉运用到社会学的各个方面。已有的成果如在环境社会学方面的运用、在法社会学方面的运用、在人类学、民俗学方面的运用、在安全研究方面的运用、在文化研究方面的运用，等等。所有这些都有各自的代表作可核查。①

现在，理论自觉和理论自信已经成为摆在中国社会科学界面前的一种重大的时代课题。正如李长春同志强调的：“如何在学习借鉴人类文明成果的基础上，用中国的

① 如在环境社会学方面：洪大用：《理论自觉与中国环境社会学的发展》；洪大用：《理论自觉的必要性及其意涵》。如在法社会学方面的运用：郭星华：《从中国经验走向中国理论——法社会学理论本土化的探索》；如在人类学方面的运用：陆益龙：《增强理论自觉、促进学科发展——谈中国社会学与人类学、民俗学的关系》；如在安全研究方面的运用：杨敏：《个体安全研究与中国社会学的理论自觉——社会学传统范式和研究方法的一种兼容汇聚》；如在文化研究方面的运用：杨敏：《社会学视野中的文化自觉与自信》。

理论研究和话语体系解读中国实践、中国道路、不断概括出理论联系实际的、科学的、开放融通的新概念、新范畴、新表述，打造具有中国特色、中国风格、中国气派的哲学社会科学学术话语体系，是理论界和学术界面临的重大而紧迫的时代课题。”

迄今为止，中国社会学界以上所做的工作还是初步的。我们还要进一步把“理论自觉”全面落实到社会学的各个领域、各个方面。例如，我们就要在过去社会学发展 30 多年取得巨大成绩的基础上，重新思考和反思如何办社会学系、如何办社会学研究所、如何办社会学杂志、如何进行社会学的学科建设、如何编写有中国特色的教材、如何培养社会学各专业的学生、如何总结“中国经验”、如何形成中国社会学派的各个流派、如何进行社会学的学术争鸣、如何建构我们的评价体系：我们的评价体系这根指挥棒是在引导加强理论自觉、理论自信，还是起着相反的作用在这样那样地促使理论失觉、理论自卑呢?等等。这样的建设性反思，对消除学界事实上还存在的“学术殖民心理”非常重要。在笔者看来，中国社会科学的各个学科，都应该用理论自觉来总结、梳理自己的过去，把握现在，规划将来，把理论自觉真正落实到自己学科各专业、各分支中，运用到自己学科教学和研究的方方面面，运用到学科体制、体系建设的各个领域。

在笔者看来，只有理论自觉开出灿烂的花朵，包括中国社会学在内的中国社会科学才会真正结出中国特色的丰硕之果。

学术评论与学术剖析

XUESHU PINGLUN YU XUESHU POUXI

费孝通先生对当代中国社会学所作贡献再认识*

时值费孝通先生诞辰100周年，关于费先生对中国社会学的贡献，笔者在费先生去世次年即2006年发表的《对中国社会学的巨大贡献——纪念费孝通先生从事学术研究70周年》① 一文中，概括为三个方面，这就是：第一，他对中国早期社会学所作的贡献，突出地表现在成绩卓著的社会学中国化上；第二，对中国社会学恢复重建所作的贡献，突出地表现在无人可以替代的历史作用上；第三，对中国社会学发展和拓展所作的贡献，突出地表现在振聋发聩的对社会学性质的新思考上。这里所说的“再认识”，是指我们对费先生所作的贡献，特别是他后期对中国社会学发展和拓展所作的贡献，认识得还不充分、不

---

* 本文是在中国社科院纪念费孝通先生诞辰100周年讨论会上的发言，不久《中国社会科学报》稍作修改后曾加以发表。

① 该文发表于《江苏社会科学》2006年第1期。

到位、不深刻，还需要进一步提高认识，这也包括笔者本人在内。笔者提出这个问题，并不是说笔者已经认识得很够了，而是想表明愿意和大家共勉，一起进行再认识。正是本着这种精神，笔者想着重指出下面三点：

一、社会学是科学性和人文性之综合的提倡

费孝通先生逝世前几年正式提出的社会学传统界限扩展论[①]，是继他提出“差序格局”论、小城镇理论、中华民族的多元一体论等有中国特色社会学、社会人类学理论之后，提出的另一个有重大意义的理论。

在社会学传统界限扩展论中，费老在肯定“社会学是具有‘科学’和‘人文’双重性格的科学”的大前提下指出：社会学的价值，不仅仅在于这种由科学性决定的“工具性”，“社会学的人文性，决定了社会学应该投放一定的精力，研究一些关于‘人’、‘群体’、‘社会’、‘文化’、‘历史’等基本问题，为社会学的学科建设奠定一个更为坚实的认识基础”。

关于社会学传统界限扩展论的重大意义，笔者曾着重指出过两点，即：首先，它可以看作是费老回应世界社会学反思、重建的潮流，作出的一种具有鲜明中国特色的贡献。费老的这种思考，实际上是在提倡、在引导我们要用

① 这一理论集中表达在费孝通《试谈扩展社会学的传统界限》一文中，见《北京大学学报·哲学社会科学版》2003 年第 3 期，第 5—16 页。

既对立又统一的辩证观点来看待和处理过去截然对立的东西。其中，科学主义型社会学和人文主义型社会学的截然对立、互相不容、争来斗去，就是其中突出的、基本的一种。费老肯定“社会学是具有‘科学’和‘人文’双重性格的科学”，实际上是把这种僵化的对立融化了。保持“科学”与“人文”适当的平衡，相互借鉴，对一个国家社会学的繁荣是非常重要的。

一个时期以来出现的世界社会学中心从美国向欧洲回归转移的趋势，归根结底是与美国社会学科学与人文失衡、经验研究与理论研究失衡有关。美国社会学多年来出不了大社会学家，不像欧洲那样大社会学家群星灿烂，基本原因之一是美国社会学界的主流坚持一种比较偏执的认识，即社会学似乎仅仅是“科学”的从而这样那样地忽视社会学的人文性。美国社会学过分“实证”了。这是值得我们思考的。在笔者看来，我国不少社会学者，也在很大程度上重蹈着美国社会学这种“过分实证”而忽视人文的路径。这样做的恶果会越来越突出。费老看到了这个问题，及时提出了这个问题，我们再不能充耳不闻了。

其次，费老的观点，在把社会学当作经验科学、以某种新面目出现的实证社会学实际上占主流地位的中国社会学界，具有振聋发聩的作用。一些人不了解过去费老针对当时的情况强调科学性和实证风格是有时代的理由的，现在又针对新的情况强调了社会学的人文性，更是有的放矢的。因此，把费老误解为仅仅是科学主义的、实证风格的，是很片面的。费老提出的观点正在迫使这些人进行重新思考。随着和谐社会和科学发展观的提出，费老的观点会越来越显示出它的重要性。

现在，费老提出社会学是科学性和人文性的综合的观点已经快接近10年了，在费老诞辰100周年之时，最好的纪念是认真贯彻他的高瞻远瞩的观点、理论和学说。

二、中国气派新型文化文明观的提出

我们都知道费老在《重建社会学与人类学的回顾和体会》等文章中说过的著名的四句话："各美其美、美人之美、美美与共、天下大同。"我们都觉得这四句话说得简练、说得漂亮、对得工整。但是，我们不见得都能体会其中的深意。在笔者看来，这四句话，实际上提出了一种有中国气派的、符合时代精神的、切实可行的文化文明观，它告诉我们应该如何去对待、处理不同文化、不同文明之间的关系。这个问题，随着现代性全球化趋势不可阻挡的扩展推进，随着我国综合实力的增强、影响扩大，显得越来越重要。

首先，说它有中国气派是指它表达了与西方不同的文化文明观念。西方的理念，更强调的是文明的冲突和斗争，强调不同文明之间的势不两立，有你无我，说到底是要防止其他文明的兴起发达，维持西方特别是美国的文化文明霸权地位，避免其他文化文明对其霸权地位的挑战。2008年年底去世的美国著名学者塞缪尔·亨廷顿在1996年出版的一本书，书名就叫《文明的冲突与世界秩序的重建》。该书主要探讨由文明冲突引发的世界性的文明认同危机及其影响和应对。此书可以看做较为集中地表述了西方特别是美国的文化文明观。

费老的“各美其美、美人之美、美美与共、天下大同”则贯穿了和谐和对话、双赢和互利。这里，“各美其美”，是不同的文化文明，都要各自尊重、珍爱自己的文化文明中的优秀、精华之处，既不能自暴自弃，也不能自我膨胀；“美人之美”，是要看到、借鉴其他文化文明的优秀、精华之处，既不能照抄照搬，也不能拒之门外；“美美与共”，是不同文化文明在清楚相互差别的基础上，即“和而不同”的基础上，相互学习、相互沟通，取长补短，多赢互利，从而达到文化文明的认同，并经由文化文明的认同，最后达到“天下大同”这种世界性的认同。用费老自己的话来说就是：我们“首先要认识自己的文化，理解所接触到的多种文化，才有条件在这个正在形成中的多元文化的世界里确立自己的位置，经过自主的适应，和其他文化一起，取长补短，建立一个有共同认可的基本秩序和一套与各种文化能和平共处、各抒所长、联手发展的共处条件”①。

其次，说它符合时代精神是指它体现了一种与现时代的主要特征契合的新型文化文明观。就我国来看，我们的社会正经历着中国自走向现代以来最为深刻的变化。以旧

① 费孝通：《对文化的历史性和社会性的思考》，发表于《思想战线》2004 年第 2 期。

式现代性为基础的人和自然、人和社会的关系趋于瓦解，个人与社会的相互依赖超过了以往任何时期，其中也包括个人对文化的相互依赖、国内不同文化之间的相互依赖。“从世界范围看，在和平与发展的主题下，多极化和多元化趋势日益增强，强弱悬殊、支配屈从不是社会生活过程的主导机制，相反，协商对话、平等互惠、强弱双赢才是现时代的主要特征。”① 这也同样适用于文化和文明。费老“各美其美、美人之美、美美与共、天下大同”的观点和理念，正是鲜明地表达了反对强弱悬殊、支配屈从、唯我独尊、强加于人的文化文明霸权主义观念，也即旧式文化文明观，而提倡相互尊重、协商对话、平等互惠、强弱双赢的新型文化文明观，从而体现了我们时代的精神和价值。应当说，“各美其美、美人之美、美美与共、天下大同”所表达的新型文化文明观，是费老的“文化自觉”的重要方面。

再次，说它切实可行是费老“各美其美、美人之美、美美与共、天下大同”的观点，同时也是一种解决问题的方法，是入情入理的，具有很强的可接受性，不同文化文明的人们都可以心悦诚服地加以接纳。它与那种以势压人、倚强凌弱、蛮不讲理的压服很不一样。在压服下，只能是无可奈何地、被迫地、心不甘情不愿地加以接受，因而是不能持久的。可以说，“各美其美、美人之美、美美

① 郑杭生、杨敏：《社会互构论：中国特色社会学理论的新探索》，发表于《马克思主义与现实》2003 年第 4 期。

与共、天下大同”的观点和方法，作为一种正确解决、处理不同文化、不同文明之间的关系问题的办法，几乎是无可替代的。

三、文化自觉对理论自觉的启示

“文化自觉”是费先生在1997年正式提出的。此后费先生多次论述“文化自觉”，不断强调“文化自觉”。可以说，“文化自觉”是费老在最后差不多十年时间中所念念不忘的论题。在费老的多篇文章[①]中，有一段关于“文化自觉”总结性的、多次提到的话，特别值得好好领会：

> “文化自觉”指生活在一定文化中的人对其文化有“自知之明”，明白它的来历、形成过程、所具有的特色和它的发展趋向，不带任何“文化回归”的意思，不是要“复旧”，同时也不主张“全盘西化”或“全盘他化”。自知之明是为了加强对文化转型的自主能力，取得决定适应新环境、新时代对文化选择的自主地位。文化自觉是一个艰巨的过程……[②]

① 如：《对文化的历史性和社会性的思考》、《关于“文化自觉”的一些自白》、《重建社会学与人类学的回顾和体会》等。

② 费孝通：《对文化的历史性和社会性的思考》，发表于《思想战线》2004年第2期。

在笔者看来，费老的这段论述，集中指出了探讨“文化自觉”不可或缺的五个主要方面，即“文化自觉”的内涵、它的使命、它的目标、它的艰巨性、它的重要性以及达到“文化自觉”的途径。这些对中国社会学的“理论自觉”提供了多重启发。因为，“理论自觉”同样也有自己的内涵、使命、目标、自己的艰巨性、重要性以及达到“文化自觉”的途径。正是在费老的启发下，笔者相应地对中国社会学的理论自觉作了五点说明①：第一，中国社会学的“理论自觉”指从事社会学教学研究的人对其所教学和研究的社会学理论有“自知之明”，包括对自身理论和他人理论的反思，对自身的反思往往有助于理解中外不同理论之间的关系。第二，中国社会学的“理论自觉”也具有自己的双重使命，即既要努力创造自己的有中国风格的理论，又要正确地对待其他各种理论特别是外来的理论。第三，中国社会学的“理论自觉”同样也要达到两个目标、把握两个自主，即加强自己在理论转型中的自主能力，并取得社会学学科为适应新情况而进行的理论选择、理论创造的自主地位。这两个自主所要求的自主性，对文化自觉和理论自觉来说，都是具有根本性质的。第四，中国社会学的“理论自觉”也不能不是一个思想解放的艰巨过程，即从西方强势社会学理论和社会

① 详见拙文《促进中国社会学的“理论自觉”——我们需要什么样的中国社会学?》，发表于《江苏社会科学》2009 年第 5 期。另：该文于《新华文摘》2009 年第 24 期全文转载。

理论中解放出来、正确定位自己、加强自主性的过程。如果没有自主性，只有边陲性，没有自己可美的东西，只有别人可美的东西，那就做不到“各美其美”，那就只剩下单纯的“美人之美”，为他人作嫁衣裳了。第五，中国社会学的“理论自觉”也是当今时代的要求，是当前形势提出的急迫问题，也只有遵循“实证的态度，实事求是的精神”才能达到，既不能看轻自己抬高他人，也不能反过来看高自己看轻别人，特别不能只承认外国人的理论是理论，不认可中国人的理论也是理论。

可以说，没有费老对于“文化自觉”的论述，我们对“理论自觉”的探讨也不可能这样系统。当然，理论自觉与文化自觉相比，除了上述一般性，还有自己的特殊性，因为理论是文化的系统化形态，是对文化现象的提炼、概括，理论自觉不能不有自己的特殊内容、特殊表现和特殊要求。我们尝试着做了这一工作①，但是即使在我们着重说明中国社会学“理论自觉”的特殊性时，我们也没有忘记费老对我们的启示。因为一般性和特殊性是不能截然分开的。

上面三点，并没有穷尽费老后期对中国社会学发展和拓展所作的贡献，它是笔者体会到的几个主要之点。但即使是这几点，也使我们这样年纪的后辈受益不浅，笔者更

---

① 详见拙文《促进中国社会学的“理论自觉”——我们需要什么样的中国社会学?》，发表于《江苏社会科学》2009 年第 5 期。另：该文于《新华文摘》2009 年第 24 期全文转载。

希望比我们这一代年轻、更年轻的后辈、后学，能不断对费老对当代中国社会学所作的贡献进行再认识，以便温故知新、常学常新，使得在新的百年中，中国社会学能够出一个或几个青出于蓝而胜于蓝、继承这一学术传统又超出这一传统的学术大师。

林耀华先生对当代中国人类学所作贡献再认识*

2010年3月27日，是林耀华先生的百年诞辰。我们怀着崇敬的心情在这里隆重集会，缅怀这位享有国际声誉的著名人类学家、民族学家、社会学家和教育家。尽管他已经离开我们近十年了，但他留给我们的宝贵的学术遗产，仍是我们取之不尽的精神财富。笔者认为，林先生对中国人类学、民族学和社会学作出的巨大贡献，有必要在他百年诞辰之际加以再认识。这里所说的“再认识”，是指我们对林先生所作的贡献，认识得还不充分、不到位、不深刻，还需要进一步提高认识。

林耀华先生是中国人类学民族学在中国发生发展的重要开拓者。他的《金翼》和《凉山彝家》是两本最有代表性的力作。其中，《金翼》已成为国际人类学重大主

* 在准备此文时，中国人民大学人类学研究所副教授张有春为笔者提供了必要的资料，特此致谢。

题——中国汉人宗族社会研究的奠基作品之一，延续至今；《金翼》同时也成了现代中国社会学家族与社会网络研究的基本国情依据之一。同样，《凉山彝家》，也早已被公认为现代彝族研究的开创性著作，他对彝族文化与社会的双重观察，提示了现代中国多民族发展急需加以区域关照和整体性协调的重要意义。

这两大著作，分别代表着林先生的两大学术成就和学术贡献。这就是汉人社会研究和西南少数民族研究。

第一，汉人社会是林先生早期学术生涯的主要领域。先生在闽东乡镇汉人家庭长大，念过私塾，目睹农夫在田间插秧耕作，围观闽江的龙舟赛，参加过拜祖仪式，长期在民俗生活中耳濡目染，直到赴省城和出国深造为止。20世纪20年代，先生就读于燕京大学社会学系，师从吴文藻先生，接受社会学、人类学训练。1936年，他利用从闽东田野调查得来的资料完成硕士论文《义序的宗族研究》，驾轻就熟地将私塾国学知识、乡村民俗事象与社会学理论视角熔为一炉，分析了中国宗族社会的结构功能，引起学界的重视。1937年，先生到哈佛大学转攻人类学，接受系统的跨文化研究训练。1940年获博士学位后，先生利用余暇，根据他在闽东家乡的生活经历，以及1936—1937年之间做的两次田野工作，写成小说体著作《金翼》并在国外发表。《金翼》、《义序宗族的研究》两本书成为汉人社会研究的学术经典，在国际人类学界占有重要的地位，至今仍是国内外人类学课堂教学的必读书目，中国乡村人类学的延续性主题，产生了持久的学术影响。

第二，西南少数民族研究特别是对彝族的研究，可以说是对汉人社会研究的自然而然的学术延伸和扩展。林先生自 1937 年到哈佛大学转攻人类学后，接受了系统的跨文化研究训练，少数民族开始成为其学术兴趣点之一。其博士论文《贵州苗民》（1940 年）广征博引，精确考证了贵州苗民 52 支系的分布，简略描述了各支系的饮食、服饰等习俗，是林先生西南少数民族研究的试笔之作。1941 年抗日战争期间，先生放弃哈佛大学教职，年底辗转昆明，加入燕京云南两大学田野工作站。半年后被吴文藻先生派到成都燕大，从李安宅先生手中接掌社会学系。此后，先生连续几年暑假考察凉山彝族、康北藏族和川康北界嘉戎藏族，先后完成了《凉山彝家》（1947 年）、《四土嘉戎》等重要著作。由于时局骤变，新中国成立前《四土嘉戎》书稿交付上海商务印书馆出版时失踪，我们只能从连载于 1945 年《流星》月刊的“康北藏民的社会状况”一文及“川康嘉戎的家族与婚姻”等文章间接了解该书的学术风貌，这是非常可惜的。而《凉山彝家》则成为中国民族学的经典之作，受到国内外学者的高度评价。林先生对彝族的研究可以说是锲而不舍，新中国成立后，一有机会就对凉山进行实地研究。1975 年“文化大革命”后期，林先生二上凉山，写成《凉山彝族今昔》长文。到了 1984 年，74 岁的先生为指导研究生实习而三上凉山，回京后写成《三上凉山——探索凉山彝族现代化中的新课题》一文，分析了彝族传统文化与现代化互动的现状并提出建议。20 世纪 90 年代初，先生委托出身凉山彝家的博士生潘蛟四上凉山进行调查，师徒据调查材料合写成《半个世纪以来凉山彝家的巨变》，对1956年以来彝族社会发展作了系统深刻的描述和分析。1995年，《凉山彝家的巨变》出版，与《凉山彝家》一起构成凉山彝族社会文化变迁的宏大画卷。

第三，民族识别是一种很复杂的研究。1953年8—10月，先生受中央民族事务委员会派遣，率队到黑龙江和内蒙古，对达斡尔人进行民族识别。经过深入调查研究，先生主导写成报告，确认达斡尔人在历史上虽与蒙古族同源，但经过长期历史发展已经形成不同的特点与认同意识，宜于识别为单一民族。1954年，中央确认这一意见，达斡尔族成为我国的民族之一；1954年5—10月，先生再度受命率队到云南，对彝、壮、傣、哈尼等族的不同支系进行识别。调查组在缜密工作的基础上完成研究报告，除确定了一些群体的彝、白、傣、苗、哈尼等族属外，还对68个具有不同称谓的族体进行了正名或归并。

第四，少数民族历史调查。1956年后，先生工作重点转向少数民族高等教育和对外（苏联）学术交流，但仍积极参与民族学应用研究。1958年，先生承担中国少数民族社会历史调查任务并担任云南组负责人之一，后又曾为主持中国少数民族社会形态研究奔走各地，直到“文化大革命”爆发才戛然而止。

第五，还要指出的是，林耀华先生本人既是人类学民族学的学术泰斗，也同时是一位值得称道的教育家和学术播种人。改革开放以后，林先生积极推动民族学人类学发展，在学科建设、教学改革和确定研究专题等方面都有实实在在的设想和安排，为日后他的弟子们的整体学术发展奠定了牢固的基础。现在我们清楚地看到，在中国学术界，林耀华先生的学术代际传人与专题研究线索相当明了。例如，中国人民大学人类学研究所庄孔韶教授20余年间继承了林耀华先生的宗族乡村研究等主题，加上再传弟子，全国各地已经有十余人活跃在这一专题领域。这一学派从90年代初就开始做新的研究性布点，从中国南部和东南部转向华北，扩大到中国西北、西南、东北等十一个省区做田野工作，以家族宗族社会为出发点，同时或转而展开多视角认知中国社会的探索方式，他们采纳专著和弟子团队专题合集的方法，已经完成和正在完成一批批重要学术成果。他们学理上相互影响，又各具特色，这和同一师门弟子与朋友之间在研究生课程内外常年交流（这次又云集北京为新论集定稿）与交往关系颇大。林耀华先生这一学派的新人，还在最近十年，在关于民族识别的专业人类学遗产基础之上，推动了中国区域社会的文化多样性观察，探索人群行为背后的文化意义，并在公共卫生和文化遗产保护等应用性主题方面获得新时期的新成果。我们从林耀华先生治学一生的经历看到，中国的学术传承实践有多么重要，大学教育与学术研究事业需要有精细的计划、一批批深思熟虑的学者和扎实的研究工作才能使中国学术站在国际前沿，林先生卓有成效的一生就是我们的榜样。

在笔者看来，我们今天在这里隆重纪念林耀华先生百年诞辰的重要意义也正在于此。

这里，笔者还要附带说一下，笔者有幸在十几年前有过向林耀华先生当面讨教的机会。这就是 1997 年 1 月 6 日至 20 日在昆明成功举办的国家教委第二期中国社会文化人类学高级研讨班上，在会议的空隙，由庄孔韶和胡鸿保两位教授陪同，一起拜见林先生，林先生询问了当年中国社会学发展的情况，谈到他对中国人类学和社会学发展的一些看法，表达了他对中国人类学和社会学加强合作的前景，受益匪浅。我们还留下了一组向林先生当面讨教的珍贵照片。其中的一幅，已经发表在 2005 年出版的《郑杭生社会学学术历程》卷三《中国特色社会学理论的拓展——当代中国社会学的前沿问题》上。这是笔者个人在纪念林耀华先生百年诞辰时值得回忆的。

孙本文先生对早期中国社会学巨大贡献的再认识*

关于孙本文的学术思想，大陆、港澳台地区和日本的一些学者都做过不少研究。1999 年笔者与李迎生合作在《江苏社会科学》上发表过专题研究论文，2000 年笔者在与李迎生合作的《中国社会学史新编》一书中有过较为深入和全面的介绍。当时我们着重是对孙本文构建的社会学理论体系、对社会问题的研究及社会心理学研究等进行了较为具体的分析。① 本文想从更宏观一些的角度来审视孙本文的学术思想和学术活动，笔者想说明的主要观点

---

* 在本文开头，笔者必须感谢学术助手和合作者、中国人民大学社会学理论和方法研究中心兼职副研究员王道勇博士在本文写作中的作用，他在我们进行的多次讨论中，提出了一些给人启发的观点，他收集了丰富的相关资料，使本文得以在很短的时间内能够完成。无疑，本文若有不当和错误之处，该由笔者负责。本文是笔者 2012 年 5 月 19 日在南京大学"孙本文与中国社会学"学术研讨会上的主题报告。

① 参见郑杭生、李迎生：《中国社会学史新编》，高等教育出版社 2000 年版，第 117—133 页；以及郑杭生、李迎生：《中国早期社会学综合学派的集大成者——孙本文的社会学探索》，发表于《江苏社会科学》1999 年第 6 期。

是，从总体上讲，作为中国早期社会学的领军人物，孙本文在中国早期社会学发展中所发挥的作用是难以替代的，他对中国社会学发展的贡献巨大而深远，至今仍有许多方面值得当代中国社会学界学习借鉴。孙本文难以替代的学术地位主要体现在以下三个方面：一是构建出综合性的理论体系，是中国早期社会学理论研究最高成就的代表性人物；二是多方为社会学立法，是推动中国早期社会学学科发展的代表性人物；三是一生致力于推动社会发展进步，是体现中国社会学学科精神的代表性人物。

这里应当说明的是，近年来为纪念费孝通先生从事学术研究 70 周年和诞辰 100 周年，笔者就费老对中国社会学所作的巨大贡献进行了较多的讨论。费老的很多学术著作在新中国成立前就已经问世，但由于解放时他还属于中青年学者（39 岁），所以客观地讲，他那无人可以替代的历史地位主要是在新中国成立之后尤其是中国社会学恢复重建过程中奠定的。今天回过头来看比费老年长一辈的老一代社会学家，我们应当承认，作为中国早期社会学的名门正宗，孙本文先生是当时中国社会学界的领军人物，他与吴文藻先生等人一起，为早期中国社会学的发展繁荣做出了卓越的贡献。这样看问题可能是更符合历史实际的。这也是“再认识”的一个内容。

一、构建综合性的理论体系，代表早期社会学理论研究的最高成就

在《中国社会学史新编》一书中我们提出，综合学派是中国早期社会学的正统，综合学派的社会学探索代表了中国早期社会学理论研究的最高成就，其影响甚至延续到中国社会学恢复与重建以后。孙本文先生是早期中国社会学综合学派的集大成者，如果从他1916年在北大哲学门学习社会学课程算起，他在新中国成立前的33年时间里对中国社会学理论体系的探讨逐步深入，代表着中国早期社会学理论研究的最高成就。

孙本文以“社会行为”为起点，在构建理论体系的方法论方面有所创新。一些人认为，孙本文深受美国社会心理学传统的影响，过于强调文化和心理因素的作用，他以“社会行为”为社会学的研究对象，具有明显的心理学派的倾向。实际上，笔者以为这种观点值得商榷，如果从社会学方法论角度来考虑的话可能会有一些新的认识。

作为一种工具理论，社会学方法论主要是探讨与学科体系和基本假设有关的一般原理问题，即指导社会研究的原则、逻辑基础以及学科的研究程序和研究方法等，一定的社会学理论背后都有其构建的方法论基础。我们以为，无论是早期强调文化因素，还是后来强调社会心理因素，都只是孙本文进行社会学研究的一个逻辑起点，其目标并不是简单地围绕当代社会学意义上的社会行为概念徘徊不

前，而是想借由社会行为这一切入点来展现他对社会整体的认识，来构架他的整个社会学理论体系。

具体理由有三：其一，孙本文认为，社会学是一门普通性的综合学科。孙本文借鉴孔德等人的科学分类法，把科学划分为物质科学、生物科学与社会科学。他又把社会科学分为普通的与特殊的两类，认为社会学研究社会的共通现象与共同原理，所以是一种普通的科学。既然社会学是研究普通和共通现象的，那么它的研究对象就不会局限于当代意义上的社会行为层面。

其二，孙本文所讲的“社会行为”实际上是对社会整体的一种统称，比我们今天社会学所说的社会行为概念的范围宽泛得多。孙本文认为，所谓社会行为，就是人与人之间所表现的相互关联的行为，即社会生活和社会现象中所表现出的共通现象和共同规律。[①] 实际上确是这样，孙本文在研究过程中不仅仅是探讨当代社会学意义上的社会行为，他“重视文化，同时也重视心理因素，而且亦不蔑视其他如地境及生物因素”[②]，以他为代表的综合学派“要点在于认识社会的整体性及其各种因素的复杂性，并欲确立社会学的体系”。[③]

其三，孙本文从社会行为角度出发，形成了完整的认识和分析社会现象的研究方法。孙本文在《社会学的观

① 转引自刘洪英：《孙本文对社会学中国化的贡献》，发表于《徐州师范大学学报》1998 年第 2 期。

② 孙本文：《当代中国社会学》（下），胜利出版公司 1948 年版，第 246 页。

③ 孙本文：《社会学的观点》，发表于《社会建设》1945 年第 1 卷第 3 期。

点》（1945 年）一文中提出，在研究社会行为的过程中，社会学者要运用多种视角来研究社会：要用社会整体的观点，从整个社会的角度来观察社会；要用社会结合的观点，把社会看成人与人的结合；要用社会有机的观点，视个人与社会是一个有机的关系；要用社会演进的观点，把社会看作是变动的而不是静止的，要用历史的发展的观点来分析社会。①

由上可以看出，孙本文在研究方法论上有他独到之处，他主张以全面地、动态与静态研究相结合地、综合地考察人类的社会行为。正因为如此，孙本文自认既非文化学派，也非心理学派，而“属于综合派之林”②。

孙本文从综合的视角出发，构建起较为健全的社会学理论体系。正是在上述这种方法论的基础上，孙本文以社会行为作为研究对象，在《社会学 ABC》（1928 年）、《社会学原理》（1935 年）、《社会学体系发凡》（1945 年）等论著中，建构出了一个完整的社会学理论体系。有关这方面的内容笔者在以前的论著中重点进行了分析，这里不再详述。

简单地说就是，孙本文从社会行为出发，提出有关社会行为的五类问题，即社会行为形成的因素（文化、心理、生理、地理等社会因素）；社会行为表现的过程（远离或接近等社会过程问题）；社会行为表现的机构问题

① 孙本文：《社会学的观点》，发表于《社会建设》1945 年第 1 卷第 3 期。
② 孙本文：《当代中国社会学》（下），胜利出版公司 1948 年版，第 242 页。

(基本的或复合的社会机构问题)；社会行为表现的功能(或社会控制问题)；社会行为变迁的内容与方向（或社会变迁问题）。[①] 从上述五类问题出发，孙本文展开了他的整个社会学理论体系，从而把当代社会学的主要研究内容都囊括在内。

从今天看来，孙本文所构建的理论体系确有它的不足之处。如在解释对社会行为的影响要素时，排斥了物质生活状况、经济地位等的影响，使得其社会学体系的理论基础较为薄弱。正因为如此，费老认为，孙本文的社会学体系，带有“用西洋传来的科学方法和已有的社会学理论去观察与分析中国现实的”的印记[②]。但从当时的历史条件来看，孙本文无论是在构建理论的方法论还是在元理论和本理论的系统化方面都把中国社会学理论研究大大地向前推进了一步。

孙本文并没有完全摆脱西方社会学理论体系的束缚，但我们不应过于苛责前人，因为当时的中国社会学仍处于幼年时期，进行理论创新时可以参考的前人成果几乎是一片空白。即使到21世纪的今天，中国社会学也不敢说完全摆脱了西方社会学理论思维框架和方法论的影响。如今，我们还能看到仍然有一些社会学者为能够追踪到西方社会学的最新成果而洋洋得意，并且不顾实际地把它套用

---

① 详见郑杭生、李迎生：《中国早期社会学综合学派的集大成者——孙本文的社会学探索》，发表于《江苏社会科学》1999年第6期。

② 费孝通：《中国社会学的成长》，发表于《社会学研究》1984年第7期。

到中国的实践中，至于得出的结论到底在多大程度上能够解释中国现实，对中国社会发展有多大的启示作用，则似乎不在他们的视野之内，甚至不管不问。这是一种缺乏理论自觉的重要表现。

笔者一直强调中国社会学者要有理论自觉：要对自身理论和他人理论进行反思；要努力创造自己的有中国风格的理论，同时要正确地对待其他各种理论，特别是外来的理论；要加强自己在理论转型中的自主能力，并取得社会学学科为适应新情况而进行的理论选择、理论创造的自主地位；中国社会学要不断进行思想解放，从西方强势社会学理论和社会理论中解放出来、正确定位自己、加强自主性。如果从理论自觉性角度来看，六七十年前孙本文的理论自觉意识之强，是当代很多社会学者所无法望其项背的。

今天我们学习孙本文先生的社会学理论，不仅要学习他的理论内容，更要学习他在理论创新过程中所体现出来的那种强烈的理论自觉意识。因为理论内容总有陈旧和不适用之时，而理论自觉精神则能够帮助我们不断更新理论内容，创新理论学说。强烈的理论自觉会推动中国社会学者不断尝试对“中国经验”进行理论提升、对“传统资源”进行理论开发、对“西方学说”进行理论借鉴、对“学术话语”进行理论创新，通过“立足现实，高于现实；开发传统，超越传统；借鉴国外，跳出国外；以我为主，创造特色”，逐步推动中国社会学走向社会学世界格局的中心。

二、多方为社会学立法，对早期社会学学科发展发挥了关键性作用

我们说孙本文是中国早期社会学的领军人物，一个重要原因就是孙本文不仅仅是一个在社会学基本理论及其应用方面卓有建树的社会学家，他更是新中国成立前推动整个中国社会学学科不断繁荣发展的核心人物。作为一门新兴的社会科学，社会学必须向国家、民众和学术界论证清楚，社会学的存在有其合法性，从而为学科发展赢得必要的空间。

这种合法性辩护具体表现为两个方面：一方面，向其他学科展现自身元问题、基本问题和研究对象的独特之处，从而在学科竞争中逐步巩固地位，这是社会学存在合法性的理论根源；另一方面，向国家和民众说清社会学与现实社会的契合性，这是社会学存在合法性的现实根源。与社会学本理论为社会实践“立法”不同，这种合法性辩护是社会学元理论的一部分，它实际上是在为社会学“立法”，为学科的未来发展赢得新的、更为宽广的空间。在为社会学立法方面，孙本文做了大量工作，进一步巩固了他在中国早期社会学界难以替代的地位。

界定社会学的研究对象，使社会学能够屹立于社会科学之林。孙本文以广义上的社会行为为社会学的研究对象，主张社会学是对人类社会普通和共同规律的一种认识，这是它跟其他社会科学如法学、经济学、政治学区别

开来的基本标准。孙本文还认为，社会心理学是社会学最重要的一个部门，它的研究对象是个人在社会中的行为，或社会中个人的行为①，它跟专门研究社会行为的社会学的分工非常明确，这就进一步让社会学的研究对象边界变得更加清晰。尽管对于孙本文所说的社会学研究对象至今仍然有很多异议，但当时的社会学家大多长年埋首于具体社会问题研究，极少有人对社会学研究对象进行讨论，所以孙本文的这种通过析清研究对象来为社会学赢得发展空间的努力，说明他有很强的学科领导者胸怀，有推进学科发展的长远眼光。

促进社会学的本土化，使社会学能够独立于西方社会学而发展。孙本文清楚地认识到，如果中国社会学仅仅是邯郸学步，对西方社会学亦步亦趋，那么最终的结果必然是东施效颦、贻笑大方，成为西方社会学在中国的翻版，甚至是西方利益在中国的代言人。因此，孙本文大力提倡社会学的本土化，推进中国社会学与中国社会相结合，让社会学成为真正的中国学科之一。譬如，在《当代中国社会学》一书的结束语部分，孙本文分别从理论社会学和应用社会学两个方面，详细阐述了社会学中国化要着重做的工作。如，在建立中国的理论社会学方面，要整理中国旧籍中固有的社会史料，实地研究中国社会的特性、系统编辑社会学基本用书；在建立中国的应用社会学方面，要详细研究中国社会问题、加紧探讨中国社会事业（社

① 孙本文：《当代中国社会学》（下），胜利出版公司1948年版，第242、第243页。

会工作）与社会行政、切实研究中国社会建设方案。

彰显社会学的应用价值，为社会学在政府和民众中赢得合法性。孙本文非常关注和研究重大的现实社会问题，以体现社会学的应用价值。他“希望今后社会学者能根据社会学理论与本国社会事业，创建一种适合于中国社会需要的应用社会学，借以促进国家民族的向上发展。”① 为此，孙本文对当时政府和民众面临的主要社会问题如人口问题、家庭问题、贫困问题都进行了深入研究，引起政府和民众的关注；其中尤其突出的是，他结合当时中国社会现实，大力提倡进行社会建设，并且对社会建设进行了深入分析研究。譬如，他在再版过 11 次的《社会学原理》一书中单辟“社会建设与社会指导”一节对社会建设问题进行讨论，撰写关于“社会建设”的专题文章，主持以“战后社会建设问题”为会议主题的中国社会学社年会（1943 年），联合中国社会学社和社会部合办《社会建设》月刊（1944 年）。另外，他还具体研究中国社会建设具体方案，认为社会学者应当从社会组织、社会福利、社会服务及社会运动方面，详细探讨当前及今后全国的需要，审慎拟定各种改革方案。所有这些在当时都产生了很大的社会影响，让政府与民众认识社会学存在的必要性和重要性。其中的一些观点甚至对于今天的社会建设都有较强的借鉴意义。

正是因为众多中国社会学者的共同努力，中国早期社

① 孙本文：《当代中国社会学》，胜利出版公司 1948 年版，第 286 页。

会学在世界社会学界曾经占有很重要的地位。中国被誉为“生气勃勃的社会学活动的中心”。在第二次世界大战前，除了北美和西欧之外，在思想质量上，中国是“世界上最繁荣的社会学所在地”。这是国际社会学界对中国早期社会学的一种承认。1941 年，国民政府确定了包括所有文理学科在内的首批 30 名教育部部聘教授名单，孙本文先生作为社会学界唯一的代表获此殊荣，同时获聘的文史哲学科代表还有吴宓、陈寅恪、徐悲鸿、汤用彤、冯友兰等人，这是当时的政府、学界和民众对中国社会学学科的一种承认。总之，中国早期社会学成为西欧北美之外世界社会学的第三极、在中国学术界获得一席之地，以及赢得政府和民众的承认，所有这些都为新中国成立前中国社会学的发展赢得了巨大的空间。可以说，在为社会学立法方面，孙本文先生功不可没，甚至可以说是居功至伟。

三、致力推动社会发展进步，集中体现了中国社会学的学科精神

任何一个学科都有它独特的学科精神，都有它的核心理念。笔者一直倡导社会学要以“增促社会进步，减缩社会代价”为深层理念，就是本人对当代中国社会学学科精神的一种概括和总结。孙本文在美国先后取得了硕士、博士学位并且进行了博士后研究工作，是当时中国为数极少的学贯东西的精英，但回顾孙本文学成回国后的数十年工作经历，我们可以在孙本文身上深深地感到那一代

知识分子所独有的精神气质；孙本文数十年间一直以学者身份，致力于推动中国社会的发展进步，较为全面地体现了中国社会学学科精神。

报国为民精神。孙本文留洋之际，正是旧中国长期处于积贫积弱境地而无力自拔之时，所以孙本文是心怀报国为民的大志去“向西方寻求真理”的，“盖正当民族生存危疑震撼之秋，……则社会学与有责焉者矣。”学成后他不为西方优裕生活条件所诱惑，毅然决然地回到贫穷苦难的祖国；他一生坚持学术研究不动摇，在 1952 年社会学学科被取消他被迫转向其他学科后，仍然坚持研究人口问题，孜孜不倦地教书育人。他身上表现出来的强烈的振兴中华的爱国精神，对真理的追求精神以及自强不息的奋斗精神，都值得我们今天拿来激励和引导青年社会学学子。

增促社会进步精神。正是由于心怀报国为民之志，孙本文从事社会学研究，并不仅仅是为学术而学术，他身上体现了强烈的推动社会发展进步的经世致用精神。他在《二十年来的中国社会学社》一文中就直接提出，中国社会学者要努力“促进国家民族的向上发展”，“进一步发展中国社会学，为民族作出贡献，并在国际社会学界取得一席地位”。正因为坚持理论联系实际，孙本文先生的“问题”意识非常强烈。譬如，在社会建设方面，他在《关于社会建设的几个基本问题》（1936 年）一文开篇就提出：“近年社会建设的呼声已渐渐引人注意。但社会建设的对象，究竟若何？其范围若何？社会建设的目的何在？其标准如何？社会建设的途径及步骤又若何？社会建设的计划是否可以全部实现？其困难若何？”孙本文先生说：社会建设的目的就在于充实增进社会生活的内容，使全社会及各个人均得到健全而圆满的生活，并向上发展，社会学者应当为此不懈努力，“我们不能因社会现象的难以完全控制而却步，我们正应加倍努力，以期消除控制的障碍，而实现社会建设全部的计划。这是从事社会建设者应有的态度。”为此他提议，社会建设需要人才，资源，组织和机构四大基本要素，要从法令、教育和宣导三个方面进行具体建设。孙本文的这种经世致用精神与我后来所提的社会学要有“增促社会进步，减缩社会代价”理念异曲同工，它应当是中国社会学学科精神的精髓所在。

有学派无宗派精神。孙本文先生是当时中国社会学正统的综合学派的代表，是民国时期名副其实的学术权威。但从孙本文身上我们看到的却是他提倡学术上的平等争鸣，提倡有学派无宗派的基本理念。当时，他不仅延请大量不同观点的中外社会学家到中央大学任教，他还与潘光旦先生在《文化与社会》、上海《社会科学杂志》、《社会学刊》等学术期刊上，进行了多次友好的学术争鸣，引起很多社会学者参与讨论，一时传为学术界的佳话。今天的中国社会学也应当提倡这种有学派无宗派的精神，笔者一直强调在学术上要平等争鸣，不要把学派庸俗化为宗派，那种认为“不跟我一起跳舞的人都是我的敌人”的狭隘观念是千万要不得的。所以笔者以为，这种有学派无宗派的精神也应当是中国社会学学科精神的基本内容之一。

勤奋治学精神。孙本文身上还体现了一种敬业勤奋的学者治学精神，这也应当成为中国社会学学科精神的一个组成部分。孙本文一生勤于笔耕，著作等身。据不完全统计，新中国成立前，他共出版普通社会学著作 25 种，主编著作 5 部，发表学术论文近 80 篇；另外他还翻译了 14 种世界社会学名著，其中译自美国的 6 种，英国的 2 种，法国的 1 种，日本的 5 种。为此，韩明谟教授曾经在《中国社会学史》中总结说，孙本文是新中国成立前我国社会学界最有影响、著书最多的社会学者。在当时的中国，战乱纷争不休，学者长年颠沛流离，研究工作条件异常艰苦，要取得如此丰厚的学术成果，需要付出的代价远非现在的人们所能想象。而且值得一提的是，孙本文先生是当时中国的名人，美国出版的《世界名人录》(1948 年) 和《中国手册》(1947 年) 都有他的简传，他还曾经出任国民政府教育部高等教育司司长和中央大学校务维持委员会主任等职。但他对这些身外之物都看得很淡，他在《自传》中写道："我是以社会学为专攻的学问，而以教育为我终生的事业。"那种身为社会学教师和研究者的自豪之感溢于言表，至今仍然让人感慨颇多。

当代中国社会转型的实质：新型社会主义的成长*

——对新布达佩斯学派中国版的学术剖析

什么是中国社会转型的实质？什么是中国的“真问题”？什么是“中国经验”？近年来，新布达佩斯学派中国版极力表明：正如苏东等前社会主义“转型国家”或“转型社会”一样，中国社会转型就是从现代社会主义向现代资本主义的转变，中国的“真问题”就是如何通过这个转变成为资本主义的新成员，“中国经验”就是这个转变过程出现的一系列特点，简单地说，就是在原有政治体制和意识形态背景束缚下形成权贵资本主义。如果是这样的话，那就意味着，中国社会转型加速期基本是按照新布达佩斯学派的构想运行着，中国社会学的研究逃脱不了

* 本文由郑杭生与杨敏合作写成，发表在《中国社会科学内刊》2007 年第 2 期。本文是郑杭生教授主持的教育部人文社会科学重点研究基地重大课题《当代中国社会转型的社会学理论研究与构建：全球化背景下马克思主义社会学的应用与发展》（05JJD840149）的阶段性成果之一。

为新布达佩斯学派的预言作论证的命运，中国社会学家的“中国研究”和“中国经验”只是为新布达佩斯学派的研究又增加了一个案例而已。显然，中国社会学正面对着自恢复重建以来最为严峻的一场分歧。这一分歧，即广义转型论和“社会转型论”与狭义转型论及其所谓“转型社会学”之间的分歧，关系到两种根本不同的社会学观点和理念的分野：中国社会转型是像绝大多数中国社会学家和社会学工作者所主张的，是中国的社会生活和组织模式即社会实践结构不断从传统走向现代、走向更加现代和更新现代的变迁过程，还是像新布达佩斯学派中国版所谓转型社会学所主张的，社会转型是前社会主义国家（包括东欧、俄罗斯以及中国、越南等）向资本主义的转变，中国社会转型是“自下而上”地由现代社会主义向现代资本主义的过渡。尽管新布达佩斯学派中国版的观点充满了强烈的意识形态性，非常政治化，但是我们的重点是从学理上进行剖析，它将表明：新布达佩斯学派中国版不仅在意识形态上有许多误导，而且在学术的主要方面也是站不住脚的。

我们所以把上面这种错误的观点称为“新布达佩斯学派中国版”，因为它是新布达佩斯学派观点的继承、复制、变异的产物。一段时间以来，新布达佩斯学派中国版附着在中国社会学的广义转型论之下，试图以其所谓转型社会学对中国社会转型研究的主流和正源形成误导。新布达佩斯学派中国版的主张并不是中国社会学的主导潮流。自 20 世纪 70 年代末中国社会学重建以来，社会学家和社会学工作者对中国社会转型倾注了集体性的深切关怀和高度期望。正是由于中国社会学家和社会学工作者的集体奋斗，奠定了中国社会学在21世纪初迅速崛起的基础。

今天，随着中国和世界的社会实践结构性巨变，随着中国社会加速迈向更加现代和更新现代，当代中国特色社会主义的实践也驰入了一个全新的里程，我们称之为“新型社会主义的实践过程”。在我们看来，新型社会主义的生命历程才刚刚开始，但它的大气磅礴、活力激昂，将为自己赢得充满希望的明天。这赋予了中国社会学家和社会学工作者的使命和责任：记述、书写、表达、刻画这一历史性的崛起过程，并把我们的声音和话语传递给更加长久的未来。

一、“历史的终结”与新布达佩斯学派的“研究议程”

在进入20世纪80年代以后发生的诸多事件中，也许给我们留下了最为深刻的印象是“终结”和“开始”话语的不断交替出现。在这一时期的理论领域，人们会看到一种频繁的现象：有人一次次地断言历史“已经终结”，也有人声称另一种历史正在“重新开始”。在世纪的转折期，对经典和传统采取虚无主义很少像现在这样轻松自如，成为某些人展示自己的新奇思维的方式。学术的终点和起点失去了严肃性，变得可以随意标定和迁徙。这种理论“癖好”的形成当然有着非同寻常的社会背景。约近30年来，一个持续已久的世界性过程是：由于苏联的解体、中东欧国家社会制度的剧变，社会主义护屏的大范围解除，政治意识形态出现了全球性的“向右转”。可以说，自社会学产生以来的一百多年时间里，这是一场空前未有的巨变，它激起了各种各样“历史终结”的想象。其中，以福山的“历史终结论”传播最为广泛。

“历史终结论”极力想要论证的是“社会主义的终结”。在一些西方学者看来，随着社会主义退出了历史，社会主义与资本主义的“对话”已不复存在，以往两大政治阵营之间理念和学理话语的论战、武力威慑和军事竞争已告结束，唯一剩下的是资本主义的“独白”。

在苏联、东中欧国家的社会主义废墟之上，社会学和政治学的研究却十分火热繁荣。一些学者秉承西方政治意识形态的原则，分析这些国家的社会变化、总结其转变成为“资本主义新成员”的经验，其中不少人由于这类研究项目而在西方世界获得了学术上的较高声望。这一过程逐渐培育起了一个学术派别。也许是由于匈牙利的一些学者如 Janos Kornai 等对计划经济的批判性研究以及社会制度转变的分析，也许是因为匈牙利社会变化本身所具有的突出特点，如在宪政制度变化上实行的所谓“天鹅绒革命”①，以及“革命”后西

---

① 在通过宪政制度的重新修订而造成社会制度的根本变化方面，匈牙利极为典型。西方舆论也称之为“天鹅绒革命”。Adras Sajo（匈牙利教授，匈牙利中欧大学比较宪政项目主席，世界银行和联合国发展项目顾问，美国纽约大学国际法客座教授，曾任匈牙利总统法律顾问，宪法起草委员会成员）回顾 1989 年的这次巨变时，这样说：这是一次全面的修改，每一条都作了这样或那样的修改，最后几乎只剩下这样一句话：布达佩斯是匈牙利的首都没有变，其余的都变了（参见 Adras Sajo：匈牙利的社会变迁和宪政改革，中国政法大学宪政讲堂，2005 年 3 月 26 日，http：//www. yihuiyanjiu. org/yhyj_ readnews. aspx id = 1960&cols = 1714）。

方跨国资本在整个国民经济中占据了主导地位等等，这一学派通常被称为“布达佩斯学派”。但在我们看来，应称其为“新布达佩斯学派”更为确切。

关于这一点，我们在“社会实践的结构性巨变与和谐社会的持续性构建”系列论文之五《社会实践结构性巨变对理论创新的积极作用——一种社会学分析视角》一文中，做了这样的分析和说明：“布达佩斯学派”最初是以卢卡奇（1885—1971 年）为代表的，一般来说被视为西方马克思主义或新马克思主义的一个流派，后来以卢卡奇和他的学生为主体的布达佩斯学派经历了一个发展、演变、分化的过程。20 世纪 90 年代前后，即苏联、东欧剧变前后，由于外国特别是美国等西方学者加入到对于匈牙利的改革和转制的研究中来，因而形成了一种新的学术趋向。这已经远远超出原来布达佩斯学派的范围。为了区分这种不同，我们更愿意把上述新的趋势叫做“新布达佩斯学派”。但是我们并不反对把这一趋向也叫做“布达佩斯学派”。只是要注意，这样意义上的布达佩斯学派已经与卢卡奇没有直接联系了①。

我们认为，在更广泛的意义上，采取新布达佩斯学派的政治立场和学术观点对俄罗斯、东中欧、中国等国家的社会转型进行研究的国外学者，也可以归入这一学派。

在“新布达佩斯学派”之中，有人把前社会主义阵

① 郑杭生、杨敏：《社会实践结构性巨变对理论创新的积极作用——一种社会学分析的新视角》，发表于《中国人民大学学报》2006 年第 6 期。

营各个国家的转型称为“第二次大转变”，而且认为这一转型是对社会学理论的一个大挑战①。有人则把“共产主义的衰落”视为一个“发给社会学家的请柬”，以此为启动新的研究纲领的机会，致力于对进入21世纪以后新资本主义之可能性的“策略性研究资料”进行发掘，并由此提出了所谓“新古典社会学”的“研究议程”，旨在研究和说明后共产主义的转型国家如何“打造没有资本家的资本主义”，这些国家从前社会主义或前共产主义向资本主义过渡的新轨迹及新类型，如中欧的匈牙利是依靠外国资本（跨国公司）的推助，俄罗斯和东欧是通过政治上的最高代理人“自上而下”来推行资本主义，而中国、越南等的资本主义路径则表现出“自下而上”，等等。并将这些问题集中到一点：“资本主义转型的初始条件究竟会如何影响到将要打造的资本主义类型？这个资本主义将在哪里打造？由谁来打造？”②。也有人致力于对所谓“中国新资本主义的崛起”进行更直接的讨论，援引自由主义的论据——“资本主义是经济发展的必要充分条件”(Capitalism is the necessary and sufficient condition for economic development)，从亚当·斯密的“资本主义导致经

① Burawoy, M. (2000) *The Sociology for the Second Great Transformation.* in Annual Review of Sociology.

② Gil Eyal, Ivan Szelenyi and Eleanor Townsley. (1998) *Making Capitalism Without Capitalists: Class Formation and Elite Struggles in Post - Communist Central Erupoe.* London: Verso；塞勒尼、伊亚尔、唐恩斯利：《打造一个没有资本家的资本主义》，参见孙立平等：《当代中国社会分层：理论与实证（转型与发展第1辑）》，社会科学文献出版社2006年版，第38、第39、第54页。

济成长”(Capitalism leads to economic growth)的命题,反向推导出“如果经济发展了,肯定已经存在资本主义了”(If there is economic development, there must have been capitalism),并寻求对资本主义的中国特征(Chinese characteristics)、机制(mechanism)及其全球意义(global implications)的解释[①]。还有的学者则对中国和东欧的市场转型专门进行研究,通过与一些经济学者合作展开的研究项目,根据中国各公司在上海股票市场的交易数据,分析资本主义在中国的出现以及政府在这一过程中的作用,有关研究涉及了中国城市中高效率的私营企业、国有企业以及人力资源上有竞争力的公司,通过相关调查数据来显示这三种机制对于市场转型的作用[②]。显然,在“新布达佩斯学派”的推动下,对中国的“资本主义新成员”身份进行论证成了当前国际学术界一个比较时髦的议题。

在中国国内,有人接过了布洛维(M. Burawoy)、伊亚尔(G. Eyal)、塞勒尼(I. Szelenyi)、唐恩斯利(E. Townsley)等人的“启示”,以中国、苏联、东欧等社会主义国家“过去几十年的共产主义实验以及所正在经历的历史性转型作为社会学的一个学术资源宝库”,从中搜寻“当代社

① Lin Nan, *The Rising Chinese Neo – Capitalism and Its Global Implication*, the paper for the Fourth International Conference of East Asian Sociologists on The Global Futures of World Regions: The New Asia. 2006 – 9 – 29, Seoul, Korea.

② Victor Nee and Yang Cao: *Market Transition and the Firm: Institutional Change and Income Inequality in Urban China*. Management and Organization Review, Volume 1 Page 23, March 2005.

会学以及社会科学的新的灵感和动力”[①]。当然，在西方学者重复谈论“历史终结”以后，再去叙述社会主义或共产主义“终结”已经没有太多的创意，不过在不同的社会环境中，旧的理论话语经过一番重新加温可以达到新的兴奋点。因而也就不奇怪，近年来中国社会学界以高频率反反复复地出现了这样一类话语：

目前，对社会主义或前社会主义国家转型的研究正在受到越来越多学者的关注。在西方学术界，甚至一些原本不是研究中国、苏联和东欧的学者也在纷纷转向对这些国家市场和社会转型的研究。而一些刚刚涌现出来的成果，比如对非正式制度的研究、对制度嵌入其中的社会因素的研究以及对社会不平等的研究，正在对原有的理论模式构成有力挑战。现任美国社会学会主席布洛维（Michael Burawoy）在一次谈话中甚至说，这些研究正在成为美国社会学界的主流。而伊亚尔（Gil Eyal）和撒列尼（Ivan Szelenyi）在《没有资本家的资本主义形成》（Making Capitalism Without Capitalists，1998）一书中，则试图通过对这些国家转型的研究构建一种“新古典社会学理论”。[②]

发生在20世纪最后20年的中国、苏联和东欧（在下文中我们将这些国家统称为转型国家）的社会转型，则为形成发展社会学第三个学术传统和新的发展社会学理论

① 孙立平：《社会转型：发展社会学的新议题》，发表于《社会学研究》2005年第1期。

② 孙立平：《社会转型：发展社会学的新议题》，发表于《社会学研究》2005年第1期。

提供了可能。[1]

总结转型国家的社会转型过程，正面面对中国、苏联和东欧社会转型对发展社会学提出的一系列新议题，在此基础上形成以社会转型为基础的新理论，是一件必需的工作[2]。

中国、苏联、东欧等社会主义国家的转型过程为发展社会学提出了一系列新的议题，……这些议题扩展着发展社会学的视野，也为建构新的发展社会学理论提供了可能。在此基础上，作者提出发展社会学应当面对转型国家的社会转型实践过程，形成现代化理论、发展理论、转型理论三足鼎立的发展理论新格局。[3]

著名社会学家布洛维以博兰尼的“大转变”概念为基础，提出了“第二次大转变”的概念。也就是说，如果可以将西欧社会从封建主义向资本主义的转变称之为第一次大转变的话，那么，从20世纪后期开始的中国、苏联和东欧等国家的社会变革，则可以称之为第二次大转变。……在今天，第二次大转变无疑开始为推进社会学知识的进展提供着新的动力和灵感。[4]

---

① 孙立平：《社会转型：发展社会学的新议题》，发表于《社会学研究》2005年第1期。

② 孙立平：《社会转型：发展社会学的新议题》，发表于《社会学研究》2005年第1期。

③ 孙立平：《社会转型：发展社会学的新议题》，发表于《社会学研究》2005年第1期。

④ 孙立平等主编：《当代中国社会分层：理论与实证（转型与发展 第1辑），〈发刊词〉》，社会科学文献出版社2006年版。

可以清楚地看出，有人试图重新划定社会转型研究的起跑线。譬如，“社会转型”被给予了这样的解释：“社会转型：自20世纪后20年开始的原社会主义国家的变革过程；特别是与市场转轨（market transition）相伴随的社会转变（social transformation）过程”[①]。国内曾有学者一语道破了这一定义的实质：“孙立平教授认为，社会转型是指社会主义国家从计划经济向市场经济过渡的过程，社会转型的研究范围也特指中国、苏东等前社会主义国家”。[②] 不仅如此，有人以这样的起跑线来重新制定社会转型研究的轨道：“近年来我们一直在倡导转型社会学的研究，不仅是具体地研究社会转型的过程，同时更重要的是，将转型社会学作为一种理论视角，来洞悉在转型时期发生着剧烈变化的广泛社会现象”[③]。显然，如果按照上面的社会转型定义，所谓“转型社会学”的“理论视角”无非是描述社会主义国家（包括中国在内）向资本主义的转变，所谓“洞悉”转型时期的社会现象无非是为这个“第二次大转变”收集例证。

按照这一社会转型定义提出者本人的观点，中国、苏联和东欧社会转型对发展社会学提出了一系列新议题。这

---

① 孙立平：《社会转型及其比较研究》，2006年中国社会学年会主题报告，2006年7月16日；中国社会学网：2006社会学年会专题 http：//www. sociology. cass. cn/shxw/2006nh/nhztbg/P020060727564950624383. ppt.

② 赵定东：《俄罗斯社会转型的历史动态轨迹》，中国社会学网，2005年5月26日，http：//www. sociology. cass. cn/shxw/qt/t20050526_ 6096. htm.

③ 孙立平等主编：《当代中国社会分层：理论与实证（转型与发展 第1辑），〈发刊词〉》，社会科学文献出版社2006年版。

里的所谓“新议题”当然是相对于“古典议题”来说的。古典议题解释的是“古典的大转变”（或称“第一次大转变”），面对的图景是从传统转变为现代，即从封建主义到资本主义，资本家先于资本主义；所以，古典社会学的议题在于解释资本主义的起源，马克思、韦伯、迪尔凯姆所关注的“几乎都是对资本主义文明的解释”①。与之不同的是，新议题解释的是“后共产主义的大转变”（或称“第二次大转变”），面对的图景是从现代向当代的转变，即从社会主义到资本主义的转变；“在后共产主义的大转变中，却看不到资本家的力量甚至看不到资本家本身的存在”，因而研究的焦点是“为什么资本主义能够在一个没有资本家的经济体制中出现”②。20 世纪最后 20 年的中国、苏联和东欧这些转型国家的社会转型，正是为这种新的学术传统和社会学理论提供了基础③。这一系列说法努力想呈现一个“终结”和“开始”：研究传统向现代转变的古典议题已经过气了、应当退出学术舞台了，前社会主义国家从现代社会主义转变到现代资本主义的过程越来越受到关注，是社会转型研究甚至社会学研究的新议题。

实际上，对于多少了解一点新布达佩斯学派的人来

---

① 孙立平：《社会转型：发展社会学的新议题》，发表于《社会学研究》2005 年第 1 期。其中对马克思、韦伯、迪尔凯姆的这种断语显然是很成问题的。

② 孙立平：《社会转型及其比较研究》，2006 年中国社会学年会主题报告，2006 年 7 月 16 日；中国社会学网：2006 社会学年会专题 http：//www. sociology. cass. cn/shxw/2006nh/nhztbg/P020060727564950624383. ppt.

③ 孙立平：《社会转型：发展社会学的新议题》，发表于《社会学研究》2005 年第 1 期。

说，上述这些说法并没有什么新意，因为它们不仅与新布达佩斯学派在理论上有着太多的共同点，甚至完全在重复新布达佩斯学派的话语。值得注意的是，这一观点及其逻辑力图说明中国社会学面临的所谓“新格局”，即，中国社会转型的古典议题已告终结，社会学从此应当“正面面对”社会转型的新议题，研究中国如何从现代社会主义过渡到现代资本主义，如何在没有资本家的基础上打造出资本主义来，要通过“实践的逻辑”来观察和解释中国新资本主义的类型、特点、路径、打造者或执行者（agent），等等。而且主张，这些方面才是中国社会学应当研究的“真问题”。

所谓“新议题”重新制定的起跑线的关键在于：对社会转型给予了十分狭隘的、政治化的解释，把社会转型理解为原社会主义国家向资本主义的转变，似乎中国社会转型与苏联、东欧等前社会主义国家的变化一样，是成为“资本主义世界的新成员”的过程。其与新布达佩斯学派的不同仅仅在于，认为中国的资本主义具有新类型、新特点、新途径，要通过对中国社会转型“实践逻辑”这些方面进行分析，要以这种“转型社会学理论”来指导“中国研究”、总结出一套“中国经验”。显然，一个新布达佩斯学派的中国版本已经浮出，试图把“中国研究”、“中国经验”甚至中国社会学，与新布达佩斯学派捆在一起。

这种态势迫使我们必须正面面对关系到中国社会学的现状和未来发展的一系列重大问题，譬如，怎样看待社会转型及中国社会转型，中国社会学与社会转型研究的关系，新布达佩斯学派中国版的特点，当代中国社会转型的实质究竟是新的资本主义还是新型社会主义，等等。

总体上说，我们这一篇文章是以文献为依据，对新布达佩斯学派中国版所作出的较为系统的学术回应。这是相对于我们以前还只是在不同文章中零散地提到而言的。

二、新布达佩斯学派中国版的特点：继承、复制、变异

新布达佩斯派中国版的浮出，从某些方面在学术上提供了一个典型现象，值得我们进行思考、考察和剖析。新布达佩斯派中国版的特点主要表现在继承、复制、变异这几个方面。把握这些特点可以初步判明这一版本的来源、惯性和制作流程。

（一）新布达佩斯学派中国版的继承特点

所谓新布达佩斯学派中国版的继承特点，是指其基本观点来自于对新布达佩斯学派狭义转型论的直接继承。从新布达佩斯学派中国版对社会转型的界定和解释，主张对社会主义向资本主义的过渡进行研究才是社会转型的“真问题”，以及在研究中采用的理论基础、分析框架、分析路径和基本结论等来看，明显是与新布达佩斯学派观点一脉相承的。新布达佩斯学派中国版在历史过程、地缘空间、社会制度、研究取向、描述分析等几个维度所显露出的狭隘性和封闭性，都表现了对新布达佩斯学派的继承。

第一，历史过程的维度。新布达佩斯学派中国版完全

采取了塞勒尼、伊亚尔、唐恩斯利等人的观点，即古典社会理论探索的是从封建主义过渡到资本主义的转变过程，新古典社会学理论研究的是由现代社会主义向现代资本主义的转变过程，这一过程资本主义的形成是没有资产阶级的，致力于对这种新资本主义的类型、特点、实现路径、打造者或执行者进行描述和分析。在新布达佩斯学派中国版描绘的这种历史之中，几个世纪以来一直持续的宏大历史进程——传统与现代的相互表达、传统发明与现代成长的相互推进，就被化整为零了，而且被丢弃了。

第二，地缘空间的维度。地缘含义的狭隘性也是新布达佩斯学派中国版这种直接继承性的一个突出体现。新布达佩斯学派对社会转型研究划定了明确的地域，即所谓“转型国家”或“转型社会”，特指东欧、中欧、俄罗斯、东亚（包括中国、越南）等前共产主义（或前社会主义）国家20世纪80年代末以来的变化过程。新布达佩斯学派中国版接过了这一地缘概念，把社会转型称为原社会主义国家的变革过程①，这些前社会主义国家的转型为发展社会学提出了一系列新的议题②，力图把社会转型研究局限在这个特定的地域范围内。

---

① 孙立平：《社会转型及其比较研究》，2006年中国社会学年会主题报告，2006年7月16日；中国社会学网：2006社会学年会专题 http：//www. sociology. cass. cn/shxw/2006nh/nhztbg/P020060727564950624383. ppt.

② 孙立平：《社会转型：发展社会学的新议题》，发表于《社会学研究》2005年第1期；孙立平等主编：《当代中国社会分层：理论与实证（转型与发展 第1辑），〈发刊词〉》，社会科学文献出版社2006年版。

第三，社会制度的维度。正如新布达佩斯学派那样，它的中国版也是积极致力于推动资本主义话语的“独白”，把这种政治意识形态倾向直接融入了研究之中，把社会转型视为上述这些国家的社会根本体制和制度的转变，并断定中国正在从共产主义、社会主义向资本主义转变。其中，新布达佩斯学派中国版特别重视原社会主义国家与市场转轨相伴随的社会转变过程①，以此来解释中国的“新资本主义”如何被打造出来。这无非是新布达佩斯学派采用的古典自由主义信条——“资本主义是经济发展的必要充分条件”、“如果经济发展了，肯定已经存在资本主义了”——在当代中国的再次演绎。

第四，研究取向的维度。如果这是一个事实：我们时代的进程并不是单一的资本主义社会体制和政治意识形态所能够左右的，那么，社会学就应当如实地看待和研究现代性和社会转型过程中不同社会制度、意识形态之间的关系。所以，社会学的研究取向往往反映了一种原则性。在研究取向上，新布达佩斯学派努力构造“资本主义铁板一块的语境”，力图把当代社会多种多样的发展现象都塞进一个狭隘的总体性理念框架之中。新布达佩斯学派中国版也继承了这样的研究取向，试图把社会学的研究固定在由资本主义语境确定的框架内，把当代中国社会变迁过程

---

① 孙立平：《社会转型及其比较研究》，2006年中国社会学年会主题报告，2006年7月16日；中国社会学网：2006社会学年会专题 http：//www. sociology. cass. cn/shxw/2006nh/nhztbg/P020060727564950624383. ppt.

的主要方面变为资本主义兴起的一种佐证。

第五，描述分析的维度。新布达佩斯学派的一个研究重点是对所谓“建立在社会主义废墟之上的资本主义的特点”进行分析，提供“资本主义比较研究”模型，用它自己的说法是：新古典社会学强调的是正在出现的资本主义的多样性，简言之，新古典社会学的主题仍是比较资本主义研究①。遵照这种观点，比较资本主义研究也成了新布达佩斯学派中国版关注的一个焦点。譬如，它完全借用了新布达佩斯学派的资本主义比较研究和对转型国家的资本主义的不同类型划分，即“自下建立的资本主义”（如东亚特别是中国、越南），“自上建立的资本主义”（如东欧特别是俄罗斯），“由外到里建立的资本主义”（如中欧），并强调这些国家之所以有不同的资本主义类型，是由于原来的历史遗产（指原来的发展水平），这种不同的起始条件“影响到阶级力量的构成以及精英内部的冲突”②。以这种资本主义比较研究的方式，新布达佩斯学派中国版力图以所谓“实践逻辑”来推演中国社会

① Gil Eyal, Ivan Szelenyi and Eleanor Townsley.（1998）Making *Capitalism Without Capitalists: Class Formation and Elite Struggles in Post – Communist Central Erupoe.* London: Verso；塞勒尼、伊亚尔、唐恩斯利：《打造一个没有资本家的资本主义》，参见孙立平等：《当代中国社会分层：理论与实证（转型与发展第1辑）〈发刊词〉》，社会科学文献出版社2006年版，第39页。

② 孙立平：《社会转型：发展社会学的新议题》，发表于《社会学研究》2005年第1期；孙立平：《社会转型及其比较研究》，2006年中国社会学年会主题报告，2006年7月16日；中国社会学网：2006社会学年会专题 http://www.sociology.cass.cn/shxw/2006nh/nhztbg/P020060727564950624383.ppt.

转型过程（如渐进式改革、经济体制转轨、社会组织变迁、国有企业改制、劳资关系、城乡关系等等），仿照新布达佩斯学派对前社会主义国家的研究方式，对东欧、中欧及中国等“过去几十年的共产主义实验”、“正在经历的历史性转型”[①] 进行分析，以便像新布达佩斯学派那样来构想“新的尚未被认识的资本主义前景”。

（二）新布达佩斯学派中国版的复制特点

这是新布达佩斯学派中国版的另一个突出特点，主要表现在两个方面：一是范式或话语的复制，二是基本原则和理论体系的复制。

1. 范式或话语的复制。对新布达佩斯学派中国版略加浏览和对比，就会发现许多范式或话语与新布达佩斯学派是完全或基本一致的，还有一些范式或话语尽管没有被注明出处，显然也是对其他学者的范式或话语的沿用。譬如：

“新议题”。新布达佩斯学派中国版的话语是：发生在20世纪最后20年的中国、苏联和东欧（在下文中我们将这些国家统称为转型国家）的社会转型，为形成发展社会学第三个学术传统和新的发展社会学理论提供了可能；为发展社会学提出了一系列新的议题[②]。新布达佩斯

---

① 孙立平：《社会转型：发展社会学的新议题》，发表于《社会学研究》2005年第1期。

② 孙立平：《社会转型：发展社会学的新议题》，发表于《社会学研究》2005年第1期；孙立平：《社会转型：发展社会学的新议题》（三校社会学论坛），2005年4月11日，http://bbs.sachina.pku.edu.cn/archiver/tid-3286.html. 孙立平：《社会转型及其比较研究》，2006年中国社会学年会主题报告，2006年7月16日；中国社会学网：2006社会学年会专题 http://www.sociology.cass.cn/shxw/2006nh/nhztbg/P020060727564950624383.ppt.

学派的说法是：正如新古典经济学随着福利国家衰落而兴起一样，共产主义的衰落为启动新的研究纲领提供了机会，即为新古典社会学设定了研究议程①。可以看出，两者的话语、逻辑都很相似。

“共产主义文明的独特性”。新布达佩斯学派中国版提出了一种说法：社会变迁（social change）与社会转型（transformation）的区别在于，社会变迁不具有文明（civilization）转折的含义，而社会转型则是文明（civilization）的转折。② 而且断言，共产主义是相当独特的文明，过去几十年的共产主义实验正在经历的历史性转型，声称对于其特点、运作逻辑及其转型的研究是新的灵感来源和动力源泉。新布达佩斯学派中国版并且自问自答：这是一种什么样的文明？它的独特之处在哪里？它在向何处去？对这个相当独特的文明，不仅从文明的层次上反思还很少，就是对其内部的相当精密微妙之处的解析也极为鲜见。③ 从相关文献来看，新布达佩斯学派中国版对共产主义文明的说

① Gil Eyal, Ivan Szelenyi and Eleanor Townsley.（1998）*Making Capitalism Without Capitalists: Class Formation and Elite Struggles in Post – Communist Central Erupoe.* London: Verso; 塞勒尼、伊亚尔、唐恩斯利：《打造一个没有资本家的资本主义》，参见孙立平等：《当代中国社会分层：理论与实证（转型与发展第1辑）》，社会科学文献出版社2006年版，第38、第39、第54页。

② 孙立平：《社会转型及其比较研究》，2006年中国社会学年会主题报告，2006年7月16日；中国社会学网：2006社会学年会专题 http://www.sociology.cass.cn/shxw/2006nh/nhztbg/P020060727564950624383.ppt.

③ 孙立平：《社会转型：发展社会学的新议题》，发表于《社会学研究》2005年第1期；孙立平：《社会转型：发展社会学的新议题》（三校社会学论坛），2005年4月11日，http://bbs.sachina.pku.edu.cn/archiver/?tid-3286.html.

法及其“内部的相当精密微妙之处的解析”，基本上来自于安德鲁·瓦尔德（Andrew G. Walder）。安德鲁·瓦尔德在20世纪70年代末80年代初在香港对80位来自中国内地工业企业的职工移民进行了访谈，试图通过工厂中的权威关系对中国社会中权威关系进行分析，并“透视社会的结构以及整个社会中的政治关系”①。在此基础上瓦尔德形成了 Communist Neo——Traditionalism：Work and Authority in Chinese Industry（1986）一书，也译为《共产党社会的新传统主义：中国工业中的工作环境和权力结构》（1996）②，提出了所谓共产主义研究的“新传统主义理论”，来描述共产主义社会或共产党文化的所谓“新形象”，他称之为“新传统主义形象”，内容涉及了中国大陆企业组织的系统研究——对服从的正面鼓励、制度化的庇护关系网络、组织性依附（对企业的经济依附、对管理层的政治依附、对上司的个人依附）、单位组织的经济与政治特征，等等。新布达佩斯学派中国版对这些内容几乎照单全收，无非是以安德鲁·瓦尔德的研究来说明所谓“共产主义文明的独特性”，并作为“后共产主义社会可被描述为一种独一无二的社会结构”，“是一个在历史上

① 孙立平：《从工厂透视社会——瓦尔德的共产主义的新传统主义理论》，发表于《中国书评》1995年第1期。

② Andrew G. Walder（1986）*Communist Neo—Traditionalism*：*Work and Authority in Chinese Industry*；A. 华尔德：《共产党社会的新传统主义：中国工业中的工作环境和权力结构》，龚小夏译，牛津大学出版社1996年版。

独一无二的分层体系"① 等等观点的依据。

中国的"资本主义新类型"。新布达佩斯学派中国版以"权贵资本主义与中国的社会转型"② 为题，比较了"中国与苏东转型的根本差异"，集中到了"以权力代表旧体制，以市场代表新体制，就是权力与市场的关系及其组合模式"这一问题上，上述比较研究框架的意义在于权贵资本主义（Crony capitalism）与政治资本主义（Political capitalism）③。也就是说，根据这个研究框架，中国不仅是由社会主义（或共产主义）向资本主义转变，而且正在变为一种比苏联的政治资本主义更糟糕的资本主义，即权贵资本主义。这当然不是什么新话语，首先，"政治资本主义"直接来自于新布达佩斯学派：来自俄罗斯和中国的证据则提示：政治资本主义的假设对这些地区比对中欧具有更大的解释力④。其次，"权

① Gil Eyal, Ivan Szelenyi and Eleanor Townsley. （1998） *Making Capitalism Without Capitalists: Class Formation and Elite Struggles in Post – Communist Central Erupoe.* London: Verso; 塞勒尼、伊亚尔、唐恩斯利：《打造一个没有资本家的资本主义》，参见孙立平等：《当代中国社会分层：理论与实证（转型与发展第1辑）》，社会科学文献出版社2006年版，第42、第43页。

② 孙立平：《社会转型及其比较研究》，2006年中国社会学年会主题报告，2006年7月16日；中国社会学网：2006社会学年会专题http: //www. sociology. cass. cn/shxw/2006nh/nhztbg/P020060727564950624383. ppt.

③ 孙立平：《社会转型及其比较研究》，2006年中国社会学年会主题报告，2006年7月16日；中国社会学网：2006社会学年会专题http: //www. sociology. cass. cn/shxw/2006nh/nhztbg/P020060727564950624383. ppt.

④ Gil Eyal, Ivan Szelenyi and Eleanor Townsley. （1998） *Making Capitalism Without Capitalists: Class Formation and Elite Struggles in Post – Communist Central Erupoe.* London: Verso; 塞勒尼、伊亚尔、唐恩斯利：《打造一个没有资本家的资本主义》，参见孙立平等：《当代中国社会分层：理论与实证（转型与发展 第1辑）》，社会科学文献出版社2006年版，第41页。

贵资本主义”的来源可以追溯到约十年前的亚洲金融危机时期，一些学者对亚洲国家的经济现象及其社会根源的分析。关于这一点我们稍后还要进行分析。

此外，从所谓社会碎片化、断裂社会、寡头统治、知识精英的作用等等，也可以看出新布达佩斯学派中国版在范式或话语方面的复制特点。

2. 学术立场和价值立场的复制。在学术立场上，新布达佩斯学派中国版显然是对新布达佩斯学派的复制，主要表现在完全采用了“古典社会学”与“新古典社会学”的区分，使社会学学术传统和知识资源的运用适合对现代（社会主义）向现代（资本主义）转变的研究需要，等等。在前文我们分析了新布达佩斯学派中国版采用的理论基础、分析框架、分析路径和基本结论，以及在历史过程、地缘空间、社会制度、研究取向、描述分析等几个维度所显露出的狭隘性和封闭性，也是它的复制特征的一种表现。

在价值立场上，新布达佩斯学派中国版也是如此。在如何看待社会转型，如何看待社会主义国家的社会转型，如何看待当代中国正在推进的社会转型这些重大原则问题上，新布达佩斯学派中国版与其原型都有惊人的一致性。新布达佩斯学派中国版以这种价值立场倡导所谓“转型社会学的理论视角”，“来洞悉在转型时期的广泛社会现象”①，

① 孙立平等主编：《当代中国社会分层：理论与实证（转型与发展 第1辑），〈发刊词〉》，社会科学文献出版社2006年版。

就会把“中国研究”变为对中国的资本主义转型研究，把“中国经验”变为总结中国资本主义新类型的经验。正是因为研究者的价值立场直接关系到如何进行“中国研究”、如何总结“中国经验”，我们把这看成是一个非常重大的关键问题。

（三）新布达佩斯学派中国版的变异特点

成为新布达佩斯学派的“中国版”，当然不仅仅是复制。看得出它在原版的基础上有一些变异，也可以说是翻新或“创新”。这一特点主要表现在范式或话语的变异、理论逻辑的变异、研究策略的变异、在所谓“中国经验”上表现出的变异。

1. *范式或话语的变异*。譬如，关于中国的“权贵资本主义”问题。如前所述，新布达佩斯学派中国版采取了这样的表述——“权贵资本主义与中国的社会转型”，不仅把中国社会转型归结为向资本主义的转变，而且归结为向权贵资本主义的转变。实际上，“权贵资本主义”并不是新布达佩斯学派中国版的创新。这一术语的来源主要有：一是crony capitalism，也译为“裙带资本主义”、“亲朋好友资本主义”，或“权贵资本主义”。如前所述，约十年前的亚洲金融危机时期，一些学者曾以这一术语，对亚洲国家的经济现象及其社会根源进行分析。这一术语出现在我国学术界并引起了人们的注意，是经济学家吴敬琏2001年3月的一篇文章，他警示：中国的市场经济体系离现代市场经济还有相当大距离，目前的经济体系还达不到现代市场经济的要求，并指出畸形的市场经济有陷入“权贵资本主义”的危险，中国的改革要警惕落入“权贵资本主义”[①]。二是 Power - Capital Economy，即“权力资本经济”。如洪朝辉在文章中分析了权力资本经济在中国改革中的作用，认为中国特殊的政治制度、文化传统和社会结构，形成了政治权力与经济资本杂交的混合经济，导致的权力资本集团以及腐败的体制化、糜烂化的趋势。[②] 并称，过去25 年中逐渐形成的权力资本经济本质是垄断和排他的，既不属于社会主义的计划经济，也难归类为资本主义的市场经济。[③]

很显然，亚洲金融危机时期的一些学者、吴敬琏、洪朝辉等，他们的观点主要是针对东南亚以及中国出现的一种经济现象，而不是对社会基本体制或制度的分析。然而，经过新布达佩斯学派中国版的变异，约十年前就出现的老术语从经济学界被移植到了社会学界，而且被赋予了另一种含义，使“权贵资本主义”或“权力资本经济”从对畸形市场经济的分析，变成了对中国社会转型的归结，由对中国现阶段经济领域存在的问题和弊端的批评，变成了对中国社会基本体制或制度的判断。其逻辑无非是诱导这样的一种结论——中国是权贵资本主义社会。

2. 理论逻辑的变异。我们知道，新布达佩斯学派认

---

① 吴敬琏：《寻求助力，克服阻力——发展证券市场，建设现代市场经济》，发表于《财经界》2001 年第 1 期。

② Zhaohui Hong, *The Role of the Power - Capital Economy in Chinese Reform*. American Review of China Studies (Fall 2002): 1 - 16.

③ 洪朝辉：《“中国特殊论”与中国发展的路径》，发表于《当代中国研究》2004 年第 2 期。

为自己改造了古典社会学理论家的假设（即“资产阶级限于资本主义”），提出了一个向资本主义过渡的新理论（即“在没有资本家的情况下建造资本主义”），也称“新古典社会学”。可以看出，新布达佩斯学派还是承认自己与社会学理论资源的一些联系，希望通过这种联系确立起从古典理论到新古典理论的“两极过渡格局”。

这一理论逻辑在新布达佩斯学派中国版发生了一种变化。譬如，有这样一些说法：发生在苏东和中国的这场巨大社会变革，对社会科学的发展提出了巨大的挑战，有人将其称之为社会科学的“黑色星期五”[①]，苏东和中国所发生的大规模社会变革，已经使极权主义和现代化的理论范式面临着空前的挑战，[②] 发生在20世纪最后20年的中国、苏联和东欧（在下文中我们将这些国家统称为转型国家）的社会转型，则为形成发展社会学第三个学术传统和新的发展社会学理论提供了可能，[③] 等等。在用这种虚无主义态度对现代化理论和发展理论进行否定的基础上，提出了以研究前社会主义国家（包括中国在内）向资本主义转变作为“新议题”的所谓“转型社会学”，并将自己的这种转型社会学视为与现代化理论、发展理论“三足鼎立”。这样，新布

① 孙立平：《实践社会学与市场转型过程分析》，发表于《中国社会科学》2002年第5期。

② 孙立平：《实践社会学与市场转型过程分析》，发表于《中国社会科学》2002年第5期。

③ 孙立平：《社会转型：发展社会学的新议题》，发表于《社会学研究》2005年第1期。

达佩斯学派中国版俨然给我们勾画了一幅“现代化理论、发展理论、转型理论三足鼎立的发展理论新格局”。①

从新布达佩斯学派的“两极过渡理论格局”到新布达佩斯学派中国版的“三足鼎立理论新格局”，两者之间有着较大的差别。这里重要的在于，所谓“转型社会学”是否能够与现代化理论和发展理论并称为“三足”。

很明显，现代化理论和发展理论属于广义转型论的范畴，在20世纪初期即能以一种广阔的视野来透析现代性的未来进程，并能在某种深度和广度上将现代性之全球化蕴含在理论框架系统之中。所以，在现代性之全球化迅速推进的今天，这种理论前见使得现代化理论和发展理论可以适应种种理论冲击。在我们看来，由于能够积极应对发达国家与发展中国家面对的共同社会问题，现代化理论和发展理论正在超越以往的局限而达到一个新的学术境界。例如，经济和市场发展的不均衡性和非理性、社会风险化、非传统安全、人类安全、贫困现象、社会公正、社会成员对幸福及人生价值的新要求等，发达国家与发展中国家共同面对的这些现实课题，所涉及的广度和深度都是以往阶段所未曾有过的。这种情形使得现代化理论和发展理论对现代性过程的研究已经脱出了表层关注，进入到更深层次的认识和探索。其最重要的结果是，现代化理论和发

① 孙立平：《社会转型：发展社会学的新议题》，发表于《社会学研究》2005年第1期；孙立平等主编：《当代中国社会分层：理论与实证（转型与发展　第1辑），〈发刊词〉》，社会科学文献出版社2006年版。

展理论的设问和提问方式发生了深刻的变化，也可以说它们以往的问题关注被完全甚至彻底更新了。譬如哈贝马斯的现代性是未竟之业、吉登斯为代表的第三条道路、贝克的风险社会和第二次现代化、沃勒斯坦的真假现代性，以及我们近年来一直在探索的新型现代性，都表现了现代化理论和发展理论与传统形式不同的一些新进展。如果一个研究者只是看到旧的形式或表象，就会以为现代化理论和发展社会学衰落了（就像新布达佩斯学派中国版所主张的那样）。但表象毕竟只是表象，我们更提倡要从历史长趋势、从现代性全球进程的广阔视野，去看待、接受、解释现代化理论和发展理论的这种新变化。

在前面，我们已经从历史过程、地缘空间、社会制度、研究取向、描述分析等几个维度，指出了新布达佩斯学派中国版的狭隘性和封闭性。可以得出这样的结论：新布达佩斯学派中国版及其所谓“转型理论”的学理基点及内涵都是很成问题的，其与现代化理论和发展理论实际上是没有什么可比性的，更不用说“三足鼎立”了。这是由于新布达佩斯学派中国版对现代化理论和发展理论的传统视野、论域进行了大规模切除、收缩，而且对这两种理论给予当代社会生活的关怀和研究也明显地缺乏理解，使得它的所谓“转型社会学”难以将自己与现代化理论、发展理论相提并论。

3．研究策略的变异。尽管新布达佩斯学派中国版与其原版在研究议题上是高度一致的，即都是针对前社会主义国家向资本主义转变的研究，但在研究策略上却发生了较明显变异。简单地说，新布达佩斯学派在研究视角上是

“自上而下”，研究的一个重要内容是“正式组织和制度变迁”，研究方法上采用了“大规模问卷调查的方式”。这套方法是由东欧前社会主义国家向资本主义转变的具体特点决定的——“自上而下”的研究视角是因为东欧的新资本主义类型是由精英们“自上而下”打造出来的；“正式组织和制度变迁”的研究内容是因为随着东欧前社会主义国家的社会体制、政治体制和主导意识形态发生了“断裂”，“名正言顺的、大规模的、以国家立法形式”转向了资本主义，正式组织和制度变迁也就随之而来了；“大规模问卷调查的方式”显然可以对这种社会和政治体制、正式组织和制度的根本转变过程进行描述。

与此不同，新布达佩斯学派中国版则主张以所谓“实践社会学”对中国社会转型的“实践逻辑”进行研究。并称，面向实践的社会学，所要面对的就是处于实际运作过程中的社会现象，要将一种实践状态的社会现象作为社会学的研究对象。[①] 那么，什么是实践或实践形态？根据新布达佩斯学派中国版的解释，实践状态就是社会因素的实际运作过程。[②] 这样，对个人、群体、组织、阶级阶层、民族、国家的广泛、普遍而深远的社会行动最具有涵盖、容纳的实践过程，就被收缩成了“社会因素的实际运作”。新布达佩斯学派中国版从而将“实践”与大范

① 孙立平：《实践社会学与市场转型过程分析》，发表于《中国社会科学》2002年第5期。

② 孙立平：《实践社会学与市场转型过程分析》，发表于《中国社会科学》2002年第5期。

围的、规模性的、普遍的、一般的社会现象或社会事实分离开来，限制在“社会因素的实际运作”范围内，使“实践”成为一种有限的局部或个别，对“实践”采取了一种主观化的解释。而且，在相关内容中，我们还可以看到以这种非常狭隘的实践观点对迪尔凯姆的社会事实作出了与原意相差甚远的解读和批评。

对于过去人们主要从静态角度关注的现象，如社会关系、社会结构等，面向实践的社会学意味着要从实际运作过程的角度重新加以关注。实际上，这涉及对作为社会学研究对象的社会现象或社会事实的看法，或者说，涉及对社会事实性质的假设。迪尔凯姆认为社会学是研究社会事实的。但问题是，究竟什么是社会事实，社会事实的基本特征是什么？在传统上，人们往往将社会事实看作是一种固态的、静止的、结构性的东西（在迪尔凯姆那里是一种集体表象）。面对实践形态社会现象的社会学，则将社会事实看作是动态的、流动的，而不是静态的。也就是说，社会事实的常态，是处于实践的状态中。①

上述议论强调从传统到当代，唯有所谓“实践社会学”才“将社会事实看作是动态的、流动的，而不是静

① 孙立平：《实践社会学与市场转型过程分析》，发表于《中国社会科学》2002年第5期。

我们还可以看到新布达佩斯学派中国版在“实践”问题上这样教训法国当代著名社会学家布迪厄：布迪厄的实践社会学是失败的，就是因为没有找到这种面向实践状态社会现象的途径。“过程—事件分析”是在把实践弄死的地方重新激活它，让实践真正成为一种实践的状态。——参见孙立平：《实践社会学与市场转型过程分析》，发表于《中国社会科学》2002年第5期。

态的”，这种说法是明显成问题的。迪尔凯姆真是把自己所说的社会事实看作是“一种固态的、静止的、结构性的东西”吗？如果是这样的话，当迪尔凯姆说“随着时间和地点的不同而强度不同的舆论潮流推动着某些群体，或者有更多的人结婚，或者有更多的人自杀，或者有更高的或更低的出生率等等。这种舆论的潮流完全是社会的事实”[①]，他是在说明社会事实的“固态的、静止的、结构性”吗？当迪尔凯姆将社会事实分为“运动的状态”和“存在的状态”，并注重对前者的研究，他也是在说明社会事实的“固态的、静止的、结构性”吗？而且，如果我们认为迪尔凯姆是把社会事实看成“一种固态的、静止的、结构性的东西”，我们又如何面对斯温杰伍德的“迪尔凯姆的论点之所以重要，是因为它强调了社会学的一个关键问题，即个人自由和个人独立性随着现代工业社会集体主义趋势的不断加强而不断扩大”[②] 这一分析？

新布达佩斯学派中国版主张要重视社会转型的实践过程，从这个实践过程中捕捉在现实生活中真正发挥作用的实践逻辑，以更深入地理解在社会转型过程中我们的社会所发生的实质性变化。[③] 并对这一研究视角的理论基础即所谓“实践社会学”特别强调了三个要点：第一，要研究实

① Durkheim, E. (1953) *Sociology and Philosophy*. New York: Free Press.

② 艾伦·斯温杰伍德：《社会学思想简史》，社会科学文献出版社 1988 年版，第 129 页。

③ 孙立平：《社会转型：发展社会学的新议题》，发表于《社会学研究》2005 年第 1 期。

践状态的社会现象；第二，要发现实践过程中展示出来的事物的逻辑；第三，实践“大于”静态的结构或制度，存在着一个“实践的增量”，而“所谓实践的增量，意味着实践要比静态的结构多出来一块”，由于实践中新的因素在形成，一种新的社会事实出现了，所以，“实践是超越结构的，是不能还原为结构的”，“实践要比结构更多”①。

这里不能不涉及几个问题：首先，超出原来结构的、不能还原为原来结构的“实践的增量”是什么？从其文献来看，如果“结构”主要是指现行的体制、制度、规则等等，那么按照逻辑，这个超出原来结构的、不能还原为原来结构的“实践的增量”当然是与现行的体制、制度、规则等很不同的东西。其次，超出原来结构的、不能还原为原来结构的“实践的增量”如何把握？新布达佩斯学派中国版强调要以“事件性的过程”作为研究策略，因为，“由于结构性条件的限制，中国的社会转型采取了与苏东迥然相异的过程，理论与实践之间存在着更大的偏离”，中国社会转型的特点需要更加重视它的实践过程，这种特点即“在现实中，人们用不同的话语来表述中国社会转型的特征，如官方话语中的‘不争论’，民间话语中的‘只干不说’，官方非正式话语中的‘打左灯向右转’等”②。

---

① 孙立平：《社会转型：发展社会学的新议题》，发表于《社会学研究》2005 年第 1 期。

② 孙立平：《社会转型：发展社会学的新议题》，发表于《社会学研究》2005 年第 1 期。

对于“事件性过程”作为一种研究路径的价值，学术界存在不同的见解甚至很大的分歧。从讨论来看，学界的一些忧虑并不是毫无意义的：

譬如，“事件性过程”研究是否会被导入主观化方向。这首先可能出现在对于“事件性过程”的选择。社会生活中的事件有不同的类型：正面的或负面的、积极的或消极的、轰动性的或非轰动性的、聚焦性的或非聚焦性的，等等。如果研究者不是遵循社会学研究的规范方法，而是根据自我的旨趣和心理预期对事件进行选择，那么在研究的起点上就发生了主观倾向。其次可能出现在对于“事件性过程”的研究中。如果以自我旨趣和心理预期为引导，研究者更易于接受一些因素——情景、情节、气氛，以及事主的情绪化互动等——的渲染，从而使研究难免带有新闻式的、故事性的特点。正如有的学者指出的：“翻开某些社会科学的学术刊物，我们可以发现大量的兼具新闻报道、政策分析、甚至是故事讲述性质的‘学术’论文。通常，这样的文章讲解的论点既没有清晰的理论脉络，也不是建立在有效的研究样本上，更未能尝试回答‘为什么’的问题”①。张永华也看出了其中的问题所在，即“事件”的戏剧性、事后性，发生具有不确定性、经媒体关注又带有轰动性，这些都造成了对“事件性过程”分析的缺陷——“事件”实际上已经无法再进行“实时研究”，即使运用各种技术手段也只能对其“追述”，所

① 王天夫：《社会研究中的因果分析》，发表于《社会学研究》2006年第4期。

获材料不可避免的不完全且有各种歪曲；研究者可以对某种未发生的“事件性过程”给予预期，但主观预期未必会实现，因而大大降低了“事件性过程”的研究价值。[①]

再如，“事件性过程”研究是否存在片面化的倾向。如果研究者过于强调“事件性过程”，就会忽视甚至放弃另一面——非事件性过程。然而，在社会生活中，相对于“事件性过程”，这种无事件性的日常状态，也就是人们通常所说的“没事儿”才是真正的常态。有的青年学者在农村研究中观察到，这种实际上“没事儿”的无事件状态或非事件性过程，使“事件性过程”的研究预期陷于无效。而且，如果在这种状态下研究者仍然试图验证预期的假设，按照这种需要去发掘“事件性过程”，这就引导了研究者的一种心态——“找事儿”、“整事儿”。这种来自经验研究的真实困惑，反映了对“事件性过程”的片面化强调所导致的一种研究失落。还应考虑到，在媒体和网络的作用下，非日常状态的轰动性、聚焦性事件更容易受到关注，负面的、消极的事件更容易得到扩散，这些也往往促使对“事件性过程”的研究走向一种极端。这就提出了一个问题：在负面的、消极的、轰动性、聚焦性事件面前，社会学研究如何坚持自己的理性？这一点是值得反思的，因为，理性是社会学研究的客观性的一个重要前提。

此外，“事件性过程”研究如何避免陷入还原论，也

---

① 张永华：《“新型现代性”社会学理论实践理路——对郑杭生“社会互构论”的初步阐释》，发表于《甘肃社会科学》2006年第3期。

是一个应当思考的问题。事件毕竟是事件，是有限的、局部的、微观的范畴。固然，局部与整体、有限与无限、微观与宏观之间不是不可逾越的关系，但也不是可以任意逾越的关系。把整体社会现象浓缩到某个或某组事件，或者以某个或某组事件解释整个社会，其有效性是很可疑的，难以避免陷入还原论的逻辑，我们称之为“事件还原论”。在这个问题上，布罗代尔的思想是很深刻的。他区分了三种不同的历史时间——地理时间、社会时间、事件时间，也称为“长时段”、“中时段”、“短时段”，与三个时段相应的分别是“结构”、“局势”、“事件”。其中的短时段也即事件或政治时间，主要是指一些突发现象，如革命、战争、地震等。在布罗代尔看来，事件或政治时间只构成历史的表层，对整个历史进程的作用是有限的。按照他的观点，事件在长时段的结构性趋势中才有意义。沃勒斯坦因之特别强调：诚如布罗代尔提醒我们所说的：“事件如粪土”，即使是大事件亦然。除非我们能将事件融入时事的发展规律和长时段的发展趋势之中，否则事件是毫无意义的。然而说好说，做起来可就不那么容易了；这是因为我们必须确定哪些时事、哪些结构最为重要、最具重大意义。[①]

对一种研究策略的学理争鸣是正常的学术现象，如关于社区研究方法、个案法、个案扩展、口述史等，都存在许多不同的见解。同样，对于“事件”的不同观点，是

---

① I. 沃勒斯坦等：《自由主义的终结》，社会科学文献出版社 2002 年版，第 229 页。

学术理性的一种标志。这里应当指出的一个问题是，新布达佩斯学派中国版所强调的“事件”与布罗代尔和沃勒斯坦所说的以及更一般意义上的“事件”是有所不同的。因为，在狭义转型论的学术理念和理论框架之下的“事件性过程”，是揭示所谓“实践的增量”——与现行的体制、制度、规则等相背离甚至相反的东西——的一种策略或路径，这已经预定了“事件性过程”的类型主要在于负面的、消极的、轰动性的、聚焦性的事件，而其他类型的“事件性过程”则被排除在了研究者的关注之外。而且，正是对这类“事件性过程”的研究所得出的结论，被认为是“实践的逻辑”以及“社会所发生的实质性变化”的深入理解。

“什么是实践?”这个问题不是本文要讨论的，但有一点可以肯定：“实践”不是像小孩子手里可以随意捏弄摆布的玩具塑泥那样的东西。正因如此，张永华认为，以“实践过程”为对象的研究应当是“长时段”的，也包括对“非事件性过程”的“深描”[①]。黄宗智的一个见解是：要到“最基本的事实”中去寻找最强有力的分析概念。在他看来，研究“细事”是重要的，但是不够的，因为理论不是纯粹经验研究的积累，所以，经验性的调查研究应当与对社会历史的宏观分析相互结合起来[②]。这里，黄

① 张永华：《“新型现代性”社会学理论实践理路——对郑杭生“社会互构论”的初步阐释》，发表于《甘肃社会科学》2006年第3期。

② 黄宗智：《认识中国，走向从实践出发的社会科学》，发表于《中国社会科学》2005年第1期。

宗智讲的“细事”显然不是指由研究者主观精选出来加以研究的“事件”，而是属于他所说的生活实践中“最基本的事实”的范畴。

我们的观点是，可以称得起是“最基本的事实”的一些社会现象，是因为它们本身集合了实践过程的特殊与普遍、个别与一般、具体与抽象的多重属性；它们既有地方性的生动情节，也有超越这种狭隘具体性的广普意义；它们是“事后”，但并不是“过去”，因为它们也是“现在”，甚至会是“未来”——这些能够“活到”现在的“过去”，往往蕴涵着更为长久的社会趋势。正因如此，我们强调，社会学研究要能够看到这些“活着的过去”，社会学的重要精神实质是“关注现在、指向未来”。因而，我们的实践结构社会学理论倡导以“现代性之全球视野与本土社会转型的中国眼光”的二维视野，来看待和理解社会实践过程，来分析和研究我们生活中的重大现象和趋势。

当然，张永华也明白新布达佩斯学派中国版“对于黄氏的提议并不赞同”，原因何在他并没有回答。新布达佩斯学派中国版自己给出的答案是：“中国的转型过程与苏联、东欧是明显不同的”，是在基本社会体制框架（特别是政治制度）和主导性意识形态不发生变化的前提下所进行的改革[①]。因此，像新布达佩斯学派采用的“自上而下”的研究视角、以“大规模问卷调查的方式”对

---

① 孙立平：《社会转型：发展社会学的新议题》，发表于《社会学研究》2005 年第 1 期。

“正式组织和制度变迁”的研究方法就不适用了，因为这只能进一步证实中国是社会主义国家这一“最基本的事实”。所以，要关注与基本社会体制、政治制度、主导意识形态不一致的非正式的运作①，对中国的转型研究必须对那些非正式因素，特别是对体制的运作过程，给予足够的关注②。也就是说，对中国的转型研究不能着眼于实践中的“最基本的事实”，而是要重视基本实践中多出来的“增量”，如“不争论”、只能做不能说、打左灯向右转、自下而上实行资本主义。因为，根据新布达佩斯学派中国版的说法，这些“增量”“大于”原来的实践，使得实践不能还原为原来的结构了。按照新布达佩斯学派中国版的主张就是，“实践社会学的目标”“要发现的就是实践中的逻辑”，“虽然人们倾向于将改革看成是一个人为设计的过程，但实际上，这样的过程一旦开始，就会形成一种支配这个过程走下去的力量”，“塑造了进一步推进整个过程的逻辑”；这种逻辑在“改革和转型的过程在脱离了最初的阶段之后”就开始发挥作用，“因此，后来的转型过程与结果，实际上已经与最初的设计目标越来越没有关系”③。这样就能够说明中国改革实际上偏离了预定的方

① 孙立平：《社会转型：发展社会学的新议题》，发表于《社会学研究》2005年第1期。

② 孙立平：《社会转型：发展社会学的新议题》，发表于《社会学研究》2005年第1期。

③ 孙立平：《社会转型：发展社会学的新议题》，发表于《社会学研究》2005年第1期。

向——社会主义方向了。

迪尔凯姆说得好，他认为下述思想是富有成效的：社会生活必须根据意识所没有看到的深刻原因去解释；而不是根据参与社会生活者的生活观去解释[①]。迪尔凯姆说明了社会学家和社会学研究者必须真诚地对待社会生活和实践。

4. 关于中国所谓资本主义类型研究的变异："中国经验"。在一系列变异中，对"中国经验"的解释是最为重要的。从对新布达佩斯学派中国版对其原版的大段引述中，可以看出以下基本思路：

前社会主义国家在从社会主义到资本主义的转型中呈现出不同的轨迹，在转型的时候，它们并没有趋向于一种资本主义的模式，在一些重要的方面它们是互不相同的，甚至不同于被我们称之为现代资本主义体系。可以认为，它们正在走向新的尚未被认识的资本主义前景。因此，我们这些研究后共产主义的资本主义的人，可以揭示出世界资本主义大家庭中这些新的成员。[②]

金和塞勒尼更进一步将转型国家分成几种不同的类型。第一种是自下建立的资本主义。主要是东亚，特别是中国,在很大程度上包括越南。第二种是自上建立的资本主义。主要是东欧，特别是俄罗斯。第三种则是中欧，外国投资者特别是跨国公司在私有化的过程中扮演了重

---

① 艾伦·斯温杰伍德：《社会学思想简史》，社会科学文献出版社 1988 年版，第 101 页。

② 孙立平：《社会转型：发展社会学的新议题》，发表于《社会学研究》2005 年第 1 期。

要的角色。金和塞勒尼指出，这些国家之所以形成不同的转型模式，是与这些国家原来的历史遗产有着密切关系的。[①]

新布达佩斯学派中国版以“在实践中认识社会主义及其转型逻辑：中国经验”为题，将中国与苏东进行比较，来对所谓“中国经验”——中国从社会主义向资本主义过渡的特殊性与类型——进行总结。其基本看法是：苏东的市场转型是与政体的断裂联系在一起的，这意味着在大规模的市场转型发生之前，政体和主导性的意识形态都发生了根本性的“转变”。这样就为名正言顺的、大规模的、以国家立法形式进行的市场转型提供了可能性。在这种转型的过程中，在很短时间内，社会中基本的制度安排得到了根本的改造[②]。也就是说，苏东由于实行了政体断裂、主导性意识形态的根本性转变，在很短时间内就使社会的基本制度完成了由社会主义向资本主义的转变。而中国的转型过程与之相比有明显的不同：

（1）政体连续性背景下的渐进式改革。中国与苏东之间这个差别的重要性在于，苏东地区向资本主义的转型完全是在没有政治和意识形态束缚的环境下进行的，而中国社会则要在原有的政治体制和意识形态背景束缚下，以

① 孙立平：《社会转型：发展社会学的新议题》，发表于《社会学研究》2005年第1期。

② 孙立平：《社会转型：发展社会学的新议题》，发表于《社会学研究》2005年第1期。

含义暧昧的“渐进式改革”来进行同样的过程。[①]

（2）权力连续性背景下的精英形成。中国的“渐进式改革”导致的一个直接后果，没有同时进行政权的更替，政治资本的强势地位没有被削弱，政治权力仍然继续保持着对其他类型资本的控制和操纵能力。通过政治权力的作用，在过去十几年改革过程中出现了一个掌握文化资本、政治资本和经济资本的总体性资本精英集团。这个集团的原初资本是他们自己和父辈所掌握的政治或行政权力。[②]

（3）主导性意识形态连续性背景下的“非正式运作”。在中国出现了上、下两种不同策略：在上面是把不属于社会主义的因素纳入到原有的意识形态当中，如把“市场经济”与“社会主义”捆绑在一起；对下面是“不争论”，就是能做不能说，以变通的方式进行向资本主义的转变[③]。并称，这种变通过程出现了“实践的增量”，旧的体制运作过程增出了新的非体制因素，这些非体制因素以非正式的方式

---

① 孙立平：《社会转型：发展社会学的新议题》，发表于《社会学研究》2005年第1期；孙立平：《社会转型及其比较研究》，2006年中国社会学年会主题报告，2006年7月16日；中国社会学网：2006社会学年会专题 http：//www. sociology. cass. cn/shxw/2006nh/nhztbg/P020060727564950624383. ppt.

② 孙立平：《社会转型：发展社会学的新议题》，发表于《社会学研究》2005年第1期；孙立平：《社会转型及其比较研究》，2006年中国社会学年会主题报告，2006年7月16日；中国社会学网：2006社会学年会专题 http：//www. sociology. cass. cn/shxw/2006nh/nhztbg/P020060727564950624383. ppt.

③ 孙立平：《社会转型：发展社会学的新议题》，发表于《社会学研究》2005年第1期；孙立平：《社会转型及其比较研究》，2006年中国社会学年会主题报告，2006年7月16日；中国社会学网：2006社会学年会专题 http：//www. sociology. cass. cn/shxw/2006nh/nhztbg/P020060727564950624383. ppt.

出现并传播。在新布达佩斯学派中国版看来，通过旧体制运作过程中来促进新的非正式体制因素的成长，集中了中国社会转型的特点，是转型研究要特别给予注意的。[①]

在分析了中国的转型过程与苏东的根本差异之后，新布达佩斯学派中国版采用了金和塞勒尼、斯达克等人的方法，从历史遗产和制度遗产归结出中国与苏东的不同转型模式，即权贵资本主义（Crony capitalism）与政治资本主义（Political capitalism）。这进一步表明了新布达佩斯学派中国版的根本观点——中国社会转型是向资本主义过渡。

除了上述几个方面，新布达佩斯学派中国版还对“中国经验”进行了另一种“总结”。譬如，“权贵资本主义与中国的社会转型”，即以“权贵结合”的资本主义来描述中国社会转型的基本特征。在这种结合中，“市场是权力在当中起作用的市场，权力是在市场当中行使的权力”[②]。又如，“断裂社会”，即中国社会的上层与下层、贫与富、城与乡等是断裂的关系，在结构上是“上层阶级化，下层碎片化”，在行动上是“上层寡头化，下层民粹化”[③]。

---

① 孙立平：《社会转型：发展社会学的新议题》，发表于《社会学研究》2005年第1期；孙立平：《社会转型及其比较研究》，2006年中国社会学年会主题报告，2006年7月16日；中国社会学网：2006社会学年会专题 http：//www. sociology. cass. cn/shxw/2006nh/nhztbg/P020060727564950624383. ppt.

② 孙立平：《社会转型及其比较研究》，2006年中国社会学年会主题报告，2006年7月16日；中国社会学网：2006社会学年会专题 http：//www. sociology. cass. cn/shxw/2006nh/nhztbg/P020060727564950624383. ppt.

③ 孙立平：《社会转型及其比较研究》，2006年中国社会学年会主题报告，2006年7月16日；中国社会学网：2006社会学年会专题 http：//www. sociology. cass. cn/shxw/2006nh/nhztbg/P020060727564950624383. ppt.

再如，中国社会结构演变的几个基本趋势是精英联盟、寡头统治、赢者通吃，导致了目前中国社会面临着种种分歧和对立[①]。除此之外，我们还可以频繁看到新布达佩斯学派中国版的与“中国经验”有关的这类话语：失衡的社会、断裂的社会、制度性失败、犹如在松软的沙滩上跑步，等等。

这种所谓“中国经验”讲得明白一点，就是如何自下而上地转向资本主义（确切地说是转向权贵资本主义）。按照新布达佩斯学派中国版的说法就是，“在现实中，人们用不同的话语来表述中国社会转型的特征，如官方话语中的‘不争论’，民间话语中的‘只干不说’，官方非正式话语中的‘打左灯向右转’等”[②]。

三、新布达佩斯学派中国版的存活和泛起：增生、畸变和寄生

新布达佩斯学派中国版是广义转型论发展过程以及中国社会转型研究中出现的增生物、畸变物、寄生物。

（一）新布达佩斯学派中国版是社会学的广义转型论及中国社会转型研究中出现的增生物

随着现代性的发展和我们对这一过程日益深刻的认

---

① 孙立平：《社会转型及其比较研究》，2006年中国社会学年会主题报告，2006年7月16日；中国社会学网：2006社会学年会专题 http://www.sociology.cass.cn/shxw/2006nh/nhztbg/P020060727564950624383.ppt.

② 孙立平：《社会转型：发展社会学的新议题》，发表于《社会学研究》2005年第1期。

识，现代性是人类生活和组织模式即社会实践结构从传统走向现代、迈向更加现代和更新现代的过程。从社会学最初创立直到现在，对现代性的探索就成为这一学科的一个基本任务，正如吉登斯所言，社会学的概念和发现，与“现代性究竟是什么”这个问题密切相关；反过来说，现代性就其深刻和内在特性而言，本身就具有社会学的性质①。在这一研究过程中，社会学对人类生活和组织模式即社会实践结构不断走向更加现代的转型变迁过程从各个不同的方面给予了更为具体的、多样的、多侧面的探索和研究，从而使“社会转型”成为社会学中最具有广度和深度的研究范式之一。可以说，“社会转型”是社会学对“现代性”的另一种表达。在社会学中，“现代性”与“社会转型”构成了“一体两面”的关系，它们都是对人类社会生活中发生的同一伟大历史进程和壮阔实践过程的展现或刻画。社会学研究从一开始就贯通着“广义转型论”的范式和框架，无论西方社会学或中国社会学、古典社会学或当代社会学，无论是自觉的还是下意识的、明确的还是隐晦的、直接的还是暗含的，社会转型研究都是一个主导性和实质性的主题，体现和贯穿在社会学家们的研究之中。这是为什么“社会转型”能够成为一个深具持久蕴力的研究范式的重要原因。

在20世纪80年代末，东欧和俄罗斯等国家出现的急剧变化，欧、美、亚的一些学者借助对这些国家的研究，给予“社会转型”一种狭隘的解释，把社会转型特指为

① 安东尼·吉登斯：《现代性的后果》，译林出版社2000年版，第14、第38页。

前社会主义国家（包括东欧、俄罗斯以及中国、越南等）的经济、社会体制、政治意识形态向资本主义过渡的转变，这样就从社会学广义转型论的传统主潮之中导出了一个支流，并形成了一个“布达佩斯学派”（我们也称其为“新布达佩斯学派”）。几乎同一时期或稍后，新布达佩斯学派的理论观点扩散到中国，并被套用到中国的社会转型研究，公开地说什么中国正在走向资本主义。从这类频繁出现的误导话语可以看出，近年来新布达佩斯学派中国版已经浮出。新布达佩斯学派中国版以狭义转型论及其所谓转型社会学，来挑战和否定中国社会学界的主流——广义转型论的主张，社会转型是从传统走向现代、迈向更加现代和更新现代的过程。

新布达佩斯学派中国版的狭义转型论及其所谓转型社会学是从中国社会学的学术传统和学科发展主脉之中分离出的一个支流，是中国社会学对于现代性和社会转型研究过程出现的一个增生物，并且公开或隐蔽地附着在广义转型论的主流传统之下。本文对新布达佩斯学派中国版的分析已经说明了这一点。

（二）所谓“转型社会学”是狭义转型论被新布达佩斯学派中国版引入中国社会转型研究之后形成的一种畸变

20 世纪初叶，西方社会学的传入启动了早期中国社会学和广义转型研究。当时或此后的一批著名社会学家（如严复、梁漱溟、李景汉、晏阳初、孙本文、陈翰笙、费孝通等）从各自的视角或侧面，对中国从传统向现代的社会转型进行了不同的观察和探索。自 20 世纪 70 年代末中国社会学重建以来，经过中国社会学家和社会学工作者的集体努力，以广义转型论为学术框架的社会转型研究成为中国社会学的主导性潮流。

在20世纪80年代末，中国社会学这一主流传统受到了重大的干扰：由于新布达佩斯学派对这些东欧等国家变化的研究，将社会转型狭隘地解释为前社会主义国家向资本主义的转变，使得"社会转型"成为一个容易使人产生某种疑虑的术语。

1996年11月12日，当时主管意识形态的北京市委副书记李志坚同志给我来信，要求向他提供关于"社会转型"的资料。本文第一作者在回信中说："社会转型"，是一个有特定含义的社会学术语，意指社会从传统型向现代型的转变，或者说由传统型社会向现代型社会转型的过程，说详细一点，就是从农业的、乡村的、封闭的半封闭的传统型社会，向工业的、城镇的、开放的现代型社会的转型。当我们说"社会转型"时，着重强调的是社会结构的转型。在这个意义上，"社会转型"和"社会现代化"是重合的，几乎是同义的。①

对于绝大多数中国社会学家和社会学工作者来说，中国社会转型的前提是既定的和明确的——中国社会转型是中国的社会生活和组织模式即社会实践结构不断从传统走向现代、走向更加现代的转型变迁过程，也是社会主义体制的成长和

① 郑杭生：《郑杭生社会学学术历程之一·中国特色社会学理论的探索》，中国人民大学出版社2005年版，第325、第326页。

完善的过程。多年来，本文第一作者一直倡导以广义转型论的框架解释社会转型、研究中国社会转型过程，十多年前就提出了包括“速度、广度、深度、难度、向度”在内的“社会转型度”的问题，其中关于“向度”曾指出：

在 1978 年开始的第三阶段，中国在改革开放的总设计师邓小平的主持下，确立了建设有中国特色的社会主义道路和发展模式。当前中国正在进行的一切都离不开这一点：中国的现代化是社会主义的现代化；正在建立的市场经济是社会主义市场经济；正在进行的改革是社会主义的自我完善。所以，向度是很明确的。中国人认识到：市场不等于资本主义，计划不等于社会主义，它们都是资源配置的手段。把中国建设市场经济说成是走资本主义道路，是一种误解。[①]

并由此形成了自己的“四论”中的一论——“社会转型论”。在此过程中，在我国社会学家和社会学工作者的共同努力下，洗去了“社会转型”这一术语上的种种疑点，使之成为当代中国社会学中的一个具有核心意义的研究范式。通过这一过程，中国社会学家和社会学工作者形成了丰硕的研究成果，形成了中国特色的社会学知识体系——基本理路、理论构建、经验观察和分析框架等，从而大大推进了对于当代中国社会现代性转型的认识。这一过程形成了中国社会学界的一个普遍共识，即，如果不理解中国社会转型也就不理解当代中国社会学。

新布达佩斯学派中国版以所谓“转型社会学”，声称

① 郑杭生：《中国软科学》1994 年第 1 期。

自己与现代化理论、发展理论是“三足鼎立”的，以附着于中国社会学的广义转型论传统为策略，来扩散传播新布达佩斯学派的狭义转型论。这就使老问题在今天以新的方式被重新激活。广义转型论与狭义转型论、“社会转型论”与所谓“转型社会学”的分歧，涉及的是两种根本不同社会学观点、理念和立场的分野：中国社会转型是像绝大多数中国社会学家和社会学工作者所主张的，是中国的社会生活和组织模式即社会实践结构不断从传统走向现代、走向更加现代的转型变迁过程，还是像新布达佩斯学派中国版所谓转型社会学所说的，中国正在“自下而上”地由现代社会主义向现代资本主义过渡。如果是前一种观点所阐述的那样，中国社会转型的前景是更加现代和更新的现代，这一过程也是一种新型社会主义和新型现代性的发展过程。反之，如果是像后一种观点所说的那样，那么中国的前景新布达佩斯学派在 17 年前基本已经说过了，新布达佩斯学派中国版的所谓转型社会学只是再次重复了这套话语。如果是这样的话，那就意味着，中国社会转型加速期基本是按照新布达佩斯学派的构想运行着，中国社会学的研究逃脱不了为新布达佩斯学派的预言作论证的命运，中国社会学家的“中国研究”和“中国经验”只是为新布达佩斯学派的研究和总结增加了一个案例而已。

（三）新布达佩斯学派中国版是在广义转型论之下附着的一个寄生物，正越来越显示出其以狭义转型论挑战中国社会转型研究的主流和正源，并试图取而代之的趋向

自东欧、俄罗斯等国出现急剧变化以来，中国社会学界着眼于国家的大局，着眼于更加长久的学术目标，致力于加速推进中国社会转型，抓住战略机遇期的大好时机，调动和团结一切积极因素以早日实现中华民族的振兴，在重大理论和原则问题上采取了着重从正面论述的做法。这本身也是基于中国社会学界的一个基本事实：广义转型论与狭义转型论在中国社会学中的区分已经是非常明确的，无须再进行争论和论证，绝大多数中国社会学家和社会学工作者是以社会主义的基本制度为既定前提对中国社会转型过程进行研究的。但也造成了一种情形：由于绝大多数中国社会学家和社会学工作者多年来一直遵守这个默认的规则，对于新布达佩斯学派的狭义转型论一般不予认真理会，暂时搁置了“社会转型”研究存在两种根本不同社会学立场、理念和观点的讨论，暂时搁置了对新布达佩斯学派的系统研究和批判批评。这使得新布达佩斯学派中国版及其所谓转型社会学寄生于广义转型论中，终于有了浮出的机会。

每一部作品都有一系列“寄生的”东西，即存在着对以前作品的模仿、借喻，乃至存在着以前作品的某些主要精神。但它们存在的方式奇特而隐晦，既有肯定又有否定，既有升华又有歪曲，既有修正又有模仿。新的文本既需要以前的文本，又需要破坏它们；既寄生于以前的文本，靠它们的精神本质生存，同时又是它们“邪恶的”寄主，通过吸食它们将它们破坏。[①]

---

① J. 希利斯·米勒：《重申解构主义》，中国社会科学出版社 1998 年版，第 4 页。

米勒的思想揭示了，一种“寄生物”对于“寄生体”往往是异质的甚至是反质的，它会对“寄生体”本身形成很大的破坏。从“寄生”与“被寄生”关系的角度来分析新布达佩斯学派中国版及其所谓转型社会学，不难看出它正是一种异质的甚至是反质的“寄生物”，对中国社会学主流传统和正源——广义转型论及社会转型研究——带来某些负面的甚至破坏性的影响。

无视我国社会转型过程的基本事实，把改革过程中出现的一些问题与基本事实混为一谈，通过对非基本事实的所谓“深度研究”把非基本事实说成是基本事实。改革开放以来，我国市场经济稳步发展，社会迅速进步，国家实力增强，大大加速了中华民族重新崛起的步伐，今天的中国正在从地区性大国迈向世界性大国，这些已是有目共睹的基本事实。目前，国家、政府、社会组织正在协力行动，促进社会公正、完善社会保障体系、深化社会主义新农村建设、推动城市和农村社区发展、以更大的力度实施西部大开发，以及加快社会建设、民间组织和志愿者行动的发展。在城市社会和社区建设方面，武汉社区建设的“家园行动”已经取得明显效果。广州通过“议行分设”、政府购买服务提供社会公共物品等，来推动社区建设、促进社会组织的成长。深圳的“关爱行动”在发展公益事业、构建和谐社区的过程中，在扶助社会弱势群体、实现成果共享、推进社会公平方面进行了新的探索。上海积极促进民间组织和志愿者行动的发展，尝试通过学界的研究和志愿者行动来开发社区建设项目、由政府购买公共物品提供给社会，在全国城市建设中是有示范意义的。这些研究和措施在促进社会第三部门的发展、弥补市场失灵和政府失灵等方面，体现了社会建设取得的新成果。社会学界对农民工的研究正在进一步深入，涉及了农民工的基本权利、就业机会、市民待遇、城市流动儿童和农村留守儿童的教育、农民工家庭等等问题，积极推进农民工和农民融入现代职业体系的进程。东北老工业区改造取得了实质性成果，在对棚户区的改造中，几乎是无偿向原住居民提供住宅。在惩治腐败方面，政府的打击力度越来越大；随着中央对各级纪委实行“垂直管理”制度，对腐败的打击力度将会进一步升级，形成新的“廉政风暴”。西部大开发进入了新的阶段，这一努力将为未来中国区域差距的缓解和缩小奠定基础。一些国有企业明显恢复了生机，并会在经济全球化中进一步锤炼自己的适应性。在农村，社会主义新农村运动稳步推进，农民增收带来了消费能力的增强，农村基层组织建设和民主参与仍在发展，社会保障体系的覆盖面也大大扩展。——对于中国社会的这些基本事实，本文不再一一赘述。

我们都知道一些简单的道理：只要勇于创新、做实事，就难免会有这样那样的缺点或缺陷，这一点无论对于国家政府、组织、群体、个人，都是一个通则；在现实的社会生活中，无论哪一种社会体制、制度、规范都处在一种有待完善的过程，这也是一个通则。不懂得这个简单的道理，就会把社会的不公正、弊端、问题、矛盾等非基本事实说成是基本事实，就看不到（或不想看到）这些问题必然会随着实践过程的推进而得到解决，甚至会刻意扩展、放大非基本事实，把社会出现的不公正、弊端、问题、矛盾说成是不可解决的，用新闻的笔调而不是严肃的学术语言制造“问题化社会”、“断裂社会”等话语，来论证中国向着资本主义演变。

把社会主义初级阶段中国社会的基本过程与局部现象混为一谈，把局部现象说成是基本过程。如前面所分析的新布达佩斯学派中国版的“权贵资本主义与中国的社会转型”说法，从中国经济领域存在的弊端引导出对于中国社会基本体制或制度的判断，进而得出中国社会转型不仅是向资本主义转变，而且是向权贵资本主义转变的结论。再如新布达佩斯学派中国版以所谓“中国社会转型研究的实践社会学视角”来分析“中国社会转型的特征”，认为中国的社会主义“政体和意识形态是连续性的”，因此“许多重要的改革和转型过程是使用变通的方式实现的；在变通的过程中，特别是在开始的阶段，新的体制因素往往是以非正式的方式出现并传播的；非正式体制的生长和发育，往往是发生在制度运作的过程当中”①，等等。无非是说，资本主义在中国是只能做不能说的，要通过“非正式运作”、“变通”在原来的社会主义基本体制上形成资本主义的“增量”，所以“实践过程”的中国社会转型是“打左灯向右转”——就是打社会主义的旗，行资本主义的路。这些观点是非常错误的。

---

① 孙立平：《社会转型及其比较研究》，2006 年中国社会学年会主题报告，2006 年 7 月 16 日；中国社会学网：2006 社会学年会专题 http：//www. sociology. cass. cn/shxw/2006nh/nhztbg/P020060727564950624383. ppt.

我们认为，在当代中国转型过程中，社会主义正在最新的实践中扩展着和更新着自己的理念。早在改革之始，邓小平同志即阐明了社会主义的目标层面与手段层面的区分，正是以这一前提为基础，中国积极汲取西方发达国家在现代性转变过程中的成功经验（如市场化经济、科学技术、生产技术、管理技术、私有产权制度、民主政治等等），为我所用、壮大自身，并将这些成功经验吸纳到自己的社会体制之中，成为社会主义制度的组成部分，从而加速社会主义事业的发展。中国的社会主义最新实践很好地说明了一个道理：正如整个现代性是一个成长的过程，社会主义也是一种经历成长，走向更加现代的、更新现代的社会主义。这是我们过去没有充分认识到的社会主义的一个重要特性。今天，绝大多数中国社会学家和社会学工作者会以足够的勇气，在一个新的学术水平上来反映和刻画新型社会主义在中国的成长过程。

新布达佩斯学派中国版把现代性过程视为资本主义的独白，把社会转型研究变为资本主义社会体制和政治意识形态如何在全球成为唯一赢家的论证，降低了社会学已经达到的知识水平，正如西方一些能够采取客观学术立场的社会学家指出的："没有哪个时代可以被还原成一个单一的方面"，"把现代时代还原为经济或资本主义或工业主义，社会科学家们实际上贬损了现代时代的独特性"①。

① 马丁·阿尔布劳：《全球时代——超越现代性之外的国家和社会》，商务印书馆2001年版，第35页。

如果热衷于把现代时代还原为资本主义现象，不仅贬损了现代时代所具有的独特性，也贬损了社会科学本身的学理内涵——新布达佩斯学派中国版话语的合法性是成问题的。

四、结 束 语

近几年来，新布达佩斯学派中国版一直在致力于一件事，即试图使中国社会学家和社会学工作者们接受一种观点：近30年对中国社会转型和变迁的研究过程，除了新布达佩斯学派中国版，还没有谁能够真正认识中国社会转型的实质，还没有谁能够把握住中国的“真问题”。这种状况必须彻底改变，中国社会学家和社会学工作者必须重新认识中国转型，探讨中国的“真问题”，总结出“中国经验”。那么，什么是中国社会转型的实质？什么是中国的“真问题”？什么是“中国经验”？新布达佩斯学派中国版极力要告诉人们：正如其他前社会主义“转型国家”或“转型社会”一样，中国社会转型就是从现代社会主义向现代资本主义的转变，中国的“真问题”就是如何通过这个转变成为资本主义的新成员，“中国经验”就是这个转变过程出现的一系列特点——简单地说，就是在原有的政治体制和意识形态背景束缚下，由权力与市场结合而形成权贵资本主义。新布达佩斯学派中国版反反复复地说明或暗示，就是想要人们接受这样的误导：整个中国社会学界正面对着尴尬的局面，中国社会学家们集体白忙了快30年，完全走上了一条错误的道路。这段历史应该

“终结”了，以便“开始”新的历史。新布达佩斯学派中国版给中国社会学指明了一条出路：要以它的“转型社会学”视角，研究中国社会转型的所谓“新议题”。

新布达佩斯学派中国版的意图是很清楚的：把中国社会学家和社会学工作者们拉回到它划定的“起跑线”[①]，在它的狭义转型论和所谓转型社会学的带领下，从头开始对中国社会的研究。——不过看来，新布达佩斯学派中国版好像根本就没有弄明白中国社会学家和社会学工作者的集体智慧。

自20世纪70年代末，随着中国社会改革开放进入转型加速期以来，中国社会学家和社会学工作者就一直关注中国社会在取得巨大进步的同时，发生的种种不和谐、矛盾和冲突现象，形成了大量的研究成果。本文第一作者也不例外，就以其主编的历年《中国人民大学中国社会发展研究报告》为例：《走向更加公正的社会：弱势群体及其社会支持2002》、《走向更加安全的社会：风险社会来临及其应对2003—2004》、《走向更加和谐的社会：社会结构与社会和谐2005》、《走向更讲治理的社会：社会建设与社会管理2006》、《走向更加有序的社会：快速转型期社会矛盾及其治理2007》，其中涉及大量的社会问题及具体对策。所有这类研究汇聚了来自不同高校和其他单位

---

① 布迪厄尖锐地指出：总有这样一些人，他们在科学上处于受支配的地位，很自然地站在还没有什么学术造诣的人的立场上，他们通过摧毁业已确立的学术体制，通过误解那些已经被理解的东西，通过力图把每个人都带回到起跑线，来获得至关重要的利益。——参见 Bourdieu，P and Loic Wacquant（1992），*Invitation to Reflexive Sociology*. Chicago：University of Chicago Press.

的社会学家和社会学工作者的研究，从一个侧面反映了中国社会转型加速期以来的进步、发展和问题，也体现了中国社会学家和社会学工作者一向以来对中国社会投入的集体性的深切关怀和高度期望。正是由于中国社会学家和社会学工作者的集体奋斗，奠定了中国社会学在21世纪崛起的基础。

正如本文第一作者20世纪90年代即看到的："社会学及其学科地位的确立是社会大变动，特别是社会现代化，即社会从传统型向现代型社会转型的产物。世界如此，中国同样是如此：中国社会学在本世纪初的引进和产生，是中国当时业已开始的社会转型的需要，而70年代末80年代初的恢复与重建，则是从传统向现代快速转型中的中国社会的需要，是中国社会主义现代化的需要。所有重建后的社会学的研究工作，都可以看作是在社会转型加速期力图推动社会与经济的协调发展、促进人的全面发展、实现整个社会及其环境的可持续发展的一种努力。中国社会的社会转型加速期，在我看来，将延续到下个世纪的10年代至30年代。这是社会学大有作为的时期，是社会学学科地位进一步提高的时期"①。看得出，这些判断已经预见到了21世纪初期中国社会学的崛起。这里应当指出的是，由于中国新一届领导的眼界和关注，使得中国社会学崛起的时间明显提前了。

---

① 郑杭生：《郑杭生社会学学术历程之一·中国特色社会学理论的探索》，中国人民大学出版社2005年版，第326页。

这也说明，中国社会需要的是善意的“社会关怀”、积极的政策、建设性的方案和政策。正是深切地体会到这一社会需要，近30年来，众多中国社会学家和社会学工作者通过集体的努力体现出了社会学的深层理念——“减缩社会代价，增促社会进步”。十分明显，中国社会学能够获得越来越高的社会声誉是与这一主导性学术潮流分不开的。正因如此，我们不主张这样的姿态：以为“世人皆睡我独醒”，好像只有自己抓住了中国的“真问题”。我们更不赞成这种做法：很政治化地把中国社会转型说成是向资本主义转变，来误导社会舆论特别是还缺少社会经验的青年学子。这种态度和做法不能代表中国社会学的主流和实际发展过程，并且基本上否定了中国社会学家和社会学工作者的众多研究和集体努力。

当然，我们也需要对一些经验教训进行反思和总结。也许由于社会主义实践的快速发展，甚至超过了人们的思想速度和想象力，许多人还没有意识到，我们的最新实践已经超越了以前那种有缺点、有缺陷、实践中失败了的社会主义旧模式。一些人还习惯于把别的社会制度视为成长的，把社会主义视为僵化的。看不到我们正处在中国特色社会主义这一新型社会主义的具有深远意义的历史性发展阶段。不理解在新型现代性条件下，社会主义的最新实践已经更新了社会主义的理念。不善于把自己已经取得的成绩归于我们的创新性实践、归于我们的社会基本制度，归于社会主义，仍然习惯于让新的实践经验来适应旧的理念框架。

我们对当今中国和世界的社会实践结构性巨变及其主要趋势的分析表明，随着中国社会迈向更加现代和更新现代的进程，社会主义的实践和探索也进入了一个从未有过的新境界，当代中国社会主义的发展已经驰入了一个全新的里程，我们称之为“新型社会主义的实践过程”。在我们看来，社会主义正在经历的这个空前未有的转折意味着，中国特色社会主义这一新型社会主义的生命历程才刚刚开始，它还非常年轻，甚至还处在童年，它将经历丰富多彩的成长过程。也正因如此，它充盈着生命的活力，通过自己的成长赢得一个充满希望的未来。这一过程赋予了中国社会学家和社会学工作者的使命和责任：反映和刻画中国社会的转型变迁、概括和总结这一过程的中国经验，把新型社会主义在中国的日常生活、组织模式转变、制度变迁、社会和社区建设、文化价值观和文化话语建构的实践，把当代中国社会的多姿多彩、色泽斑斓、形质多样、活力澎湃、昂扬奋进的真实形貌，把中国社会学对现实社会问题、矛盾和冲突的困惑和关切，以及对我们时代所能达到的成就的期望和畅想，以客观而生动、真实而宏阔、严谨而激越的笔触，写入中国社会学史的每一页，传递给更加年轻的、充满朝气的、大有所为的社会学青年学子。

图书在版编目（CIP）数据

郑杭生自选集/郑杭生著.（“学习”理论文库）
-北京：学习出版社，2013.1
ISBN 978-7-5147-0310-8

Ⅰ.①郑… Ⅱ.①郑… Ⅲ.①社会学-中国-文集
Ⅳ.①C91-53

中国版本图书馆CIP数据核字（2012）第274658号

郑杭生自选集

ZHENG HANGSHENG ZIXUANJI

郑杭生　著

责任编辑：于子晶　关宵寅
技术编辑：周媛卿　刘　硕

出版发行：学习出版社
北京市崇文门外大街11号新成文化大厦B座11层（100062）
010-66063020　010-66061634
网　　址：http://www.wenming.cn/xxph/
经　　销：新华书店
印　　刷：北京联兴盛业印刷股份有限公司

开　　本：880毫米×1230毫米 1/32
印　　张：20.125
字　　数：403千字
版次印次：2013年1月第1版 2013年1月第1次印刷

书　　号：ISBN 978-7-5147-0310-8
定　　价：90.00元